William Guy Carr

BAUERN AUF DEM
SCHACHBRETT

William Guy Carr

(1895-1959)

Kommandant der Königlichen Kanadischen Marine

William Guy Carr (1895-1959) war ein kanadischer Marineoffizier und Autor. Er schrieb ausführlich über Verschwörungstheorien, vor allem in seinem Buch *Pawns in the Game*. Sein Werk hat sowohl Einfluss als auch Kritik erfahren.

BAUERN AUF DEM SCHACHBRETT

Pawns in the Game
Erstmals veröffentlicht 1956

Übersetzt und veröffentlicht von
OMNIA VERITAS LTD

ℰMNIA VERITAS.
www.omnia-veritas.com

ÜBER DEN AUTOR 11

WILLIAM GUY CARR 11

VORWORT... 13

SPIELFIGUREN IM SPIEL 13

EINFÜHRUNG... 15

DIE INTERNATIONALE VERSCHWÖRUNG 15

KAPITEL 1 35

DIE WELTREVOLUTIONÄRE BEWEGUNG 35

KAPITEL 2 53

DIE ENGLISCHE REVOLUTION 1640 - 1660 53

KAPITEL 3 79

DIE MÄNNER, DIE DIE FRANZÖSISCHE REVOLUTION 1789 AUSLÖSTEN........... 79

KAPITEL 4 104

DER UNTERGANG VON NAPOLEON 104

KAPITEL 5 120

DIE AMERIKANISCHE REVOLUTION 120

KAPITEL 6 136

MONETÄRE MANIPULATION 136

KAPITEL 7 145

EREIGNISSE IM VORFELD DER RUSSISCHEN REVOLUTION 145

KAPITEL 8 166

DIE RUSSISCHE REVOLUTION - 1917 166

KAPITEL 9 178

POLITISCHE INTRIGEN - 1914 - 1919 178

KAPITEL 10 204

DER VERTRAG VON VERSAILLES... 204

KAPITEL 11 226

STALIN 226

KAPITEL 12 234

DIE SPANISCHE REVOLUTION 234

KAPITEL 13 247

DER BÜRGERKRIEG IN SPANIEN 247

KAPITEL 14 262

FRANCO... 262

KAPITEL 15 280

DIE REVOLUTIONÄRE SCHRECKENSHERRSCHAFT 280

KAPITEL 16 293

DIE EREIGNISSE IM VORFELD DES ZWEITEN WELTKRIEGS 293

KAPITEL 17 .... **319**

AUSBRUCH DES ZWEITEN WELTKRIEGS... 319

KAPITEL 18 .... **335**

DIE GEGENWÄRTIGEN GEFAHREN... 335

ANDERE TITEL **359**

Über den Autor

William Guy Carr

Bereits im Alter von zwölf Jahren wurde der Autor von zwei revolutionären Missionaren, die 1907 mit ihm auf demselben Schiff in den Orient fuhren, gründlich mit der bolschewistischen Ideologie indoktriniert. Im Gegensatz zu vielen anderen schluckte er den Köder, den sie ihm anboten, nicht „mit Haut und Haaren". Er beschloss, unvoreingenommen zu sein und die Dinge gründlich zu untersuchen, bevor er zu irgendwelchen Schlussfolgerungen kam. Seine Untersuchungen und Studien zu allen Aspekten der internationalen Verschwörung haben ihn in fast alle Länder der Welt geführt.

Kommandant Carr hat eine bemerkenswerte Karriere bei der Marine hinter sich. Während des Ersten Weltkriegs diente er als Navigationsoffizier der U-Boote der H.M.. Im Zweiten Weltkrieg war er Marinekontrolloffizier für den Sankt-Lorenz-Strom, dann Stabsoffizier für Operationen in Shelbourne, N.S., und schließlich leitender Marineoffizier in Goose Bay, Labrador.

Als Offizier im Stab von Commodore Reginald Brock organisierte er die 7. Victory Loan für die zweiundzwanzig Royal Canadian Naval Training Divisions. Als Autor hat er zuvor die sieben oben aufgeführten Bücher veröffentlicht. Einige wurden speziell für die Royal Library, die Bibliothek des Imperial War Museum, die Sir Millington Drake Library (die dem Eton College vermacht wurde) und die Braille Library for the Blind gebunden. Mehrere seiner Bücher wurden in europäischen Sprachen veröffentlicht.

Commander Carr ist vielen Kanadiern, die seine öffentlichen Vorträge besucht haben, bekannt. In den Jahren 1930-31 tourte er für die kanadischen Clubs durch Kanada. Er warnte die Menschen vor der Existenz einer internationalen Verschwörung. Er prophezeite, dass die Verschwörer die Welt in einen weiteren globalen Krieg ziehen würden, wenn sie nicht aufgehalten würden. In den Jahren zwischen 1931 und 1939 sprach er vor Sozial- und Dienstleistungsclubs in ganz Ontario. In den Jahren 1944 und 1945 wurde er von den Marinebehörden auf eine weitere Vortragsreise durch Kanada geschickt.

Er erklärte, warum es notwendig sei, den Frieden zu gewinnen, wenn die Früchte des militärischen Sieges nicht wieder weggeworfen werden sollten.

Commander Carr ist entschlossen, so viele Menschen wie möglich über die bösen Mächte zu informieren, die unser aller Leben und das Leben unserer Kinder beeinträchtigen. Sein Buch wird Eltern, Geistlichen, Lehrern, Studenten, Staatsmännern, Politikern und Gewerkschaftsführern die Augen öffnen.

Vorwort

Spielfiguren im Spiel

Dies ist eine WAHRE Geschichte über internationale Intrigen, Romanzen, Korruption, Bestechung und politische Morde, wie sie noch nie zuvor geschrieben wurde. Es ist die Geschichte, wie verschiedene Gruppen von atheistisch-materialistischen Männern in einem internationalen Schachturnier gespielt haben, um zu entscheiden, welche Gruppe die ultimative Kontrolle über den Reichtum, die natürlichen Ressourcen und die menschliche Macht der gesamten Welt gewinnen würde. Es wird erklärt, wie das Spiel das Endstadium erreicht hat.

Die internationalen Kommunisten und die internationalen Kapitalisten (die beide totalitäre Ambitionen haben) haben sich vorübergehend zusammengetan, um die Christdemokratie zu besiegen. Das Titelbild [Originalveröffentlichung] zeigt, dass alle Schritte der internationalen Verschwörer von Satan gelenkt werden, und obwohl die Situation ausgesprochen ernst ist, ist sie definitiv nicht hoffnungslos. Die Lösung besteht darin, das Spiel, das die internationalen Verschwörer gespielt haben, jetzt zu beenden, bevor die eine oder andere totalitär gesinnte Gruppe ihre Ideen dem Rest der Menschheit aufzwingt. Die Geschichte ist sensationell und schockierend, aber sie ist lehrreich, weil sie die WAHRHEIT ist. Der Autor von bietet praktische Lösungen für Probleme, die so viele Menschen für unlösbar halten.

-Der Verlag

Einführung

Die internationale Verschwörung

Wenn das, was ich offenbare, den Leser überrascht und schockiert, entwickeln Sie bitte keinen Minderwertigkeitskomplex, denn ich gebe offen zu, dass ich zwar seit 1911 daran arbeite, herauszufinden, warum die Menschheit nicht in Frieden leben und sich an den Gaben und Segnungen erfreuen kann, die Gott zu unserem Nutzen und Vorteil in so großer Fülle bereitstellt? Erst 1950 kam ich hinter das Geheimnis, dass die Kriege und Revolutionen, die unser Leben geißeln, und die chaotischen Zustände, die dort herrschen, nicht mehr und nicht weniger sind als die Auswirkungen der anhaltenden luziferischen Verschwörung. Sie begann in dem Teil des Universums, den wir Himmel nennen, als Luzifer das Recht Gottes auf die Ausübung der höchsten Autorität anzweifelte. Die Heilige Schrift erzählt uns, wie die luziferische Verschwörung im Garten Eden auf diese Welt übertragen wurde. Bis ich erkannte, dass unser Kampf nicht mit Fleisch und Blut geführt wird, sondern mit den geistigen Mächten der Finsternis, die all jene in hohen Positionen auf dieser Erde kontrollieren (Eph. 6:12), passten die überall auf dieser Welt gesammelten Beweise einfach nicht zusammen und ergaben keinen Sinn. (Ich schäme mich nicht, zuzugeben, dass die „Bibel" den „Schlüssel" lieferte, der es mir ermöglichte, eine Antwort auf die oben zitierte Frage zu finden).

Nur sehr wenige Menschen scheinen zu begreifen, dass Luzifer der hellste und intelligenteste der himmlischen Heerscharen ist, und weil er ein reiner Geist ist, ist er unzerstörbar. Die Heilige Schrift berichtet uns, dass seine Macht so groß ist, dass er ein Drittel der intelligentesten der himmlischen Heerscharen dazu brachte, von Gott abzufallen und sich ihm anzuschließen, weil er behauptete, Gottes Plan für die Herrschaft über das Universum sei schwach und unpraktisch, weil er auf der Prämisse beruht, dass geringere Wesen gelehrt werden können, ihn zu kennen, zu lieben und ihm aus Respekt vor seiner eigenen unendlichen Vollkommenheit freiwillig dienen zu wollen. Die luziferische Ideologie besagt, dass Macht Recht ist. Sie behauptet, dass Wesen mit erwiesenermaßen überlegener Intelligenz das Recht haben, über die weniger Begabten zu herrschen, weil die Masse nicht weiß, was das Beste für sie ist. Die luziferische Ideologie ist das, was wir heute Totalitarismus nennen.

Das Alte Testament ist einfach die Geschichte, wie Satan Fürst der Welt wurde und unsere ersten Eltern dazu brachte, sich von Gott abzuwenden. Es erzählt, wie die Synagoge des Satans auf dieser Erde errichtet wurde und wie sie seither daran arbeitet, Gottes Plan für die Herrschaft des Universums auf dieser Erde zu verhindern. Christus kam auf die Erde, als die Verschwörung so weit fortgeschritten war, dass - um seine eigenen Worte zu gebrauchen - Satan all jene kontrollierte, die in hohen Positionen waren.

Er entlarvte die Synagoge des Satans (Offb. 2:9; 3:9) und prangerte diejenigen, die ihr angehörten, als Söhne des Teufels (Luzifer) an, den er als Vater der Lüge (Joh. 8:44) und als Fürst der Täuschung (2. Kor. 11:14) geißelte. Er erklärte ausdrücklich, dass diejenigen, die die Synagoge des Satans bildeten, sich Juden nannten, es aber nicht waren und logen (Offb 2,9; 3,9). Er bezeichnete die Geldwechsler (Bankiers), die Schriftgelehrten und die Pharisäer als die Illuminaten seiner Zeit. Was so viele Menschen zu vergessen scheinen, ist die Tatsache, dass Christus auf die Erde kam, um uns von den Fesseln Satans zu befreien, mit denen wir im Laufe der Jahre immer fester gebunden waren. Christus gab uns die Lösung für unser Problem, als er uns sagte, wir sollten hinausgehen und allen Menschen aller Nationen die Wahrheit über diese Verschwörung lehren (Johannes 8. 31:59;). Er versprach, dass, wenn wir dies tun, die Erkenntnis der Wahrheit uns frei machen würde (Mt 28,19;). Die luziferische Verschwörung hat sich bis zu ihrem Halbfinalstadium entwickelt (Mt 24,15.34), weil wir den Auftrag, den Christus uns gegeben hat, nicht in die Tat umgesetzt haben.

Im Jahr 1784 gelangte die bayerische Regierung durch einen „Akt Gottes" in den Besitz von Beweisen, die die Existenz der fortgesetzten luziferischen Verschwörung belegten. Adam Weishaupt, ein von den Jesuiten ausgebildeter Professor für Kirchenrecht, war vom Christentum abgefallen und hatte sich die luziferische Ideologie zu eigen gemacht, als er an der Universität Ingolstadt lehrte. Im Jahr 1770 beauftragten ihn die Geldverleiher (die kurz zuvor das Haus Rothschild organisiert hatten), die uralten „Protokolle" zu überarbeiten und zu modernisieren, die der Synagoge Satans die ultimative Weltherrschaft verschaffen sollten, damit sie die luziferische Ideologie nach dem letzten sozialen Kataklysmus mit Hilfe satanischer Willkür den Überresten der Menschheit aufzwingen konnten. Weishaupt vollendete seine Aufgabe am 1. Mai 1776.

Der Plan erforderte die Zerstörung ALLER bestehenden Regierungen und Religionen. Dieses Ziel sollte dadurch erreicht werden, dass die Massen, die er als Gojim (d.h. menschliches Vieh) bezeichnete, in immer mehr politischen, rassischen, sozialen, wirtschaftlichen und anderen Fragen in gegnerische Lager gespalten werden.

Die gegnerischen Seiten sollten bewaffnet werden und ein „Zwischenfall" sollte sie dazu bringen, zu kämpfen und sich selbst zu schwächen, während sie nationale Regierungen und religiöse Institutionen zerstörten.

Im Jahr 1776 organisierte Weishaupt die Illuminaten, um das Komplott in die Tat umzusetzen. Das Wort Illuminati leitet sich von Luzifer ab und bedeutet „Träger des Lichts". Mit der Lüge, sein Ziel sei es, eine Ein-Welt-Regierung zu schaffen, die es Männern mit nachgewiesenen geistigen Fähigkeiten ermöglicht, die Welt zu regieren, warb er etwa zweitausend Anhänger an. Darunter befanden sich die intelligentesten Männer auf dem Gebiet der Künste und des Schrifttums: Bildung: Wissenschaften, Finanzen und Industrie. Dann gründete er Logen des Großen Orients, die ihr geheimes Hauptquartier sein sollten.

Weishaupts überarbeiteter Plan verlangte von seinen Illuminaten, dass sie die folgenden Dinge tun, um ihr Ziel zu erreichen.

(1) Geld und sexuelle Bestechung einzusetzen, um die Kontrolle über Menschen zu erlangen, die bereits hohe Positionen in den verschiedenen Ebenen ALLER Regierungen und anderen Bereichen menschlicher Bestrebungen innehaben. Sobald eine einflussreiche Person auf die Lügen, Täuschungen und Verlockungen der Illuminaten hereingefallen war, sollte sie durch politische und andere Formen der Erpressung und Drohungen mit finanziellem Ruin, öffentlicher Bloßstellung und körperlichem Schaden und sogar dem Tod für sich selbst und ihre Angehörigen gefesselt werden.

(2) Die Illuminaten an den Fakultäten der Hochschulen und Universitäten sollten Studenten mit außergewöhnlichen geistigen Fähigkeiten, die aus gut erzogenen Familien mit internationalen Neigungen stammten, für eine besondere Ausbildung im Internationalismus empfehlen.

Diese Ausbildung sollte durch die Gewährung von Stipendien an die ausgewählten Personen erfolgen. Sie sollten dazu erzogen (indoktriniert) werden, die „Idee" zu akzeptieren, dass nur eine Eine-Welt-Regierung den wiederkehrenden Kriegen und Drangsalen ein Ende bereiten kann.

Sie sollten zunächst überzeugt und dann davon überzeugt werden, dass Männer mit besonderen Fähigkeiten und Gehirnen das RECHT haben, über die weniger Begabten zu herrschen, weil die Gojim (die Masse des Volkes) nicht wissen, was für sie körperlich, geistig und spirituell das Beste ist. Heute gibt es drei solcher Sonderschulen in Gordonstoun in Schottland, Salem in Deutschland und Anavryta in Griechenland. Prinz Phillip, der Ehemann von Königin Elisabeth von England, wurde auf Betreiben seines Onkels Lord Louis Mountbatten, der nach dem Zweiten Weltkrieg britischer Flottenadmiral wurde, in Gordonstoun unterrichtet.

(3) Einflussreiche Menschen, die in die Falle gelockt wurden, um unter die Kontrolle der Illuminaten zu kommen, und Studenten, die speziell ausgebildet und trainiert worden waren, sollten als Agenten eingesetzt und hinter den Kulissen ALLER Regierungen als „Experten" und „Spezialisten" platziert werden, damit sie den obersten Führungskräften raten konnten, eine Politik zu verfolgen, die auf lange Sicht den geheimen Plänen der One Worlders dienen und die endgültige Zerstörung der Regierungen und Religionen herbeiführen würde, für die sie gewählt oder ernannt wurden.

(4) Die Illuminaten sollten die Kontrolle über die Presse und alle anderen Agenturen erlangen, die Informationen an die Öffentlichkeit weitergeben. Nachrichten und Informationen sollten so gelenkt werden, dass die Gojim zu der Überzeugung kommen, dass eine Eine-Welt-Regierung die EINZIGE Lösung für unsere vielen und vielfältigen Probleme ist.

Da Großbritannien und Frankreich am Ende des 18. Jahrhunderts die beiden größten Mächte waren, befahl Weishaupt den Illuminaten, die Kolonialkriege zu schüren, um das britische Reich zu schwächen, und die Große Revolution zu organisieren, um das französische Reich zu schwächen. Letztere sollte laut Weishaupt im Jahr 1789 beginnen.

Ein deutscher Autor namens Zwack brachte Weishaupts überarbeitete Version der uralten Verschwörung in Buchform und nannte sie „Einige

Original-Scripten". 1784 wurde ein Exemplar dieses Dokuments an die Illuministen geschickt, die Weishaupt mit der Schürung der französischen Revolution beauftragt hatte. Der Kurier wurde vom Blitz erschlagen, als er auf dem Weg von Frankfurt nach Paris durch Regensburg ritt. Die Polizei fand die umstürzlerischen Dokumente bei ihm und übergab sie den zuständigen Regierungsbehörden.

Nach sorgfältiger Prüfung des Komplotts befahl die bayerische Regierung der Polizei, eine Razzia in Weishaupts neu gegründeten Logen des Großorient und in den Häusern einiger seiner einflussreichsten Mitarbeiter durchzuführen, darunter auch im Schloss des Barons Bassus in Sandersdorf.

Zusätzliche Beweise, die auf diese Weise gewonnen wurden, überzeugten die Behörden davon, dass es sich bei den Dokumenten um eine echte Kopie einer Verschwörung handelte, mit der die Synagoge Satans, die die Illuminaten an der Spitze kontrollierte, plante, Kriege und Revolutionen zu nutzen, um die Errichtung einer Eine-Welt-Regierung in der einen oder anderen Form herbeizuführen, deren Befugnisse sie an sich reißen wollten, sobald sie eingerichtet war.

Im Jahr 1785 verbot die bayerische Regierung die Illuminaten und schloss die Logen des Grand Orient. Im Jahr 1786 veröffentlichte sie die Einzelheiten der Verschwörung unter. Der englische Titel lautet „The Original Writings of the Order and Sect of The Illuminati".

Kopien der Verschwörung wurden an die Oberhäupter von Kirche und Staat gesandt. Die Macht der Illuminaten war so groß, dass diese Warnung ebenso ignoriert wurde wie die Warnungen, die Christus der Welt gegeben hatte.

Die Illuminaten gingen in den Untergrund. Weishaupt wies seine Illuminaten an, sich in die Logen der Blauen Freimaurerei einzuschleusen und einen Geheimbund innerhalb der Geheimbünde zu bilden.

Nur Freimaurer, die sich als Internationalisten erwiesen haben, und solche, deren Verhalten beweist, dass sie sich von Gott abgewandt haben, werden in die Illuminaten aufgenommen. So nutzten die Verschwörer den Deckmantel der Philanthropie, um ihre revolutionären und subversiven Aktivitäten zu verbergen. Um die Freimaurerlogen in Großbritannien zu infiltrieren, luden die Illuminaten John Robison nach Europa ein. Er war ein Freimaurer hohen Grades im Schottischen Ritus:

Professor für Naturphilosophie an der Universität Edinburgh und Sekretär der Royal Society of Edinburgh. John Robison fiel nicht auf die Lüge herein, dass es das Ziel der Einweltler sei, eine wohlwollende Diktatur zu errichten. Er behielt seine Reaktionen jedoch für sich und wurde mit einem Exemplar von Weishaupts Revidierter Verschwörung zum Studium und zur sicheren Aufbewahrung betraut.

Da den Kirchen- und Staatsoberhäuptern in Frankreich geraten wurde, die ihnen übermittelten Warnungen zu ignorieren, brach 1789 die Revolution aus. Um andere Regierungen auf ihre Gefahr aufmerksam zu machen, veröffentlichte John Robison 1798 ein Buch mit dem Titel „Proof of a Conspiracy to Destroy All Governments and Religions".[1] Doch seine Warnungen wurden ebenso ignoriert wie die der anderen.

Thomas Jefferson war ein Schüler von Weishaupt geworden. Er war einer seiner stärksten Verteidiger, als er von seiner Regierung geächtet wurde. Jefferson schleuste die Illuminaten in die neu organisierten Logen des Schottischen Ritus in Neuengland ein.

Da ich weiß, dass diese Information viele Amerikaner schockieren wird, möchte ich die folgenden Fakten aufzeichnen: Im Jahr 1789 warnte John Robison die Freimaurerführer, dass die Illuminaten in ihre Logen eingedrungen waren.

Am 19. Juli 1798 sprach David Pappen, der Präsident der Harvard-Universität, vor der Abschlussklasse die gleiche Warnung aus und hielt einen Vortrag über den Einfluss des Illuminismus auf die amerikanische Politik und Religion. John Quincy Adams hatte die Neuengland-Freimaurerlogen organisiert. Im Jahr 1800 beschloss er, gegen Jefferson für die Präsidentschaft zu kandidieren. Er schrieb drei Briefe an Colonel Wm. L. Stone, in denen er darlegte, wie Jefferson die Freimaurerlogen für subversive Zwecke benutzte. Die in diesen Briefen enthaltenen Informationen sollen dazu beigetragen haben, dass Adams

---

[1] Gedruckt wurde es in London bei T. Madell Jr. und W. Davies, Strand; und W. Creeck, Edinburgh. Exemplare befinden sich in Museen und zwei sind in Privatbesitz von Freunden des Autors in Amerika.

die Wahl gewann. Die Briefe befinden sich in der Rittenburg Square Library in Philadelphia.

Insignien des Illuminatenordens, die der Illuminist Jefferson auf der Rückseite des US-Siegels anbringen ließ.

Die obigen Insignien des Illuminatenordens wurden von Weishaupt bei der Gründung des Ordens, am 1. Mai 1776, angenommen. An dieses Ereignis erinnert das MDCCLXXVI an der Basis der Pyramide, und ist nicht das Datum der Unterzeichnung der Unabhängigkeitserklärung, wie die Unwissenden angenommen haben.

Die Pyramide steht für die Verschwörung zur Zerstörung der katholischen (universellen christlichen) Kirche und zur Errichtung einer „Eine-Welt-" oder UN-Diktatur, dem „Geheimnis" des Ordens; das Auge, das in alle Richtungen strahlt, ist das „alles ausspähende Auge", das die terroristische, Gestapo-ähnliche Spionageagentur symbolisiert, die Weishaupt unter dem Namen „Andeutende Brüder" einrichtete, um das „Geheimnis" des Ordens zu bewachen und die Bevölkerung zu terrorisieren, damit sie seine Herrschaft akzeptiert. Dieses „Ogpu" hatte sein erstes Training in der Schreckensherrschaft der Französischen Revolution, an deren Organisation es maßgeblich beteiligt war. Es ist erstaunlich, dass die Wählerschaft die weitere Verwendung dieser Insignien als Teil des Großen Siegels der Vereinigten Staaten toleriert.

„ANNUIT COEPTIS" bedeutet „unser Unternehmen (die Verschwörung) ist von Erfolg gekrönt". Im Folgenden erklärt „NOVUS ORDO SECLORUM" die Art des Unternehmens: Es bedeutet „eine neue soziale Ordnung" oder „New Deal".

Es ist anzumerken, dass diese Insignien erst nach dem Zusammenschluss dieses Ordens mit dem Illuminatenorden auf dem Kongress von Wilhelmsbad im Jahr 1782 freimaurerische Bedeutung erlangten.

Benjamin Franklin, John Adams (ein Verwandter von Roosevelt) und Thomas Jefferson, ein glühender Illuminist, schlugen dem Kongress, der es am 20. Juni 1782 annahm, die Rückseite des Siegels vor, auf der sich das Symbol des Adlers befindet. Nach der Verabschiedung der Verfassung beschloss der Kongress mit einem Gesetz vom 15. September 1789 die Beibehaltung dieses Siegels als Siegel der Vereinigten Staaten. Das Außenministerium stellt jedoch in seiner jüngsten Veröffentlichung zu diesem Thema (2860) fest, dass „die Rückseite nie ausgeschnitten und als Siegel verwendet wurde" und dass nur die Rückseite mit dem Adlersymbol als offizielles Siegel und Wappen verwendet wurde. Es wurde erstmals zu Beginn des New Deal, 1933, auf Anordnung von Präsident F.D. Roosevelt auf der linken Seite der Rückseite der Dollarscheine veröffentlicht.

Welche Bedeutung hat die Veröffentlichung dieses „Gestapo"-Symbols zu Beginn des New Deal, das bis dahin so sorgfältig unterdrückt worden war, dass nur wenige Amerikaner von seiner Existenz wussten, außer dass es ein freimaurerisches Symbol war?

Es kann nur bedeuten, dass die illuministisch-sozialistisch-kommunistischen Verschwörer, die Anhänger von Professor Weishaupt, mit der Einführung des New Deal ihre Bemühungen als von Erfolg gekrönt betrachteten.

In der Tat verkündet dieses Siegel den „One Worlders", dass die gesamte Macht der US-Regierung nun von den Agenten der Illuminaten kontrolliert wird und dazu überredet oder gezwungen wird, eine Politik zu verfolgen, die die geheimen Pläne der Verschwörer unterstützt, die

Regierung zu untergraben und zu zerstören, zusammen mit den verbleibenden Regierungen der sogenannten „Freien Welt", ALLEN existierenden Religionen, usw., usw. zu untergraben und zu zerstören, so dass die Synagoge Satans in der Lage sein wird, die Befugnisse der ersten zu gründenden Weltregierung an sich zu reißen und dann eine luziferische totalitäre Diktatur über die Überreste der menschlichen Ethnie zu errichten.

Im Jahr 1826 beschloss Kapitän Wm. Morgan, dass es seine Pflicht sei, andere Freimaurer und die Öffentlichkeit über die WAHRHEIT der Illuminaten, ihre geheimen Pläne und ihre Absichten zu informieren. Die Illuminaten beauftragten Richard Howard, einen englischen Illuministen, mit der Vollstreckung ihres Urteils, dass Morgan als Verräter hingerichtet werden sollte. Kapitän Morgan wurde vor seiner Gefahr gewarnt. Er versuchte, nach Kanada zu fliehen, aber Howard holte ihn in der Nähe der Grenze ein. Er wurde in der Nähe der Niagara-Schlucht ermordet. Nachforschungen ergaben, dass ein gewisser Avery Allyn in der Stadt New York eine eidesstattliche Erklärung abgab, wonach er gehört hatte, wie Richard Howard bei einer Versammlung der Tempelritter in St. John's Hall, New York, berichtete, wie er Morgan „hingerichtet" hatte. Er berichtete, dass daraufhin Vorkehrungen getroffen wurden, um Howard nach England zurückzuschicken.

Nur sehr wenige Menschen wissen heute, dass die allgemeine Ablehnung und Abscheu über diesen Vorfall fast 40% der Freimaurer, die der Northern Jurisdiction of the United States angehören, dazu veranlasste, sich abzuspalten. Ich habe Kopien von Protokollen einer Versammlung, die abgehalten wurde, um diese spezielle Angelegenheit zu diskutieren. Die Macht derjenigen, die die luziferische Verschwörung gegen Gott und die Menschen leiten, kann durch die Fähigkeit ihrer Agenten erkannt werden, zu verhindern, dass solche herausragenden Ereignisse der Geschichte in unseren öffentlichen Schulen gelehrt werden.

1829 hielten die Illuminaten ein Treffen in New York ab, das von einem britischen Illuministen namens Wright geleitet wurde. Die Anwesenden wurden darüber informiert, dass die Illuminaten beabsichtigten, die nihilistischen und atheistischen Gruppen mit allen anderen subversiven Organisationen in einer internationalen Organisation zu vereinen, die als Kommunismus bekannt werden sollte. Diese zerstörerische Kraft sollte es den Illuminaten ermöglichen, zukünftige Kriege und

Revolutionen zu schüren. Clinton Roosevelt (ein direkter Vorfahre von F.D.R.), Horace Greeley und Chas. Dana wurden zu einem Komitee ernannt, um Gelder für dieses neue Unternehmen zu sammeln. Das Geld, das sie sammelten, finanzierte Karl Marx und Engels, als sie „Das Kapital" und „Das Kommunistische Manifest" in Soho, England, schrieben.

Im Jahr 1830 starb Weishaupt. Er trug die Täuschung, dass die Illuminaten tot seien, bis zu seinem eigenen Sterbebett, wo er, um seine geistlichen Berater zu überzeugen, vorgab, zu bereuen und sich der Kirche wieder anzuschließen.

Nach Weishaupts überarbeiteter Version der uralten Verschwörung sollten die Illuminaten ALLE internationalen Organisationen und Gruppen organisieren, finanzieren, leiten und kontrollieren, indem sie ihre Agenten in Führungspositionen an der Spitze einarbeiteten. So kam es, dass, während Karl Marx das Kommunistische Manifest unter der Leitung einer Gruppe von Illuministen schrieb, Professor Karl Ritter von der Frankfurter Universität die Antithese unter der Leitung einer anderen Gruppe schrieb, so dass diejenigen, die die Verschwörung AN DER SPITZE leiten, die Unterschiede in diesen beiden Ideologien nutzen konnten, um damit zu beginnen, eine immer größere Anzahl der menschlichen Ethnie in gegensätzliche Lager aufzuteilen, damit sie bewaffnet und dann dazu gebracht werden konnten, sich gegenseitig zu bekämpfen und zu zerstören, zusammen mit ihren politischen und religiösen Institutionen. Die von Ritter begonnene Arbeit wurde von dem deutschen sogenannten Philosophen Friedrich Wilhelm Nietzsche (1844-1900) fortgesetzt, der den Nietzscheismus begründete.

Der Nietzscheismus wurde zum Faschismus und später zum Nationalsozialismus weiterentwickelt und dazu benutzt, die Agenten der Illuminaten in die Lage zu versetzen, den Ersten und Zweiten Weltkrieg zu schüren.

1834 wurde der italienische Revolutionsführer Gussepi [Giuseppe] Mazzini von den Illuminaten als Leiter ihres revolutionären Programms in der ganzen Welt ausgewählt. Er hatte dieses Amt bis zu seinem Tod im Jahr 1872 inne.

1840 geriet General Albert Pike unter den Einfluss Mazzinis, weil er als Offizier verärgert war, als Präsident Jefferson Davis seine indianischen Hilfstruppen mit der Begründung auflöste, sie hätten unter dem

Deckmantel der legitimen Kriegsführung Gräueltaten begangen. Pike akzeptierte die Idee einer Ein-Welt-Regierung und wurde schließlich zum Oberhaupt der luziferischen Priesterschaft. Zwischen 1859 und 1871 arbeitete er die Details eines militärischen Plans für drei Weltkriege und drei große Revolutionen aus, die seiner Ansicht nach die Verschwörung im zwanzigsten Jahrhundert zu ihrem Abschluss bringen würden. Den größten Teil seiner Arbeit verrichtete er in dem 1840 in Little Rock, Arkansas, errichteten Herrenhaus mit 13 Zimmern.

Als die Illuminaten und die Logen des Grand Orient aufgrund der revolutionären Aktivitäten Mazzinis in Europa verdächtig wurden, organisierte Pike den Neuen und Reformierten Palladianischen Ritus. Er richtete drei Oberste Räte ein: einen in Charleston, S.C., einen weiteren in Rom, Italien und einen weiteren in Berlin, Deutschland. Er ließ Mazzini dreiundzwanzig untergeordnete Räte an strategischen Orten in der ganzen Welt einrichten. Diese sind seither die geheimen Hauptquartiere der revolutionären Weltbewegung. Lange bevor Marconi das Radio erfand, hatten die Wissenschaftler der Illuminaten es Pike und den Leitern seiner Räte ermöglicht, heimlich zu kommunizieren. Die Entdeckung dieses Geheimnisses ermöglichte es den Geheimdienstlern zu verstehen, wie scheinbar unzusammenhängende „Vorfälle" überall auf der Welt gleichzeitig stattfanden, die eine Situation verschärften und sich zu einem Krieg oder einer Revolution entwickelten.

Pikes Plan war so einfach, wie er sich als effektiv erwiesen hat. Er verlangte, dass der Kommunismus, der Nationalsozialismus, der politische Zionismus und andere internationale Bewegungen organisiert und benutzt werden sollten, um die drei globalen Kriege und die drei großen Revolutionen zu schüren. Der erste Weltkrieg sollte geführt werden, um die Illuminaten in die Lage zu versetzen, die Macht der Zaren in Russland zu stürzen und dieses Land in eine Hochburg des Atheismus-Kommunismus zu verwandeln. Die von Agenten der Illuminaten geschürten Differenzen zwischen dem britischen und dem deutschen Kaiserreich sollten dazu genutzt werden, diesen Krieg zu schüren. Nach Beendigung des Krieges sollte der Kommunismus aufgebaut und dazu benutzt werden, andere Regierungen zu zerstören und die Religionen zu schwächen.

Der Zweite Weltkrieg sollte unter Ausnutzung der Differenzen zwischen Faschisten und politischen Zionisten angezettelt werden. Dieser Krieg sollte geführt werden, um den Nationalsozialismus zu vernichten und die Macht des politischen Zionismus zu stärken, damit der souveräne Staat Israel in Palästina errichtet werden konnte. Während des Zweiten Weltkriegs sollte der internationale Kommunismus aufgebaut werden, bis er die Stärke der vereinigten Christenheit erreicht hatte. An diesem Punkt sollte er eingedämmt und in Schach gehalten werden, bis er für die letzte soziale Katastrophe benötigt wurde. Kann eine informierte Person bestreiten, dass Roosevelt und Churchill diese Politik nicht in die Tat umgesetzt haben?

Der Dritte Weltkrieg soll angefacht werden, indem man die Differenzen nutzt, die die Agenten der Illuminaten zwischen den politischen Zionisten und den Führern der muslimischen Welt schüren. Der Krieg soll so geführt werden, dass der Islam (die arabische Welt einschließlich des Mohammedanismus) und der politische Zionismus (einschließlich des Staates Israel) sich selbst zerstören, während gleichzeitig die verbleibenden Nationen, die in dieser Frage erneut gegeneinander gespalten sind, gezwungen werden, sich bis zur völligen Erschöpfung zu bekämpfen - körperlich, geistig, spirituell und wirtschaftlich. Kann eine unvoreingenommene und vernünftig denkende Person leugnen, dass die Intrigen, die jetzt im Nahen, Mittleren und Fernen Osten stattfinden, nicht darauf abzielen, dieses teuflische Ziel zu erreichen?

Am 15. August 1871 sagte Pike zu Mazzini, dass nach dem Ende des Dritten Weltkriegs diejenigen, die eine unangefochtene Weltherrschaft anstreben, die größte soziale Katastrophe auslösen werden, die die Welt je erlebt hat. Wir zitieren seine eigenen schriftlichen Worte (entnommen aus dem Brief, der in der British Museum Library, London, England, katalogisiert ist):

> „Wir werden die Nihilisten und Atheisten entfesseln und einen gewaltigen sozialen Kataklysmus auslösen, der in seiner ganzen Schrecklichkeit den Völkern die Wirkung des absoluten Atheismus, den Ursprung der Wildheit und des blutigsten Aufruhrs, deutlich vor Augen führen wird. Dann werden überall die Bürger, die gezwungen sind, sich gegen die weltweite Minderheit der Revolutionäre zu verteidigen, diese Zerstörer der Zivilisation ausrotten, und die vom Christentum desillusionierte Menge, deren deistische Geister von diesem Augenblick an ohne Kompass (Richtung) sein werden, die nach einem Ideal strebt, aber nicht weiß, wo sie es anbeten soll, wird das wahre Licht durch die allgemeine Manifestation der reinen Lehre Luzifers erhalten, die schließlich in die Öffentlichkeit getragen wird, eine Manifestation, die sich aus der allgemeinen reaktionären Bewegung ergeben wird, die der Zerstörung des

Christentums und des Atheismus folgen wird, die beide gleichzeitig besiegt und ausgerottet werden."

Als Mazzini 1872 starb, machte Pike einen anderen italienischen Revolutionsführer namens Adriano Lemmi zu seinem Nachfolger. Lemmi wurde später von Lenin und Trotzki abgelöst. Die revolutionären Aktivitäten all dieser Männer wurden von britischen, französischen, deutschen und amerikanischen internationalen Bankiers finanziert. Der Leser muss sich daran erinnern, dass die internationalen Bankiers von heute, wie die Geldwechsler zur Zeit Christi, nur Werkzeuge oder Agenten der Illuminaten sind.

Während die Öffentlichkeit zu dem Glauben verleitet wurde, der Kommunismus sei eine Bewegung der Arbeiter (Sowjets) zur Zerstörung des Kapitalismus, beweisen Pawns In The Game und The Red Fog Over America, dass sowohl britische als auch amerikanische Geheimdienstler authentische dokumentarische Beweise erhalten haben, die belegen, dass internationalistische Kapitalisten, die durch ihre internationalen Bankhäuser operieren, beide Seiten in jedem Krieg und jeder Revolution seit 1776 finanziert haben. Diejenigen, die heute die Synagoge des Satans bilden, lenken unsere Regierungen, die sie in Wucher halten, um die Kriege und Revolutionen zu führen, damit sie die Pläne von Pike vorantreiben, um die Welt in das Stadium der Verschwörung zu bringen, in dem der atheistische Kommunismus und die gesamte Christenheit in einen totalen Krieg innerhalb jeder verbleibenden Nation sowie im internationalen Maßstab gezwungen werden können.

Es gibt zahlreiche Belege dafür, dass Hecht wie Weishaupt zu seiner Zeit an der Spitze der luziferischen Priesterschaft stand. Zusätzlich zu dem Brief, den er 1871 an Mazzini schrieb, fiel ein anderer, den er am 14. Juli 1889 an die Leiter seiner palladianischen Räte schrieb, in andere Hände als vorgesehen. Er wurde geschrieben, um das luziferische Dogma zu erklären, das die Anbetung des Satans und die Anbetung Luzifers betraf. Darin sagte er unter anderem:

> „Das, was wir der Menge sagen, ist 'wir beten Gott an'. Aber es ist der Gott, den man ohne Aberglauben verehrt. Die Religion sollte von uns allen Eingeweihten der hohen Grade in der Reinheit der luziferischen Lehre aufrechterhalten werden... Ja! Luzifer ist Gott. Und leider ist Adonay (der Name, den die Luziferianer dem Gott geben, den wir verehren) auch Gott... denn das Absolute kann nur als zwei Götter existieren. Daher ist die Lehre des Satanismus eine

Ketzerei: und die wahre und reine philosophische Religion ist der Glaube an Luzifer, der Adonay gleich ist: aber Luzifer, Gott des Lichts und Gott des Guten, kämpft für die Menschheit gegen Adonay, den Gott der Finsternis und des Bösen."

Die Propaganda der Führer der luziferischen Verschwörung hat die Öffentlichkeit glauben lassen, dass alle, die sich gegen das Christentum stellen, Atheisten sind. Dies ist eine absichtliche Lüge, die verbreitet wird, um die geheimen Pläne der Hohepriester des luziferischen Glaubensbekenntnisses zu verbergen, die die Synagoge Satans leiten, so dass es der menschlichen Ethnie immer noch unmöglich ist, auf dieser Erde Gottes Plan für die Herrschaft des Universums zu etablieren, wie er ihn unseren ersten Eltern im Garten Eden erklärt hat, wie in der Genesis erzählt wird. Die Hohepriester des luziferischen Glaubensbekenntnisses arbeiten aus der Dunkelheit heraus. Sie bleiben hinter den Kulissen. Sie halten ihre Identität und ihr wahres Ziel geheim, sogar vor der großen Mehrheit derer, die sie dazu verleiten, ihren Willen zu tun und ihre geheimen Pläne und Ambitionen zu unterstützen. Sie wissen, dass der endgültige Erfolg ihrer Verschwörung, die Macht der Weltregierung an sich zu reißen, von ihrer Fähigkeit abhängt, ihre Identität und ihr WAHRES Ziel geheim zu halten, bis keine List oder Macht sie daran hindern kann, IHREN Führer zum König und Despoten der ganzen Welt zu krönen. Die Heilige Schrift hat vorausgesagt, dass das, was Weishaupt und Pike planten, in die Tat umgesetzt werden würde, bis die geistigen Kräfte des Bösen diese Erde kontrollieren würden. Offb. 20 sagt uns, dass, nachdem diese Dinge, von denen wir berichten, eingetreten sind, Satan für tausend Jahre gebunden sein wird.

Was der Begriff „tausend Jahre" in Bezug auf die Zeit, wie wir sie kennen, bedeutet, gebe ich nicht vor zu wissen. Was mich betrifft, so hat mich das Studium der luziferischen Verschwörung im Lichte des Wissens, das in der Heiligen Schrift enthalten ist, davon überzeugt, dass die Bindung Satans und die Eindämmung der satanischen Kräfte auf dieser Erde schneller herbeigeführt werden kann, wenn die GANZE WAHRHEIT über die Existenz der fortdauernden luziferischen Verschwörung so schnell wie möglich ALLEN Menschen in ALLEN verbleibenden Nationen bekannt gemacht wird.

Die Forschung grub Briefe von Mazzini aus, die enthüllten, wie die Hohepriester des luziferischen Glaubensbekenntnisses ihre Identität und ihr wahres Ziel geheim halten. In einem Brief, den Mazzini nur wenige Jahre vor seinem Tod an seinen revolutionären Mitarbeiter Dr.

Breidenstine schrieb, sagte er: „Wir bilden eine Vereinigung von Brüdern in allen Teilen der Welt. Wir wollen jedes Joch brechen. Und doch gibt es eines, das wir nicht sehen, das wir kaum spüren können, das aber auf uns lastet. Woher kommt es? Woher kommt es? Keiner weiß es... oder zumindest sagt es keiner. Diese Vereinigung ist selbst für uns, die Veteranen der Geheimbünde, ein Geheimnis."

1925 veröffentlichte seine Eminenz Kardinal Caro y Rodriguez, Erzbischof von Santiago, Chile, ein Buch mit dem Titel „The Mystery of Freemasonry Unveiled" (Das Geheimnis der Freimaurerei enthüllt), um aufzuzeigen, wie die Illuminaten, die Satanisten und die Luziferianer einem Geheimbund einen Geheimbund aufgezwungen hatten. Grades wissen, was in den Logen des Großen Orients und des Neuen und Reformierten Palladianischen Ritus von Pike sowie in den angeschlossenen Logen der Adoption vor sich geht, in denen weibliche Mitglieder der Verschwörung eingeweiht werden. Auf Seite 108 zitiert er die Autorität Margiotta, um zu beweisen, dass Lemmi, bevor Pike ihn als Nachfolger von Mazzini als Direktor der Weltrevolutionären Bewegung auswählte, ein fanatischer und überzeugter Satanist war. Aber nachdem er ausgewählt worden war, wurde er in die luziferische Ideologie eingeweiht.

Die Tatsache, dass die Hohepriester des luziferischen Glaubensbekenntnisses auf dieser Erde die Anbetung Satans in den niederen Graden sowohl der Großorient-Logen als auch der Räte des Palladianischen Ritus einführten und dann ausgewählte Personen in das VOLLSTÄNDIGE GEHEIMNIS einweihten, dass Luzifer Gott gleich ist von Adonay, hat viele Historiker und Forscher verblüfft. In der Heiligen Schrift wird Luzifer nur wenige Male erwähnt - Isa 14; Lukas 10:18; Offb 9:1-11. Die luziferische Lehre besagt jedoch eindeutig, dass Luzifer die himmlische Revolte anführte; dass Satan der älteste Sohn Gottes (Adonay) und der Bruder des heiligen Michael ist, der die luziferische Verschwörung im Himmel besiegte. Die luziferischen Lehren behaupten auch, dass St. Michael in der Person von Jesus Christus auf die Erde kam, um zu versuchen, das zu wiederholen, was er im Himmel getan hatte... und scheiterte. Da Luzifer, Satan, der Teufel - nennen Sie ihn, wie Sie wollen - der Vater der Lüge ist, scheint es, dass diese geistigen Kräfte der Finsternis so viele so genannte Intellektuelle wie möglich täuschen, damit sie hier ihren Willen tun, wie sie es im Himmel getan haben.

Ohne in eine Kontroverse einzusteigen, sollte es für den durchschnittlichen Christen einfach sein, zu erkennen, dass es ZWEI übernatürliche Mächte gibt. Die eine bezeichnen wir als Gott, dem die Heilige Schrift viele Namen gibt, und die andere, den Teufel, der ebenfalls viele Namen zu haben scheint. Es ist wichtig, sich daran zu erinnern, dass es nach der Offenbarung ein endgültiges Gericht geben wird. Satan wird die Fesseln, mit denen er tausend Jahre lang gebunden war, sprengen oder von ihnen befreit werden. Er wird erneut Chaos auf dieser Erde anrichten. Dann wird Christus im Namen der Auserwählten eingreifen, und Gott wird die Schafe von den Böcken scheiden. Uns wird gesagt, dass diejenigen, die von Gott abtrünnig geworden sind, für alle Ewigkeit in völligem Chaos und Verwirrung von Luzifer, Satan oder dem Teufel, regiert werden und ihren Herrscher, sich selbst und einander hassen werden, weil sie erkennen werden, dass sie getäuscht wurden und von Gott abtrünnig geworden sind und seine Liebe und Freundschaft für immer verloren haben.

Wenn man *Pawns In The Game* und *The Red Fog Over America* gelesen hat, wird man leicht erkennen, dass der Kampf, der hier stattfindet, NICHT weltlicher oder zeitlicher Natur ist. Er hat seinen Ursprung in jenem Teil des Universums, den wir als „Himmlische Welt" bezeichnen; sein Ziel ist es, die Seelen der Menschen von Gott, dem Allmächtigen, wegzuziehen.

Gelehrte Theologen haben erklärt, dass Luzifer, Satan, oder nennen Sie das Oberhaupt der Mächte des Bösen einfach „Der Teufel", weiß, dass er Unrecht getan hat und weiß, dass er Unrecht hatte. Er ist ein reiner Geist und daher unzerstörbar. Da er weiß, dass er Unrecht getan hat, ist er dennoch entschlossen, so viele Seelen wie möglich mit sich in die Hölle zu ziehen, um sein Elend zu teilen. Da dies eine Tatsache ist, ist unsere Pflicht klar: Wir müssen die WAHRHEIT in dieser Hinsicht so schnell wie möglich so vielen anderen wie möglich bekannt machen, damit sie die Fallen und Fallstricke vermeiden können, die von denen gelegt werden, die dem Zweck des Teufels dienen, und die Lügen und Täuschungen derer durchdringen können, die in der Welt umherwandern und das Verderben der Seelen suchen. Kriege und Revolutionen bescheren dem Teufel die größte Ernte an menschlichen Seelen, denn „so viele sind berufen und so wenige sind auserwählt" (Mt 20,16; 22,14). Wir hören so oft, dass das, was heute in der Welt vor sich geht, als „ein Krieg um die Köpfe der Menschen" bezeichnet wird. Das ist nur eine halbe Wahrheit und ist schlimmer als eine ganze Lüge. Weishaupts Plan erfordert:

1. Abschaffung ALLER geordneten nationalen Regierungen.

2. Abschaffung der Vererbung.

3. Abschaffung des Privateigentums.

4. Abschaffung des Patriotismus.

5. Abschaffung des individuellen Heims und des Familienlebens als die Zelle, aus der alle Zivilisationen hervorgegangen sind.

6. Abschaffung ALLER Religionen, die es gibt und gab, damit die luziferische Ideologie des Totalitarismus der Menschheit aufgezwungen werden kann.

Das Hauptquartier der Verschwörung befand sich in den späten 1700er Jahren in Frankfurt, Deutschland, wo das Haus Rothschild gegründet worden war und andere internationale Finanziers zusammenbrachte, die buchstäblich „ihre Seelen an den Teufel verkauft" hatten. Nach der Aufdeckung durch die bayerische Regierung im Jahr 1786 richteten die Hohepriester des luziferischen Glaubensbekenntnisses ihren Hauptsitz in der Schweiz ein; seit dem Zweiten Weltkrieg befindet sich der Hauptsitz im Harold Pratt Building in New York. Die Rockefellers haben die Rothschilds ersetzt, was die Manipulation der Finanzen betrifft.

In der letzten Phase der Verschwörung wird die Regierung aus dem König-Despot, der Synagoge Satans und einigen Millionären, Ökonomen und Wissenschaftlern bestehen, die ihre Ergebenheit gegenüber der luziferischen Sache bewiesen haben. Alle anderen werden durch künstliche Befruchtung auf internationaler Ebene in ein riesiges Konglomerat einer vermischten Menschheit integriert werden. Auf den Seiten 49-51 „Der Einfluss der Wissenschaft auf die Gesellschaft" sagt Bertrand Russell, dass letztendlich weniger als 30 Prozent der weiblichen und 5 Prozent der männlichen Bevölkerung für Zuchtzwecke verwendet werden. Die Fortpflanzung wird sich strikt auf die Art und Anzahl beschränken, die erforderlich ist, um den Bedarf des Staates zu decken.

Da die Urteile der Gerichte heute so sehr im Bewusstsein der Öffentlichkeit verankert sind, möchte ich meine Einleitung mit einem Zitat aus einem Vortrag abschließen, den ein führender Vertreter des Palladianischen Ritus der Pike um die Jahrhundertwende vor den

Mitgliedern der Großloge des Orients in Paris, Frankreich,, gehalten hat. Er sagte:

> „Unter unserem Einfluss ist die Ausführung der Gesetze der Gojim auf ein Minimum reduziert worden. Das Ansehen des Gesetzes ist durch die liberalen Auslegungen, die in diesem Bereich eingeführt wurden, gesprengt worden. In den wichtigsten und grundlegenden Angelegenheiten und Fragen entscheiden die Richter so, wie wir es ihnen diktieren: sie sehen die Dinge in dem Licht, in das wir sie für die Verwaltung der Gojim stellen, natürlich durch Personen, die unsere Werkzeuge sind, obwohl wir nichts mit ihnen gemein zu haben scheinen. Selbst Senatoren und die höhere Verwaltung akzeptieren unseren Rat..."

Dies dürfte eine Erklärung für den Vorfall in Little Rock" sein, der sich ein halbes Jahrhundert später ereignete.

Kann ein denkender Mensch leugnen, dass die Verschwörung, wie sie von Weishaupt in den späten 1700er Jahren überarbeitet wurde, und die Pläne, die von Pike in den späten 1800er Jahren ausgearbeitet wurden, nicht genau so ausgereift sind wie beabsichtigt? Die Reiche von Russland und Deutschland wurden zerstört.

Großbritannien und Frankreich wurden zu Mächten dritter Klasse degradiert. Die gekrönten Häupter sind wie überreifes Obst gefallen. Die Weltbevölkerung wurde durch die Propaganda der Illuminaten zweimal in gegnerische Lager gespalten. In zwei Weltkriegen haben sich die Christen zu zig Millionen gegenseitig umgebracht, ohne dass eine der beteiligten Personen auch nur die geringste persönliche Feindseligkeit gegen die andere hatte. Zwei der großen Revolutionen, die in Russland und China, sind vollendete Tatsachen.

Der Kommunismus ist so weit ausgebaut worden, dass er dem gesamten Christentum an Stärke gleichkommt. Die Intrigen, die sich derzeit im Osten und im Nahen Osten abspielen, schüren den Dritten Weltkrieg. Danach wird, wenn er nicht sofort durch das schiere Gewicht der informierten öffentlichen Meinung gestoppt wird, der letzte soziale Kataklysmus kommen; dann wird die absolute physische, mentale und spirituelle Sklaverei folgen.

Kann eine informierte Person leugnen, dass der Kommunismus in den verbleibenden so genannten freien Ländern toleriert wird? Die britische Sonderabteilung des Geheimdienstes, die kanadische R.C.M.P. und das amerikanische F.B.I. könnten jeden kommunistischen Führer innerhalb von vierundzwanzig Stunden nach Erteilung des Befehls verhaften, aber es ist ihnen nicht erlaubt zu handeln. WARUM? Die Antwort ist einfach. Der Kommunismus wird auf der nationalen und internationalen Ebene der Regierung „eingedämmt", auf „RAT" der Agenten der Illuminaten, die eine große Anzahl von völlig unüberzeugenden Entschuldigungen für die gegenwärtige Politik Großbritanniens, Kanadas und der Vereinigten Staaten gegenüber dem nationalen und internationalen Kommunismus geben. Wenn das F.B.I. oder die R.C.M.P. handeln, dann finden die Richter der Obersten Gerichte beider Länder rechtliche Gründe, warum die Verhafteten freigelassen werden sollten. Ein solches Vorgehen wäre völlig lächerlich, wenn der Kommunismus nicht für die letzte soziale Katastrophe eingedämmt würde.

Ist es nicht an der Zeit, dass die Christen aufwachen und sich ihrer Gefahr bewusst werden? Ist es nicht an der Zeit, dass Eltern sich weigern, zuzulassen, dass ihre Kinder als Kanonenfutter für die luziferische Sache benutzt werden? Ist es nicht an der Zeit, dass wir „Täter" des WORTES Gottes werden, anstatt nur „Hörer" zu sein?

Die Föderation christlicher Laien, deren Präsident zu sein ich die Ehre habe, hat das gesamte bisher erlangte Wissen über die verschiedenen Aspekte der Verschwörung zugänglich gemacht. Wir haben „Pawns In The Game" und „Red Fog Over America" in Buchform sowie weitere Broschüren veröffentlicht. Wir halten diejenigen, die unsere Bücher gelesen haben, durch die Veröffentlichung eines monatlichen Newsletters mit dem Titel News Behind The News über den Fortgang der Verschwörung auf dem Laufenden. Unsere Vorhersagen über bevorstehende Ereignisse beruhen auf unserem Wissen über die anhaltende Verschwörung. Sie haben sich in einem so erstaunlichen Ausmaß bewahrheitet, dass wir das Interesse denkender Menschen auf der ganzen Welt geweckt haben. Wir laden Sie ein, sich uns anzuschließen. Machen Sie sich mit den verschiedenen Aspekten der Verschwörung vertraut und geben Sie dieses Wissen dann an andere weiter. Tun Sie dies, und die Macht der informierten öffentlichen Meinung wird die größte Macht der Welt werden.

Ich fordere Sie auf, christliche Bürgerinitiativen oder ähnliche Gruppen zu organisieren. Nutzen Sie sie als Studiengruppen. Nutzen Sie sie, um Männer zu wählen, die loyale Bürger sind. Aber bevor Sie einen Kandidaten für ein öffentliches Amt wählen, vergewissern Sie sich, dass er über alle Aspekte der internationalen Verschwörung auf Gemeinde-, Landes- und Bundesebene vollständig informiert ist. Alle Einweltler werden nicht wissentlich der Synagoge des Satans dienen.

Es ist unsere Pflicht, sie mit der Wahrheit vertraut zu machen. Christliche Bürgerinitiativen sollten überparteilich und überkonfessionell sein. Ihr Ziel sollte es sein, Gott zurück in die Politik zu bringen, damit wir eine Regierung in Übereinstimmung mit seinem Plan für die Herrschaft des Universums errichten können, wie er uns in der Heiligen Schrift und von Gottes eingeborenem Sohn Jesus Christus erklärt wurde. Nur dann wird sein Wille hier wie im Himmel getan werden. Meiner bescheidenen Meinung nach wird Gott erst dann zu unseren Gunsten eingreifen und die Worte des Vaterunsers erfüllen, wenn dies geschehen ist.

William Guy Carr
Clearwater Fla.
13. Oktober 1958.

Kapitel 1

Die Weltrevolutionäre Bewegung

Um die Ursachen in der Vergangenheit *zu verstehen*, die zu den Auswirkungen geführt haben, die wir heute erleben, insbesondere im Hinblick auf den unbefriedigenden Zustand der nationalen und internationalen Angelegenheiten, muss die Geschichte studiert werden, denn die Geschichte wiederholt sich tatsächlich. Die Geschichte wiederholt sich, weil der Kampf zwischen den Mächten des Guten und des Bösen, der seit Anbeginn der Zeit geführt wird, um zu entscheiden, ob die Herrschaft des allmächtigen Gottes die Oberhand gewinnt oder ob die Welt buchstäblich zum Teufel geht, eine vollkommene Kontinuität aufweist. So einfach ist die Sache. Es ist eine Tatsache, dass sowohl die Kräfte des Guten als auch die Kräfte des Bösen geteilt und in Fraktionen gespalten sind. Diese Fraktionen bekämpfen sich oft in dem Bemühen, ein gemeinsames Ziel zu erreichen - das macht eine Untersuchung des Themas kompliziert. Diese Meinungsverschiedenheiten wurden durch die Propaganda hervorgerufen, die häufiger dazu benutzt wird, Lügen und Halbwahrheiten zu verbreiten, als die ungeschminkte Wahrheit über ein bestimmtes Ereignis oder Thema zu sagen.

Kriegshetzer haben die Menschen mit Hilfe von Propaganda in politische, soziale, wirtschaftliche und religiöse Lager gespalten, um sie in einen solchen Zustand der Emotionalität zu versetzen, dass sie sich gegenseitig bekämpfen und töten werden. Um die Ursachen zu entdecken, die zu den Auswirkungen geführt haben, die wir heute erleben, müssen alle verfügbaren Beweise sorgfältig untersucht werden. Wahrheiten müssen von Unwahrheiten und Fiktionen von Tatsachen unterschieden werden. Vergangene Ereignisse müssen untersucht werden, um zu sehen, wie sie die heutigen Bedingungen beeinflusst und geprägt haben.

Was die Religion betrifft, ist die Menschheit in zwei Lager geteilt. Die Vertreter des einen Lagers glauben an die Existenz eines Gottes.

Diejenigen im anderen Lager leugnen die Existenz eines wie auch immer gearteten höchsten Wesens. Diese Tatsache ist von großer Bedeutung, denn es wird sich zeigen, dass alle Kriege und Revolutionen darauf zurückzuführen sind, dass die eine oder andere Gruppe versucht hat, den Menschen auf der ganzen Welt ihre Ideologie aufzuzwingen.

Die Vorstellung von GOTT ist bei den verschiedenen Sekten unterschiedlich. Der Theismus lehrt, dass Gott ein persönliches Wesen und der Urheber und Herrscher des Universums ist. Im Pantheismus wird Gott mit dem Universum identifiziert, aber nicht als persönliches Wesen. Pantheisten glauben an die Lehre von der universellen Gegenwart des göttlichen Geistes in der Natur. Eine Art von Pantheismus hat in viele religiöse und philosophische Systeme Eingang gefunden - sowohl der Buddhismus als auch der Hinduismus sind Teil dieser Lehre. Der Glaube an einen persönlichen Gott beinhaltet den Glauben an eine himmlische Welt, den Glauben an die Seele und das Leben in der himmlischen Welt nach dem Tod unseres sterblichen Körpers. Menschen, die an einen persönlichen Gott glauben, müssen zwangsläufig an die Existenz des Satans - eines persönlichen Teufels - glauben.

Ein Studium der vergleichenden Religionen beweist, dass selbst die Mitglieder isolierter Stämme, soweit man zurückgehen kann, immer einen religiösen Instinkt hatten, der sie veranlasste, über die Fragen zu diskutieren und nachzudenken: „Warum wurden wir geboren?". „Zu welchem Zweck leben wir?" „Welchem Zweck dienen wir?". „Wohin gehen wir, wenn wir sterben?" Selbst die rückständigsten Stämme Zentralafrikas und Australiens scheinen keine Zweifel an der Existenz Gottes, einer spirituellen Welt und einer anderen Existenz für ihre eigenen Seelen nach dem Tod ihres sterblichen Körpers gehabt zu haben.

Ein Studium der vergleichenden Religionen zeigt auch, dass die meisten, wenn nicht alle Religionen (die den Glauben an ein höheres Wesen lehren) auf einem mehr oder weniger gleichmäßig hohen Niveau begannen, in dem die Verehrung und Liebe zum allmächtigen Gott, der Respekt vor den Älteren und den Eltern, die Liebe zu den Nachbarn, d.h. zu den Wohltätern, und die Gebete für verstorbene Verwandte und Freunde das Grundprinzip bildeten. Böse Menschen, die von Motiven der Selbstsucht, der Habgier und des Machtstrebens angetrieben wurden, führten dazu, dass fast alle Religionen auf das Niveau herabsanken, auf dem wir sie heute vorfinden. Einige Religionen gingen sogar so weit, dass Priester Menschen als Opfergaben für Gott darbringen mussten. Selbst das Christentum, eine der jüngsten Religionen, hat sich verschlechtert. Das Christentum hat sich in viele Fraktionen (Konfessionen) aufgespalten, und es würde viel Phantasie erfordern, sich die große Mehrheit derer, die sich heute als Christen bekennen, als wahre Soldaten oder Anhänger Jesu Christi vorzustellen.

Im Allgemeinen hat sich das Christentum in Bezug auf die Praxis der guten Werke verschlechtert. Dies ist von großer Bedeutung, wenn wir den Kampf zwischen den Mächten des Guten und des Bösen in der heutigen Zeit untersuchen, denn die Praxis der guten Werke hat die Nächstenliebe geschaffen und die Einheit der christlichen Gemeinschaft bewirkt. Die eigentliche Definition des Wortes „Nächster" ist eine Person, die sich als dein Wohltäter erwiesen hat; eine Person, auf die du dich verlassen kannst; eine Person, von der du sicher bist, dass sie dir unter keinen Umständen etwas antun würde; dieser Mann oder diese Frau ist dein Nächster. Die Heilige Schrift sagt uns, dass wir unseren Nächsten lieben sollen wie uns selbst, um Gottes willen. Die einzige Möglichkeit, gute Nachbarn zu haben, ist, selbstlos gute Werke zu tun. Ein Mangel an guten Taten des Einzelnen bedeutet einen Mangel an Einheit und einen Mangel an richtigem Gemeinschaftsgeist. Heute haben wir die kalte Scheckbuchmethode angenommen, um gute Werke zu tun.

Wir überlassen die Durchführung den professionellen Sozialarbeitern. Dies hat die Verwendung des Begriffs „So kalt wie professionelle Nächstenliebe" gerechtfertigt. Es ist gut, sich daran zu erinnern, dass auch die staatlichen Sozialversicherungsgesetze den Einzelnen nicht von seinen Pflichten zur Nächstenliebe entbinden. Das Gebet ohne gute Werke nützt dem Menschen nichts. In der Schwäche und Uneinigkeit der Christen liegt die Stärke der Atheisten.

Aus dem einen oder anderen Grund verlieren viele christliche Konfessionen schnell ihren Einfluss auf die Jugend der so genannten freien Nationen. Jeder, der den christlichen Glauben verliert, wendet sich in der Regel dem Säkularismus zu und endet oft als „Mitläufer" in der einen oder anderen atheistischen Ideologie des Kommunismus oder des Nazismus. [2]

Die große Mehrheit der bekennenden Christen sind keine wirklichen „Soldaten Jesu Christi", während jedes Mitglied der kommunistischen oder der nationalsozialistischen Partei, das einen Ausweis besitzt, schwören muss, den Führern uneingeschränkten Gehorsam zu leisten, jede wache Stunde der Förderung der Sache zu widmen und ein Zehntel seines Einkommens zur Finanzierung der Parteiaktivitäten beizutragen.

Während die Christen hoffnungslos in etwa 400 Konfessionen gespalten sind, sind Kommunisten und Nazis als Anti-Christen fest vereint. Eine Fortsetzung dieses Zustands kann nur dazu führen, dass die Führer der einen oder anderen atheistischen Gruppe die Weltherrschaft erringen. Wenn ihnen dies gelingt, werden sie alle, die sich weigern, ihre heidnische Ideologie zu akzeptieren, mit Leib, Seele und Geist versklaven. Die Illuminaten werden dann den Despotismus Satans durchsetzen.

Die Überzeugungen derjenigen, die ein höheres Wesen verehren, ähneln sich in Bezug auf den Ursprung des Menschen sehr. Die Mehrheit glaubt, dass „Der Große Vater" diese Welt bevölkert hat, um den weniger Schuldigen unter denen, die Luzifer während der himmlischen Revolution gefolgt sind, eine weitere Chance zu geben, sich aus freiem Willen zu entscheiden, ob sie Gottes Autorität akzeptieren und ihm uneingeschränkten Gehorsam leisten oder buchstäblich zum Teufel gehen wollen.

Es sind solche Überzeugungen, die solche verachteten Sekten wie die Doukhobors in ihrem passiven Widerstand gegen von Menschen geschaffene Gesetze unterstützen, die ihrer Meinung nach im Widerspruch zu Gottes göttlichen Gesetzen stehen. Es ist gut, sich

---

[2] Die Begriffe Nazi und Nationalsozialismus werden verwendet, um die extremistischen Mitglieder der „rechten" Parteien zu bezeichnen, die den totalitär gesinnten arischen Kriegsherren Treue und Loyalität schenkten, die planten, den Faschismus zu nutzen, um ihre geheimen Pläne und Ambitionen voranzutreiben, genauso wie die „Internationale Gruppe", bestehend aus Bankern, Monopolisten und bestimmten Politikern, den Kommunismus und alle anderen Gruppen „links" von der Mitte genutzt haben, um ihre geheimen Pläne und totalitären Ambitionen voranzutreiben.

daran zu erinnern, dass der Name Luzifer Halter des Lichts bedeutet - ein sehr strahlendes Wesen, der „hellste" der Engel. Trotz dieser besonderen Gaben und Privilegien lehnte er sich gegen die Oberhoheit des allmächtigen Gottes auf.

Die meisten Menschen, mit Ausnahme von Atheisten und Darwinisten, akzeptieren die Schöpfungsgeschichte. Es gibt jedoch sehr viele unterschiedliche Meinungen zur Geschichte von Adam und Eva und dem Garten Eden. Viele Studenten der vergleichenden Religionswissenschaft sind der Meinung, dass Gott wahrscheinlich viele Welten und viele Adams und Evas geschaffen und sie an Orten platziert hat, an denen sie ihre Art reproduzieren und die Planeten bevölkern konnten, auf denen sie lebten.

Die Tatsache, dass der Mensch durch eine Methode und einen Prozess der Geburt auf diese Erde gebracht wird, der es ihm unmöglich macht, irgendeine Kenntnis von einer früheren Existenz zu haben, passt zu dieser Theorie. Alles, was wir über die Zeit vor der Schöpfung wissen, ist das, was uns in der Heiligen Schrift offenbart wurde. Es wirklich nicht sehr wichtig, ob es einen oder viele Adams und Evas gab. Wichtig ist die Tatsache, dass alle Menschen einen freien Willen haben und selbst entscheiden müssen, ob sie an einen Gott und einen Teufel oder an die atheistisch-materialistische Ideologie glauben. Jeder Mensch muss sich für die eine oder die andere Seite entscheiden. Wenn ein Mensch glaubt, dass es einen Gott und einen Teufel gibt, dann muss er sich entscheiden, wem er dienen will. Ein Atheist, der sich einer der totalitären Ideologien anschließt, dient der Partei und dem Staat. Er muss dem Oberhaupt der Partei und des Staates uneingeschränkten Gehorsam leisten. Die Strafe für eine Abweichung ist Leiden, Gefängnis und möglicherweise der Tod.

Der Glaube an die Existenz Gottes schließt automatisch den Glauben an übernatürlich gute und böse Geister ein, die den Geist der Menschen für gute oder böse Zwecke beeinflussen können. Der Kampf um den Besitz der Seelen der Menschen ist die Ursache für die Zustände, die heute auf der Erde herrschen. Die Macht des Teufels wurde auf dramatische Weise deutlich, als er Christus selbst versuchte, während er sich in der Wüste auf seinen Dienst vorbereitete.

Atheisten hingegen glauben nicht an die Existenz übernatürlicher Wesen. Sie argumentieren, dass die Existenz Gottes nie bewiesen wurde. Es gibt viele Gruppen von Atheisten. Echte Kommunisten,

Freimaurer des Großen Orients, Freidenker, Mitglieder der Liga der Gottlosen, Illuminaten, Nihilisten, Anarchisten, echte Nazis,[3] und die Mafia. Viele gottlose Menschen bekennen sich zu verschiedenen Formen des Säkularismus, auch wenn sie sich davor scheuen, in den atheistischen Kommunisten- und Nazigruppen aktiv zu werden. [4]

Die meisten Atheisten gehen von dem Grundsatz aus, dass es nur eine Realität gibt - die MATERIE - und dass sich die blinden Kräfte der MATERIE (manchmal auch als ENERGIE bezeichnet) zu Pflanzen, Tieren und Menschen entwickeln. Sie leugnen die Existenz einer Seele und die Möglichkeit eines Lebens in einer anderen Welt nach dem Tod unseres sterblichen Körpers.

Es werden Beweise vorgelegt werden, die belegen, dass der moderne Kommunismus im Jahr 1773 von einer Gruppe internationaler Geldbarone organisiert wurde, die ihn seither als Handlungsanleitung benutzt haben, um ihre geheimen Pläne zur Schaffung eines totalitären gottlosen Staates voranzutreiben. Lenin hat dies in seinem Buch Left Wing Communism deutlich gemacht. Auf Seite 53 sagte er: „Unsere Theorie (der Kommunismus) ist kein Dogma (eine feststehende Doktrin); sie ist ein Handbuch für die Aktion". Viele moderne Führer haben dasselbe gesagt und getan, was Luzifer während der himmlischen Revolution getan hat. Es gibt keinen nennenswerten Unterschied zwischen rotem und schwarzem Atheismus. Der einzige Unterschied liegt in den Plänen, die von den gegnerischen Führern benutzt werden, um letztendlich die unangefochtene Kontrolle über die Ressourcen der

---

[3] Die Begriffe „Wahre Kommunisten" und „Wahre Nazis" werden verwendet, um die Führer und Agenten der beiden totalitären Ideologien zu identifizieren, die in das satanische Ritual des Illuminismus in der Großorient-Freimaurerei oder in die heidnisch-arischen Riten eingeweiht wurden, die von den deutschen Großorient-Logen der Nazis verwendet wurden.

[4] Der Leser muss den Unterschied zwischen Nationalsozialismus und Faschismus erkennen, denn im Gegensatz zu dem, was die antifaschistische Propaganda so vielen Menschen weismachen will, war die faschistische Bewegung, die 1919 in Italien begann, als christlicher Kreuzzug gedacht, um die atheistische Ideologie von Karl Marx zu bekämpfen und den „Nationalismus" gegen den „Internationalismus" zu unterstützen, wie es die Führer der deutschen Nazi-Kriegsherren und der internationalen Bankiers, Industriellen und Politiker geplant hatten.

Welt zu erlangen und ihre Ideen für eine totalitäre, gottlose Diktatur zu verwirklichen.

Karl Marx (1818-1883) war ein Deutscher jüdischer Abstammung. Wegen seiner revolutionären Aktivitäten wurde er aus Deutschland und später aus Frankreich ausgewiesen. In England erhielt er Asyl. Im Jahr 1848 veröffentlichte er das Kommunistische Manifest. Marx räumte ein, dass die Verwirklichung seines langfristigen Plans, die Welt in eine Internationale der sozialistischen Sowjetrepubliken zu verwandeln, Jahrhunderte in Anspruch nehmen könnte.

Karl Ritter (1779-1859) war ein deutscher Professor für Geschichte und geopolitische Wissenschaften. Er schrieb die Gegenthese zu Karl Marx' Kommunistischem Manifest. He also drew up a plan by which he maintained the Aryan Race could first dominate Europe and then the entire world. Einige atheistische Führer der Arischen Gruppe übernahmen Karl Ritters Plan. Sie organisierten den Nationalsozialismus, um ihre geheimen Ambitionen zu fördern, die ultimative Kontrolle über die Welt zu erlangen und sie in einen gottlosen Staat zu verwandeln, der ihrer Vorstellung von einer totalitären Diktatur entspricht. Diese kleine Gruppe von Männern wusste, dass sie sich entweder mit der Macht und dem Einfluss der internationalen Bankiers zusammentun oder sie zerstören musste. Es ist zweifelhaft, ob mehr als nur eine Handvoll der obersten Führer der kommunistischen und faschistischen Bewegungen wissen, dass ihre Organisationen benutzt werden, um die geheimen Ambitionen der Illuminaten zu fördern, die die Hohepriester des Satanismus sind.

Nach Ansicht der Führer der beiden atheistischen Gruppen muss der Staat der Oberste sein. Das Oberhaupt des Staates ist somit Gott auf Erden. Dieser Glaube setzt die Vergötterung des Menschen in die Praxis um.

Über Karl Marx und den Kommunismus ist allgemein viel mehr bekannt als über Karl Ritter und den Nationalsozialismus. Ritter war viele Jahre Professor für Geschichte an der Universität Frankfurt am Main, Deutschland. Danach lehrte er Geographie an der Berliner Universität. In Bildungskreisen galt er als eine der größten Autoritäten auf dem Gebiet der Geschichte, der Geographie und der geopolitischen Wissenschaften. Da die „Ziele und Absichten" der Führer der Arischen Partei stets geheim gehalten wurden, ist Karl Ritters Verbindung zu den Führern und zum Nationalsozialismus nur sehr wenig bekannt. Mit der britischen Regierung verbundene Geheimdienstmitarbeiter entdeckten seine Verbindung zu den arischen Kriegsherren, als er an deutschen Universitäten Politik Wirtschaft, Geopolitik und Vergleichende Religionswissenschaft studierte.[5] Diese Informationen wurden an die zuständigen Behörden weitergeleitet, aber wie so oft erkannten die politischen Führer und Diplomaten entweder nicht die Bedeutung dessen, was ihnen gesagt wurde, oder sie wollten es ignorieren. [6]

Karl Ritters Geschichtsstudium überzeugte ihn davon, dass eine sehr kleine Gruppe reicher und einflussreicher internationaler Bankiers, die keinem Land die Treue hielten, sich aber in die Angelegenheiten aller einmischten, 1773 die großorientalische Freimaurerei organisiert hatten, um die revolutionäre Weltbewegung zur Förderung ihrer geheimen Ambitionen zu nutzen. Ihr langfristiger Plan sah vor, dass ihre Gruppe die ultimative Kontrolle über den Reichtum, die natürlichen Ressourcen und die menschliche Macht der gesamten Welt erlangen sollte. Ihr Endziel war die Errichtung einer totalitären Diktatur auf der Grundlage ihrer Theorien des atheistischen dialektischen und historischen Materialismus. Ritter behauptete, dass die meisten, wenn nicht alle internationalen Bankiers jüdischer Abstammung seien, unabhängig davon, ob sie den jüdischen Glauben praktizierten oder nicht.

In seiner Antithese zum Kommunistischen Manifest von Karl Marx befasste er sich mit den Gefahren, die entstehen würden, wenn man dieser Gruppe von Männern erlaubte, die Politik des internationalen Kommunismus weiterhin zu kontrollieren und zu lenken. Er bot den deutschen arischen Kriegsherren sehr konkrete und praktische

---

[5] Die arischen Nazi-Kriegsherren dürfen nicht mit den gemäßigteren Junkern verwechselt werden, bei denen es sich um junge Deutsche handelte, die eine militärische Ausbildung absolvierten, um das zu schützen, was sie als „Deutschlands nationale" politische und wirtschaftliche Rechte ansahen, die von international gesinnten Gruppen bedroht wurden.

[6] Einer der größten britischen Geheimdienstoffiziere ist der Patenonkel meiner Tochter Eileen. Ich kenne ihn seit Oktober 1914 sehr gut. Ich habe mit ihm gelegentlich in beiden Weltkriegen gedient. Er und ich untersuchten beide unabhängig voneinander diesen Aspekt des Nationalsozialismus, aber als wir unsere Beweise überprüften, stellten wir fest, dass wir fast völlig übereinstimmten.

Vorschläge, um die Verschwörung der internationalen Geldbarone zu besiegen. [7]

Professor Ritter gab den arischen Kriegsherren einen alternativen Langzeitplan, mit dem sie die ultimative Kontrolle über die Ressourcen der Welt für die arischen Ethnien erlangen konnten.

Um den Plänen der internationalen Geldbarone entgegenzuwirken, riet Karl Ritter den Führern der arischen Gruppen, den Nationalsozialismus zu organisieren und den Faschismus, d.h. den Nationalsozialismus, als Handlungsanleitung zu verwenden, um ihre geheimen Ambitionen zur Welteroberung zu fördern. Professor Ritter wies auch darauf hin, dass die arischen Führer alle Phasen des Antisemitismus nutzen sollten, um ihre Pläne voranzutreiben, da die internationalen Bankiers beabsichtigten, alle Phasen des Antisemitismus zu nutzen, um ihre Sache zu fördern.

Karl Ritters langfristiger Plan für die endgültige Eroberung der Welt enthielt die folgenden Vorschläge:

1. Die Unterwerfung aller europäischen Länder durch Deutschland. Um dieses Ziel zu erreichen, schlug er vor, die deutschen Militärjunker zu ermutigen und ihnen dabei zu helfen, die Kontrolle über die Regierung zu erlangen, damit sie sich in einer Reihe von militärischen Abenteuern engagieren konnten, die von Wirtschaftskriegen unterbrochen wurden. Ziel war es, die Wirtschaft und die Arbeitskraft der zu unterwerfenden europäischen Nationen zu schwächen.[8] Karl Ritter erklärte, dass es für den Erfolg seines langfristigen Plans NICHT unbedingt erforderlich sei, dass jedes militärische Abenteuer mit einem eindeutigen Sieg endet,

---

[7] Der Begriff „Internationale Geldbarone" wird verwendet, um die internationale Gruppe von Männern zu definieren, die das internationale Bankwesen, die Industrie, den Handel und die Wirtschaft kontrollieren. Sie sind die Männer, die den Kommunismus benutzt haben, um die konstituierte Autorität und die bestehenden politischen und religiösen Institutionen zu zerstören, damit sie schließlich die unbestrittene Kontrolle über die Ressourcen der Welt für sich selbst an sich reißen können.

[8] Dies ist ein Beispiel dafür, wie die antikommunistischen Extremisten auch das „Prinzip der Aktiengesellschaft" nutzen und andere für ihre Zwecke einsetzen, während die eigentlichen Direktoren und Anstifter im Verborgenen bleiben und der Öffentlichkeit unbekannt sind.

vorausgesetzt, die anderen beteiligten Nationen werden so geschwächt, dass ihre Erholung in wirtschaftlicher Hinsicht und in Bezug auf die Stärke der Arbeitskräfte länger dauert als die Deutschlands. Karl Ritter betonte, wie wichtig es sei, das deutsche Volk davon zu überzeugen, dass es den semitischen Ethnien körperlich und geistig überlegen sei. Aus diesem Gedanken heraus entwickelten die arischen Propagandisten die Idee der deutschen Herrenrasse. Damit wollten sie der Propaganda der internationalen Bankiers entgegentreten, die behaupteten, die semitische Ethnie sei Gottes auserwähltes Volk und göttlich auserwählt, die Erde zu erben. Die arischen Führer verkündeten die Doktrin, dass „ihre Ethnie" die Herrenrasse auf dieser Erde sei. So wurden Millionen von Menschen in gegnerische Lager gespalten.

2. Karl Ritter empfahl eine Finanzpolitik, die verhindern sollte, dass die internationalen Bankiers die Kontrolle über die Wirtschaft Deutschlands und seiner Satellitenstaaten erlangten, so wie sie die wirtschaftliche Kontrolle in England, Frankreich und Amerika erlangt hatten.

3. Er empfahl die Organisation einer 5. Kolonne der Nazis, um der kommunistischen Untergrundorganisation entgegenzuwirken. Ihr Ziel war es, die Ober- und Mittelschichten der Länder, die sie unterwerfen wollten, davon zu überzeugen, den Faschismus als einziges Gegenmittel zum Kommunismus zu akzeptieren. Die deutsche 5. Kolonne sollte die Menschen in anderen Ländern dazu bringen, die deutschen Armeen als ihre militärischen Beschützer gegen die drohende kommunistische Aggression zu begrüßen. Karl Ritter warnte die Führer der arischen Gruppe, dass eine militärische Invasion eines anderen Landes NIEMALS unternommen werden dürfe, bevor nicht die 5. Kolonne und die Propagandamaschinen den Weg gründlich geebnet und die Mehrheit der Menschen davon überzeugt hätten, ihre bewaffnete Intervention als Akt von Rettern oder Kreuzrittern und nicht als Aggressoren zu akzeptieren. [9]

---

[9] Als Hitler den von Karl Ritter aufgestellten Grundprinzipien zuwiderhandelte, versuchten die deutschen Generäle, die zum harten Kern der Naziführer gehörten, ihn zu ermorden, ungeachtet der Tatsache, dass sie ihn ursprünglich als Instrument ihres Willens eingesetzt hatten.

4. Karl Ritter cold-bloodedly recommended the total destruction of Communism and the extermination of the Jewish Race as essential to obtaining ultimate control of International Affairs by the Aryan Leaders. Er rechtfertigte diese drastische Forderung mit den Tatsachen der Geschichte, die, wie er behauptete, bewiesen, dass der Kommunismus von den internationalen jüdischen Bankiers benutzt wurde, um ihre eigenen egoistischen materialistischen Ambitionen zu fördern.

Es gab noch viele weitere Punkte, die den *Gesamtplan ausmachten*, aber in diesem Kapitel reicht es aus, genügend Beweise zu liefern, um die Tür zu öffnen, hinter der die geheimen Pläne von zwei kleinen Gruppen totalitär gesinnter, atheistisch-materialistischer Männer versteckt waren. Das Studium der vergleichenden Religionswissenschaften, der geopolitischen Wissenschaften und der politischen Ökonomie sowie jahrelange intensive Forschungen haben die Wahrheit ans Licht gebracht, dass viele Millionen Menschen von den Führern der beiden atheistisch-totalitär gesinnten Gruppen als Bauern im Spiel benutzt wurden, die ihr abscheuliches Spiel des internationalen Schachspiels so lange fortsetzen werden, bis die eine oder die andere Gruppe ausgeschaltet ist. Es werden Beweise vorgelegt, die zeigen, wie dieses Spiel in der Vergangenheit geführt wurde und welche Züge in naher Zukunft wahrscheinlich gemacht werden, um einer Gruppe den Sieg zu ermöglichen.

Die Anhänger aller Religionen, die die Existenz Gottes und ein Leben im Jenseits lehren, glauben an die Liebe und Verehrung Gottes und die Nächstenliebe gegenüber allen Menschen guten Willens. Aufrichtige Gläubige sind bereit, jede Härte zu erleiden und jedes Opfer zu bringen, um ihre ewige Erlösung zu sichern. Den Anhängern des Atheismus wird beigebracht, alle zu hassen, die sich weigern, ihr materialistisches Glaubensbekenntnis zu akzeptieren. Die Entschlossenheit der Führer beider atheistischer Gruppen, die Weltherrschaft zu erlangen, erlaubt es ihnen, die teuflischsten Verschwörungen zu ersinnen und alle Arten von Verbrechen zu begehen, von einzelnen Attentaten bis hin zum Völkermord. Sie schüren Kriege, um Nationen zu schwächen, die sie noch unterjochen müssen.

Das Studium der vergleichenden Religionswissenschaft zeigt auch, dass Kommunismus und Nazismus mit allen Religionen, die an die Existenz eines allmächtigen Gottes glauben, völlig unvereinbar sind. Die Erfahrung und die Geschichte beweisen, dass diejenigen, die an

Gott glauben, und diejenigen, die seine Existenz leugnen, in einem solchen Widerspruch zueinander stehen, dass keine von beiden den Triumph der anderen überleben kann. Atheistische Führer in unterworfenen Ländern mögen eine Zeit lang Religionen tolerieren, die den Glauben an Gott lehren, aber sie erlauben den Priestern nur, an der gesellschaftlichen Peripherie zu wirken. Sie achten sehr darauf, dass die Priester keine Möglichkeit haben, das soziale und politische Verhalten ihrer Gemeinden zu beeinflussen. Es ist erwiesen, dass das ALLERERSTE Ziel der beiden großen atheistischen Ideologien darin besteht, durch Verfolgung und ein systematisch angewandtes Programm der ständigen Gehirnwäsche jegliches Wissen über ein höheres Wesen, die Existenz einer Seele und die Hoffnung auf ein Leben im Jenseits aus den Köpfen der Menschen zu tilgen. Angesichts dieser Tatsachen ist jedes Gerede über Koexistenz entweder völliger Unsinn oder Propaganda.

Das Problem heute ist die Fortsetzung der himmlischen Revolution. Wenn Gott die Menschen auf diese Erde gebracht hat, damit sie ihn kennenlernen, ihn lieben und ihm in diesem Leben dienen, um in der nächsten Welt für immer mit ihm glücklich zu sein, dann ist es logisch zu folgern, dass der einzige Weg, auf dem Luzifer hoffen könnte, die streitenden Seelen zurückzugewinnen, darin bestünde, ihnen die Lehre des atheistischen Materialismus einzuimpfen.

Zweifellos werden viele Menschen fragen: „Aber wie konnte der Teufel den Menschen atheistische und andere böse Ideen einimpfen?" Diese Frage kann folgendermaßen beantwortet werden: Wenn Menschen Radio- und Fernsehsender einrichten, von denen aus ein Einzelner Millionen anderer Menschen beeinflussen kann, indem er seine Meinung zu einem bestimmten Thema über den unsichtbaren Äther verbreitet, warum sollte es dann nicht möglich sein, dass KELESTIELLE Wesen ihre Botschaften an uns senden? Kein Gehirnspezialist hat es gewagt zu leugnen, dass es im Gehirn eines jeden Menschen eine Art geheimnisvolle Empfangsanlage gibt.

Zu jeder Stunde des Tages sagt der Mensch: „Ich wurde dazu inspiriert, dies zu tun" oder „Ich wurde dazu verleitet, das zu tun". Gedanken, seien sie gut oder böse, müssen irgendwoher kommen, von irgendeiner „Ursache", und an das menschliche Gehirn weitergeleitet werden. Der Körper ist nur das Instrument, das den dominierenden Gedanken für „Gut" oder für „Böse" in die Tat umsetzt.

Eine grundlegende Tatsache, die alle Menschen, die an die Existenz Gottes glauben, nie vergessen dürfen, ist folgende: Wenn wir für eine Zeit der Prüfung auf dieser Erde sind, wenn uns unser freier Wille gegeben wurde, dann um uns zu ermöglichen, zu entscheiden, ob wir zu Gott oder zum Teufel gehen wollen. Wenn der Teufel nicht die Möglichkeit hätte, den Verstand der Menschen zu beeinflussen, gäbe es keine Prüfung.

Wenn der allmächtige Gott seine Propheten und seinen Sohn Jesus Christus gesandt hat, um uns deutlich zu zeigen, was gut und was böse ist, warum sollte der Teufel dann nicht seine falschen Christusse und seine falschen Propheten schicken, um uns zu beweisen, dass das Böse gut und das Gute böse ist?

Der einfachste Weg, um zu verstehen, was heute in der Welt vor sich geht, ist, die Ereignisse der Geschichte als die Züge zu betrachten, die in einem fortlaufenden Spiel des internationalen Schachs gemacht werden... Die Führer der Illuminaten haben die Menschen auf der Welt in zwei Hauptlager aufgeteilt. Sie benutzten Könige und Königinnen, Bischöfe und Ritter und die Masse der Weltbevölkerung als Spielfiguren. Die rücksichtslose Politik der Führer besteht darin, alle anderen Menschen als ERSATZFÄHIG zu betrachten, vorausgesetzt, das Opfer einer wichtigen Figur oder einer Million Bauern bringt sie ihrem ultimativen totalitären Ziel einen Schritt näher. Die Willkür des Satans.

Professor Ritter soll gesagt haben, dass die gegenwärtige Phase dieses Spiels im Zählhaus von Amschel Mayer Bauer alias Rothschild in Frankfurt am Main begann, als dreizehn Gold- und Silberschmiede[10] beschlossen, alle gekrönten Häupter Europas zu beseitigen, alle bestehenden Regierungen zu zerstören und alle organisierten Religionen zu eliminieren, bevor sie sich die absolute Kontrolle über den Reichtum, die natürlichen Ressourcen und die menschliche Macht der gesamten Welt sichern und einen satanischen Despotismus

---

[10] ALLE Goldschmiede waren keine Juden. Nur einige wandten sich der Praxis des Wuchers zu. Einer der reichsten Goldschmiede ist der der London City Company aus dem Jahr 1130.

errichten könnten. Der dialektische und historische Materialismus sollte dazu dienen, diese Pläne voranzutreiben.

So seltsam es auch erscheinen mag, die Geschichte wird beweisen, dass sich die Führer sowohl der semitischen als auch der antisemitischen Gruppen gelegentlich zusammengetan haben, um gegen einen gemeinsamen Feind wie das britische Empire oder die christliche Religion zu kämpfen. Und während die Massen kämpften, rangen die Illuminaten, die die geheime Macht hinter den weltrevolutionären Bewegungen darstellen, um die beste Position, aus der sie den größten zukünftigen Nutzen ziehen würden.

Die Führer des Kommunismus und des Nationalsozialismus haben sich gekreuzt und ein doppeltes Spiel getrieben, aber es ist zweifelhaft, ob viele der Führer erkannten, bevor es zu spät war, dass auch sie nur Werkzeuge waren, die von der Agentur der Illuminaten kontrolliert wurden, die alles Böse nutzen, um ihre Ziele zu erreichen. Wenn die geheimen Mächte, die an der Spitze einer der beiden Gruppen stehen, auch nur den Verdacht haben, dass eines ihrer „Werkzeuge" zu viel weiß, befehlen sie seine Liquidierung. Es wird Beweise dafür geben, dass die Führer dieser beiden Gruppen totalitär gesinnter Männer viele individuelle Attentate angezettelt und viele Revolutionen und Kriege ausgelöst haben, in denen Dutzende von Millionen von Menschen getötet wurden, während Millionen verwundet und obdachlos wurden. Es ist schwierig, einen militärischen Führer zu finden, der die Entscheidung zum Abwurf von Atombomben auf Hiroshima oder Nagasaki rechtfertigen kann, bei dem im Handumdrehen etwa 100.000 Menschen getötet und doppelt so viele schwer verletzt wurden. Die japanischen Streitkräfte waren bereits besiegt. Die Kapitulation war nur noch eine Frage von Stunden oder Tagen, als diese teuflische Tat begangen wurde. Die einzige logische Schlussfolgerung ist, dass die Geheimmächte, die nachweislich die Politik der meisten nationalen Regierungen beeinflussen und kontrollieren, beschlossen, dass diese modernste aller tödlichen Waffen demonstriert werden musste, um Stalin daran zu erinnern, was passieren würde, wenn er zu unausstehlich würde. Dies ist die einzige Ausrede, die auch nur den Anschein einer Rechtfertigung für einen solchen Frevel an der Menschheit bietet.

Aber die Atombombe und die Wasserstoffbombe sind nicht mehr die tödlichsten Waffen der Welt. Nervengas, das jetzt sowohl von kommunistischen als auch von nicht-kommunistischen Nationen gehortet wird, ist in der Lage, alle Lebewesen in einem Land, einer

Stadt oder einem Ort auszulöschen. Das Ausmaß der Zerstörung allen menschlichen Lebens in einer Nation kann den militärischen und wirtschaftlichen Erfordernissen derjenigen angepasst werden, die sich für den Einsatz von Nervengas entscheiden, um ihr Ziel zu erreichen. Bei Nervengas handelt es sich um hochkonzentriertes Fluor in gasförmiger Form. Es ist das durchdringendste und tödlichste Gas, das je vom Menschen entdeckt wurde. Es ist farblos, geruchlos, geschmacklos und kostengünstig in der Herstellung. Ein einziger Tropfen, selbst wenn er stark mit Wasser oder Öl verdünnt ist, führt bei Kontakt mit einem lebenden Körper zur Lähmung des Atemapparats und zum Tod. In wenigen Minuten durchdringt es sogar Gummikleidung, wie sie von Feuerwehrleuten im Dienst getragen wird. Nervengas verursacht keine ernsthaften Schäden an leblosen Gegenständen.

Innerhalb weniger Tage nach der Anwendung des Nervengases würde es für die Invasionstruppen sicher sein, die verseuchten Gebiete wieder zu betreten. Es würde sich um Gebiete der Toten handeln, aber alle Gebäude und Maschinen wären intakt. Das einzige bekannte Gegenmittel gegen Nervengas ist das Medikament Atropin. Um wirksam zu sein, muss es den Opfern sofort und wiederholt in die Venen gespritzt werden, nachdem sie kontaminiert worden sind. Diese Art der Verteidigung ist in dicht besiedelten Gebieten nicht praktikabel. Sowohl kommunistische als auch antikommunistische Regierungen verfügen über Nervengas. Das Wissen, dass beide Seiten über dieses Gas in großen Mengen verfügen, mag beide Seiten zögern lassen, es einzusetzen. Aber es ist eine bekannte Tatsache, dass verzweifelte und rücksichtslose Menschen zu jedem Extrem greifen, um ihre Ziele zu erreichen. Und wie sich zeigen wird, haben sie nie gezögert, Millionen von Menschen - Männer, Frauen und Kinder - zu opfern, wenn sie dadurch ihrem Ziel nur einen Schritt näher kommen.

Wir können uns durchaus die Frage stellen: „Wie wird der Kampf, der jetzt auf dieser Erde stattfindet, enden?" Es ist zweifelhaft, ob es ein einziges Lebewesen gibt, das sich diese Frage noch nicht gestellt hat. Es ist eine Frage, die sich junge Ehepaare ängstlich stellen, wenn sie darüber diskutieren, ob sie ihrem Eheglück erlauben sollen, weitere Kinder in diese von Hass geplagte Welt zu bringen. Die vollständigste Antwort findet sich im Matthäus-Evangelium, Kapitel XXIV, Verse 15 bis 34: „Zu jener Zeit sagte Jesus zu seinen Jüngern:

„Wenn ihr den Greuel der Verwüstung, von dem der Prophet Daniel geredet hat, an der heiligen Stätte stehen seht (wer liest, der verstehe), dann sollen die in Judäa auf die Berge fliehen; und wer oben auf dem Haus ist, der steige nicht hinab, um etwas aus seinem Haus zu holen; und wer auf dem Feld ist, der gehe nicht zurück, um seinen Mantel zu holen. Und wehe denen, die schwanger sind und in jenen Tagen säugen. Betet aber, dass eure Flucht nicht im Winter oder am Sabbat geschehe; denn es wird eine große Trübsal sein, wie sie von Anfang der Welt bis jetzt nicht gewesen ist und auch nicht sein wird; und wenn jene Tage nicht verkürzt werden, so wird kein Mensch gerettet werden; aber um der Auserwählten willen werden jene Tage verkürzt werden.''

Dann ging Christus auf das Problem der falschen Führer und der Antichristen ein, von denen er voraussagte, dass sie durch Propaganda das Denken der Menschen verwirren würden. Er sagte:

„Wenn nun jemand zu euch sagt: Hier ist Christus oder dort, so glaubt ihm nicht; denn es werden falsche Christusse und falsche Propheten aufstehen, die große Zeichen und Wunder tun werden, um auch die Auserwählten zu verführen. Siehe, ich habe es euch vorher gesagt. Wenn sie nun zu euch sagen werden: Siehe, er ist in der Wüste, so geht nicht hinaus. Siehe, er ist im Kämmerlein, so glaubt es nicht. Denn wie der Blitz aus dem Osten kommt und bis in den Westen erscheint, so wird auch die Ankunft des Menschensohnes sein. Wo der Leib sein wird, da werden die Adler versammelt sein. Und gleich nach den Bedrängnissen jener Tage wird sich die Sonne verfinstern, und der Mond wird seinen Schein nicht geben, und die Sterne werden sich bewegen, und die Kräfte der Himmel werden erschüttert werden. [11] Und dann wird das Zeichen des Menschensohns am Himmel erscheinen, und dann werden die Stämme der Erde wehklagen; und sie werden den Menschensohn kommen sehen in den Wolken des Himmels mit großer Macht und Herrlichkeit; und er wird seine Engel senden mit Posaunen und großem Schall, und sie werden seine Auserwählten versammeln von den vier Winden her, vom äußersten Ende des Himmels bis zu seinen äußersten Grenzen. Und von dem Feigenbaum lernt dieses Gleichnis: Wenn sein Zweig jetzt zart ist

---

[11] Das griechische Wort für Himmel ist „Ouranos'', nach dem der Planet Uranus und das Metall Uranium benannt sind. Dies sagt die A- und H-Bomben voraus.

und die Blätter sprießen, so wisst ihr, dass der Sommer nahe ist. So auch ihr, wenn ihr dies alles seht, so wisst ihr, dass es nahe vor der Tür ist. Amen, ich sage euch, dass dieses Geschlecht nicht vergehen wird, bis dies alles geschehen ist."

Wir brauchen nur noch einen weiteren Krieg, in dem beide Seiten Atom- und Wasserstoffbomben und Nervengas einsetzen, und wir werden uns selbst die Gräuel der Verwüstung zugefügt haben, die die Menschheit in einen so chaotischen Zustand versetzen werden, dass nur noch göttliches Eingreifen unsere Rettung sein wird.

Heutzutage ist es üblich, dass die Menschen, vor allem diejenigen, die vorsätzlich oder unvorsätzlich als Agenten der bösen Mächte handeln, Gott die Schuld an der Misere geben, in der wir uns befinden. Der intelligente Mensch wird zugeben, dass Gott nicht verantwortlich gemacht werden kann. Er hat uns unseren freien Willen gegeben, er hat uns die Gebote als Wegweiser gegeben. Er hat uns Christus als Lehrer und lebendiges Beispiel gegeben. Wenn wir uns hartnäckig weigern, die Lehren und das Beispiel Christi anzunehmen; wenn wir uns auch weigern, die Gebote Gottes zu befolgen, wie können wir dann vernünftigerweise irgendeine andere Instanz als uns selbst dafür verantwortlich machen, dass die Mächte des Bösen die Vorherrschaft in unserer Welt erlangen? Edmund Burke schrieb einmal: „Alles, was für den Triumph des Bösen notwendig ist, ist, dass gute Menschen nichts tun." Er schrieb eine große Wahrheit.

Das Studium der vergleichenden Religionen in Bezug auf die Bedingungen, die wir heute in der Welt erleben, bringt den unvoreingenommenen Studenten zu dem Schluss, dass diejenigen Menschen, die Gott verehren und an ein anderes Leben nach dem Tod unseres sterblichen Körpers glauben, eine Religion der Liebe und der Hoffnung haben. Der Atheismus ist eine Religion des Hasses und der schwärzesten Verzweiflung. Und doch wurde noch nie in der Weltgeschichte ein so entschlossener Versuch unternommen, den Säkularismus in unser Leben einzuführen, wie seit 1846, als C.J. Holyoake, C. Bradlaugh und andere ihre Meinung vertraten, „dass das Interesse des Menschen auf die Belange des gegenwärtigen Lebens beschränkt sein sollte."

Diese Verfechter des Säkularismus waren die Vorgänger der jüngsten Schar falscher Christusse und falscher Propheten - Karl Marx, Karl Ritter, Lenin, Stalin, Hitler und Mussolini. Diese Männer haben Millionen und Abermillionen von Menschen verführt, indem sie große

Zeichen und Wunder wirkten. Sie haben viele bekennende Christen getäuscht, die es besser hätten wissen müssen.

Kapitel 2

Die englische Revolution 1640 - 1660

Die Mächte des Bösen haben erkannt, dass es zur Erlangung der unangefochtenen Kontrolle über die materiellen Güter der Welt und zur Errichtung einer atheistisch-materialistischen totalitären Diktatur notwendig ist, alle Formen der verfassungsmäßigen Regierung und der organisierten Religion zu zerstören. Um dies zu erreichen, haben die Mächte des Bösen beschlossen, die Völker der Welt in verschiedenen Fragen gegeneinander aufzuspalten. Schon in der Antike wurden die arische und die semitische Ethnie in Feindschaft gegeneinander getrieben, um den geheimen Ambitionen ihrer atheistisch-materialistischen Führer zu dienen. Had the people of the Aryan and Semitic races remained steadfast to their belief in God, and faithful to His commandments, the Forces of Evil could never have accomplished their evil purpose.

Der Begriff Arier bezeichnet eigentlich die Sprachgruppen, die auch als Indoeuropäer oder Indogermanen bekannt sind. Sie umfasst zwei Gruppen. Die westliche oder europäische und die östliche oder armenische. Die arischen Sprachen weisen durch ihren Wortschatz, ihr System und ihre Beugungen einen gemeinsamen Ursprung auf.

Eigentlich bedeutet das Wort Arier „Ein ehrenwerter Herr des Bodens". So waren die meisten Anführer der arischen Gruppe in Europa Landed Barons, die zum Schutz ihres Besitzes starke Streitkräfte unterhielten. Aus der Mitte dieser Barone kamen die arischen Kriegsherren. Diese wiederum organisierten den Nationalsozialismus und nutzten den Faschismus und alle antisemitischen Gruppen rechts der Mitte, um ihren Zweck zu erfüllen und ihre geheimen Pläne für die Weltherrschaft voranzutreiben.

Die Hauptabteilungen der arischen Gruppen sind die germanischen, die romanischen und die slawischen Ethnien, die sich in Westeuropa niedergelassen haben. Die Türken, die Magyaren, die Basken und die

Finnen sind nicht arische Ethnien. Die gemeinsamen Vorfahren der arischen Gruppen lebten in einer weit zurückliegenden Periode im Pamir.

Andererseits sind die semitischen Gruppen eigentlich in zwei Bereiche unterteilt. Die eine umfasst die assyrische, die aramäische, die hebräische und die phönizische Gruppe. Der andere Teil umfasst die arabische und die äthiopische Gruppe. Die arabische Gruppe ist die reichhaltigste, die aramäische die ärmste. Die Hebräer nehmen eine Zwischenstellung ein. [12]

Heute wird der Begriff „Jude" sehr locker verwendet, um Menschen zu bezeichnen, die sich zu einem bestimmten Zeitpunkt zum jüdischen Glauben bekannt haben. Viele von ihnen sind nicht wirklich semitischer Abstammung. Eine große Anzahl von Menschen, die den jüdischen Glauben angenommen haben, sind Nachkommen der Herodianer, die Idumäer türkisch-mongolischen Blutes waren. Sie sind eigentlich Edomiter. [13]

Die wichtige Tatsache, an die man sich erinnern muss, ist, dass es unter den jüdischen Führern, genauso wie unter den arischen Führern, immer einen kleinen, harten Kern von Männern gab, die Illuministen oder Atheisten waren und es immer noch sind. Sie mögen Lippenbekenntnisse zur jüdischen oder christlichen Religion abgegeben haben, um ihren eigenen Zielen zu dienen, aber sie haben nie an die Existenz Gottes geglaubt. Sie sind jetzt Internationalisten. Sie fühlen sich keiner bestimmten Nation zugehörig, obwohl sie gelegentlich den Nationalismus zur Förderung ihrer Ziele eingesetzt haben. Ihr einziges Anliegen ist es, größere wirtschaftliche und politische Macht zu erlangen. Das Endziel der Führer beider Gruppen ist identisch. Sie sind entschlossen, für sich selbst die unangefochtene Kontrolle über den Reichtum, die natürlichen Ressourcen und die

---

[12] Siehe *Pears Cyclopedia* Seiten 514 und 647.

[13] Siehe *Jüdische Enzyklopädie* Bd. 5, S. 41: 1925. Dort heißt es: „Edom ist im modernen Judentum". Auch Professor Lothrop Stoddard, der angesehene Ethnologe, erklärt: „Die eigenen Aufzeichnungen der Juden geben zu, dass 82 Prozent derjenigen, die sich der politisch zionistischen Bewegung anschließen, Aschkenasim sind, sogenannte Juden, aber nicht semitisch. Es gibt viele verschiedene Meinungen zu diesen Rassenfragen.

Arbeitskraft der gesamten Welt zu gewinnen. Sie beabsichtigen, die Welt in IHRE Vorstellung von einer totalitären gottlosen Diktatur zu verwandeln.

Die nicht-semitischen und türkisch-finnischen Ethnien drangen etwa im ersten Jahrhundert nach Christi Geburt aus Asien nach Europa ein. Sie nahmen den Landweg nördlich des Kaspischen Meeres. Diese Völker werden in der Geschichte als Chasaren bezeichnet. Sie waren ein heidnisches Volk. Sie ließen sich in Osteuropa nieder und gründeten das mächtige Chasarenreich. Durch militärische Eroberungen dehnten sie ihr Herrschaftsgebiet aus, bis sie Ende des 8. Jahrhunderts den größten Teil Osteuropas westlich des Uralgebirges und nördlich des Schwarzen Meeres besetzt hatten. Die Chasaren nahmen schließlich das Judentum als ihre Religion an und zogen das Christentum oder den Mohammedanismus vor. Überall in ihrem Reich wurden Synagogen und Schulen für den Unterricht des Judentums errichtet. Auf dem Höhepunkt ihrer Macht sammelten die Chasaren Tribut von fünfundzwanzig eroberten Völkern.

Das Großreich der Chasaren blühte fast fünfhundert Jahre lang. Dann, gegen Ende des 10. Jahrhunderts, wurden die Chasaren in einer Schlacht von den Varangiern (Russen) besiegt, die von Norden her über sie hereinbrachen. Die Eroberung der Chasaren war Ende des 13. Jahrhunderts abgeschlossen. Die von den Chasaren-Juden inspirierte revolutionäre Bewegung dauerte im Russischen Reich vom 13. Jahrhundert bis zur Roten Oktoberrevolution von 1917 an. Die Eroberung der Chasaren im 13. Jahrhundert erklärt, warum so viele Menschen, die heute gemeinhin als Juden bezeichnet werden, im Russischen Reich blieben.

Es gibt noch eine weitere wichtige Tatsache, die Licht auf das Thema Ariertum und Semitismus wirft. Die Finnen und andere Gruppen, die allgemein als Varangier (Russen) bezeichnet werden, waren nicht arischer Herkunft und wurden von den Deutschen im Allgemeinen als Feinde behandelt.

Eine Tat Christi ist für die Untersuchung der weltrevolutionären Bewegung von großer Bedeutung. Christus wurde von vielen als ein Radikaler angesehen, der seine Reformbewegung auf die Anbetung des allmächtigen Gottes, den Gehorsam gegenüber der verfassungsmäßigen Autorität und die Nächstenliebe gründete. Die Geschichte aus dem Leben Christi zeigt, dass er ALLE Menschen liebte, mit Ausnahme einer bestimmten Gruppe. Er hasste die Geldverleiher mit einer Intensität, die bei einem Mann mit einem so milden Charakter seltsam erscheint. Jesus ermahnte die Geldverleiher wiederholt wegen ihrer Wucherpraktiken. Er prangerte sie öffentlich als Anbeter des Mammons an. Er sagte, sie seien von der Synagoge des Satans. (Offb. 2: - 9). Er brachte seinen extremen Hass gegen die Geldverleiher nachdrücklich zum Ausdruck, als er eine Peitsche nahm und sie aus dem Tempel vertrieb. Er ermahnte sie mit diesen Worten: „Dieser Tempel wurde als Haus Gottes gebaut... Ihr aber habt ihn in eine Räuberhöhle verwandelt." Indem er diesen Racheakt an den Geldverleihern vollzog, unterschrieb Christus sein eigenes Todesurteil.

Es waren die Illuminaten und die von ihnen bezahlten falschen Priester und Ältesten, die das Komplott ausheckten, durch das Christus von den römischen Soldaten hingerichtet werden sollte.

Sie waren es, die die dreißig Silberstücke lieferten, mit denen Judas bestochen wurde. Sie waren es, die ihre Propagandisten einsetzten, um den Mob falsch zu informieren und in die Irre zu führen. Es waren die Agenten der Illuminaten, die den Pöbel anführten, als sie Barabbas akzeptierten und schrien, dass Christus gekreuzigt werden sollte. ES WAREN DIE ILLUMINATEN, DIE ALLES SO ARRANGIERTEN, DASS DIE RÖMISCHEN SOLDATEN ALS IHRE HENKER FUNGIERTEN. Dann, nachdem die üble Tat vollbracht war und sie sich gerächt hatten, traten die Verschwörer in den Hintergrund und ließen ihre Schuld auf die Masse der Juden und ihrer Kinder ruhen. Die Geschichte beweist, dass sie einen teuflischen Grund hatten, die Schuld für den Tod Christi auf das jüdische Volk zu schieben. Die Geschichte beweist, dass sie die Absicht hatten, den durch die Verfolgung entstandenen Hass im jüdischen Volk für ihre abscheulichen Zwecke zu nutzen und ihre geheimen totalitären Ambitionen zu fördern. Christus wusste all diese Dinge.

Er teilte sein Wissen auf die dramatischste Weise mit, die möglich war. Als er sterbend am Kreuz hing, betete er zu seinem himmlischen Vater und sagte: „Vater vergib ihnen, denn sie wissen nicht, was sie tun". Sicherlich betete er für die Mafia? Er bat um Vergebung für die Männer, die von den Illuminaten als INSTRUMENT ihrer Rache BENUTZT worden waren. Die Geschichte beweist, dass die internationalen Geldverleiher die Mafia seit jeher zur Durchsetzung ihrer geheimen Ambitionen benutzt haben. Im Lenin-Institut in Moskau bezeichnen die Professoren, die Vorlesungen für angehende Revolutionsführer aus der ganzen Welt halten, die Massen stets als „die Mafia". Die Illuminaten lenken alle bösen Kräfte.

Das Studium der Weltrevolutionären Bewegung (W.R.M.) von der Zeit Christi bis zum heutigen Tag beweist, dass es ungerecht ist, die gesamte jüdische Ethnie für die Verbrechen verantwortlich zu machen, die von einer kleinen Gruppe falscher Priester und Geldverleiher gegen die Menschheit begangen wurden. Diese Männer waren und sind immer noch die geheime Macht hinter dem Internationalismus. Sie benutzen den Kommunismus heute als ihr Handbuch für Aktionen, um ihre geheimen Pläne für die ultimative Weltherrschaft voranzutreiben.

Das Studium der Geschichte wird beweisen, dass es ebenso ungerecht ist, das gesamte deutsche und italienische Volk für die Verbrechen gegen die Menschlichkeit verantwortlich zu machen, die von der kleinen Gruppe arischer Kriegsherren begangen wurden, die den Nationalsozialismus organisierten, in der Hoffnung, dass sie den internationalen Kommunismus und den politischen Zionismus besiegen und ihnen die Weltherrschaft durch militärische Eroberung verschaffen könnten. Die Geschichte beweist eindeutig, dass die Führer der beiden gegnerischen Gruppen die Masse der Menschen, unabhängig von Ethnie, Hautfarbe oder Glauben, in zwei gegnerische Lager geteilt haben und sie dann alle als Schachfiguren im Spiel International Chess benutzt haben. Sie spielen, um zu entscheiden, welche Gruppe die andere letztendlich besiegen und ein für alle Mal die unbestrittene Kontrolle über die Welt, ihren Reichtum, ihre natürlichen Ressourcen, ihre Arbeitskraft und ihre Religion erlangen wird. Es muss daran erinnert werden, dass es das Ziel des Teufels ist, die Seelen der Menschen von Gott weg zu gewinnen, und dass Satan sowohl den „roten" Kommunismus als auch den „schwarzen" Nazismus benutzt, um den Verstand der Menschen zu beeinflussen, damit sie JEDE atheistische Ideologie annehmen werden. Diejenigen, die JEDE atheistische Ideologie annehmen, verkaufen ihre Seelen an den Teufel.

Historische Ereignisse beweisen die Kontinuität der bösen Absichten der Illuminaten. Viele Theologen sind sich einig, dass diese perfekte Kontinuität ihrer langfristigen Pläne ein positiver Beweis dafür ist, dass sie, wie Christus sie nannte, „aus der Synagoge des Satans" sind. Die Theologen stützen ihre Meinung auf die Theorie, dass nichts Menschliches eine so kontinuierliche Aufzeichnung des Bösen durch die Zeitalter der Zeit hindurch haben kann. Die Kontinuität des Bösen ist das genaue Gegenteil der apostolischen Sukzession in der römisch-katholischen Kirche. Hier, wie in vielen anderen Dingen, werden wir zwangsweise an die tatsächliche Macht der übernatürlichen Kräfte erinnert, die unser individuelles Leben, die nationale Politik und die internationalen Angelegenheiten beeinflussen. Argumente dieser Art, die sich auf böse gesinnte Juden beziehen, gelten gleichermaßen für böse gesinnte Arier und böse gesinnte Menschen aller Ethnien, Hautfarben und Glaubensrichtungen.

Die Geschichte beweist, dass Seneca (4 v. Chr. bis 65 n. Chr.) starb, weil er wie Christus versuchte, die korrupten Praktiken und den bösen Einfluss der Geldverleiher aufzudecken, die in das römische Reich eingedrungen waren. Seneca war ein berühmter römischer Philosoph. Er wurde zum Hauslehrer von Nero gewählt, der Kaiser von Rom wurde. Lange Zeit war Seneca der beste Freund und vertrauenswürdigste Berater Neros. Nero heiratete Popaea, die ihn unter den bösen Einfluss der Geldverleiher brachte. Nero wurde zu einem der berüchtigtsten Herrscher, die die Welt je gesehen hat. Sein zügelloses Verhalten und seine verdorbenen Gewohnheiten entwickelten in ihm einen so niederen Charakter, dass er nur noch dazu lebte, alles zu verfolgen und zu zerstören, was gut war. Seine Racheakte nahmen die Form von Gräueltaten an, die er gewöhnlich öffentlich an den Opfern seines Zorns verübte. Seneca verlor seinen Einfluss auf Nero, aber er hörte nicht auf, die Geldverleiher wegen ihres schlechten Einflusses und ihrer korrupten Praktiken öffentlich anzuprangern. Schließlich verlangten die Geldverleiher, dass Nero gegen Seneca vorging, der beim Volk sehr beliebt war. Um den Zorn des Volkes nicht gegen sich selbst und die Geldverleiher zu erregen. Nero befahl Seneca, sein eigenes Leben zu beenden.

Dies ist der erste dokumentierte Fall, in dem die Geldverleiher einen Menschen in den Selbstmord trieben, weil er ihnen lästig geworden war, aber es war keineswegs der letzte. In der Geschichte finden sich Dutzende ähnlicher Selbstmorde und Morde, die als Unfälle oder Selbstmorde ausgegeben wurden.

Einer der berüchtigtsten Fälle der letzten Jahre war der von James V. Forrestal. Forrestal war 1945 davon überzeugt, dass die amerikanischen Bankiers eng mit den internationalen Bankiers verbunden waren, die die Banken von England, Frankreich und anderen Ländern kontrollierten. Seinen Tagebüchern zufolge war er auch davon überzeugt, dass die internationalen Geldbarone die Illuminaten waren und direkt für den Ausbruch des Ersten und Zweiten Weltkriegs verantwortlich waren. Er versuchte, Präsident Roosevelt und andere hochrangige Regierungsvertreter von der Wahrheit zu überzeugen. Entweder scheiterte er und beging in einem Anfall von Depression Selbstmord, oder er wurde ermordet, um seinen Mund für immer zu schließen. Mord, der wie Selbstmord aussehen soll, ist seit vielen Jahrhunderten akzeptierte Politik auf den höchsten Ebenen internationaler Intrigen. [14]

Justinian I. (Flavius Anicius Justianiamus 483-565 n. Chr.) schrieb sein berühmtes Rechtsbuch „Corpus Juris Civilis". Er versuchte, den illegalen Handelsmethoden einiger jüdischer Kaufleute ein Ende zu setzen. Durch illegalen Handel und Großschmuggel verschafften sich die jüdischen Kaufleute, die nur Agenten der Illuminaten waren, einen unlauteren Vorteil gegenüber ihren nichtjüdischen Konkurrenten.

Sie verdrängten sie aus dem Geschäft. Das von Justinian verfasste Gesetzbuch wurde bis ins 10. Jahrhundert als Lehrbuch des Rechts anerkannt. Noch heute gilt es als das wichtigste aller Dokumente der Rechtswissenschaft. Aber die Geldverleiher waren in der Lage, das Gute, das Justinian zu tun versuchte, zunichte zu machen. [15] In Funk & Wagnall's Jewish Encyclopaedia heißt es über die Juden in jenen Tagen: „Sie genossen volle Religionsfreiheit... Kleinere Ämter standen ihnen offen. Der Sklavenhandel bildete die Hauptquelle für den Lebensunterhalt der römischen Juden, und Dekrete gegen diesen Handel wurden 335, 336, 339, 384 n. Chr. usw. erlassen.

Das ist die Geschichte in Schwarz und Weiß. Aber die Geschichte zeigt, dass die jüdischen Kaufleute und Geldverleiher ihre illegalen Aktivitäten nicht auf den Sklavenhandel beschränkten. Es ist überliefert, dass sie in jede Form des illegalen Handels verwickelt waren, einschließlich des Drogenhandels, der Prostitution, des Großhandelsschmuggels von Spirituosen, Parfüm, Juwelen und anderen zollpflichtigen Waren. Um ihren illegalen Handel und Verkehr zu schützen, bestachen und korrumpierten sie Beamte; mit Drogen,

---

[14] *Die Forrestal-Tagebücher* Viking Press, New York, 1951.

[15] Einige Leser behaupten, dass Justianiamus kein solches Ziel verfolgte. Ich behaupte, dass das Wissen um das Unrecht die Menschen anspornt, korrigierende Gesetze zu schaffen.

Alkohol und Frauen zerstörten sie die Moral der Menschen. Die Geschichte berichtet, dass Justinian, obwohl er Kaiser des Römischen Reiches war, nicht stark genug war, um ihren Aktivitäten Einhalt zu gebieten. [16]

Edward Gibbon (1737-1794) befasst sich mit dem korrumpierenden Einfluss der jüdischen Kaufleute und Geldverleiher. Er schreibt ihnen einen großen Beitrag zu „The Decline and Fall of the Roman Empire" zu. Er schrieb das Buch mit diesem Titel. Gibbon widmet der Rolle, die Popaea, Neros Frau, bei der Schaffung der Bedingungen spielte, die das Volk von Rom betrunken in seinen eigenen Untergang taumeln ließen, breiten Raum. Mit dem Untergang des Römischen Reiches wurde die jüdische Vorherrschaft begründet. Die Völker Europas traten in das ein, was die Historiker „Das dunkle Zeitalter" nennen.

In der *Encyclopaedia Britannica* steht zu diesem Thema Folgendes. „Es gab eine unvermeidliche Tendenz für sie (die jüdischen Kaufleute und Geldverleiher), sich auf den Handel zu spezialisieren, für den ihr Scharfsinn und ihre Allgegenwart sie besonders qualifizierten. Im finsteren Mittelalter lag der Handel Westeuropas weitgehend in ihren Händen, insbesondere der Sklavenhandel."

Die jüdische Kontrolle über Handel und Gewerbe, sowohl legal als auch illegal, wurde immer enger. Sie breitete sich weit und breit aus, bis die Wirtschaft jedes europäischen Landes mehr oder weniger in ihren Händen lag. Belege in Form von polnischen und ungarischen Münzen mit jüdischen Inschriften geben einen gewissen Hinweis auf die Macht, die sie in jenen Tagen in finanziellen Angelegenheiten ausübten. Die Tatsache, dass die Juden besondere Anstrengungen unternahmen, um Geld auszugeben und zu kontrollieren, stützt die Meinung, dass die Geldverleiher den Slogan „Lasst uns das Geld einer Nation ausgeben und kontrollieren, und es kümmert uns nicht, wer ihre Gesetze macht" übernommen hatten, lange bevor Amschel Mayer Bauer [17] (1743-1812) den Slogan verwendete, um seinen Mitverschwörern zu erklären,

---

[16] Die gleichen schlechten Einflüsse sind für die gleichen schlechten Bedingungen verantwortlich, die heute in allen Großstädten herrschen.

[17] Bauer ist der jüdische Goldschmied, der das „Haus Rothschild" in Frankfurt am Main gründete. Er und seine Mitbrüder planten die Französische Revolution von 1789.

warum die jüdischen Geldverleiher 1694 die Kontrolle über die Bank of England erlangt hatten.

Die Barone, die Führer des Ariertums, waren entschlossen, die jüdische Kontrolle über Handel, Gewerbe und Geld in Europa zu brechen. Zu diesem Zweck holten sie sich im Jahr 1095 die Unterstützung einiger christlicher Herrscher, um die Kreuzzüge oder Heiligen Kriege zu beginnen. [18] Zwischen 1095 und 1271 wurden acht Kreuzzüge organisiert. Offiziell handelte es sich bei den Kreuzzügen um Militärexpeditionen, die die Sicherheit der Pilger gewährleisten sollten, die das Heilige Grab besuchen und eine christliche Herrschaft in Palästina errichten wollten. In Wirklichkeit handelte es sich um Kriege, die angezettelt wurden, um die europäische Bevölkerung in zwei Lager zu spalten. Das eine Lager war pro-jüdisch, das andere antijüdisch. In den letzten Jahren teilten die Geheimmächte die weiße Ethnie in semitische und antisemitische Gruppen auf. Einige der Kreuzzüge waren erfolgreich, andere nicht. Das Endergebnis war, dass Palästina 1271 immer noch in den Händen der Ungläubigen blieb, obwohl die Länder der Christenheit MILLIONEN VON GELD und Schätzen ausgegeben hatten, um die Kreuzzüge zu finanzieren und MILLIONEN MENSCHENLEBEN in diesen Heiligen Kriegen geopfert hatten. Seltsamerweise wurden die jüdischen Geldverleiher reicher und stärker als je zuvor.

Es gibt eine Phase der Kreuzzüge, die nicht übersehen werden darf, wenn die „Ursachen" im Verhältnis zu den „Auswirkungen" untersucht werden, die sie in späteren Jahren hervorgebracht haben. Im Jahr 1215 hielt die römisch-katholische Hierarchie das vierte Laterankonzil ab. Das Hauptthema war die jüdische Aggression in allen Ländern Europas. Während dieser Periode der Geschichte arbeiteten die Herrscher der Kirche und die Herrscher des Staates in Einheit. Nach reiflicher Überlegung sprachen sich die Kirchenoberhäupter für die Fortsetzung der Kreuzzüge aus.

Sie erarbeiteten und verabschiedeten auch Dekrete, die dem Wucher und der Praxis der jüdischen Geldverleiher, sich durch unethische

---

[18] Weil Hass und Rache die Handelsware der Mächte des Bösen sind, werden sie jeden Vorwand nutzen, um Kriege und Revolutionen anzuzetteln, selbst wenn sie den Namen Gottes, den sie hassen, benutzen.

Methoden im Verkehr und Handel unfaire Vorteile gegenüber der nichtjüdischen Konkurrenz zu verschaffen, ein Ende setzen und korrupte und unmoralische Praktiken eindämmen sollten. Um dieses Ziel zu erreichen, ordneten die Würdenträger des Vierten Laterankonzils an, dass in der Zukunft die Juden nur noch in ihren eigenen Vierteln leben dürfen. Den Juden war es absolut untersagt, Christen als Angestellte einzustellen. Dieses Dekret wurde erlassen, weil jüdische Geldverleiher und Kaufleute nach dem Prinzip der Aktiengesellschaften arbeiteten. Sie beschäftigten Christen, die als ihre Strohleute fungierten, während sie sich im Hintergrund hielten und die Geschäfte leiteten. Das war praktisch, denn wenn etwas schief ging, bekamen die christlichen Strohmänner die Schuld und die Strafe, während sie ungeschoren davonkamen. Darüber hinaus war es den Juden durch die Dekrete absolut verboten, christliche Frauen in ihren Häusern und Betrieben zu beschäftigen. Dieses Dekret wurde erlassen, weil Beweise dafür vorlagen, dass junge Frauen systematisch verführt und dann zu Prostituierten gemacht wurden; ihre Herren benutzten sie, um Kontrolle über einflussreiche Beamte zu erlangen. Andere Dekrete untersagten den Juden zahlreiche kommerzielle Aktivitäten. Doch selbst die Macht der Kirche, die von den meisten christlichen Staatsbeamten unterstützt wurde, konnte die Geldbarone nicht zur Einhaltung der Gesetze bewegen. Alles, was die Dekrete bewirkten, war, den Hass der Illuminaten auf die Kirche Christi zu verstärken, und sie begannen eine kontinuierliche Kampagne zur Trennung von Kirche und Staat. Um dieses Ziel zu erreichen, führten sie die Idee des Säkularismus bei den Laien ein.

Im Jahr 1253 ordnete die französische Regierung die Ausweisung der Juden an, weil sie sich weigerten, das Gesetz zu befolgen. Die meisten der ausgewiesenen Juden gingen nach England über. Bis 1255 hatten die jüdischen Geldverleiher die absolute Kontrolle über viele kirchliche Würdenträger und den größten Teil des Adels erlangt.[19] Dass die

---

[19] Das Buch „Aaron von Lincoln". Shapiro-Valentine & Co. gibt interessante Informationen über diese Periode der Geschichte. In Valentine's Jewish Encyclopaedia heißt es dazu „Ihre Zahl und ihr Wohlstand wuchsen. Aaron von Lincoln (dessen Haus noch heute steht) wurde der reichste Mann Englands. Seine Finanzgeschäfte erstreckten sich über das ganze Land und betrafen viele der führenden Adligen und Kirchenmänner... Nach seinem Tod gingen seine Besitztümer an die Grown über, und es musste eine eigene Abteilung des Schatzamtes eingerichtet werden, die sich um die Besitztümer kümmern sollte.

Geldverleiher, die Rabbiner und die Ältesten zu den Illuminaten gehörten, wurde durch Beweise belegt, die während der von König Heinrich III. angeordneten Untersuchung der rituellen Ermordung des Heiligen Hugh von Lincoln im Jahr 1255 vorgelegt wurden. Es wurde nachgewiesen, dass achtzehn Juden die Schuldigen waren. Sie wurden vor Gericht gestellt, für schuldig befunden und hingerichtet. Im Jahr 1272 starb König Heinrich. Edward I. wurde König von England. Er beschloss, dass die jüdischen Führer die Praxis des Wuchers aufgeben mussten. Im Jahr 1275 ließ er das Parlament die Judenstatuten verabschieden. Sie sollten die Macht der jüdischen Wucherer über ihre Schuldner, sowohl Christen als auch andere Juden, einschränken. Die Judenstatuten waren wahrscheinlich die erste Gesetzgebung, an der die Untertanen im Parlament aktiv beteiligt waren. Sie können nicht als antisemitisch eingestuft werden, da sie tatsächlich die Interessen der ehrlichen und gesetzestreuen Juden schützten.[20]

Aber wie schon so oft dachten die jüdischen Geldverleiher, dass die Macht, die sie sowohl über die Kirche als auch über den Staat ausüben konnten, es ihnen erlauben würde, sich dem königlichen Erlass ebenso zu widersetzen, wie sie die Beschlüsse des Laterankonzils zunichte gemacht hatten. Sie begingen einen schweren Fehler. Im Jahr 1290 erließ König Edward ein weiteres Dekret. Alle Juden wurden aus England vertrieben. Dies war der Beginn dessen, was Historiker als „The Great Eviction" bezeichnen.

Nachdem Edward I. den Stein ins Rollen gebracht hatte, folgten alle gekrönten Häupter Europas seinem Beispiel.

Im Jahr 1306 vertrieb Frankreich die Juden. 1348 folgte Sachsen dem Beispiel. 1360 Ungarn; 1370 Belgien; 1380 die Slowakei; 1420 Österreich; 1444 die Niederlande; 1492 Spanien.

Die Vertreibung der Juden aus Spanien hat eine besondere Bedeutung. Sie wirft ein Licht auf die spanische Inquisition. Die meisten Menschen haben die Vorstellung, dass die Inquisition von den römischen Katholiken eingesetzt wurde, um Protestanten zu verfolgen, die sich

---

[20] Die Statuten des Judentums wurden im Detail als Anhang in *The Nameless War* von Captain A.H.M. Ramsay abgedruckt. Veröffentlicht von Omnia Veritas Ltd, www.omnia-veritas.com.

von der Kirche losgesagt hatten. Tatsächlich war die von Papst Innozenz III. eingeführte Inquisition ein Mittel zur Entlarvung von Häretikern und Ungläubigen, die sich als Christen ausgaben, um die christliche Religion von innen heraus zu zerstören.[21]

Für die Inquisitoren machte es nicht den geringsten Unterschied, ob der Angeklagte Jude oder Nichtjude, schwarz oder weiß war. Die schreckliche Zeremonie, das „Auto-da-Fé" oder „Glaubensbekenntnis", war speziell für die Hinrichtung aller verurteilten Ketzer und Ungläubigen gedacht, als Torquemada (1420-1498) Großinquisitor war.[22]

Es sind diese versteckten Vorfälle, die so viel Wahrheit enthüllen. Im 14. Jahrhundert gelang es den jüdischen Geldverleihern in Spanien zum ersten Mal, die Kredite, die sie dem Staat gewährten, durch das Recht zu sichern, die vom Volk erhobenen Steuern einzutreiben. Bei der Forderung nach ihrem Pfund Fleisch gingen sie so grausam vor, dass es nur der aufrührerischen Reden des Priesters Fernando Martenez bedurfte, um eine Massenaktion auszulösen, die in einem der blutigsten Massaker der Geschichte endete. Auch dies ist ein perfektes Beispiel dafür, wie Tausende von unschuldigen Juden für die Sünden und Verbrechen einiger weniger gegen die Menschlichkeit geopfert wurden.[23] Im Jahr 1495 vertrieb Litauen die Juden. Im Jahr 1498 Portugal, 1540 Italien und 1551 Bayern. Es ist wichtig, sich daran zu erinnern, dass es einigen wohlhabenden und einflussreichen Juden

---

[21] Da die Juden aus allen europäischen Ländern vertrieben wurden, suchte Chemor, Rabbiner von Arles in der Provence, Rat beim Sanhedrin, der damals in Konstantinopel saß. Sein Gesuch war auf den 13. Januar 1489 datiert. Die Antwort traf bereits im November 1459 ein. Sie war unterzeichnet mit V.S.S. - V.F.F. Fürst der Juden. Es riet den Rabbinern, die Taktik des „Trojanischen Pferdes" der Christen anzuwenden und ihre Söhne zu Priestern, Laien, Anwälten, Ärzten usw. zu machen, damit sie die christliche Struktur von innen heraus zerstören könnten.

[22] In der Encyclopaedia Britannica heißt es auf Seite 67, Band 13, 1947: „Das 14. Jahrhundert war das goldene Zeitalter der Juden in Spanien. Jahrhundert war das goldene Zeitalter der Juden in Spanien. 1391 führte die Predigt eines Priesters aus Sevilla, Fernando Martenez, zum ersten allgemeinen Massaker an den Juden, die um ihren Wohlstand beneidet und gehasst wurden, weil sie die Steuereintreiber des Königs waren.

[23] Dieser Aspekt wird in den Kapiteln über Spanien ausführlicher behandelt.

gelang, während der allgemeinen Vertreibung Zuflucht in Bordeaux, Avignon, einigen Kirchenstaaten, Marseille, dem Nordelsass und einem Teil Norditaliens zu finden. Aber, wie in der Encyclopaedia Britannica angegeben,

> „Die Masse des jüdischen Volkes war also wieder im Osten und im polnischen und türkischen Reich zu finden. Die wenigen Gemeinschaften, die in Westeuropa verbleiben durften, wurden unterdessen endlich all den Beschränkungen unterworfen, die frühere Zeitalter gewöhnlich als Ideal zugelassen hatten; so dass man in gewissem Sinne sagen kann, dass das jüdische dunkle Zeitalter mit der Renaissance begann. Dieses Eingeständnis würde darauf hindeuten, dass die Behauptung gewisser Historiker gerechtfertigt ist, dass die Wiedergeburt der westlichen Zivilisation erst dann erfolgte, als die westeuropäischen Nationen den jüdischen Geldverleihern die wirtschaftliche Kontrolle entrissen."

Nach der großen Vertreibung lebten die Juden wieder in Ghettos oder Kahals. Isoliert von der Masse der Bevölkerung standen die Juden unter der Leitung und Kontrolle der Rabbiner und Ältesten, von denen viele unter dem Einfluss der Illuminaten und der reichen jüdischen Geldverleiher standen, die in ihren verschiedenen Heiligtümern geblieben waren. In den Ghettos schürten Agenten der Illuminaten in den Herzen der jüdischen Bevölkerung einen Geist des Hasses und der Rache gegen diejenigen, die sie vertrieben hatten. Die Rabbiner erinnerten sie daran, dass der Tag kommen würde, an dem sie als auserwähltes Volk Gottes ihre Rache bekommen und die Erde erben würden.

Es sollte erwähnt werden, dass die meisten Juden, die sich in Osteuropa niederließen, nur innerhalb des „Palastes der Ansiedlung" leben durften, der sich an den westlichen Grenzen Russlands befand und sich von den Ufern der Ostsee im Norden bis zu den Ufern des Schwarzen Meeres im Süden erstreckte. Die meisten von ihnen waren chasarische Juden.[24] Die chasarischen Juden zeichneten sich durch ihre jiddische Kultur, ihre räuberischen Praktiken in finanziellen Angelegenheiten und ihren Mangel an Ethik im Geschäftsverkehr aus. Man sollte sie

---

[24] H.G. Wells definiert die Unterschiede sehr deutlich in seinem *Abriss der Geschichte*, Seiten 493-494.

nicht mit den biblischen Hebräern verwechseln, die im Allgemeinen ein mildes und pastorales Volk sind.

In den Ghettos, in einer Atmosphäre des Hasses, wurde von den Agenten der Illuminaten der Wunsch nach Rache entwickelt. *Sie organisierten diese negativen Bedingungen in der Weltrevolutionären Bewegung, die auf Terrorismus basiert.*

Von Anfang an haben die international gesinnten Geldbarone und ihre Hohepriester die weltrevolutionäre Bewegung geplant, finanziert und kontrolliert. Sie benutzten sie als das Instrument, mit dem sie sich an den christlichen Kirchen und den gekrönten Häuptern Europas rächen wollten.

Die Geschichte beweist, WIE die Geldbarone die revolutionäre Bewegung zum Internationalen Kommunismus, wie wir ihn heute kennen, entwickelten. Sie organisierten einzelne Terrorakte zu einer disziplinierten revolutionären Bewegung. Dann planten sie die systematische Infiltration der Juden zurück in die Länder, aus denen sie vertrieben worden waren.

Da ihre Wiedereinreise illegal war, bestand die einzige Möglichkeit der Infiltration darin, jüdische Untergrundorganisationen zu gründen. Da die Juden, die sich in den Untergrund der europäischen Städte einschleusten, keine legale Arbeit finden konnten, wurden sie mit Mitteln versorgt, mit denen sie das Schwarzmarktsystem entwickeln konnten. Sie beteiligten sich an jeder Art von illegalem Handel und Gewerbe. Da sie nach dem Prinzip der Aktiengesellschaften arbeiteten, blieb die Identität der Geldbarone, die dieses riesige Untergrundsystem besaßen und kontrollierten, stets geheim. [25]

Graf de Poncins, Mrs. Nesta Webster, Sir Walter Scott und viele andere Autoren und Historiker haben vermutet, dass die Illuminaten und eine Gruppe von Internationalisten die geheime Macht hinter der weltrevolutionären Bewegung waren, aber erst in jüngster Zeit wurden

---

[25] Das ist auch heute noch so. Die illegale Einreise in die Vereinigten Staaten und nach Palästina hat seit dem Ende des Zweiten Weltkriegs eine noch nie dagewesene Zahl erreicht. Es werden Beweise vorgelegt, die zeigen, dass der Untergrund immer mit den antisozialen Charakteren verbunden ist, die die Unterwelt bilden.

genügend Beweise zusammengetragen, um zu beweisen, dass das, was sie vermuteten, tatsächlich eine Tatsache war. Wenn die Ereignisse der Geschichte in ihrer chronologischen Abfolge aufgerollt werden, wird man sehen, wie die Illuminaten die semitischen Gruppen und die arischen Gruppen benutzten, um ihren Zweck zu erfüllen, und Millionen und Abermillionen von Menschen in Revolutionen und Kriege verwickelten, um ihre eigenen geheimen und selbstsüchtigen Ambitionen zu fördern. William Foss und Cecil Gerahty, die das Buch Die spanische Arena geschrieben haben, sagten: „Die Frage, wer die führenden Persönlichkeiten hinter dem Versuch der JOINT STOCK COMPANY, die Welt zu beherrschen, sind und wie sie ihre Ziele erreichen, sprengt den Rahmen dieses Buches. Aber es ist eine der wichtigsten Libres a faire, die noch geschrieben werden müssen. ES WIRD VON EINEM MANN VON HÖCHSTEM MUT GESCHRIEBEN WERDEN MÜSSEN, DER SEIN LEBEN ALS NICHTS IM VERGLEICH ZUR AUFKLÄRUNG DER WELT ÜBER DAS, WAS DIE SATANISCHE SELBSTERNANNTE PRIESTERSCHAFT ANORDNEN WÜRDE, ZÄHLEN WIRD."

Wie erfolgreich der Plan war, sich wieder in die Länder einzuschleusen, aus denen sie vertrieben worden waren, lässt sich am besten anhand der folgenden Aufzeichnungen beurteilen. Im Jahr 1600 waren die Juden wieder in England, im Jahr 1500 wieder in Ungarn. 1582 wurden sie wieder vertrieben; 1562 waren sie wieder in der Slowakei, wurden aber 1744 wieder vertrieben; 1700 waren sie wieder in Litauen. Aber unabhängig davon, wie oft sie vertrieben wurden, gab es immer einen jüdischen Untergrund, von dem aus die revolutionären Aktivitäten der Geheimmächte geleitet wurden.

Da König Eduard I. von England als erster die Juden vertrieben hatte, beschlossen die jüdischen Geldbarone in Frankreich, Holland und Deutschland, dass es poetische Gerechtigkeit wäre, wenn sie ihre geplante revolutionäre Technik zuerst in England ausprobieren würden. Sie setzten ihre Untergrundagenten oder Zellen ein, um Unruhe zwischen dem König und seiner Regierung, zwischen Arbeitgebern und Arbeitnehmern, zwischen der herrschenden Klasse und den Arbeitern, zwischen Kirche und Staat zu stiften. Die Verschwörer brachten kontroverse Themen in Politik und Religion ein, um das Volk in zwei gegensätzliche Lager zu spalten.[26] Zunächst teilten sie die Menschen in England in Katholiken und Protestanten, dann die Protestanten in Konformisten und Nonkonformisten.

Als König Karl I. mit seinem Parlament in Konflikt geriet, ließ ein jüdischer Geldbaron in Holland namens Manasseh Ben Israel seine Agenten mit Oliver Cromwell Kontakt aufnehmen. Sie boten ihm große Geldsummen an, wenn er ihren Plan zum Sturz des britischen Throns ausführen würde. Manasseh Ben Israel und andere deutsche und französische Geldverleiher finanzierten Cromwell. Fernandez Carvajal aus Portugal, der in der Geschichte oft als der große Jude bezeichnet wird, wurde Cromwells oberster militärischer Auftragnehmer.

Er reorganisierte die Rundköpfe zu einer Musterarmee. Er stattete sie mit den besten Waffen und Ausrüstungen aus, die man für Geld kaufen konnte. Sobald die Verschwörung im Gange war, wurden Hunderte von ausgebildeten Revolutionären nach England geschmuggelt und in den jüdischen Untergrund aufgenommen. Das Gleiche geschieht heute in Amerika.

Der Leiter des jüdischen Untergrunds in England war zu dieser Zeit ein Jude namens De Souze. Der große Jude Fernandez Carvajal hatte seinen Einfluss geltend gemacht, damit De Souze zum portugiesischen Botschafter ernannt wurde. In seinem Haus, das durch diplomatische Immunität geschützt war, hielten sich die Führer des jüdischen revolutionären Untergrunds versteckt und arbeiteten an ihren Plänen und Intrigen.[27]

Nachdem die Revolution beschlossen worden war, führten die jüdischen Verschwörer den Calvinismus in England ein, um Kirche und Staat zu spalten und das Volk zu entzweien. Entgegen der allgemeinen Auffassung ist der Calvinismus jüdischen Ursprungs. Er wurde absichtlich erdacht, um die Anhänger der christlichen Religionen zu

---

[26] Sombarts Werk „Die Juden und der moderne Kapitalismus" und die „Jüdische Enzyklopädie" bestätigen die obige Aussage.

[27] Diese Politik ist seither gängige Praxis. Die sowjetischen Botschaften in allen Ländern wurden zu Hauptquartieren von Intrigen und Spionage, wie weitere Beweise zeigen werden.

spalten und das Volk zu spalten. Calvins richtiger Name war Cohen! Als er von Genf nach Frankreich ging, um seine Lehre zu verkünden, wurde er als Cauin bekannt. In England wurde daraus dann Calvin.

Die Geschichte beweist, dass es kaum ein revolutionäres Komplott gibt, das nicht in der Schweiz ausgebrütet wurde; es gibt kaum einen jüdischen Revolutionsführer, der nicht seinen Namen geändert hat.

Bei den B'nai B'rith-Feierlichkeiten, die 1936 in Paris, Frankreich, stattfanden, wurde Cohen, Cauvin oder Calvin, wie auch immer er heißen mag, enthusiastisch als jüdischer Abstammung gefeiert.[28]

Zusätzlich zu den religiösen Kontroversen organisierten die Revolutionsführer bewaffnete Mobs, um jede Situation zu verschärfen, die von ihren Herren in die Politik und die Arbeitswelt eingebracht wurde. Isaac Disraeli (1766-1848), ein Jude und Vater von Benjamin Disraeli, der später Lord Beaconsfield wurde, befasst sich in seiner zweibändigen Geschichte The Life of Charles II. ausführlich mit diesem Aspekt der britischen Revolution. Er merkt an, dass er zahlreiche Informationen aus den Aufzeichnungen des Juden Melchior de Salem erhielt, der zu jener Zeit französischer Gesandter bei der britischen Regierung war. Disraeli weist auf die große Ähnlichkeit bzw. das Muster der revolutionären Aktivitäten hin, die sowohl der britischen als auch der französischen Revolution vorausgingen. Mit anderen Worten, die Handschrift der geheimen und wirklichen Leiter der Weltrevolutionären Bewegung (W.R.M.) war in beiden deutlich zu erkennen - eine Tatsache, die wir im Folgenden beweisen werden.

Der Beweis, der Oliver Cromwell ABSOLUT der Teilnahme am jüdischen Revolutionskomplott überführt, wurde von Lord Alfred Douglas erbracht, der eine Wochenzeitschrift Plain English herausgab, die von der North British Publishing Co. veröffentlicht wurde. In einem Artikel, der in der Ausgabe vom 3. September 1921 erschien, erklärte er, wie sein Freund, Herr L.D. Van Valckert aus Amsterdam, Holland, in den Besitz eines fehlenden Bandes mit Aufzeichnungen der Synagoge von Muljeim gekommen war. Dieser Band war während der Napoleonischen Kriege verloren gegangen. Der Band enthält

---

[28] Diese Tatsache wurde im Februar desselben Jahres in der *Catholic Gazette* kommentiert.

Aufzeichnungen über Briefe, die an die Direktoren der Synagoge geschrieben und von ihnen beantwortet wurden.

Sie sind in deutscher Sprache verfasst. Ein Eintrag, datiert auf den 16. Juni 1647, lautet: Von O.C. (d.h. Olivier Cromwell) an Ebenezer Pratt.

> „Im Gegenzug für finanzielle Unterstützung wird er sich für die Aufnahme von Juden in England einsetzen. Dies ist jedoch unmöglich, solange Karl lebt. Karl kann nicht ohne Gerichtsverfahren hingerichtet werden, für das es gegenwärtig keine ausreichenden Gründe gibt. Empfehle daher, Karl zu ermorden, werde aber nichts mit den Vorbereitungen zur Beschaffung eines Attentäters zu tun haben, obwohl ich bereit bin, bei seiner Flucht zu helfen."

Als Antwort auf diese Sendung schrieb E. Pratt den Aufzeichnungen zufolge einen Brief vom 12. Juli 1647 an Oliver Cromwell.

> „Wird finanzielle Hilfe gewähren, sobald Karl abgesetzt und Juden zugelassen sind. Ein Attentat ist zu gefährlich. Karl sollte eine Gelegenheit zur Flucht gegeben werden.[29] Seine Wiederergreifung wird dann den Prozess und die Hinrichtung ermöglichen. Die Unterstützung wird großzügig sein, aber es ist sinnlos, die Bedingungen zu diskutieren, bevor der Prozess beginnt."

Am 12. November desselben Jahres bot sich Karl die Gelegenheit zur Flucht. Natürlich wurde er wieder gefangen genommen. Hollis und Ludlow, die sich mit diesem Kapitel der Geschichte befassen, sind beide der Ansicht, dass die Flucht eine List Cromwells war. Nachdem Karl wieder gefangen genommen worden war, überschlugen sich die Ereignisse. Cromwell ließ das britische Parlament von den meisten Mitgliedern säubern, von denen er wusste, dass sie dem König gegenüber loyal waren. Trotz dieser drastischen Maßnahme stimmte die Mehrheit des Parlaments, als es am 5. Dezember 1648 die ganze Nacht hindurch tagte, darin überein, „dass die vom König angebotenen Zugeständnisse für eine Einigung zufriedenstellend waren."

---

[29] Charles befand sich zu diesem Zeitpunkt in Gewahrsam.

Eine solche Einigung hätte Cromwell davon abgehalten, das Blutgeld zu erhalten, das ihm die internationalen Geldbarone durch ihren Agenten E. Pratt versprochen hatten, also schlug Cromwell erneut zu. Er befahl Colonel Pryde, das Parlament von jenen Mitgliedern zu säubern, die für einen Vergleich mit dem König gestimmt hatten. Was dann geschah, wird in den Schulgeschichtsbüchern unter als *Pryde's Purge* bezeichnet.[30] Als die Säuberung beendet war, blieben fünfzig Mitglieder übrig. Sie werden als *„The Rump Parliament"* bezeichnet. Sie übernahmen die absolute Macht. Am 9. Januar 1649 wurde ein „Hohes Gericht" proklamiert, um den König von England vor Gericht zu stellen. Zwei Drittel der Mitglieder des Gerichtshofs waren „Levellers" aus Cromwells Armee. Die Verschwörer konnten keinen englischen Anwalt finden, der eine Strafanzeige gegen König Karl verfassen würde. Carvajal beauftragte einen ausländischen Juden, Isaac Dorislaus, Manasseh Ben Israels Vertreter in England, mit der Abfassung der Anklageschrift, auf deren Grundlage König Karl vor Gericht gestellt wurde. Karl wurde der Anschuldigungen für schuldig befunden, die von den internationalen jüdischen Geldverleihern gegen ihn erhoben wurden, nicht aber vom englischen Volk. Am 30. Januar 1649 wurde er vor dem Bankethaus in Whitehall London öffentlich enthauptet. Die jüdischen Geldverleiher, angeführt von den Hohepriestern der Synagoge des Satans, hatten sich gerächt, weil Edward I. die Juden aus England vertrieben hatte. Oliver Cromwell erhielt sein Blutgeld, genau wie Judas es getan hatte.

Die Geschichte beweist, dass die internationalen jüdischen Geldverleiher einen anderen Zweck als Rache verfolgten, um Karl loszuwerden. Sie setzten ihn ab, um die Kontrolle über Englands Wirtschaft und Regierung zu erlangen. Sie planten, viele europäische Länder in einen Krieg mit England zu verwickeln. Um Kriege zu führen, werden große Geldsummen benötigt. Indem sie den gekrönten Häuptern Europas das Geld liehen, das sie für die von ihnen

---

[30] Es ist wichtig festzustellen, dass in den Schulgeschichtsbüchern die beiden gegensätzlichen Gruppen von Männern, die die „geheime Macht" hinter den internationalen Angelegenheiten waren und die Geschichte gemacht haben, nicht erwähnt werden. Diese Politik scheint auf einer stillschweigenden Übereinkunft zu beruhen. -Autor.

angezettelten Kriege benötigten, konnten die Internationalisten die Staatsschulden aller europäischen Nationen rasch erhöhen.

Die chronologische Abfolge der Ereignisse von der Hinrichtung König Karls im Jahr 1649 bis zur Gründung der Bank of England im Jahr 1694 zeigt, wie die Staatsverschuldung erhöht wurde. Die internationalen Bankiers nutzten Intrigen und Gerissenheit, um sich die Christen gegenseitig an den Hals zu werfen.

1649 Cromwell, finanziert von Juden, führt Krieg in Irland. Er erobert Drogheda und Wexford. Die britischen Protestanten werden für die Verfolgung der irischen Katholiken verantwortlich gemacht.

1650 Montrose in Rebellion gegen Cromwell. Gefangen genommen und hingerichtet.

1651 Karl II. fällt in England ein. Er wird besiegt und flieht zurück nach Frankreich.

1652 England wird in einen Krieg mit den Niederländern verwickelt.

1653 Cromwell proklamiert sich zum Lordprotektor von England.

1654 England wird in weitere Kriege verwickelt.

1656 Beginn der Unruhen in den amerikanischen Kolonien.

1657 Tod von Cromwell - Sohn Richard wird zum Protektor ernannt.

1659 Richard, angewidert von der Intrige, tritt zurück.

1660 General Monk besetzt London und Karl II. wird zum König proklamiert.

1661 Die Enthüllung der Wahrheit über die Intrige, die Cromwell und seine Mitstreiter Ireton und Bradshaw geschmiedet haben, löst in der Öffentlichkeit heftige Reaktionen aus. Die Leichen werden exhumiert und am Galgen auf dem Tyburn Hill in London aufgehängt.

1662 Es kommt zu religiösen Auseinandersetzungen, um die Mitglieder der protestantischen Konfessionen zu spalten. Nonkonformisten der etablierten Kirche von England werden verfolgt.

1664 England wird erneut in einen Krieg mit Holland verwickelt.

1665 Eine große Depression bricht über England herein. Arbeitslosigkeit und Nahrungsmittelknappheit beeinträchtigen die Gesundheit der Bevölkerung und die Große Pest bricht aus.[31]

1666 England wird in den Krieg mit Frankreich und Holland verwickelt.

1667 Kabalenagenten lösen neue religiöse und politische Unruhen aus.[32]

1674 schließen England und Holland Frieden. Die Männer, die das internationale Ränkespiel leiten, verändern ihren Charakter. Sie werden zu Ehestiftern. Sie erheben den einfachen Herrn William Stradholder in den Rang eines Generalkapitäns der niederländischen Streitkräfte. Er wurde Wilhelm Prinz von Oranien. Es wurde arrangiert, dass er Maria, die älteste Tochter des Herzogs von York, kennenlernte. Der Herzog war nur noch einen Platz davon entfernt, König von England zu werden.

1677 heiratete Prinzessin Mary von England Wilhelm Prinz von Oranien. Um Wilhelm Prinz von Oranien auf den englischen

---

[31] Der Ausbruch des Großen Brandes von London, bekannt als „The Great Cleaner", beendete die Pest.

[32] Das Wort Cabal ist eng verwandt mit der Cabala, einer geheimnisvollen hebräischen Theosophie, die bis in die Antike zurückreicht, aber im 10. und den folgenden Jahrhunderten sehr aktiv wurde. Die Kabbala wurde als „eine besondere Offenbarung" angekündigt, die es den Rabbinern ermöglichte, dem jüdischen Volk die verborgenen Bedeutungen der heiligen Schriften zu erklären. In Pear's Cyclopedia, 57. Ausgabe, Seite 529, heißt es: „Der Kabalismus wurde später bis zum Exzess getrieben". Kabale Listenführer gaben vor, Zeichen und Beweise in Buchstaben, Formen und Zahlen zu lesen, die in der Heiligen Schrift enthalten waren. Die Franzosen nannten diesen geheimnisvollen Ritus Cabale. Die Franzosen benutzten den Begriff Cabale für jede Gruppe von politischen oder privaten Intriganten. Die Engländer prägten den Namen Cabal, weil die wichtigsten Persönlichkeiten, die in England mit kabbalistischen Intrigen zu tun hatten, Clifford Ashley, Buckingham, Arlington und Lauderdale waren, in dieser Reihenfolge. Der erste Buchstabe ihrer Namen bedeutet Cabal! Während der unglücklichen Herrschaft von Karl II. waren die Kabalisten die Anstifter zu verschiedenen Formen politischer und religiöser Unruhen.

Thron zu setzen, mussten sowohl Karl II. als auch der Herzog von York, der als Jakob II. vorgesehen war, beseitigt werden.

1683 wurde das Komplott von Rye House ausgebrütet. Die Absicht war, sowohl König Karl II. als auch den Herzog von York zu ermorden. Es scheiterte.

1685 König Karl II. stirbt. Der Herzog von York wurde König Jakob II. von England. Sofort wurde eine Kampagne von *L'Infamie* gegen James II. gestartet. Der Herzog von Monmouth wurde überredet oder bestochen, einen Aufstand anzuführen, um den König zu stürzen. Am 30. Juni wurde die Schlacht von Sedgemoor geschlagen. Monmouth wurde besiegt und gefangen genommen. Er wurde am 15. Juli hingerichtet. Im August eröffnete Richter Jeffreys das, was Historiker „The Bloody Assizes" nennen. Über dreihundert Personen, die an der Rebellion von Monmouth beteiligt waren, wurden unter grausamen Umständen zum Tode verurteilt. Fast eintausend weitere wurden zum Verkauf als Sklaven verurteilt. Dies war ein typisches Beispiel dafür, wie die Geheimmächte hinter den Kulissen Bedingungen schaffen, für die andere Menschen verantwortlich gemacht werden. Andere werden dazu gebracht, sich aktiv gegen die Beschuldigten zu wehren. Diese wiederum werden liquidiert. König James musste noch beseitigt werden, bevor Wilhelm von Oranien auf den Thron gesetzt werden konnte, um ihr Mandat auszuführen. Alle Menschen in England waren verhext und verwirrt. Sie durften die Wahrheit nicht erfahren. Sie gaben allen und allem die Schuld, außer den „Geheimen Mächten", die die Fäden zogen. Dann machten die Verschwörer ihren nächsten Schritt.

1688 Sie befahlen Wilhelm Prinz von Oranien, in England in Torbay zu landen. Dies tat er am 5. November. König James dankte ab. Er floh nach Frankreich. Er hatte sich durch den Feldzug von *L'Infamie*, Intrigen und seine eigene Dummheit und Schuld unbeliebt gemacht.

1689 wurden Wilhelm von Oranien und Maria zum König und zur Königin von England proklamiert. König James hatte nicht die Absicht, den Thron kampflos aufzugeben. Er war Katholik, und so setzten die Geheimmächte Wilhelm von Oranien als Verfechter des protestantischen Glaubens ein. Am 15. Februar 1689 landete König James in Irland. Die Schlacht am Boyne wurde von Männern mit eindeutigen und gegensätzlichen religiösen Überzeugungen ausgetragen. Die Schlacht wird seither am 12. Juli von den Oraniern gefeiert.

Es gibt wahrscheinlich nicht einen von zehntausend Oraniern, der weiß, dass alle Kriege und Rebellionen, die von 1640 bis 1689 geführt wurden, von den internationalen Geldverleihern angezettelt wurden, um sich in die Lage zu versetzen, die britische Politik und Wirtschaft zu kontrollieren. Ihr erstes Ziel war es, unter die Erlaubnis zu erhalten, eine Bank von England zu gründen und die Schulden zu konsolidieren und zu sichern, die Großbritannien ihnen für die Kredite gab, die es zur Bekämpfung der von ihnen angezettelten Kriege aufgenommen hatte. Die Geschichte zeigt, wie sie ihre Pläne verwirklichten.

Letztlich hat keines der an den Kriegen und Revolutionen beteiligten Länder und Völker einen dauerhaften Nutzen daraus gezogen. Es wurde keine dauerhafte oder zufriedenstellende Lösung für die damit verbundenen politischen, wirtschaftlichen und religiösen Fragen erreicht.

DIE EINZIGEN, DIE DAVON PROFITIERTEN, WAREN DIE KLEINE GRUPPE DER GELDVERLEIHER, DIE DIE KRIEGE UND REVOLUTIONEN FINANZIERTEN, SOWIE IHRE FREUNDE UND AGENTEN, DIE DIE ARMEEN, SCHIFFE UND MUNITION LIEFERTEN.

Es ist wichtig, sich daran zu erinnern, dass der holländische General, kaum dass er auf dem englischen Thron saß, das britische Schatzamt überredete, 1.250.000 Pfund von den jüdischen Bankiers zu leihen, die ihn auf den Thron gesetzt hatten. Das Schulbuch Geschichte informiert unsere Kinder, dass die Verhandlungen von Sir John Houblen und Mr. William Patterson im Namen der britischen Regierung mit Geldgebern geführt wurden, deren Identität geheim gehalten wurde.

Die Suche nach historischen Dokumenten zeigt, dass die Verhandlungen über die Darlehensbedingungen in einer Kirche stattfanden, um absolute Geheimhaltung zu gewährleisten. Zur Zeit Christi nutzten die Geldverleiher den Tempel. In den Tagen Wilhelms von Oranien entweihten sie eine Kirche.

Die internationalen Geldverleiher erklärten sich bereit, dem britischen Schatzamt in Höhe von 1.250.000 Pfund entgegenzukommen, sofern sie ihre eigenen Bedingungen diktieren konnten. Dem wurde zugestimmt.

Die Bedingungen lauteten unter anderem:

1 Dass die Namen derjenigen, die das Darlehen gewährt haben, geheim bleiben, und dass ihnen eine Charta zur Gründung einer Bank von England erteilt wird.[33]

2 Dass die Direktoren der Bank von England das gesetzliche Recht erhalten, den Goldstandard für die Währung einzuführen, durch den -

3 Sie konnten Kredite im Wert von 10 Pfund für jedes 1 Pfund Gold, das sie in ihren Tresoren deponiert hatten, vergeben.

4 dass es ihnen gestattet wird, die Staatsschulden zu konsolidieren und die Zahlung der fälligen Beträge als Kapital und Zinsen durch direkte Besteuerung des Volkes sicherzustellen.

So verkaufte König Wilhelm von Oranien das englische Volk für die Summe von 1.250.000 Pfund in die wirtschaftliche Knechtschaft. Die jüdischen Geldverleiher setzten ihre Ambitionen durch. Sie hatten sich die Macht angeeignet, die Währung der Nation auszugeben und zu kontrollieren. Und nachdem sie sich diese Macht gesichert hatten, war es ihnen egal, wer die Gesetze machte.

Was die Akzeptanz des Goldstandards bedeutete, lässt sich am besten anhand einer einfachen Transaktion veranschaulichen: Die Direktoren der Bank of England konnten für jede 100 Pfund Gold, die sie als Sicherheit hinterlegt hatten, 1.000 Pfund verleihen. Für die gesamten 1.000 Pfund kassierten sie Zinsen. Bei einem Zinssatz von 5% waren das 50 Pfund pro Jahr. Am Ende des ersten Jahres erhielten die Bankiers also 50% des Betrags zurück, den sie ursprünglich zur Sicherung des

---

[33] Die Identität der Männer, die die Bank of England kontrollieren, bleibt immer noch ein Geheimnis. Der Macmillan-Ausschuss, der 1929 eingesetzt wurde, um Licht in die Angelegenheit zu bringen, scheiterte völlig. Montague Norman, der offizielle Leiter der Bank von England, war in seinen Antworten an das Komitee äußerst ausweichend und unverbindlich. Für weitere Einzelheiten lesen Sie bitte: Fakten über die Bank von England von A.N. Field, S. 4.

Kredits hinterlegt hatten. Wenn eine Privatperson einen Kredit aufnehmen wollte, verlangten die Bankiers von ihr eine Sicherheit in Form von Immobilien, Aktien oder Anleihen, die den Wert des gewünschten Kredits weit überstieg. Konnte der Kreditnehmer die Kapital- und Zinszahlungen nicht leisten, wurde sein Eigentum zwangsversteigert, und die Geldverleiher erhielten ein Vielfaches des Kreditbetrags.

Die internationalen Bankiers hatten nie die Absicht, England die Möglichkeit zu geben, die Staatsschulden zu begleichen. Der Plan war, internationale Bedingungen zu schaffen, die ALLE betroffenen Nationen tiefer und tiefer in ihre Schulden stürzen würden.[34]

Was England betrifft, so stieg die Staatsverschuldung in nur vier Jahren, von 1694 bis 1698, von einer auf sechzehn Millionen Pfund Sterling. Diese Schulden wurden durch Kriege angehäuft. Interessant ist, dass John Churchill (1650-1722) in dieser Periode der englischen Geschichte die führende militärische Persönlichkeit wurde. Aufgrund seines militärischen Genies und seiner Verdienste um Großbritannien wurde er zum ersten Herzog von Marlborough ernannt.[35]

Die geheime Macht hinter der weltrevolutionären Bewegung zog die nötigen Fäden und führte *zu* den Spanischen Erbfolgekriegen. *1701* wurde der Herzog von Marlborough zum Oberbefehlshaber der Streitkräfte von Holland ernannt. Keine geringere Autorität als die Jüdische Enzyklopädie vermerkt die Tatsache, dass der Herzog von Marlborough für seine zahlreichen Dienste nicht weniger als 6.000 Pfund pro Jahr von dem niederländischen jüdischen Bankier SOLOMON MEDINA erhalten hat.

---

[34] Wenn eine solche Politik zu ihrem logischen Ende geführt wird, ist es nur eine Frage der Zeit, bis die internationalen Geldverleiher den Reichtum, die natürlichen Ressourcen und die Arbeitskraft der gesamten Welt kontrollieren. Die Geschichte zeigt, wie schnell sie sich seit 1694 ihrem Ziel genähert haben.

[35] Der Herzog ist der direkte Vorfahre von Sir Winston Churchill, dem heutigen Premierminister von England... d.h. 1954 - Churchill ist nach eigenem Bekunden der führende Zionist dieser Zeit gewesen. Er ist der Mann, der am meisten für die Beeinflussung der Vereinten Nationen zur Gründung des Staates Israel verantwortlich ist.

Die Ereignisse im Vorfeld der Französischen Revolution zeigen, wie die britische Staatsverschuldung zwischen 1698 und 1815 auf 885.000.000£ anstieg. Bis 1945 hatte die britische Staatsverschuldung die astronomische Zahl von 22.503.532.372 Pfund erreicht, und für die Jahre 1945-46 beliefen sich allein die Finanzierungskosten auf 445.446.241 Pfund. Wie ein irischer Wirtschaftswissenschaftler bemerkte

„Nur eine jüdisch kontrollierte Organisation würde auf dem ungeraden Pfund bestehen."

Kapitel 3

Die Männer, die die Französische Revolution 1789 verursachten

Im vorigen Kapitel wurde nachgewiesen, wie eine kleine Gruppe ausländischer Geldverleiher durch ihre englischen Agenten anonym blieb, während sie sich für die bescheidene Summe von 1.250.000 Pfund die Kontrolle über die Wirtschaft dieser Nation sicherte. Es werden nun Beweise vorgelegt, um einige dieser internationalen jüdischen Geldverleiher zu identifizieren und zu beweisen, dass sie oder ihre Nachfolger die Große Französische Revolution von 1789 genauso geplant und mitfinanziert haben, wie sie die englische Revolution von 1640 bis 1649 geplant und mitfinanziert haben. In den folgenden Kapiteln werden Beweise dafür vorgelegt, dass die Nachkommen dieser internationalen 80 jüdischen Finanziers die geheime Macht hinter jedem Krieg und jeder Revolution seit 1789 waren.

In der Jüdischen Enzyklopädie heißt es, Edom gehöre zum modernen Judentum. Dies ist ein sehr wichtiges Eingeständnis, denn das Wort Edom bedeutet Rot. Die Geschichte zeigt, dass ein jüdischer Goldschmied, Amschel Moses Bauer, müde von seiner Wanderschaft in Osteuropa, im Jahr 1750 beschloss, sich in Frankfurt am Main in Deutschland niederzulassen. Er eröffnete in der Jundenstraße ein Geschäft, das sogenannte Zählhaus. Über der Tür seines Ladens brachte er als Geschäftszeichen EIN ROTES SCHILD an. Es ist von größter Bedeutung, sich daran zu erinnern, dass die Juden in Osteuropa, die der revolutionären, auf Terrorismus basierenden Bewegung angehörten, ebenfalls die Rote Fahne als ihr Emblem angenommen hatten, weil sie für Blut stand.

Amschel Moses Bauer hatte einen Sohn, der 1743 geboren wurde und den er Amschel Mayer Bauer nannte. Der Vater starb 1754, als sein Sohn erst elf Jahre alt war. Der Junge war sehr begabt und außerordentlich intelligent, und sein Vater hatte ihm alles beigebracht, was er über die rudimentären Prinzipien des Geldverleihs wissen musste. Es war die Absicht des Vaters gewesen, seinen Sohn zum Rabbiner ausbilden zu lassen, aber der Tod kam dazwischen.

Wenige Jahre nach dem Tod seines Vaters wurde Amschel Mayer Bauer als Sachbearbeiter bei der Oppenheimer Bank angestellt. Er bewies bald seine natürliche Begabung für das Bankgeschäft und wurde mit einer Juniorpartnerschaft belohnt. Später kehrte er nach Frankfort zurück, wo er die Kontrolle und den Besitz des von seinem Vater 1750 gegründeten Unternehmens übernahm. Das Rote Schild prangte noch immer stolz auf über der Tür. Da Amschel Mayer Bauer die geheime Bedeutung des roten Schildes kannte, beschloss er, es als neuen Familiennamen anzunehmen. Red Shield heißt auf Deutsch Roth Schild und so entstand das Haus Rothschild.

Amschel Mayer Bauer lebte bis 1812. Er hatte fünf Söhne. Alle wurden speziell dafür ausgebildet, Kapitäne der Hochfinanz zu werden. Nathan, einer der Söhne, zeigte außergewöhnliche Fähigkeiten und ging im Alter von einundzwanzig Jahren nach England mit dem festen Ziel, die Kontrolle über die Bank of England zu erlangen.

Ziel war es, diese Kontrolle zu nutzen, um gemeinsam mit seinem Vater und anderen Brüdern ein internationales Bankenmonopol in Europa zu errichten und zu konsolidieren. Der kombinierte Reichtum des internationalen Bankenpools könnte dann genutzt werden, um die geheimen Ambitionen zu fördern, die sein Vater allen seinen Söhnen mitgeteilt hatte. Um sein Können unter Beweis zu stellen, verwandelte Nathan Rothschild die ihm anvertrauten 20.000 Pfund innerhalb von drei Jahren in 60.000 Pfund.

Bei der Untersuchung der weltrevolutionären Bewegung ist es wichtig, sich daran zu erinnern, dass die Rote Flagge das Symbol der Französischen Revolution und jeder Revolution seither war. Noch bedeutsamer ist die Tatsache, dass, als Lenin, finanziert von internationalen Bankiers, 1917 die russische Regierung stürzte und mit die erste totalitäre Diktatur errichtete, das Design der Flagge eine Rote Fahne war, mit Hammer und Sichel und dem Stern des Judentums aufgesetzt.

Im Jahr 1773, als Mayer Rothschild erst dreißig Jahre alt war, lud er zwölf andere reiche und einflussreiche Männer zu einem Treffen nach Frankfurt ein. Sein Ziel war es, sie davon zu überzeugen, dass sie, wenn sie sich bereit erklärten, ihre Ressourcen zu bündeln, die Weltrevolutionäre Bewegung finanzieren und kontrollieren und sie als ihr Handlungshandbuch verwenden könnten, um die endgültige Kontrolle über den Reichtum, die natürlichen Ressourcen und die Arbeitskraft der gesamten Welt zu erlangen.

Rothschild enthüllte, wie die englische Revolution organisiert worden war. Er wies auf die Fehler und Irrtümer hin, die gemacht worden waren. Die revolutionäre Periode habe zu lange gedauert. Die Beseitigung der Reaktionäre sei nicht schnell und rücksichtslos genug durchgeführt worden. Die geplante Schreckensherrschaft, mit der die Unterwerfung der Massen schnell vollzogen werden sollte, sei nicht effektiv umgesetzt worden. Selbst nach all diesen Fehlern war das ursprüngliche Ziel der Revolution erreicht worden. Die Bankiers, die die Revolution angezettelt hatten, hatten die Kontrolle über die Volkswirtschaft übernommen und die Staatsverschuldung konsolidiert. Durch Intrigen auf internationaler Ebene hatten sie die Staatsverschuldung ständig erhöht, indem sie das Geld zur Bekämpfung der Kriege und Aufstände, die sie seit 1694 angezettelt hatten, ausliehen.

Auf der Grundlage von Logik und solider Argumentation wies Mayer Rothschild darauf hin, dass die finanziellen Ergebnisse der englischen Revolution im Vergleich zu den finanziellen Vorteilen einer französischen Revolution nicht ins Gewicht fallen würden, vorausgesetzt, die Anwesenden würden sich auf ein gemeinsames Ziel einigen und seinen sorgfältig durchdachten und überarbeiteten Revolutionsplan in die Tat umsetzen. Das Projekt würde durch die gesamte Macht, die mit ihren gebündelten Ressourcen erworben werden konnte, unterstützt werden. Nach dieser Einigung entfaltete Mayer Rothschild seinen revolutionären Plan. Durch geschickte Manipulation ihres gemeinsamen Reichtums würde es möglich sein, so ungünstige wirtschaftliche Bedingungen zu schaffen, dass die Massen durch Arbeitslosigkeit an den Rand des Verhungerns gedrängt werden würden. Mit Hilfe einer ausgeklügelten Propaganda wäre es ein Leichtes, dem König, seinem Hof, dem Adel, der Kirche, den Industriellen und den Arbeitgebern die Schuld an den schlechten wirtschaftlichen Bedingungen zu geben. Ihre bezahlten Propagandisten würden Hass- und Rachegefühle gegen die herrschenden Klassen wecken, indem sie alle tatsächlichen und angeblichen Fälle von Verschwendung, zügellosem Verhalten, Ungerechtigkeit, Unterdrückung und Verfolgung aufdecken. Sie würden auch

Schandtaten erfinden, um andere in Verruf zu bringen, die, wenn sie in Ruhe gelassen würden, ihre allgemeinen Pläne stören könnten.[36]

Nach der allgemeinen Einführung, mit der er einen begeisterten Empfang für das Komplott, das er enthüllen wollte, herbeiführen wollte, wandte sich Rothschild einem Manuskript zu und las einen sorgfältig vorbereiteten Aktionsplan vor. Das Folgende ist, wie mir versichert wurde, eine Kurzfassung des Plans, durch den die Verschwörer hofften, die ultimative, unbestrittene Kontrolle über den Reichtum, die natürlichen Ressourcen und die Arbeitskraft der gesamten Welt zu erlangen.

1. Der Redner begann seine Ausführungen mit der Feststellung, dass die Mehrheit der Menschen eher zum Bösen als zum Guten neige und daher die besten Ergebnisse bei ihrer Beherrschung durch Gewalt und Terrorismus und nicht durch akademische Diskussionen erzielt werden könnten. Der Redner begründete dies damit, dass die menschliche Gesellschaft anfangs einer brutalen und blinden Gewalt unterworfen gewesen sei, die dann in GESETZ umgewandelt worden sei. Er argumentierte, dass das GESETZ nur eine verkleidete Gewalt sei. Es sei logisch zu folgern, dass „nach den Gesetzen der Natur das Recht in der Gewalt liegt".

2. Als nächstes behauptet er, dass die politische Freiheit eine Idee und keine Tatsache sei. Um die politische Macht an sich zu reißen, müsse man nur den „Liberalismus" predigen, damit die Wähler um einer Idee willen etwas von ihrer Macht und ihren Vorrechten abgeben, die die Verschwörer dann in ihre eigenen Hände nehmen könnten.

3. Der Redner behauptete, dass die Macht des Goldes schon damals, d.h. 1773, die Macht der liberalen Herrscher an sich gerissen habe. Er erinnerte seine Zuhörer daran, dass es eine Zeit gegeben habe, in der der GLAUBE geherrscht habe, doch sobald der GLAUBE durch die FREIHEIT ersetzt worden sei, hätten die Menschen nicht gewusst, wie sie ihn maßvoll einsetzen sollten.

---

[36] Dies waren die ursprünglichen Theorien, auf deren Grundlage der Klassenkampf letztlich organisiert wurde.

Aufgrund dieser Tatsache sei es logisch anzunehmen, dass sie die Idee der FREIHEIT nutzen könnten, um „KLASSENKRIEGE" herbeizuführen. Er wies darauf hin, dass es für den Erfolg SEINES Plans unerheblich sei, ob die etablierten Regierungen durch innere oder äußere Feinde zerstört würden, da der Sieger zwangsläufig die Hilfe des „Kapitals" in Anspruch nehmen müsse, das „ganz in unserer Hand liegt".[37]

4. Er argumentierte, dass der Einsatz aller Mittel zur Erreichung des Endziels gerechtfertigt sei, da ein Herrscher, der nach dem Moralkodex regiere, kein geschickter Politiker sei, da er sich selbst angreifbar und in einer instabilen Position auf seinem Thron befinde. Er sagte: „Wer regieren will, muss auf List und Täuschung zurückgreifen, weil große nationale Qualitäten wie Offenheit und Ehrlichkeit in der Politik Laster sind.[38]

5. Er behauptete: „Unser Recht liegt in der Kraft. Das Wort RECHT ist ein abstrakter Gedanke und beweist nichts. Ich finde ein neues RECHT... mit dem RECHT des Stärkeren anzugreifen und alle bestehenden Ordnungs- und Regelungskräfte in alle Winde zu zerstreuen, alle bestehenden Institutionen wiederherzustellen und der souveräne Herr all derer zu werden, die uns die RECHTE an ihren Kräften überlassen haben, indem sie sie freiwillig in ihrem 'Liberalismus' niederlegten."

6. Dann ermahnte er seine Zuhörer mit den Worten: „Die Macht unserer Mittel muss unsichtbar bleiben bis zu dem Augenblick, in dem sie eine solche Stärke erlangt hat, dass keine List oder Gewalt sie untergraben kann." Er warnte sie, dass jede Abweichung von der Linie des strategischen Plans, den er ihnen mitteilte, das Risiko

---

[37] Diese Aussage in den Originaldokumenten sollte alle, die nicht voreingenommen sind, davon überzeugen, dass der Redner kein Rabbiner oder Ältester der Juden war und sich auch nicht an Älteste und Rabbiner wandte, denn es waren die Goldschmiede, die Geldverleiher und ihre Partner in Handel und Industrie, die 1773 den Reichtum der Welt in ihren Händen hielten, wie sie ihn auch im 20.

[38] *The Red Fog* erklärt, wie diese Theorie in Amerika seit 1900 in die Tat umgesetzt wurde.

mit sich bringen würde, dass „DIE ARBEITEN VON JAHRHUNDERTEN" zunichte gemacht würden.

7. Als nächstes befürwortete er den Einsatz der „Mob-Psychologie", um die Kontrolle über die Massen zu erlangen. Er begründete dies damit, dass die Macht des Pöbels blind, sinnlos und unvernünftig ist und immer der Gnade von Suggestionen von irgendeiner Seite ausgesetzt ist. Er erklärte: „Nur ein despotischer Herrscher kann den Mob wirksam beherrschen, denn ohne absoluten Despotismus kann es keine Zivilisation geben, die NICHT von den Massen, sondern von ihrem Führer, wer auch immer das sein mag, getragen wurde." Er warnte: „In dem Moment, in dem der Mob die FREIHEIT in seine Hände nimmt, schlägt er schnell in Anarchie um."

8. Als nächstes befürwortete er, dass der Gebrauch von Alkohol, Drogen, moralischer Korruption und allen Formen des Lasters systematisch von ihren „Agenturs"[39] eingesetzt werden sollte, um die Moral der Jugend der Nationen zu verderben. Er empfahl, dass die speziellen „Agenturs" als Erzieher, Lakaien, Gouvernanten, Angestellte und von unseren Frauen in den von den Gojim frequentierten Orten der Ausschweifung ausgebildet werden sollten.[40] Er fügte hinzu: „Zu letzteren zähle ich auch die so genannten Gesellschaftsdamen, die den anderen freiwillig in Korruption und Luxus folgen. Wir dürfen vor Bestechung, Betrug und Verrat nicht Halt machen, wenn sie der Erreichung unseres Ziels dienen sollen."

9. In Bezug auf die Politik behauptete er, sie hätten das RECHT, Eigentum mit allen Mitteln und ohne zu zögern zu beschlagnahmen, wenn sie dadurch Unterwerfung und Souveränität sicherten. Er erklärte: „Unser STAAT, der den Weg der friedlichen Eroberung beschreitet, hat das RECHT, die

---

[39] Das Wort „agentur" bezeichnet die gesamte organisierte Gruppe von Agenten... Spione, Gegenspione, Erpresser, Saboteure, Unterweltler und alles und jedes außerhalb des GESETZES stehende Organ, das es den internationalen Verschwörern ermöglicht, ihre geheimen Pläne und Ambitionen zu verwirklichen.

[40] Das Wort „Gojim" bedeutet alle anderen als ihre eigene Gruppe. Das unbedeutende Volk.

Schrecken der Kriege durch weniger auffällige und befriedigendere Todesurteile zu ersetzen, die notwendig sind, um den 'Terror' aufrechtzuerhalten, der dazu neigt, blinde Unterwerfung zu erzeugen.‟

10. Über die Verwendung von Slogans sagte er: „In der Antike waren wir die ersten, die den Massen die Worte 'Freiheit', 'Gleichheit' und 'Brüderlichkeit' in den Mund legten... Worte, die bis heute von dummen Wahlpapageien wiederholt werden; Worte, aus denen die Möchtegern-Weisen der Gojim in ihrer Abstraktheit nichts machen konnten und die Widersprüchlichkeit ihrer Bedeutung und ihres Zusammenhangs nicht bemerkten.‟ Er behauptete, die Worte hätten „Legionen‟ unter ihre Leitung und Kontrolle gebracht, „die unsere Banner mit Begeisterung trugen.‟ Er argumentierte, dass es in der Natur keinen Platz für „Gleichheit‟, „Freiheit‟ oder „Brüderlichkeit‟ gibt. Er sagte: „Auf den Ruinen der natürlichen und genealogischen Aristokratie der Gojim haben wir die Aristokratie des GELDES errichtet. Die Qualifikation für diese Aristokratie ist der Reichtum, der von uns abhängig ist.‟

11. Als nächstes erläuterte er seine Theorien zum Krieg. Im Jahr 1773 legte er einen Grundsatz fest, den die Regierungen Großbritanniens und der Vereinigten Staaten 1939 öffentlich als ihre gemeinsame Politik verkündeten. Er sagte, dass es die Politik der Anwesenden sein sollte, Kriege zu schüren, aber die Friedenskonferenzen so zu leiten, dass keiner der Kombattanten territoriale Gewinne erzielt. Er sagte, die Kriege sollten so geführt werden, dass die auf beiden Seiten beteiligten Nationen weiter in ihrer Schuld und in der Macht „unserer‟ Agenten stehen würden.

12. Als nächstes befasste er sich mit der Verwaltung. Er sagte den Anwesenden, dass sie ihren Reichtum nutzen müssen, um Kandidaten für öffentliche Ämter zu wählen, die „unterwürfig und gehorsam gegenüber unseren Befehlen sind, so dass sie leicht als Bauern in unserem Spiel von den gelehrten und genialen Männern benutzt werden können, die wir ernennen werden, um hinter den Kulissen der Regierung als offizielle Berater zu arbeiten.‟ Er fügte hinzu: „Die Männer, die wir zu 'Beratern' ernennen, werden von Kindesbeinen an nach unseren

Vorstellungen gezüchtet, aufgezogen und trainiert worden sein, um die Angelegenheiten der ganzen Welt zu regieren."

13. Er befasste sich mit Propaganda und erläuterte, wie ihr gemeinsamer Reichtum alle öffentlichen Informationskanäle kontrollieren konnte, während sie selbst im Schatten blieben und sich keiner Schuld bewusst waren, ungeachtet der Auswirkungen, die die Veröffentlichung von Verleumdungen, Verleumdungen oder Unwahrheiten haben könnte. Der Redner sagte: „Dank der Presse haben wir Gold in unseren Händen, obwohl wir es aus Ozeanen von Blut und Tränen sammeln mussten... Aber sie hat uns bezahlt, obwohl wir viele unserer eigenen Leute geopfert haben. Jedes Opfer auf unserer Seite ist tausend Gojim wert."

14. Als Nächstes erläuterte er die Notwendigkeit, ihre „Agentur" immer dann an die Öffentlichkeit treten zu lassen, wenn die Verhältnisse ihren Tiefpunkt erreicht hatten und die Massen durch Not und Terror unterjocht worden waren. Er wies darauf hin, dass es an der Zeit sei, die Ordnung wiederherzustellen, und zwar so, dass die Opfer glauben würden, sie seien die Beute von Kriminellen und Verantwortungslosen gewesen. Er sagte: „Indem wir die Kriminellen und Verrückten hinrichten, nachdem sie unsere vorgefasste 'Schreckensherrschaft' ausgeführt haben, können wir uns als die Retter der Unterdrückten und die Verfechter der Arbeiter darstellen." Der Redner fügte dann hinzu: „Wir sind an genau dem Gegenteil interessiert... an der Verkleinerung, an der Ausrottung der Gojim."

15. Als nächstes erläuterte er, wie industrielle Depressionen und Finanzpaniken herbeigeführt und für ihre Zwecke genutzt werden könnten: „Erzwungene Arbeitslosigkeit und Hunger, die den Massen auferlegt werden, weil wir die Macht haben, Nahrungsmittelknappheit zu erzeugen, werden dem Kapital das Recht verschaffen, sicherer zu herrschen, als es der wirklichen Aristokratie und der legalen Autorität der Könige gegeben war." Er behauptete, dass durch die Kontrolle des „Pöbels" durch seine Agenten der „Pöbel" dazu benutzt werden könne, alle auszulöschen, die es wagten, sich ihm in den Weg zu stellen.

16. Die Unterwanderung der kontinentalen Freimaurerei wurde als nächstes ausführlich diskutiert. Der Redner erklärte, dass ihr Ziel

darin bestünde, die Einrichtungen und die Geheimhaltung, die die Freimaurerei zu bieten habe, zu nutzen. Er wies darauf hin, dass sie innerhalb der Blauen Freimaurerei ihre eigenen Großorient-Logen organisieren könnten, um ihre subversiven Aktivitäten fortzusetzen und die wahre Natur ihrer Arbeit unter dem Deckmantel der Philanthropie zu verbergen. Er erklärte, dass alle Mitglieder, die in ihre Großorient-Logen eingeweiht werden, für Missionierungszwecke und zur Verbreitung ihrer atheistisch-materialistischen Ideologie unter den Gojim verwendet werden sollten. Er beendete diese Phase der Diskussion mit den Worten. „Wenn die Stunde schlägt, in der unser souveräner Herr der Welt gekrönt wird, werden dieselben Hände alles wegfegen, was ihm im Wege steht."

17. Als Nächstes erläuterte er den Wert systematischer Täuschungen und wies darauf hin, dass ihre Agenten in der Verwendung hochtrabender Phrasen und populärer Slogans geschult werden sollten. Sie sollten den Massen die üppigsten Versprechungen machen. Er bemerkte: „Das Gegenteil von dem, was versprochen wurde, kann immer hinterher gemacht werden... das ist nicht von Bedeutung." Er schlussfolgerte, dass die Gojim durch die Verwendung von Worten wie Freiheit und Ungebundenheit zu einem derartigen patriotischen Eifer aufgestachelt werden könnten, dass sie dazu gebracht werden könnten, sogar gegen die Gesetze Gottes und der Natur zu kämpfen. Er fügte hinzu: „Und aus diesem Grund wird, nachdem wir die Kontrolle erlangt haben, der NAME GOTTES aus dem 'Lexikon des Lebens' gestrichen werden.[41]

18. Dann erläuterte er die Pläne für den Revolutionskrieg, die Kunst des Straßenkampfes und skizzierte das Muster für die „Schreckensherrschaft", die, wie er betonte, jede revolutionäre Anstrengung begleiten müsse, „weil sie der ökonomischste Weg ist, die Bevölkerung schnell zur Unterwerfung zu bringen."

19. Als nächstes wurde die Diplomatie erörtert. Nach allen Kriegen muss auf Geheimdiplomatie bestanden werden, „damit unsere

---

[41] Das „Lexikon des Lebens", auf das er sich bezog, war der Schöpfungsplan des allmächtigen Gottes.

Agenten, die sich unter als 'politische', 'finanzielle' und 'wirtschaftliche' Berater ausgeben, unsere Aufträge ausführen können, ohne Angst zu haben, dass aufgedeckt wird, wer 'die geheime Macht' hinter nationalen und internationalen Angelegenheiten ist." Dann erklärte der Redner den Anwesenden, dass sie durch Geheimdiplomatie eine solche Kontrolle erlangen müssen, „dass die Nationen nicht einmal eine unbedeutende private Vereinbarung treffen können, ohne dass unsere Geheimagenten ihre Hand im Spiel haben."

20. **Die ultimative Weltregierung als Ziel.** Um dieses Ziel zu erreichen, sagte der Redner: „Es wird notwendig sein, riesige Monopole zu errichten, Reservoirs von solch kolossalen Reichtümern, dass sogar die größten Vermögen der Gojim in einem solchen Ausmaß von uns abhängen werden, dass sie zusammen mit dem Kredit ihrer Regierungen am Tag nach dem großen politischen Schlag zu Boden gehen werden." Der Redner fügte dann hinzu: „Sie, meine Herren, die Sie hier anwesend sind und Ökonomen sind, schätzen die Bedeutung dieser Kombination gerade ab."

21. **Wirtschaftskrieg.** Es wurden Pläne diskutiert, die Gojim ihres Grundbesitzes und ihrer Industrie zu berauben. Eine Kombination aus hohen Steuern und unlauterem Wettbewerb wurde befürwortet, um den wirtschaftlichen Ruin der Gojim herbeizuführen, soweit ihre nationalen finanziellen Interessen und Investitionen betroffen waren. Im internationalen Bereich könnten sie seiner Meinung nach dazu gebracht werden, sich selbst aus den Märkten zu verdrängen. Dies könne durch eine sorgfältige Kontrolle der Rohstoffe, eine organisierte Agitation unter den Arbeitern für kürzere Arbeitszeiten und höhere Löhne sowie durch die Subventionierung von Konkurrenten erreicht werden. Der Redner warnte seine Mitverschwörer, sie müssten die Dinge so regeln und die Bedingungen kontrollieren, dass „die von den Arbeitern erzielten höheren Löhne ihnen in keiner Weise zugute kommen."

22. **Die Rüstung.** Es wurde vorgeschlagen, dass der Aufbau von Rüstungen mit dem Ziel, die Gojim dazu zu bringen, sich gegenseitig zu vernichten, in einem so kolossalen Ausmaß in Angriff genommen werden sollte, dass am Ende „nur die Masse des Proletariats in der Welt übrig bleibt, mit ein paar Millionären,

die sich unserer Sache verschrieben haben... und Polizei und Soldaten, die ausreichen, um unsere Interessen zu schützen."

23. Die neue Ordnung. Die Mitglieder der Eine-Welt-Regierung würden vom Diktator ernannt werden. Er würde Männer aus den Reihen der Wissenschaftler, der Ökonomen, der Finanziers, der Industriellen, und der Millionäre auswählen, denn „im Wesentlichen wird alles durch die Frage der Zahlen entschieden werden."

24. Die Bedeutung der Jugend. Die Wichtigkeit, das Interesse der Jugend zu wecken, wurde mit der Ermahnung unterstrichen, dass „unsere Agenten in alle Klassen und Ebenen der Gesellschaft und der Regierung eindringen sollten, um die jüngeren Mitglieder der Gesellschaft zu täuschen, zu verwirren und zu korrumpieren, indem sie ihnen Theorien und Prinzipien beibringen, von denen wir wissen, dass sie falsch sind."

25. Nationale und internationale Gesetze sollten nicht geändert werden, sondern so verwendet werden, wie sie sind, um die Zivilisation der Gojim zu zerstören, „lediglich indem man sie in einen Widerspruch der Interpretation verdreht, der das Gesetz zuerst verschleiert und dann ganz versteckt. Unser Endziel ist es, das GESETZ durch die SCHIEDSRICHTLINIE zu ersetzen."

Der Redner sagte dann zu seinen Zuhörern: „Ihr mögt denken, dass die Gojim sich mit Waffen gegen uns erheben werden, aber im WESTEN haben wir gegen diese Möglichkeit eine Organisation von solch entsetzlichem Schrecken, dass selbst die tapfersten Herzen zittern... der 'Untergrund'... Die Metropoliten... Die unterirdischen Korridore... diese werden in den Hauptstädten und Städten aller Länder eingerichtet werden, bevor diese Gefahr droht."

Die Verwendung des Wortes „WEST" ist von großer Bedeutung. Es macht deutlich, dass Rothschild sich an Männer wandte, die sich der weltrevolutionären Bewegung angeschlossen hatten, die in der Paläo-Siedlung im „OSTEN" begonnen hatte. Es muss daran erinnert werden, dass Amschel Moses Bauer, bevor er sich in Frankfurt am Main niederließ, seinem Beruf als Gold- und Silberschmied nachging und den „Osten" Europas ausgiebig bereiste, wo er zweifellos die Männer traf, an die sich sein Sohn Amschel Mayer wandte, nachdem er sich von einem Geldverleiher zu einem Bankier entwickelt und DAS HAUS

ROTHSCHILD in der Jundenstraße gegründet hatte, wo das oben genannte Treffen 1773 stattgefunden haben soll.

Soweit sich feststellen lässt, endete der ursprüngliche Plan der Verschwörung an dem Punkt, an dem er oben endete. Ich bin überzeugt, dass die Dokumente, die Professor S. Nilus 1901 in die Hände fielen und die er 1905 in Russland unter dem Titel „Die jüdische Gefahr‟ veröffentlichte, eine Erweiterung des ursprünglichen Plans waren. Im ersten Teil scheint es keine Änderungen gegeben zu haben, aber verschiedene Ergänzungen zeigen, wie die Verschwörer den Darwinismus, den Marxismus und sogar den Nietzscheismus benutzt haben. Noch wichtiger sind die 1901 entdeckten Dokumente, aus denen hervorgeht, wie der Zionismus eingesetzt werden sollte. Es sei daran erinnert, dass der Zionismus erst 1897 organisiert wurde.

Auf diese Angelegenheit wird später eingegangen, wenn die Intrige, die zur Abdankung von König Edward VIII. führte, erläutert wird. Die von Victor Marsden angefertigte Übersetzung von *The Jewish Peril* wurde 1921 von der Britons Publishing Society, London, England, unter dem Titel *The Protocols of The Learned Elders of Zion* veröffentlicht. Dieses Buch wird ebenfalls besprochen. Es erscheint logisch zu sagen, dass die Entdeckung des späteren Dokuments die Existenz des früheren bestätigt. Wenig, wenn überhaupt etwas, wurde geändert, aber beträchtliches Material wurde hinzugefügt, wahrscheinlich aufgrund der raschen Entwicklung der internationalen Verschwörung. Der einzige Punkt, bei dem es Gründe für Unstimmigkeiten zu geben scheint, sind die von Prof. Nilus und Herrn Marsden gewählten Titel für ihre Bücher.

Herr Marsden behauptet eindeutig, dass der Inhalt seines Buches die Protokolle der Versammlungen der Weisen von Zion sind, wohingegen es den Anschein hat, dass es sich um ein Komplott handelt, das den Geldverleihern, Goldschmieden, Industriellen, Ökonomen und anderen von Amschel Mayer Rothschild präsentiert wurde, der vom Geldverleiher zum Bankier aufgestiegen war.

Sobald der Geist der Revolte gegen die verfassungsmäßige Autorität in den Herzen und Köpfen der Massen geweckt worden war, würde die eigentliche revolutionäre Anstrengung unter dem Anstoß einer vorbereiteten Schreckensherrschaft durchgeführt werden. Die Schreckensherrschaft würde von den Führern der jüdischen Illuminaten geplant werden. Diese wiederum würden ihre Agenten in die neu organisierte französische Freimaurerei einschleusen und dort Logen der großorientalischen Freimaurerei gründen, die als revolutionärer Untergrund und als ihr Instrument zur Verbreitung der Lehre des atheistischen dialektischen und historischen Materialismus dienen sollten. Rothschild beendete seine Ausführungen mit dem Hinweis, dass ihre Verbindung mit der revolutionären Bewegung niemals bekannt werden müsse, wenn entsprechende Vorsichtsmaßnahmen getroffen würden.

Es stellt sich die Frage: „Wie kann man beweisen, dass diese geheimen Treffen stattgefunden haben?" und „Wenn sie stattgefunden haben, wie kann man beweisen, welche Themen bei diesen Treffen besprochen wurden?" Die Antwort ist einfach. Der teuflische Plan wurde durch „eine höhere Gewalt" bekannt gemacht.

Im Jahr 1785 galoppierte ein Kurier wie wild zu Pferd von Frankfurt nach Paris und überbrachte detaillierte Informationen über die weltrevolutionäre Bewegung im Allgemeinen und Anweisungen für die geplante französische Revolution im Besonderen. Die Anweisungen stammten von den jüdischen Illuminaten in Deutschland und waren an den Großmeister der Großorient-Freimaurer in Frankreich gerichtet. Die Großorient-Logen waren vom Duc d'Orléans als revolutionärer Untergrund gegründet worden, nachdem er als Großmeister der französischen Freimaurerei von Mirabeau in die jüdischen Illuminaten in Frankfurt eingeweiht worden war. Der Kurier wurde auf der Durchreise durch Regensburg vom Blitz getroffen und getötet. Die Dokumente, die er bei sich trug, fielen in die Hände der Polizei, die sie an die bayerische Regierung weitergab. Eine Aufzeichnung historischer Ereignisse, die in chronologischer Reihenfolge erzählt wird, verbindet das Haus Rothschild mit den jüdischen Illuminaten in Frankfurt und den Illuminaten innerhalb der französischen Freimaurerei, bekannt als die Logen des Großen Orients, wie gezeigt wird.

Es wurde aufgezeichnet, wie die jüdischen Rabbiner die Macht beanspruchten, die geheimen und verborgenen Bedeutungen der Schriften der Heiligen Schrift durch eine besondere, durch die Kabbala erhaltene Offenbarung zu interpretieren. Die Behauptung, derartige Befugnisse zu haben, war von geringem Nutzen, wenn sie nicht über eine Organisation oder ein Instrument verfügten, um die Inspiration, die sie angeblich erhalten hatten, in die Tat umzusetzen. Die Geldverleiher, einige Hohepriester, Direktoren und Älteste beschlossen, eine sehr geheime Gesellschaft zu gründen, die ihren bösen Absichten dienen sollte - sie nannten sie „die Illuminaten". Das Wort Illuminati leitet sich von dem Wort Luzifer ab, das Träger des Lichts oder ein Wesen von außergewöhnlichem Glanz bedeutet. Daher wurden die Illuminaten organisiert, um die Inspirationen auszuführen, die Luzifer den Hohepriestern bei der Durchführung ihrer kabbalistischen Riten gab. Daher hat Christus Recht, wenn er sie die Synagoge des Satans nennt. Der Oberste Rat der jüdischen Illuminaten zählte dreizehn Mitglieder. Sie waren und sind immer noch das ausführende Organ des Rates der Dreiunddreißig. Die Köpfe der jüdischen Illuminaten behaupten, sie besäßen ein überragendes Wissen über alles, was mit religiösen Lehren, religiösen Riten und religiösen Zeremonien zu tun hat. Sie waren die Männer, die die atheistisch-materialistische Ideologie konzipierten, die 1848 von Karl Marx als „Kommunistisches Manifest" veröffentlicht wurde. Marx war der Neffe eines jüdischen Rabbiners, aber er distanzierte sich offiziell von der jüdischen Hohepriesterschaft, als er mit der Wahrnehmung seiner wichtigen Aufgaben betraut wurde, und setzte damit einmal mehr das Prinzip der Aktiengesellschaft in die Praxis um.

Der Grund, warum der Oberste Rat dreizehn Mitglieder zählte, war, die Mitglieder daran zu erinnern, dass ihre einzige Aufgabe darin bestand, die von Christus und seinen zwölf Aposteln gegründete Religion zu zerstören. [42] Um die Geheimhaltung zu gewährleisten und die Möglichkeit eines Judas-ähnlichen Verrats zu vermeiden, musste jeder Mann, der in die Illuminaten eingeweiht wurde, einen Eid des uneingeschränkten Gehorsams gegenüber dem Oberhaupt des Rates der Dreiunddreißig ablegen und keinen Sterblichen als über ihm stehend anerkennen. In einer Organisation wie den Illuminaten bedeutete dies, dass jedes Mitglied das Oberhaupt des Rates der Dreiunddreißig als seinen Gott auf Erden anerkannte. Diese Tatsache erklärt, warum hochrangige Kommunisten auch heute noch unter Eid schwören, dass sie Russland keine Treue schwören. Das tun sie auch nicht. Sie halten nur dem Oberhaupt der Direktoren der revolutionären Weltbewegung die Treue.

Der Oberste Rat beschloss, die Ingolstädter Loge zu nutzen, um eine Kampagne zu organisieren, mit der die Agenten oder Zellen der

---

[42] Es gab auch dreizehn Stämme Israels, was einen gewissen Einfluss auf die Frage der Zahlen haben könnte.

Illuminaten in die kontinentale Freimaurerei eindringen und unter dem Deckmantel der sozialen Freude und der öffentlichen Philanthropie ihren revolutionären Untergrund organisieren sollten. Diejenigen, die in die kontinentale Freimaurerei eindrangen, wurden angewiesen, Logen des Großen Orients zu gründen und sie für die Proselytenmacherei zu nutzen, damit sie schnell mit Nicht-Juden in Kontakt treten konnten, die über Reichtum, Stellung und Einfluss in Kirche und Staat verfügten. Dann konnten sie sie mit den uralten Methoden der Bestechung, Korruption und Bestechlichkeit zu willigen oder unwilligen Jüngern des Illuminismus machen. Sie könnten sie dazu bringen, die Umkehrung der Zehn Gebote Gottes zu predigen. Sie könnten sie dazu bringen, den atheistischen Materialismus zu befürworten.

Nachdem diese Politik beschlossen worden war, wandten sich die Agenten des Obersten Rates an den Marquis de Mirabeau, der sich am ehesten für ihre Ziele eignete. Er gehörte dem Adel an. Er hatte großen Einfluss in Hofkreisen und war ein enger Freund des Duc d'Orléans, den sie als Frontmann für die Französische Revolution einsetzen wollten. Aber noch wichtiger war, dass der Marquis de Mirabeau keine Moral besaß und sich durch seine ausschweifenden Exzesse hoch verschuldet hatte.

Es war für die Geldverleiher ein Leichtes, ihre Agenten mit Mirabeau, dem berühmten französischen Redner, in Verbindung zu setzen. Unter dem Deckmantel von Freunden und Bewunderern boten sie ihm an, ihm aus seinen finanziellen Schwierigkeiten herauszuhelfen. In Wirklichkeit führten sie ihn auf dem „Primelpfad" in die Abgründe des Lasters und der Ausschweifung, bis er so tief in ihrer Schuld stand, dass er gezwungen war, ihre Wünsche zu erfüllen. Bei einem Treffen zur Konsolidierung seiner Schulden wurde Mirabeau Moses Mendelssohn vorgestellt, einem der großen jüdischen Finanziers, der ihn an die Hand nahm. Mendelssohn machte Mirabeau zu gegebener Zeit mit einer Frau bekannt, die für ihre persönliche Schönheit und ihren Charme berühmt war, aber keine moralischen Skrupel hatte.

Diese atemberaubende Jüdin war mit einem Mann namens Herz verheiratet, aber für einen Mann wie Mirabeau machte die Tatsache, dass sie verheiratet war, sie nur noch begehrenswerter. Es dauerte nicht lange, bis sie mehr Zeit mit Mirabeau als mit ihrem Mann verbrachte. Mirabeau, der bei Mendelssohn hoch verschuldet war und von Frau Herz fest umgarnt wurde, war völlig hilflos... Er hatte ihren Köder mit

Haken und Schnur geschluckt. Aber wie gute Fischer spielten sie ihn eine Zeit lang sanft. Wenn sie zu viel Druck ausübten, könnte das Vorfach reißen und der Fisch entkommen. Ihr nächster Schritt bestand darin, ihn in den Illuminismus einzuweihen. Er wurde zur Verschwiegenheit und zum uneingeschränkten Gehorsam unter Androhung des Todes verpflichtet. Der nächste Schritt bestand darin, ihn in kompromittierende Situationen zu bringen, die auf mysteriöse Weise öffentlich wurden. Diese Methode, den Charakter eines Mannes zu zerstören, wurde als „L'Infamie" bekannt. Aufgrund der Skandale und der organisierten Verleumdungen wurde Mirabeau von vielen Gleichgesinnten geächtet. Aus seinem Groll erwuchs der Wunsch nach Rache, und so schloss er sich der revolutionären Sache an.

Mirabeaus Aufgabe war es, den Duc d'Orléans dazu zu bewegen, die revolutionäre Bewegung in Frankreich anzuführen. Sobald der König zur Abdankung gezwungen worden war, sollte er der demokratische Herrscher Frankreichs werden. Die wahren Verschwörer der Französischen Revolution achteten darauf, weder Mirabeau noch den Duc d'Orléans wissen zu lassen, dass sie beabsichtigten, den König und die Königin sowie Tausende von Adeligen zu ermorden. Sie ließen Mirabeau und den Duc d'Orléans glauben, dass der Zweck der Revolution darin bestand, Politik und Religion von Aberglauben und Despotismus zu befreien. Ein weiterer Faktor, der die Männer, die die geheime Macht hinter der revolutionären Bewegung waren, dazu brachte, den Duc d'Orléans als ihren Frontmann zu wählen, war die Tatsache, dass er Großmeister der französischen Freimaurerei war.

Adam Weishaupt wurde mit der Aufgabe betraut, die Rituale und Riten des Illuminismus für die Aufnahme in die Freimaurerei des Großen Orients zu adaptieren. Er lebte auch in Frankfurt am Main, Deutschland. Mirabeau machte den Duc d'Orléans und seinen Freund Talleyrand mit Weishaupt bekannt, der sie in die Geheimnisse der Freimaurerei des Großen Orients einweihte. Ende 1773 hatte Phillipe, Duc D'Orléans das Ritual des Großen Orients in die französische Freimaurerei eingeführt. Bis 1788 gab es in Frankreich mehr als zweitausend Logen, die der Freimaurerei des Großen Orients angeschlossen waren, und die Zahl der einzelnen Adepten überstieg hunderttausend. Die jüdischen Illuminaten unter Moses Mendelssohn wurden also von Weishaupt unter dem Deckmantel der Logen des Großorient in die kontinentale Freimaurerei eingeführt. Als nächstes organisierten die jüdischen Illuminaten geheime revolutionäre Komitees innerhalb der Logen. So entstanden in ganz Frankreich die revolutionären Untergrunddirektoren.

Nachdem es Mirabeau gelungen war, den Duc d'Orléans dazu zu bringen, die Blaue oder Nationale Freimaurerei in Frankreich mit den Riten des Grand Orient zu verschmelzen, führte er seinen Freund auf denselben „Primelweg", der zu seiner eigenen gesellschaftlichen Ächtung geführt hatte. In genau vier Jahren war der Duc d'Orléans so hoch verschuldet, dass er gezwungen war, sich auf jede Form von illegalem Handel und Gewerbe einzulassen, um seine Verluste wieder auszugleichen. Doch auf mysteriöse Weise schienen seine Unternehmungen immer wieder schief zu gehen und er verlor immer mehr Geld.

Im Jahr 1780 schuldete er 800.000 Livres. Erneut traten die Geldverleiher auf und boten ihm Ratschläge für seine Geschäfte und finanzielle Hilfe an. Sie brachten ihn dazu, ihnen seinen Palast, seine Ländereien, sein Haus und den Palais Royal als Sicherheit für ihre Kredite zu übereignen. Der Duc d'Orléans unterzeichnete einen Vertrag, in dem seine jüdischen Finanziers ermächtigt wurden, seine Besitztümer und Ländereien so zu verwalten, dass sie ihm ein ausreichendes Einkommen sicherten, um seinen finanziellen Verpflichtungen nachzukommen und ihm ein regelmäßiges und angemessenes Einkommen zu hinterlassen.

Der Duc d'Orléans war in finanziellen Angelegenheiten nie besonders klug gewesen. Die Vereinbarung, die er mit seinen jüdischen Bankiers unterzeichnete, erschien ihm als ein solides Finanzgeschäft. Sie boten ihm an, seine Geschäftsangelegenheiten zu verwalten und sie von einem düsteren Misserfolg in einen großen finanziellen Erfolg zu verwandeln. Was konnte er sich mehr wünschen? Es ist zweifelhaft, ob der Duc d'Orléans überhaupt ahnte, dass tief im Holzstapel ein Neger versteckt war. Es ist zweifelhaft, ob er überhaupt ahnte, dass er sich mit Leib und Seele an die Agenten des Teufels verkauft hatte... Aber er hatte es getan. Er war völlig in ihren Händen.[43]

---

[43] Dieselben bösen Genies setzten ihre Agenten ein, um William Pitt in Schulden zu verwickeln und ihn zum Rücktritt als Premierminister von England zu zwingen, weil er sich zu Beginn seiner Amtszeit hartnäckig weigerte, England in Kriege verwickeln zu lassen, die sie zur Förderung ihrer eigenen geheimen Pläne und Ambitionen planten.

Die Geheimen Mächte, die die Französische Revolution lenkten, beauftragten Choderlos de Laclos mit der Verwaltung des Palais Royal und der Ländereien des Duc d'Orléans. Man nimmt an, dass de Laclos ein Jude spanischer Herkunft war. Als er zum Verwalter des Palais Royal ernannt wurde, war er als Autor von Les Liaisons Dangereuses und anderen pornografischen Werken bekannt. In der Öffentlichkeit verteidigte er seine extreme Unmoral mit der Begründung, dass er aus Liebe zur Politik die Politik der Liebe in all ihren Facetten studiert habe.

Es ist unwichtig, wer Choderlos de Laclos war, wichtig ist, was er getan hat. Er verwandelte das Palais Royal in das größte und berüchtigtste Haus des schlechten Rufs, das die Welt je gesehen hat. Im Palais Royal etablierte er jede Art von unzüchtiger Unterhaltung, zügelloses Verhalten, schamlose Schauspiele, obszöne Bildergalerien, pornographische Bibliotheken und veranstaltete öffentliche Ausstellungen der bestialischsten Formen sexueller Verderbtheit. Für Männer und Frauen, die sich jeder Form von Ausschweifung hingeben wollten, wurden besondere Möglichkeiten geschaffen. Der Palais Royal wurde zum Zentrum der systematischen Zerstörung des französischen Glaubens und der öffentlichen Moral. Dies geschah auf der Grundlage der kabbalistischen Theorie, dass der beste Revolutionär eine Jugend ohne Moral ist.

Mit de Laclos verbündet war ein Jude aus Palermo namens Cagliostro, alias Joseph Balsamo. Er verwandelte eines der Anwesen des Duc in eine Druckerei, von der aus er revolutionäre Flugblätter herausgab. Balsamo organisierte einen Stab von revolutionären Propagandisten. Zusätzlich zur Literatur organisierten sie Konzerte, Theaterstücke und Debatten, die an die niedrigsten Instinkte der menschlichen Natur appellierten und die revolutionäre Sache förderten. Balsamo organisierte auch die Spionageringe, die es den Männern, die die geheime Macht hinter der revolutionären Bewegung waren, ermöglichten, ihren Plan von L'Infamie in die Tat umzusetzen, der für systematische Rufmordaktionen eingesetzt wurde.

Männer und Frauen, die in das von de Laclos und Balsamo gesponnene Netz hineingelockt wurden, konnten erpresst werden, um ihren Willen

---

Pitt hatte in seiner Zeit als Schatzkanzler (1785) viel über die Rolle der internationalen Geldbarone in internationalen Angelegenheiten gelernt.

zu erfüllen. So wurden die Ländereien des Duc d'Orléans zum Zentrum der revolutionären Politik, während unter dem Deckmantel von Hörsälen, Theatern, Kunstgalerien und Sportvereinen die Spielhöllen, Bordelle, Wein- und Drogenläden ein florierendes Geschäft machten.

In dieser revolutionären Unterwelt wurden potenzielle Anführer zunächst verführt. Ihr Gewissen wurde zunächst durch böse Assoziationen betäubt und dann durch die Hingabe an böse Praktiken getötet. Die Ländereien des Duc d'Orléans wurden in Fabriken verwandelt, in denen die geheime Macht hinter der weltrevolutionären Bewegung die Figuren herstellte, die sie in ihrem internationalen Schachspiel einsetzen wollten. Scudder, der Autor von „Prince of the Blood", sagt über das Palais Royal: „Es gab der Polizei mehr zu tun als alle anderen Teile der Stadt". Aber was die Öffentlichkeit betraf, so gehörte dieser berüchtigte Ort dem Duc d'Orléans, dem Cousin des Königs. Nur eine Handvoll Männer und Frauen wusste, dass die Geldverleiher es kontrollierten und es nutzten, um eine revolutionäre Organisation zu gründen, die das Instrument ihrer Rache und ihr Handbuch für die Umsetzung ihrer geheimen Ziele und Ambitionen sein sollte.

Nachdem die Polizei die geheimen Dokumente, die bei der Leiche des Kuriers gefunden wurden, gelesen hatte, wurden sie an die bayerische Regierung weitergeleitet. Die bayerische Regierung befiehlt der Polizei, das Hauptquartier der Illuminaten zu stürmen. Es wurden weitere Beweise gefunden, die die weitreichenden Verzweigungen der weltrevolutionären Bewegung aufdeckten. Die Regierungen Frankreichs, Englands, Polens, Deutschlands, Österreichs und Russlands wurden über den internationalen Charakter des revolutionären Komplotts informiert, aber wie es seither immer wieder geschehen ist, unternahmen die betroffenen Regierungen keine ernsthaften Schritte, um die teuflische Verschwörung zu stoppen. Warum eigentlich? Die einzige Antwort auf diese Frage ist diese: Die Macht der Männer, die hinter der weltrevolutionären Bewegung stehen, ist größer als die Macht jeder gewählten Regierung. Diese Tatsache wird im weiteren Verlauf der Geschichte immer wieder bewiesen werden.

Die böswilligen Männer, die die W.R.M. planen, haben einen weiteren Vorteil gegenüber anständigen Menschen. Der Durchschnittsmensch, der an Gott glaubt und Freude und Genuss an den schönen Dingen findet, mit denen Gott uns gesegnet hat, kann sich einfach nicht dazu durchringen, zu glauben, dass ein teuflischer Plan des Hasses und der Rache von Menschen ersonnen werden könnte. Obwohl alle Christen aufrichtig glauben, dass die Gnade Gottes durch den Besuch ihrer Gottesdienste, den Empfang der Sakramente und das Sprechen ihrer Gebete in ihre eigenen Seelen eindringt, können sie sich nicht einreden, dass sie durch die Zeremonien und Riten der Illuminaten, sei es die semitische Kabbala oder der arische heidnische Großorient, der Teufel seinen bösen Einfluss und seine bösen Kräfte in die Herzen und Seelen der Männer und Frauen einimpft, die den Satanismus oder den Atheismus als ihre Religion annehmen und die Theorien ihrer Hohepriester in die Praxis umsetzen.

Anhand einiger Beispiele soll gezeigt werden, wie Einzelpersonen und Regierungen ebenso dumm und naiv geblieben sind, wenn es um die Warnungen vor den bösen Machenschaften der wahren Führer der weltrevolutionären Bewegung ging.

Nachdem verschiedene Regierungen auf die von der bayerischen Polizei 1785 bekannt gemachten Informationen nicht reagiert hatten, schrieb die Schwester von Marie Antoinette persönliche Briefe, in denen sie sie vor dem revolutionären Komplott, den Verbindungen der internationalen Bankiers, der Rolle, die die Freimaurerei spielen sollte, und ihrer eigenen Gefahr warnte. Marie Antoinette (1755 - 1793) war die Tochter von Kaiser Franz I. von Österreich.

Sie heiratete Ludwig XVI. von Frankreich. Sie konnte sich einfach nicht dazu durchringen, die schrecklichen Dinge zu glauben, von denen ihre eigene Schwester ihr erzählte, dass sie von den Illuminaten ausgeheckt wurden. Auf die wiederholten Warnungen ihrer Schwester schrieb Marie Antoinette lange Briefe als Antwort.

Auf die Behauptung ihrer Schwester, man habe Beweise dafür, dass die Illuminaten unter dem Deckmantel der philanthropischen Freimaurerei die Zerstörung von Kirche und Staat in Frankreich planten, antwortete Marie Antoinette: „Ich glaube, was Frankreich betrifft, machen Sie sich zu viele Sorgen um die Freimaurerei. Hier ist sie weit davon entfernt, die Bedeutung zu haben, die sie anderswo in Europa haben mag."

Wie sehr sie sich irrte, ist eine Frage der Geschichte. Weil sie sich konsequent weigerte, auf die wiederholten Warnungen ihrer Schwester zu hören, starben sie und ihr Mann unter der Guillotine.

Zwischen 1917 und 1919 erhielt die britische Regierung umfassende Informationen über die internationalen Bankiers, die zu dieser Zeit die geheime Macht hinter der W.R.M. waren. Die Informationen wurden offiziell von britischen Geheimdienstmitarbeitern und amerikanischen Geheimdienstmitarbeitern vorgelegt und von Herrn Oudendyke und Sir M. Findlay bestätigt. Herr Oudendyke war zu dieser Zeit der Vertreter der niederländischen Regierung in St. Petersburg (heute Leningrad). Er vertrat die Interessen Großbritanniens, nachdem die Mafia die britische Botschaft verwüstet und Kommandant E.N. Cromie getötet hatte. Dieser Aspekt der W.R.M. wird in den folgenden Kapiteln über Russland ausführlich behandelt.

Die meisten Geschichtsstudenten sind der Meinung, dass Marie Antoinette eine Frau war, die sich ganz dem Geist und der Fröhlichkeit des französischen Hofes hingab. Es gilt allgemein als Tatsache, dass sie sich auf zahlreiche Affären mit den engsten Freunden ihres Mannes einließ und sich rücksichtslosen Extravaganzen hingab. Das ist das Bild, das Balsamo und seine Propagandisten von ihr zeichneten. Die Tatsache, dass sie ihre *L'Infamie* durchsetzten, ermöglichte es ihnen, dass der Mob ihr Leben forderte. Aber ihre Version des Verhaltens von Marie Antoinette ist ein Haufen von Lügen, wie die Historiker bewiesen haben. Die Tapferkeit, mit der sie die Leiden ertrug, die ihr von ihren Feinden zugefügt wurden, die Würde, mit der sie ihrem Schicksal begegnete, und die Resignation und der Mut, mit denen sie ihr Leben auf dem Schafott opferte, lassen sich nicht mit den Eigenschaften einer mutwilligen Frau vereinbaren.

Um Marie Antoinette zu diffamieren, kamen Weishaupt und Mendelssohn auf die Idee mit der Diamantenkette. Zu dieser Zeit befanden sich die finanziellen Ressourcen Frankreichs auf dem Tiefpunkt und die französische Regierung bettelte bei den internationalen Geldbaronen um weitere Kredite. Ein Geheimagent der Erzverschwörer gab bei den Hofjuwelieren ein märchenhaftes Diamantcollier in Auftrag. Der Auftrag für dieses Collier, dessen Wert auf eine Viertelmillion Livres geschätzt wurde, wurde auf den Namen der Königin ausgestellt. Als die Hofjuweliere der Königin das Diamantencollier zur Abnahme vorlegten, weigerte sie sich, etwas damit zu tun zu haben. Sie leugnete jede Kenntnis von dem Geschäft. Doch die Nachricht von dem fabelhaften Collier sickerte durch, wie es die Verschwörer beabsichtigt hatten. Balsamo setzte seine Propagandamaschine in Gang. Marie Antoinette wurde mit Kritik überhäuft, ihr Charakter wurde verleumdet, ihr Ruf durch eine

Flüsterkampagne von Rufmord in den Schmutz gezogen. Und wie üblich konnte niemand die Person oder die Personen ausfindig machen, die diese Verleumdungen in die Welt gesetzt hatten. Nach dieser Aufregung entkorkte Balsamo sein eigenes Meisterwerk. Seine Druckerpressen produzierten Tausende von Pamphleten, in denen behauptete, ein heimlicher Liebhaber der Königin habe die Halskette als Zeichen der Anerkennung für ihre Gunst geschickt.

Aber die Betreiber von *L'Infamie* dachten sich noch teuflischere Verleumdungen aus, die sie über die Königin verbreiten wollten. Sie schrieben einen Brief an den Kardinal Prinz de Rohan, den sie mit der Unterschrift der Königin versahen. Darin wird er aufgefordert, sie gegen Mitternacht im Palais Royal zu treffen, um die Angelegenheit des Diamantencolliers zu besprechen. Eine Prostituierte aus dem Palais Royal wurde engagiert, um sich als Königin zu verkleiden und den Kardinal einzuladen. Der Vorfall wurde in Zeitungen und Flugblättern hochgespielt, und es wurden die übelsten Anspielungen auf zwei der höchsten Persönlichkeiten von Kirche und Staat in Umlauf gebracht.

Die Geschichte berichtet, dass die Diamantenkette, nachdem sie ihren üblen Zweck erfüllt hatte, nach England gebracht und zerlegt wurde. Ein Jude namens Eliason soll den Großteil der wertvollen Diamanten, die in der ursprünglichen Zusammensetzung verwendet wurden, behalten haben.

Ein weiteres Beweisstück, das die englischen jüdischen Geldverleiher mit dem Komplott zur Herbeiführung der Französischen Revolution in Verbindung bringt, wurde von Lady Queensborough, Autorin von „*Occult Theocrasy*", ausgegraben. Während ihrer Recherchen las sie ein Exemplar von „L'Anti-Semitisme", das von einem Juden namens Bernard Lazare geschrieben und 1849 veröffentlicht wurde. Mit den aus diesem Buch gewonnenen Hinweisen behauptet Lady Queensborough, dass Benjamin Goldsmid, sein Bruder Abraham und ihr Partner Moses Mecatta sowie dessen Neffe Sir Moses Montifiore jüdische Finanziers in England waren, die definitiv mit ihren jüdischen Brüdern auf dem Kontinent an dem Komplott zur Herbeiführung der Revolution in Frankreich beteiligt waren. Es wurden weitere Beweise gefunden, die Daniel Itsig aus Berlin, seinen Schwiegersohn David Friedlander und Herz Gergbeer aus dem Elsass mit den Rothschilds und dem Komplott in Verbindung brachten. So wurden die Männer enttarnt, die damals die geheime Macht hinter der revolutionären Weltbewegung bildeten.

Die Kenntnis der Methoden, die diese Männer anwandten, um die französische Regierung in finanzielle Schwierigkeiten zu manövrieren, ist von Bedeutung, weil sie das Muster vorgaben, dem sie später in Amerika, Russland, Spanien und anderen Ländern folgten.

Sir Walter Scott schildert im zweiten Band von „The Life of Napoleon" anschaulich die ersten Schritte. Er fasst dann die Situation mit diesen Worten zusammen.

> „Diese Finanziers benutzten die Regierung (Frankreichs), wie bankrotte Waisenkinder von wucherischen Geldverleihern behandelt werden, die, indem sie mit der einen Hand die Extravaganz nähren, mit der anderen ihrem ruinierten Vermögen die unangemessensten Vergütungen für ihre Vorschüsse abtrotzen. Durch eine lange Reihe dieser ruinösen Anleihen und verschiedene Rechte, die zu ihrer Besicherung gewährt wurden, wurden die gesamten Finanzen Frankreichs in ein totales Durcheinander gebracht".[44]

Nachdem die französische Regierung gezwungen war, wegen der Schulden, die durch die Kriege zur Förderung der geheimen Ambitionen der internationalen Verschwörer entstanden waren, riesige Kredite aufzunehmen, bot sie freundlicherweise an, das Geld zur Verfügung zu stellen, vorausgesetzt, sie könnte die Bedingungen des Abkommens schreiben. Oberflächlich betrachtet waren ihre Bedingungen sehr nachsichtig. Aber wieder hatten sie einen Neger in der Person von M. Necker auf den Holzstapel gelegt. Er sollte in den Rat des französischen Königs als dessen oberster Finanzminister berufen werden. Die jüdischen Finanziers wiesen darauf hin, dass dieser Finanzzauberer Frankreich in kürzester Zeit aus seinen monetären Schwierigkeiten herausführen würde. Tatsächlich verwickelte er die französische Regierung in den nächsten vier Jahren so sehr in die

---

[44] Wegen seiner angeblich antisemitischen Äußerungen wurden Sir Walter Scotts wichtige Werke, die insgesamt neun Bände umfassen und sich mit vielen Phasen der Französischen Revolution befassen, von denjenigen, die die Verlage und den größten Teil der Presse kontrollieren, totgeschwiegen. Sie sind fast unerreichbar, außer in Museumsbibliotheken, und werden nie zusammen mit seinen anderen Werken aufgeführt.

Geschäfte mit den jüdischen Finanziers, dass die Staatsverschuldung auf 170.000.000£ anstieg.

Kapitän A.H.M. Ramsay fasst die Situation in *The Nameless War* treffend zusammen.[45] Er sagt:

> „Die Revolution ist ein Schlag, der auf einen Gelähmten niedergeht.... Wenn der Griff der Schulden fest etabliert ist, folgt bald die Kontrolle jeder Form von Öffentlichkeit und politischer Aktivität, zusammen mit einem vollen Griff auf die Industriellen, [sowohl Management als auch Arbeiter]. Dann ist die Bühne für den revolutionären Schlag bereit. Der Griff der rechten Hand des Finanzwesens bewirkt die Lähmung, während die revolutionäre linke Hand, die den Dolch hält, den tödlichen Schlag versetzt. Moralische Korruption erleichtert den ganzen Prozess."

Während Balsamos Propagandablätter die hohen Beamten der Kirche und des Staates verdammten, organisierten spezielle Agenten der Illuminaten die Männer, die als Anführer in der geplanten Schreckensherrschaft eingesetzt werden sollten, um die revolutionären Bemühungen zu begleiten.

Zu diesen Anführern gehörten Robespierre, Danton und Marat. Um ihre wahren Absichten zu verbergen, trafen sich die Männer, die die Gefangenen und Verrückten freilassen sollten, um die notwendige Atmosphäre für die Einführung der geplanten Schreckensherrschaft zu schaffen, im jakobinischen Kloster. In den Mauern des heiligen Gebäudes wurden die Details des blutigen Plans ausgearbeitet.

Die Listen der zur Liquidierung vorgesehenen Reaktionäre wurden erstellt. Es wurde erklärt, dass, während die Kriminellen und Verrückten die Bevölkerung mit Massenmorden und öffentlichen Vergewaltigungen terrorisierten, die organisierten Arbeiter im Untergrund unter der Leitung von Manuel, dem Prokuristen der Kommune, alle wichtigen politischen Persönlichkeiten, die Oberhäupter des Klerus und die Militäroffiziere, die als loyal gegenüber

---

[45] Herausgegeben von Omnia Veritas Ltd, www.omnia-veritas.com.

dem König bekannt waren, zusammentreiben würden.[46] Die Männer, die aus dem jüdisch organisierten Untergrund hervorgingen, wurden in jakobinischen Klubs zusammengefasst.

Unter Führern, die sich mit den Aufgaben, die ihnen bei der Leitung der „Schreckensherrschaft" oblagen, bestens auskannten, führten sie die massenhaften Grausamkeiten durch, um den Zielen ihrer verborgenen Herren zu dienen und sie ihrem Endziel näher zu bringen.

---

[46] Sir Walter Scott-"Life of Napoleon", Bd. 2, S. 30 sagt: „Die Forderung der Communauté de Paris, jetzt der Sanhedrin der Jakobiner, war natürlich nach Blut."

Kapitel 4

Der Untergang von Napoleon

Die internationalen Bankiers planten Französische Revolution, damit sie die geheime Macht hinter den Regierungen Europas werden und ihre langfristigen Pläne vorantreiben konnten.

Mit dem Ausbruch der Revolution übernahmen die Jakobiner die Kontrolle. Es waren Männer, die von den Illuminaten und der Freimaurerei des Großmagistrats handverlesen worden waren. Sie benutzten den Duc d'Orléans für ihre Zwecke, bis zu dem Zeitpunkt, als er für den Tod seines Cousins, des Königs, stimmen musste. Der Duc glaubte, er würde zum konstitutionellen Monarchen ernannt werden, aber die Jakobiner hatten andere Anweisungen. Nachdem er für den Tod des Königs gestimmt und die Schuld auf sich genommen hatte, ließ er die wahren Verschwörer unbehelligt. Daraufhin ordneten diejenigen, die die geheime Macht hinter der Revolution darstellten, an, auch ihn zu liquidieren. Sie setzten die ganze Wucht ihrer Propaganda und *L'Infamie* gegen ihn ein. In einer unglaublich kurzen Zeit war er auf dem Weg zur Guillotine. Während er auf dem Todeskarren über das Kopfsteinpflaster fuhr, hörte er, wie er von allen Schichten des Volkes beschimpft und verflucht wurde.

Als Mirabeau erkannte, welch schreckliches Racheinstrument er mit ins Leben gerufen hatte, bereute er es. So wild und ausschweifend er auch gewesen war, er konnte es einfach nicht ertragen, Zeuge der schrecklichen und schockierenden Grausamkeiten zu werden, die die Jakobiner systematisch an all jenen verübten, die von ihren geheimen Meistern mit dem Finger auf Empörung und Tod gelegt worden waren. Mirabeau war eigentlich gegen jede Gewaltanwendung gegen den König. Sein persönlicher Plan war es, Ludwig XVI. zu einem begrenzten Monarchen zu machen und sich selbst zu seinem obersten Berater ernennen zu lassen. Als er erkannte, dass seine Herren entschlossen waren, den König zu töten, versuchte er, Ludwigs Flucht aus Paris zu arrangieren, damit er sich unter den Schutz seiner loyalen

Generäle begeben konnte, die noch immer seine Armee befehligten. Als seine Pläne an die Jakobiner verraten wurden, wurde Mirabeau ebenfalls liquidiert. In seinem Fall konnte keine öffentliche Hinrichtung arrangiert werden, da seine Feinde nicht glaubten, dass sie genug Zeit hatten, um ihn unter anzuklagen und ihm etwas anzuhängen, also wurde er vergiftet. Sein Tod wurde wie ein Selbstmord aussehen gelassen. Über die bereits erwähnte Diamantenhalskette wurde ein Buch geschrieben. Darin findet sich die bezeichnende Bemerkung, dass Louis nicht in Unkenntnis darüber war, dass Mirabeau vergiftet worden war".

Danton und Robespierre waren die beiden Inkarnationen des Teufels, die die Schreckensherrschaft in Gang setzten, die von den Illuminaten geplant war, um sich an ihren Feinden zu rächen und Persönlichkeiten zu beseitigen, die sie als Hindernisse auf ihrem Weg betrachteten. Doch als sie ihren Zweck erfüllt hatten, wurden ihre beiden obersten Henker verhaftet und wegen ihrer zahlreichen Schandtaten angeklagt und anschließend hingerichtet.[47]

Lafayette war ein Freimaurer. Er war ein guter Mensch. Er schloss sich den revolutionären Kräften an, weil er aufrichtig davon überzeugt war, dass revolutionäre Maßnahmen notwendig waren, um die dringend benötigten Reformen rasch herbeizuführen. Aber Lafayette dachte keinen Augenblick daran, dass er das französische Volk aus seiner alten Unterdrückung in eine neue Unterwerfung führen würde. Als er versuchte, den König zu retten, wurde er zu einem Krieg in Österreich abkommandiert.

Seit der Französischen Revolution von 1789 bis zu den heutigen Revolutionen hat die dahinter stehende Geheimmacht viele Duc D'Orléans, Mirabeaus und Lafayettes eingesetzt. Obwohl die Männer verschiedene Namen trugen, wurden sie alle als Werkzeuge benutzt und spielten ähnliche Rollen. Sie wurden benutzt, um die Revolutionen anzuheizen, und nachdem sie ihren Zweck erfüllt hatten, wurden sie von den Männern, denen sie dienten, liquidiert. Ihr Tod ist immer so

---

[47] Es ist von Interesse, dies zu beachten. In den Protokollen von Zion Nr. 15 heißt es: „Wir richten die Freimaurer so hin, dass niemand außer der Bruderschaft jemals einen Verdacht hegen kann", und weiter: „Auf diese Weise werden wir mit jenen GOY-Freimaurern verfahren, die zu viel wissen". E. Scudder sagt in seinem „Leben von Mirabeau": „Er (Mirabeau) starb zu einem Zeitpunkt, als die Revolution noch hätte aufgehalten werden können".

arrangiert, dass sie unter einer Decke von Schuld sterben, die eigentlich die Schultern der Männer bedecken sollte, die immer noch Die geheime Macht hinter den Kulissen der internationalen Intrige bleiben. Sir Walter Scott verstand sehr viel von der Funktionsweise der geheimen Macht hinter der Französischen Revolution. Jeder, der sein *Leben von Napoleon* liest, wird spüren, dass der Autor glaubte, den jüdischen Ursprung der Verschwörungen zu erkennen.[48]

Sir Walter weist darauf hin, dass die eigentlichen Schlüsselfiguren der Revolution meist Ausländer waren. Er stellte fest, dass sie bei ihrer Arbeit typisch jüdische Begriffe wie „Direktoren" und „Älteste" verwendeten. Er weist darauf hin, dass ein Mann namens Manuel auf mysteriöse Weise zum Beschaffer der Kommune ernannt wurde. Sir Walter erklärt, dass dieser Mann für die Verhaftung und Inhaftierung der Opfer der vorbereiteten Massaker, die im September 1792 stattfanden, in Gefängnissen in ganz Frankreich verantwortlich war. Bei diesen Massakern wurden allein in den Pariser Gefängnissen 8.000 Opfer ermordet. Sir Walter stellte auch fest, dass die Communauté de Paris (der Pariser Bezirksrat) zum SANHEDRIN der Jakobiner wurde, die nach Blut und noch mehr Blut schrien. Scott berichtet, dass Robespierre, Danton und Marat, bis sie ihren Zweck erfüllt hatten, die hohen Plätze in der SYNAGOGUE der Jakobiner teilten. (Meine Hervorhebung) Es war Manuel, der den Angriff gegen König Ludwig und Marie Antoinette auslöste, der sie schließlich zur Guillotine führte. Manuel wurde von einem Mann namens David unterstützt, der als führendes Mitglied des Komitees für öffentliche Sicherheit die vielen Opfer Manuels vor Gericht stellte. Davids Stimme rief stets nach Blut und Tod.

Sir Walter berichtet, dass David seine „blutige Arbeit des Tages mit der professionellen Phrase Lasst uns genug vom Roten mahlen" einleitete. David war es, der den Kult des höchsten Wesens einführte. Das heidnische Ritual war kabbalistischer Mummenschanz, der jedes

---

[48] Meine Nachforschungen beweisen, dass die Männer, die die geheimen Mächte hinter den Kulissen der internationalen Intrigen bildeten und die W.R.M. und den Nazi-Plan zur Welteroberung leiteten, nicht alle semitischer Herkunft oder Mitglieder der jüdischen Religion waren. Ich bin mir sicher, dass sie alle zu den Illuminaten gehörten, unabhängig von ihrer rassischen Herkunft. Geldbarone, Industriemonopolisten und habgierige Politiker haben nie gezögert, Juden und Nichtjuden gleichermaßen für ihre Verbrechen gegen die Menschheit verantwortlich zu machen.

äußere Zeichen rationaler Hingabe ersetzte. Scott erwähnt auch, dass Choderlos de Laclos, von dem man annimmt, dass er spanischer Herkunft war, das Palais Royal leitete, das eine so teuflische Rolle bei den Vorbereitungen zum Ausbruch der Revolution spielte. Ein weiterer wichtiger Punkt ist dieser: Nachdem die Liquidierung Robespierres angeordnet worden war, wurden zwei Männer namens Reubel und Gohir zu Direktoren des Ältestenrates ernannt. Zusammen mit drei anderen bildeten sie eine Zeit lang die eigentliche Regierung Frankreichs. Die fünf erwähnten Männer wurden als Directoires bezeichnet. Es ist eine sehr bemerkenswerte Tatsache, dass Sir Walter Scotts *Leben von Napoleon* (in neun Bänden), das so viel von der wahren Wahrheit enthüllt, praktisch unbekannt ist.[49]

Erwähnenswert ist das *Leben von Robespierre* von G. Renier. Er schreibt, als ob er einige der Geheimnisse kennen würde. Er sagt: „Vom 27. April bis zum 28. Juli 1794 (als Robespierre besiegt wurde), war die Schreckensherrschaft auf ihrem Höhepunkt. Es war nie die Diktatur eines einzelnen Mannes, am wenigsten von Robespierre. Etwa 20 Männer teilten sich die Macht". Und weiter: „Am 28. Juli hielt Robespierre eine lange Rede vor dem Konvent... eine Philippika gegen die Ultra-Terroristen... in der er vage und allgemeine Anschuldigungen äußerte". Robespierre wird zitiert mit den Worten

> „Ich wage es nicht, sie in diesem Augenblick und an diesem Ort zu nennen. Ich kann mich nicht dazu durchringen, den Schleier zu zerreißen, der dieses tiefe Geheimnis der Ungerechtigkeit bedeckt. Aber ich kann mit Bestimmtheit sagen, dass unter den Urhebern dieses Komplotts die Vertreter jenes Systems der Verderbnis und Verschwendung sind, das mächtigste aller Mittel, die von den Ausländern zum Untergang der Republik erfunden wurden: Ich meine die unreinen Apostel des Atheismus und die Unmoral, die ihm zugrunde liegt".

fügte Herr Renier hinzu:

---

[49] Die Bände werden nie erwähnt oder zusammen mit seinen anderen Werken nachgedruckt. Sie sind fast unerreichbar. Im Laufe der Geschichte von „Die geheime Macht" wird der Leser die Bedeutung dieser wichtigen Tatsache erkennen, die zeigt, wie die Kanäle der Öffentlichkeit kontrolliert werden.

„Hätte er (Robespierre) diese Worte nicht gesprochen, hätte er vielleicht noch triumphiert".

Robespierre hatte zu viel gesagt. Man schoss ihm absichtlich in den Kiefer, um ihn zum Schweigen zu bringen, bis er am nächsten Tag zur Guillotine geschleift werden konnte. So wurde ein weiterer Freimaurer, der zu viel wusste, beseitigt. Bei der Betrachtung der Ereignisse, die zur russischen und spanischen Revolution führten, wird sich zeigen, dass die verborgene revolutionäre Sektion der Illuminaten innerhalb der Großorient-Logen der kontinentalen Freimaurerei das Instrument der Männer war, die die geheime Macht hinter der weltrevolutionären Bewegung bildeten.

Tausende von Personen werden öffentlich beschuldigt und viele Organisationen in Verruf gebracht, nur weil es in der Macht der geheimen Führer der W.R.M. lag, ihnen die Schuld für ihre Verbrechen aufzubürden und so ihre eigene Identität zu verschleiern.

Es gibt nicht viele Menschen, die heute leben und wissen, dass Robespierre, Marat und Danton nur die Instrumente waren, die von den dreizehn Direktoren der Illuminaten benutzt wurden, die die Große Französische Revolution planten und leiteten. Es waren die Männer hinter den Kulissen, die das Muster der Schreckensherrschaft als Mittel zur Befriedigung ihrer Rachegelüste entwarfen. Nur während einer Schreckensherrschaft konnten sie menschliche Hindernisse aus dem Weg räumen.

Da den Männern, die die Französische Revolution angeführt hatten, die Opfer ausgegangen waren, beschlossen sie, sich erneut an internationalen Intrigen zu beteiligen. Um ihre wirtschaftliche und politische Macht zu vergrößern, bildete Anselm Mayer Rothschild seinen Sohn Nathan Mayer zu dem besonderen Zweck aus, ein „House of Rothschild" in London, England, zu eröffnen. Seine Absicht war es, die Verbindungen zwischen den Männern, die die Bank von England kontrollierten, und denen, die die Banken in Frankreich, Deutschland und Holland kontrollierten, stärker denn je zu festigen. Nathan nahm diese wichtige Aufgabe im Alter von 21 Jahren in Angriff. Er verdreifachte sein Vermögen. Die Bankiers beschlossen dann, Napoleon als Instrument ihres Willens zu benutzen. Sie organisierten die Napoleonischen Kriege, um weitere gekrönte Häupter Europas zu stürzen.

Nachdem Napoleon über Europa hinweggefegt war, erklärte er sich 1804 zum Kaiser. Er ernannte seinen Bruder Joseph zum König von Neapel. Louis zum König von Holland und Jerome zum König von Westfalen. Zur gleichen Zeit sorgte Nathan Rothschild dafür, dass seine vier Brüder die Könige der Finanzen in Europa wurden. Sie waren die geheime Macht hinter den neu errichteten Thronen. Die internationalen Geldverleiher richteten ihr Hauptquartier in der Schweiz ein. Sie vereinbarten, dass die Schweiz in ihrem Interesse und zu ihrer Sicherheit bei allen Streitigkeiten neutral bleiben sollte. In ihrer Schweizer Zentrale in Genf organisierten sie die verschiedenen Kombinate und Kartelle auf internationaler Ebene. Sie arrangierten die Dinge so, dass unabhängig davon, wer gegen wen kämpfte, oder wer gewann und wer verlor, die Mitglieder des Internationalen Geldverleiher-Pools immer mehr Geld verdienten. Diese Gruppe von Männern erlangte bald die Kontrolle über die Munitionsfabriken, die Schiffsbauindustrie, die Bergbauindustrie, die chemischen Fabriken, die Arzneimitteldepots, die Stahlwerke usw. Der einzige Wermutstropfen war die Tatsache, dass Napoleon immer egoistischer wurde, bis er schließlich die Frechheit besaß, sie öffentlich anzuprangern. Damit entschied er auch über sein eigenes Schicksal. Es war weder das Wetter noch die Kälte, die seinen siegreichen Einmarsch in Russland in eine der tragischsten militärischen Niederlagen verwandelten, die die Welt je erlebt hat. Dass die Munition und der Nachschub seine Armeen nicht erreichten, lag an der Sabotage seiner Kommunikationswege.

Die geheime Strategie, mit der Napoleon besiegt und seine Abdankung erzwungen wurde, hat sich seither als grundlegend für alle revolutionären Bemühungen erwiesen. Sie ist sehr einfach. Die Führer der revolutionären Bewegung platzieren ihre Agenten heimlich an Schlüsselpositionen in den Versorgungs-, Kommunikations-, Transport- und Geheimdienstabteilungen der Streitkräfte, die sie stürzen wollen. Durch Sabotage des Nachschubs, Abfangen von Befehlen, Herausgabe widersprüchlicher Nachrichten, Blockieren oder Umleiten von Transporten und durch nachrichtendienstliche Gegenmaßnahmen haben die Revolutionsführer entdeckt, dass sie in der effizientesten militärischen Organisation zu Lande, zu Wasser und in der Luft ein völliges Chaos anrichten können. Zehn Zellen, die heimlich in Schlüsselpositionen platziert werden, sind zehntausend Mann im Feld wert.

Die Methoden, mit denen Napoleon zu Beginn des 19. Jahrhunderts in den Ruin getrieben wurde, wurden auch für die Niederlage der russischen Armee im Krieg gegen Japan im Jahr 1904 und für die Meuterei in der russischen Armee im Jahr 1917 sowie für die Meuterei in der deutschen Armee und Marine im Jahr 1918 verwendet.

Die kommunistische Infiltration in Schlüsselpositionen war der eigentliche Grund, warum die deutschen Generäle im November 1918 um einen Waffenstillstand baten und diesen auch erhielten. Die gleichen Methoden wurden angewandt, um die Effektivität der spanischen Armee, Marine und Luftwaffe im Jahr 1936 zu zerstören. Genau dieselben Taktiken wurden eingesetzt, um Hitler nach seinem siegreichen Vormarsch in Russland im Zweiten Weltkrieg zu besiegen.

So wiederholt sich die Geschichte, weil die gleichen Mächte immer wieder die gleichen Methoden anwenden. Vor allem aber waren es die Nachkommen der Männer, die den Sturz Napoleons herbeigeführt hatten, die 1945 und danach die Niederlage der chinesischen Streitkräfte herbeiführten. Es wurden mysteriöse Befehle erteilt, die dazu führten, dass Waffen und Munition im Wert von Millionen von Dollar im Indischen Ozean versenkt wurden, obwohl sie eigentlich an Chiang-Kai-Shek hätten gehen sollen. Die wahre Geschichte der Art und Weise, wie britische und amerikanische Politiker unsere antikommunistischen chinesischen und koreanischen Verbündeten verrieten, wird beweisen, dass es die Agenten der internationalen Bankiers waren, die unsere hochrangigen Staatsmänner täuschten und schlecht berieten, um dem Kommunismus die Kontrolle über Asien zu ermöglichen. Der Kommunismus ist heute das, was er seit 1773 immer war: das Instrument der Zerstörung und die Handlungsanleitung, mit der die internationalen Erzverschwörer ihre eigenen geheimen Pläne vorantreiben, mit denen sie letztlich die Kontrolle über den Reichtum, die natürlichen Ressourcen und die Arbeitskraft der ganzen Welt erlangen wollen.

Die Geschichte berichtet, wie Napoleon 1814 in Paris zur Abdankung gezwungen wurde, dann wurde er ins Exil auf St. Elba geschickt, er entkam und versuchte ein Comeback, aber er spielte gegen Männer, die geladene Würfel benutzen. Nathan Rothschild und seine internationale Clique hatten Deutschland unterstützt, um Napoleon zu besiegen. Sie hatten geplant, unabhängig vom Ausgang des Kampfes Geld zu verdienen. Als die Schlacht von Waterloo bevorstand, war Nathan Rothschild in Paris. Er hatte sich einen Palast zugelegt, der auf den

Palast Ludwigs XVIII. blickte. Wenn er wollte, konnte er direkt in das Fenster des Palastes schauen, in dem der französische Thronanwärter wohnte.

Er hatte auch veranlasst, dass Agenten auf dem Schlachtfeld per Brieftaube Informationen über die Kämpfe an ihn schickten. Nathan Rothschild veranlasste auch, dass falsche Informationen über die Ergebnisse der Schlacht per Brieftaube nach England geschickt wurden. Sobald er sicher war, dass Wellington gesiegt hatte, ließ er seine Agenten die britische Öffentlichkeit darüber informieren, dass Wellington besiegt worden war und Napoleon wieder auf dem Vormarsch war. Die Tatsache, dass Brieftauben bei dieser Verschwörung eine so wichtige Rolle spielten, führte zu der Redewendung „A little bird told me" (Wenn jemand in England einen anderen fragt: „Woher hast du diese Information?", wird der Gefragte höchstwahrscheinlich sagen: „Oh! A little bird told me", und es dabei belassen).

Nathan Rothschilds kleine Vögelchen erzählten Lügen von solchem Ausmaß über die Schlacht von Waterloo, dass die Menschen in Großbritannien in Panik gerieten. Der Aktienmarkt brach ein. Englische Pfund konnte man für einen Song oder einen Schilling kaufen. Die Werte von allem fielen auf einen historischen Tiefstand. Nathan charterte ein kleines Schiff für die Summe von 2.000 Pfund, um von Frankreich nach England zu gelangen. Nach seiner Ankunft kauften er und seine Finanzpartner alle Aktien, Anleihen, Anteile, sonstigen Immobilien und Wertpapiere auf, die sie in die Finger bekamen. Als die Wahrheit über Wellingtons Sieg bekannt wurde, normalisierten sich die Werte wieder. Die internationalen Geldverleiher machten ein astronomisches Vermögen.

Warum sie nicht von einigen der Leute, die sie ruiniert haben, ermordet wurden, ist unbegreiflich. Als Zeichen ihrer Freude und Dankbarkeit für die wunderbare Waffentat von Wellington und Blücher haben die Rothschilds England 18.000.000 Pfund und Preußen 5.000.000 Pfund dieses unrechtmäßigen Gewinns geliehen, um die Kriegsschäden zu reparieren.

Als Nathan Rothschild 1836 starb, hatte er sich die Kontrolle über die Bank von England und die Staatsverschuldung gesichert, die sich nach seinem großen Finanzmord im Jahr 1815 auf 885.000.000£ belief.

Es ist höchst unwahrscheinlich, dass einer von tausend Freimaurern die WAHRE Geschichte kennt, wie die Köpfe der Großorient-Illuminaten ihre Agenten in die kontinentale Freimaurerei eingeschleust haben. Da die geschilderten Tatsachen der Wahrheit entsprechen, haben die Großmeister der englischen Freimaurer ihre Freimaurerbrüder gewarnt, dass sie nichts mit den Freimaurern des Großen Orients zu tun haben oder sich ihnen in irgendeiner Weise anschließen sollten. Die Tatsache, dass sich die revolutionären Illuminaten innerhalb der kontinentalen Freimaurerei etablierten, veranlasste Papst Pius IX. dazu, den Kommunismus öffentlich anzuprangern und Katholiken zu verbieten, Freimaurer zu werden. Um jeden Leser, der noch Zweifel an der Rolle der Freimaurerei in der Französischen Revolution hat, zu überzeugen, sei ein Teil einer Debatte zitiert, die 1904 in der französischen Abgeordnetenkammer zu diesem Thema stattfand. Der Marquis von Rosanbe sagte nach einigen bohrenden Fragen zum Nachweis, dass die französische Freimaurerei der Urheber der Französischen Revolution war:

> „Wir sind uns also in dem Punkt einig, dass die Freimaurerei der einzige Urheber der Revolution war, und der Beifall, den ich von der Linken erhalte und an den ich kaum gewöhnt bin, beweist, meine Herren, dass Sie mit mir anerkennen, dass es die Freimaurerei war, die die Französische Revolution machte?"

Auf diese Aussage antwortete M. Jumel, ein bekannter Freimaurer aus dem Großen Orient:

> „Wir tun mehr, als sie anzuerkennen... wir verkünden sie"[50]

Bei einem großen Bankett im Jahre 1923, an dem viele prominente Persönlichkeiten aus dem internationalen Bereich teilnahmen, von denen einige mit der Organisation des Völkerbundes in Verbindung standen, sprach der Präsident des Großorient diesen Toast: „Auf die französische Republik, Tochter der französischen Freimaurerei. Auf die

---

[50] Dies wurde zitiert im Convent du Grand Orient 1923, S. 402, Die Illuminaten kontrollieren die Freimaurerei.

universelle Republik von morgen, Tochter der universellen Freimaurerei.[51]

Um zu beweisen, dass die Freimaurer des Großen Orients die französische Politik seit 1923 kontrolliert haben, soll ein kurzer Rückblick auf die historischen Ereignisse gegeben werden. Der wichtigste Sieg, den die internationalen Bankiers errangen, nachdem ihre Agenten als Berater der politischen Führer fungiert hatten, die den berüchtigten Vertrag von Versailles ausgearbeitet und schließlich ratifiziert hatten, war die Wahl von M. Herriot an die Macht in Frankreich im Jahr 1924. Jede politische Maßnahme, die 1923 von den Leitern der Freimaurerei des Grand Orient diktiert worden war, wurde von der Regierung Herriot innerhalb eines Jahres umgesetzt.

1. Im Januar 1923 verfügte die G.O.L. (Grand Orient Lodges) die Aufhebung der Botschaft an den Vatikan. Das französische Parlament führt diesen Beschluss am 24. Oktober 1924 aus.

2. 1923 forderte die G.O.L. den Triumph der Idee der Laizität (dies ist das primäre Prinzip, das für die Etablierung der Ideologie des Groß-Orientes eines atheistischen Staates unerlässlich ist) Herriot gab am 17. Juni 1924 eine öffentliche ministerielle Erklärung zugunsten dieser Politik ab.

3. Am 31. Januar 1923 forderte die G.O.L. eine umfassende und vollständige Amnestie für Verurteilte und Verräter. Mehrere prominente kommunistische Führer sollten davon profitieren, darunter Marty, der später als Organisator der Internationalen Brigaden berüchtigt wurde, die 1936-39 auf kommunistischer Seite in Spanien kämpften. Die Abgeordnetenkammer stimmte am 15. Juli 1924 für eine Generalamnestie und ließ damit eine Reihe von internationalen Gangstern auf die ahnungslose Gesellschaft los, deren Meister der Oberste Rat der Freimaurerei des Großorientes, die Illuminaten, war.

4. Im Oktober 1922 hatte die G.O.L. eine Kampagne gestartet, um die Idee der Aufnahme diplomatischer Beziehungen mit der in

---

[51] Eine Passage von Henry Delassus, zitiert in *La Conjuration Anti-Chrétienne*, Band I, S. 146; erneut zitiert in „The Spanish Arena", S. 143.

Moskau ansässigen Sowjetregierung zu verbreiten. Diese Bewegung kam erst nach der Wahl von M. Herriot an die Macht sehr weit. Diese Kampagne für die Freundschaft mit Russland wurde in Frankreich gestartet, als das *Bulletin Officiel de la Grande Loge de France* in der Oktoberausgabe 1922 auf Seite 286 einen Artikel zu diesem Thema veröffentlichte. Politische Beziehungen zu den kommunistischen Revolutionsführern wurden von Herriot am 28. Oktober 1924 aufgenommen. [52] Dieselben bösen Mächte setzen sich heute für die Anerkennung von Rotchina ein.

Einer der Führer des Grand Orient war zu dieser Zeit Leon Blum. Er wurde zu einem politischen Instrument gemacht, das bereit war, die Befehle seiner Führer auszuführen. Hochrangige Mitglieder der Militärlogen in Spanien, die übergelaufen waren (nachdem sie herausgefunden hatten, dass sie von den Führern der W.R.M. als Werkzeuge benutzt wurden), enthüllten, dass von jedem Freimaurer des Großorient verlangt wurde, einen Eid des UNBEGRENZTEN GEHORSAMS gegenüber dem Oberhaupt des Rates der Dreiunddreißig abzulegen und keinen Menschen als über ihm stehend anzuerkennen. Ein solcher Eid, den ein bekennender Atheist ablegte, bedeutete buchstäblich, dass er den Staat als über allem stehend und das Oberhaupt des Staates als seinen Gott anerkannte. Viele Details über die Intrigen des Grand Orient in Frankreich und Spanien von 1923 bis 1939 werden in dem Buch The Spanish Arena von William Foss und Cecil Gerahty beschrieben, das 1939 vom The Right Book Club, London, England, veröffentlicht wurde. Um die Kontinuität der Handlung des Internationalen Bankiers herzustellen, reicht es aus, nur einige Schlaglichter zu streifen. Leon Blum wurde 1872 als Sohn jüdischer Eltern in Paris geboren. Er wurde durch seine Rolle in der Dreyfus-Affäre bekannt. Im Juni 1936 wurde er zum französischen Premierminister gewählt. Er blieb bis Juni 1937 im Amt. Im März wurde er wiedergewählt und blieb bis April 1937 im Amt. Seinen Anhängern gelang es, ihn als Vizepremier von Juni 1937 bis Januar 1938 wieder in die Politik zu bringen. Mendes-France wird heute auf die gleiche Weise verwendet.

---

[52] A.G. Michel in La Dictature de la Franc-Maçonnerie la France requoted in the Spanish Arena, S. 143.

Während dieser ganzen Zeit bestand Leon Blums Aufgabe darin, die französische Regierungspolitik so zu gestalten, dass sie die Pläne der Führer der W.R.M. in Bezug auf Spanien unterstützen würde. Um den Verdacht von sich abzulenken, haben die Erzverschwörer den Anschein erweckt, dass Franco und seine militärischen Verbündeten die Planer und Drahtzieher der Ereignisse waren, die zum Bürgerkrieg in Spanien führten. Es ist nun bewiesen, dass Stalin und seine revolutionären Experten, die Komintern, die Verschwörer waren, die die Pläne der Geheimen Macht hinter der W.R.M. ausführten. Sie planten, das zu wiederholen, was sie in der Französischen Revolution 1789 und der Russischen Revolution 1917 erreicht hatten. Bereits 1929 wies M. Gustave in seiner Schrift „La Victoire" auf die Wahrheit über Leon Blum und seine Verbündeten hin. Er hatte den Mut, zu erklären: „Die kollektivistische Partei von Leon Blum, der zweite Zweig der Freimaurerei... ist nicht nur antireligiös, sondern eine Partei des Klassenkampfes und der sozialen Revolution".

Leon Blum setzte die Pläne der Führer der W.R.M. in die Tat um, die spanischen Loyalisten mit Waffen, Munition und Finanzen zu versorgen. Er trug dazu bei, die Pyrenäen offen zu halten, verfolgte aber eine einseitige Politik der Nichteinmischung... Sie galt nur für die Nationalisten von Francos Streitkräften.

In den Kapiteln, die sich mit der Revolution in Spanien befassen, werden Beweise dafür vorgelegt, dass die französischen und spanischen Großorient-Logen die Kommunikationslinie zwischen den Direktoren der W.R.M. und ihren Agenten in Moskau, Madrid und Wien waren.[53]

Sollte der Leser der Meinung sein, dass dem Einfluss der Freimaurerei des Großen Orients auf internationale Angelegenheiten zu viel Bedeutung beigemessen wird, so liefert A.G. Michel, Autor von La Dictature de la Franc-Maçonnerie sur la France, Beweise dafür, dass

---

[53] Alle politischen Ereignisse, die sich in Frankreich vom Ausbruch des Zweiten Weltkriegs bis zur jüngsten Weigerung von Mendes-Frankreich, dem E.D.C. zuzustimmen, ereignet haben, müssen unter Berücksichtigung des langfristigen [Plans] der Illuminaten untersucht werden, deren Agenten, die Großorient-Freimaurer, Mitglieder auf allen Ebenen der französischen Regierung und aller politischen Parteien sind. Bei der letzten Überprüfung waren mehr als einhundert Mitglieder des französischen Parlaments Freimaurer aus dem Großen Orient.

der Große Orient von Frankreich 1924 verfügte, den Völkerbund „zu einem internationalen Werkzeug der Freimaurerei" zu machen. Trotzki schrieb in seinem Buch Stalin:

> „Heute gibt es einen Turm von Babel im Dienste Stalins, und eines seiner wichtigsten Zentren ist Genf, diese Brutstätte der Intrigen."

Die Bedeutung dessen, was Trotzki sagt, liegt in der Tatsache, dass die Anschuldigungen, die er bezüglich des bösen Einflusses der Freimaurer des Großen Orients im Völkerbund machte, gleichermaßen auf den schlechten Einfluss zutreffen, den sie heute in den Vereinten Nationen haben. Der Student, der die heutigen Geschehnisse in den Vereinten Nationen studiert, wird ihre Handarbeit sehen, besonders im Hinblick auf seltsame Politiken, die für den durchschnittlichen Mann auf der Straße einfach keinen Sinn ergeben. Aber diese seltsame Politik wird sehr klar, wenn wir sie studieren, um zu sehen, wie sie den langfristigen Plan der W.R.M. fördern: Erstens, dass die Illuminaten es für notwendig halten, alle bestehenden konstitutionellen Regierungsformen zu zerstören, unabhängig davon, ob es sich um eine Monarchie oder eine Republik handelt; zweitens, dass sie beabsichtigen, eine Weltdiktatur einzuführen, sobald sie glauben, dass sie sicher in der Lage sind, die absolute Kontrolle an sich zu reißen. M.J. Marques- Rivière[54] sagte dazu

> „Das Zentrum der internationalen Freimaurer befindet sich in Genf. Die Büros der Internationalen Freimaurer-Vereinigung befinden sich in Genf. Hier treffen sich die Delegierten fast aller Freimaurergemeinschaften der Welt. Die Auslegung des Bundes und der I.M.A. ist einfach, offensichtlich und bekannt."

Man kann gut verstehen, was Bruder Barcia, ehemaliger Großmeister des spanischen Großorient, 1924 bei seiner Rückkehr aus Genf im Konvent des Großorient ausrief:

> „Ich habe bei der Arbeit der Kommissionen mitgeholfen. Ich habe Paul-Boncour, Jeuhaux, Loucheur, de Jouvenal gehört. Alle Franzosen hatten den gleichen Geist. Neben mir saßen Vertreter

---

[54] J. Marques-Rivière ist der Autor von *Comment la Franc-Maçonnerie fait une Révolution*.

amerikanischer Freimaurer, und sie fragten sich gegenseitig: „Sind wir in einer weltlichen Versammlung oder in einem Freimaurerorden?... Bruder Joseph Avenal ist der Generalsekretär des Bundes'."

Es ist gut, sich daran zu erinnern, dass die internationalen Illuminaten Genf als ihren Hauptsitz wählten, fast ein Jahrhundert bevor das obige Ereignis aufgezeichnet wurde. Gemäß ihrer Politik hatten sie die Schweiz in allen internationalen Streitigkeiten neutral gehalten, weil sie einen Ort brauchten, an dem sie sich treffen und ihre Agenten instruieren konnten, die nach ihrem Willen handelten und ihre geheime Politik durchführten. Die Regierung der Vereinigten Staaten weigert sich, dem Völkerbund beizutreten. Bestimmte Interessen förderten die isolationistische Politik. Die Geheimmächte waren entschlossen, diejenigen auszunutzen, die ehrlich die Idee einer Eine-Welt-Form der Superregierung unterstützen, um Frieden und Wohlstand zu sichern. Sie waren entschlossen, den Völkerbund zu zerstören und durch die Vereinten Nationen zu ersetzen. Der Zweite Weltkrieg gab ihnen diese Gelegenheit. Im Jahr 1946 wurden die Überreste des Völkerbundes aufgegriffen und in das Steppmuster der Vereinten Nationen eingefügt, die die U.S.S.Rs. und die U.S.A. als die beiden mächtigsten Mitglieder umfassten. Die Tatsache, dass die Vereinten Nationen den politischen Zionisten Israel überließen, hinter dem sie seit einem halben Jahrhundert her waren, und auf Anraten derselben Männer China, Nordkorea, die Mandschurei, die Mongolei, Niederländisch-Ostindien und Teile Indochinas an kommunistische Führer übergaben, beweist, wie erfolgreich die Geheimmächte ihre Pläne schmiedeten und durchführten. Es sei daran erinnert, dass Lenin vorausgesagt hatte, dass die Kräfte des Kommunismus aller Wahrscheinlichkeit nach vom Osten her über die westliche Welt hinwegfegen würden. Diejenigen, die sich mit der Projektion des MERCATORs über die Welt beschäftigen, verstehen nicht, wie die Nationen des Fernen Ostens wie eine Flutwelle über die Nationen der westlichen Welt hinwegfegen konnten. Für diejenigen, die den Globalen Krieg studieren, sind Lenins Aussagen so klar wie Kristall. Und was noch wichtiger ist: Als Lenin seinen Nutzen überlebt hatte, starb er oder wurde abgesetzt. Nur wenige Menschen können verstehen, wie es dazu kommen konnte, dass Stalin mit ein paar rücksichtslosen, mörderischen Schritten all diejenigen beseitigte, die aufgrund ihrer Aktivitäten in der Russischen Revolution als besser geeignet für die Führung der UdSSR angesehen wurden, und die Macht für sich selbst usurpierte.

Wer die W.R.M. anhand der in diesem Buch präsentierten Beweise studiert, wird verstehen, warum Stalin als Nachfolger Lenins ausgewählt wurde. Das alte Prinzip der Aktiengesellschaften wurde wieder in Kraft gesetzt. Amerikanische und britische Geheimdienstler hatten ihre Regierungen über die Rolle der internationalen Bankiers in der russischen Revolution informiert. Im April 1919 hatte die britische Regierung ein Weißbuch zu diesem Thema herausgegeben. Es wurde zwar schnell unterdrückt, aber ein gewisser Schaden war bereits angerichtet worden. Die internationalen Bankiers wurden beschuldigt, das internationale Judentum zu finanzieren, um ihre Pläne für eine internationale Diktatur in die Tat umzusetzen. Die internationalen Bankiers mussten ein Mittel finden, um diesen Eindrücken und Ideen entgegenzutreten. Das wahre Bild ihrer völligen Skrupellosigkeit wird deutlich, wenn man bedenkt, dass Stalin, ein Nichtjude, von den internationalen Geldgebern ausgewählt wurde und dass er auf ihre Anweisung hin Trotzki aus dem Weg räumte und Hunderttausende russischer Juden bei den Säuberungen, die ihn nach Lenins Tod an die Macht brachten, liquidierte. Dies sollte aufrichtigen, aber fehlgeleiteten Menschen überall beweisen, dass die internationalen Banker und ihre sorgfältig ausgewählten Agenten und Freunde die MASSEN der Menschen, gleich welcher Ethnie, Farbe oder Glaubensrichtung, nicht als entbehrliche Spielfiguren betrachten. Es stimmt, dass viele Juden zu Kommunisten und Anhängern von Karl Marx wurden. Sie arbeiteten und kämpften für die Verwirklichung der von Karl Marx veröffentlichten Theorien für eine Internationale der Sozialistischen Sowjetrepubliken. Aber sie wurden, wie viele Nichtjuden, getäuscht. Zu der Zeit, als Stalin als Hauptvertreter der Internationalen Bankiers fest in Moskau saß, war es schwierig, noch lebende Mitglieder der Ersten und Zweiten Internationale zu finden. Die Art und Weise, in der die Erzverschwörer die Freimaurer des Großen Orients benutzten und sie dann liquidieren ließen, sobald sie ihren Zweck erfüllt hatten, ist nur ein weiteres Beispiel für die Rücksichtslosigkeit derer, deren einziger Gott Satan ist.

Es werden weitere Beweise dafür vorgelegt werden, dass die internationalen Bankiers an nichts anderem interessiert sind, als für ihre eigene kleine und sehr ausgewählte Gruppe die ultimative, unbestrittene Kontrolle über den Reichtum, die natürlichen Ressourcen und die menschliche Macht der gesamten Welt zu erlangen. [55] Der einzige ehrliche Gedanke in ihren Köpfen ist, dass sie offensichtlich glauben, dass sie dem Rest der Menschheit an geistigen Fähigkeiten so überlegen sind, dass sie besser als jede andere Gruppe von Individuen in der Lage sind, die Angelegenheiten der Welt zu regeln. Sie sind davon überzeugt, dass sie einen Plan für die Weltregierung ausarbeiten können, der besser ist als der Plan Gottes. Aus diesem Grund sind sie entschlossen, letztlich aus dem Bewusstsein aller Menschen jegliches Wissen über Gott und seine Gebote auszulöschen und durch ihre eigene neue Ordnung zu ersetzen, die auf der Theorie beruht, dass der Staat in allen Dingen der Oberste ist und das Oberhaupt des Staates daher der allmächtige Gott auf dieser Erde ist. Der Versuch, Stalin zu vergöttern, ist der Beweis für diese Aussage. Wenn die Menschen erst einmal von dieser großen Wahrheit überzeugt sind, werden sie erkennen, dass Menschen aller Ethnien, Farben und Glaubensrichtungen als „Spielfiguren" benutzt wurden und immer noch benutzt werden.

---

[55] Der Grund, warum die internationalen Bankiers den politischen Zionismus von 1914 bis heute unterstützten, wird in einem anderen Kapitel erläutert, das sich mit den Ereignissen befasst, die zum Zweiten Weltkrieg führten. Es genügt hier zu sagen, dass die internationalen Bankiers daran interessiert waren, sich die Kontrolle über die Mineralien und das Öl im Wert von fünf Billionen Dollar zu sichern, die vor 1918 in Palästina von Cunningham-Craig, dem beratenden Geologen der britischen Regierung und anderen entdeckt worden waren. Diese geologischen Berichte wurden geheim gehalten. Im Jahr 1939 wurde Cunningham-Craig aus Kanada zurückgerufen, um eine weitere Untersuchung im Nahen Osten durchzuführen. Er starb unter mysteriösen Umständen unmittelbar nach Beendigung seiner Aufgabe. Heute, d.h. 1954, werden von den großen Geldgebern im Stillen Vorkehrungen getroffen, um diese Ressourcen auszubeuten.

Kapitel 5

Die Amerikanische Revolution

Um zu verstehen, wie die Männer, die die Kontrolle über die Bank von England und die britische Staatsverschuldung erlangten, auch die Kontrolle über den Handel und das Geldsystem der amerikanischen Kolonien erlangten, reicht es aus, wenn wir den Faden der Geschichte zu der Zeit aufnehmen, als Benjamin Franklin (1706-1790) nach England ging, um die Interessen der Männer zu vertreten, die mit ihm beim Aufbau des Wohlstands der amerikanischen Kolonien zusammenarbeiteten.

Robert L. Owen, ehemaliger Vorsitzender des Ausschusses für Bankwesen und Währung des Senats der Vereinigten Staaten, erläutert die Angelegenheit auf Seite 98 des Senatsdokuments Nr. 23. Er erklärt, dass Franklin, als Mitarbeiter der Rothschilds ihn fragten, wie er sich den Wohlstand in den Kolonien erklären könne, antwortete:

> „Das ist ganz einfach: In den Kolonien geben wir unser eigenes Geld aus. Es wird Kolonialschrift genannt - wir geben es im richtigen Verhältnis zu den Anforderungen von Handel und Industrie aus."

Robert L. Owen bemerkte, dass die Rothschilds nicht lange, nachdem sie davon erfahren hatten, die Gelegenheit erkannten, die Situation mit beträchtlichem Gewinn für sich auszunutzen. Das Naheliegendste war, ein Gesetz zu erlassen, das den Kolonialbeamten die Ausgabe von eigenem Geld verbot und sie verpflichtete, sich das benötigte Geld über die Banken zu beschaffen.

Amschel Mayer Rothschild befand sich noch in Deutschland, aber er versorgte die britische Regierung mit Söldnertruppen für 8 Pfund pro Mann. Sein Einfluss war so groß, dass es ihm 1764 gelang, über die Direktoren der Bank von England Gesetze nach seinem Diktat zu verabschieden.

Die Behörden in den Kolonien mussten ihr Schriftgeld aufgeben. Sie mussten das koloniale Vermögen und die Wertpapiere an die Bank of England verpfänden, um sich das Geld zu leihen, das sie für ihre Geschäfte benötigten. Unter Bezugnahme auf diese Tatsachen erklärte Benjamin Franklin.

> „In einem Jahr kehrten sich die Verhältnisse so um, dass die Ära des Wohlstands endete und eine Depression einsetzte, die so stark war, dass die Straßen der Kolonien mit Arbeitslosen gefüllt waren."

erklärte Franklin:

> „Die Bank von England weigerte sich, mehr als 50 Prozent des Nennwerts der Schrift auszuhändigen, wenn sie wie gesetzlich vorgeschrieben umgetauscht wurde. Das zirkulierende Tauschmittel wurde so um die Hälfte reduziert".[56]

Herr Franklin enthüllte die Hauptursache der Revolution, als er sagte:

> „Die Kolonien hätten die kleine Steuer auf Tee und andere Dinge gerne getragen, wenn England den Kolonien nicht ihr Geld weggenommen hätte, was zu Arbeitslosigkeit und Unzufriedenheit führte."

Unzufriedenheit machte sich breit, aber nur wenige Kolonialisten erkannten, dass die Besteuerung und andere wirtschaftliche Sanktionen, die ihnen auferlegt wurden, das Ergebnis der Aktivitäten einer kleinen Gruppe internationaler Gangster waren, denen es gelungen war, die Kontrolle über das britische Schatzamt zu erlangen, nachdem sie die Kontrolle über die Bank von England erlangt hatten. Es wurde bereits gezeigt, wie sie die britische Staatsverschuldung von 1.250.000 Pfund im Jahr 1694 auf 16.000.000 Pfund im Jahr 1698 ansteigen ließen und sie bis 1815 schrittweise auf 885.000.000 Pfund und bis 1945 auf 22.503.532.372 Pfund erhöhten.

Am 19. April 1775 kam es in Lexington und Concord zu den ersten bewaffneten Zusammenstößen zwischen Briten und Kolonialherren. Am 10. Mai trat der Zweite Kontinentalkongress in Philadelphia

---

[56] Direkte Zitate aus dem Senatsdokument Nr. 23 unterstützen die obigen Aussagen.

zusammen und George Washington wurde an die Spitze der Marine- und Militärtruppen gestellt. Er übernahm das Kommando in Cambridge. Am 4. Juli 1776 verabschiedete der Kongress die Unabhängigkeitserklärung.

In den nächsten sieben Jahren trieben die internationalen Geldverleiher den Kolonialkrieg voran und finanzierten ihn. Die Rothschilds verdienten viel Geld, indem sie die Briten mit deutschen hessischen Soldaten versorgten, mit denen sie die Kolonisten bekämpften. Der durchschnittliche Brite hatte keinen Streit mit seinen amerikanischen Cousins.[57] Insgeheim sympathisierte er mit ihnen.

Am 19. Oktober 1781 kapitulierte der britische Befehlshaber, General Cornwallis, mit seiner gesamten Armee, einschließlich der Reste der hessischen Truppen. Am 3. September 1783 wurde die Unabhängigkeit der Vereinigten Staaten durch den Friedensvertrag von Paris anerkannt. Die einzigen wirklichen Verlierer waren die Briten. Ihre Staatsverschuldung hatte sich enorm erhöht, und die internationalen Geldverleiher (die in Wirklichkeit die geheime Macht hinter der weltrevolutionären Bewegung waren) hatten die erste Etappe der langfristigen Pläne zur Auflösung des Britischen Reiches erreicht.[58]

Die Vertreter der internationalen Bankiers arbeiteten fleißig daran, die Einheit zu verhindern. Indem sie die verschiedenen Staaten Amerikas getrennt hielten, war es viel einfacher, sie auszubeuten. Um die Kontinuität der Einmischung ausländischer Geldverleiher in die Angelegenheiten jeder Nation zu beweisen, reicht es aus, festzuhalten, dass die Gründerväter der Vereinigten Staaten bei ihrem Treffen in Philadelphia im Jahr 1787 darüber sprachen, wie wichtig es sei, eine

---

[57] Sowohl der Earl of Chatham als auch sein Sohn William Pitt (1769-1806) prangerten die Politik der internationalen Geldbarone in Bezug auf die Kolonien vor 1783 an. Der junge William Pitt wurde von König George III. zum Premierminister gewählt, weil er den König davon überzeugte, dass die Geldgeber die europäischen Länder in Kriege verwickelten, um ihre eigenen egoistischen Ziele zu verfolgen.

[58] Halten Sie einen Moment inne und überlegen Sie, wie weit sie diesen Teil ihrer Pläne seither vorangetrieben haben. Jefferson und John Adams (Roosevelts Verwandter) wurden beide glühende Illuministen. Das erklärt Roosevelts Politik.

Art von Gesetzgebung einzuführen, die sie vor der Ausbeutung durch die internationalen Bankiers schützen würde.

Die Vertreter der internationalen Bankiers betrieben aktive Lobbyarbeit. Sie setzten Einschüchterung ein. Aber trotz all ihrer Bemühungen lautete Absatz 5, Abschnitt 8, des ersten Artikels der neuen amerikanischen Verfassung:

„DER KONGRESS HAT DIE BEFUGNIS, GELD ZU MÜNZEN UND SEINEN WERT ZU REGULIEREN".

Die überwiegende Mehrheit der Bürger der Vereinigten Staaten betrachtet die Verfassung als ein ehrwürdiges, ja fast heiliges Dokument. Alle seither verabschiedeten Gesetze SOLLTEN mit den Bestimmungen der Verfassung übereinstimmen. Die Tatsache, dass spätere Gesetze, die sich mit Finanzen und Währung befassen, gegen die Bestimmungen von Artikel 1, Abschnitt 8, Absatz 5 verstoßen haben, beweist, wie mächtig die Banker auf dem politischen Gebiet waren.

Die Geschichte, wie die internationalen Geldverleiher die wirtschaftliche Kontrolle über die Vereinigten Staaten erlangten, um ihre langfristigen Pläne voranzutreiben, ist ausgesprochen interessant.

Die Direktoren der Bank of England nutzten das gute alte Prinzip der Aktiengesellschaft und ernannten einen ihrer Handlanger namens Alexander Hamilton, um ihre Interessen in den Vereinigten Staaten zu vertreten. Im Jahr 1780 schlug dieser Mann, ein angeblicher Patriot, die Gründung einer Bundesbank vor. Sie sollte im Besitz von PRIVATEN INTERESSENTEN sein, als Alternative zu denjenigen, die darauf bestanden, dass die Ausgabe und Kontrolle von Geld in den Händen der vom Volk gewählten Regierung bleiben sollte. Alexander Hamilton schlug vor, seine vorgeschlagene Bundesbank mit einem Kapital von 12.000.000 Dollar auszustatten. Die Bank of England sollte 10.000.000 Dollar zur Verfügung stellen, die restlichen 2.000.000 Dollar sollten an wohlhabende Amerikaner verteilt werden. Im Jahr 1783 gründete Alexander Hamilton zusammen mit seinem Geschäftspartner Robert Morris die Bank of America. Als Finanzbeauftragter des Kontinentalkongresses konnte Morris die Staatskasse der Vereinigten Staaten bis zum Ende des siebenjährigen Krieges auf einen Zustand der Bedürftigkeit reduzieren. Dies ist ein weiteres Beispiel dafür, wie die Geheimmächte Kriege nutzen, um ihren Plan für die W.R.M. voranzutreiben. Um absolut sicherzugehen, dass der Finanzschrank der

Vereinigten Staaten leer war, transferierte Hamilton die letzten 250.000 Dollar aus dem Finanzministerium und investierte sie in das Aktienkapital der Bank. Die Direktoren der Bank of America waren Agenten der Bank of England. Die Illuminaten kontrollierten beide. Die Tatsache, dass sie ihre Seelen an Satan verkauften, um die Welt zu gewinnen, ist die Wahrheit, die sie verbergen wollen.

Die Väter der amerikanischen Unabhängigkeit erkannten, dass die Direktoren der Bank of England, wenn sie die monopolistische Kontrolle über das amerikanische Geldsystem erlangten, alles Geld, das sie verloren hatten, durch den einfachen Prozess der Hypothek und der Zwangsvollstreckung zurückgewinnen würden. Das Ergebnis dieses Kampfes um die wirtschaftliche Kontrolle der Nation war, dass der Kongress sich weigerte, der Bank of America eine Konzession zu erteilen.

Benjamin Franklin starb 1790, und die Vertreter der internationalen jüdischen Geldverleiher unternahmen sofort einen weiteren Versuch, die Kontrolle über die Finanzen Amerikas zu erlangen. Sie erreichten, dass Alexander Hamilton zum Finanzminister ernannt wurde. Hamilton veranlasste die Regierung, die Bank zu gründen, auf die seine Auftraggeber so dringend gedrängt hatten. Damit war es ein Leichtes, sich das Recht anzueignen, auf der Grundlage öffentlicher und privater Schulden Geld auszugeben. Das schlagkräftigste Argument, mit dem die Vertreter der Bankiers ihre Opposition niederschlugen, war, dass das vom Kongress auf Kredit der Nation ausgegebene Geld im Ausland wertlos sei, während das von den Bankiers gegen Zinsen geliehene Geld als legale Sicherheit bei allen Arten von Transaktionen willkommen sei. So wurde die Öffentlichkeit zum Opfer der Ausbeutung durch die Männer, die sich als ihre Freunde bezeichneten. Alexander Hamilton und Morris waren nie mehr als Handlanger der internationalen Geldverleiher.

Die neue Bank wurde mit einem Kapital von 35.000.000$ ausgestattet. Von diesem Betrag wurden 28.000.000$ von europäischen Bankiers gezeichnet, die von den Rothschilds kontrolliert wurden. Es wird vermutet, dass die internationalen Bankiers beschlossen, dass Hamilton zu viel wusste und man ihm nicht mehr trauen konnte. Er wurde in ein Duell mit einem Experten namens Aaron Burr verwickelt, der als sein Henker fungierte.

Während amerikanische Bürger von den internationalen Bankiers als Strohmänner benutzt wurden, wurde die Politik in Europa bestimmt. Die Rothschild-Interessen gaben die Anweisung, dass die amerikanischen Bankiers fast unbegrenzte Kredite für gute Sicherheiten gewähren und viel Geld in Umlauf bringen sollten. Die Propagandamedien spielten in den höchsten Tönen des Optimismus. Der Wohlstand war gesichert. Die Amerikaner waren dazu bestimmt, das größte Volk der Erde zu werden. Jeder wurde dazu angehalten, in die Zukunft seiner großen Nation zu investieren.

Als sich jeder, der etwas auf sich hielt, bis zum Äußersten verpfändet hatte, wurde angeordnet, die Kredite zu straffen, ausstehende Anleihen zurückzufordern und die Geldmenge im Umlauf zu verringern. Es wurde eine künstliche Depression erzeugt. Die Bürger konnten ihren finanziellen Verpflichtungen nicht nachkommen, und die Geldbarone erlangten Eigentum und Wertpapiere im Wert von Millionen von Dollar zu einem Bruchteil ihres normalen Wertes. Zwar geschah alles auf dem Rechtsweg, aber Al Capone und seine Gangster waren im Vergleich zu den internationalen Bankiers Gentlemen.

Viele große Amerikaner haben sich zu dieser Phase der Geschichte der Vereinigten Staaten geäußert, aber ihre Meinungsäußerungen scheinen ihre Nachfolger nicht davor bewahrt zu haben, in dieselben Fallen und Fallstricke zu tappen. John Adams (1735-1826) schrieb im Jahr 1787 an Thomas Jefferson. Er sagte:

> „All die Verwirrung, die Verwirrung und das Elend rühren nicht von den Mängeln der Verfassung her, nicht so sehr vom Mangel an Ehre und Tugend, sondern von der völligen Unkenntnis des Wesens der Münze, des Kredits und der Zirkulation."

Thomas Jefferson sagte:

> „Ich glaube, dass Bankinstitute für unsere Freiheiten gefährlicher sind als stehende Armeen. Sie haben bereits eine Geldaristokratie geschaffen, die die Regierungen in Verlegenheit gebracht hat. Die Emissionsbefugnis sollte den Banken entzogen und dem Volk zurückgegeben werden, dem sie eigentlich zusteht".

sagte Andrew Jackson:

„Wenn der Kongress nach der Verfassung das Recht hat, Papiergeld auszugeben, dann wurde es ihm zur eigenen Verwendung gegeben und nicht an Einzelpersonen oder Unternehmen delegiert."

Diese unverblümten Äußerungen warnten die internationalen Bankiers, dass sie mit ernsthaftem Widerstand rechnen mussten, als ihre Charta für die Bank der Vereinigten Staaten 1811 auslief. Um sich auf diese Eventualität vorzubereiten, hatte Amschel Mayer Rothschild die absolute Kontrolle über die Bank von England erlangt, um seine Kontrolle über die Weltwirtschaft zu stärken. Sein Sohn Nathan war, wie bereits erwähnt, speziell für diese gewaltige Aufgabe ausgebildet worden. Nathan erwies sich als außergewöhnlich begabt und fähig für Finanzangelegenheiten. Er hatte sich selbst beigebracht, nur an den Profit zu denken, so wie der Berufspolitiker nur an die Stimmen denkt. Im Jahr 1798, im frühen Alter von einundzwanzig Jahren, kam er aus Deutschland, um die Kontrolle über die Bank of England zu übernehmen. Ihm wurde die bescheidene Summe von 20.000 Pfund anvertraut. Um sein finanzielles Geschick unter Beweis zu stellen, spekulierte er und erhöhte sein Kapital in vergleichsweise kurzer Zeit [3 Jahre] auf 60.000 Pfund. Als 1811 die Anhörung zur Erneuerung der Charta für die Bank of America anstand, hatte Nathan Rothschild die Kontrolle über die Internationalen Bankiers inne. Er stellte sein Ultimatum.

„Entweder wird dem Antrag auf Erneuerung der Charta stattgegeben, oder die Vereinigten Staaten werden in einen höchst verhängnisvollen Krieg verwickelt werden."

Präsident Andrew Jackson glaubte nicht, dass die internationalen Bankiers einen Krieg anzetteln würden. Er beschloss, sie bluffen zu lassen. Er sagte es ihnen unverblümt:

„Ihr seid ein Hort von Dieben und Vipern. Ich habe vor, euch zu vertreiben, und bei dem ewigen Gott, ich werde euch vertreiben."

Doch Präsident Jackson hatte die Macht der Rothschilds unterschätzt. Nathan Rothschild erteilte Befehle.

„Erteilen Sie diesen unverschämten Amerikanern eine Lektion. Bringt sie zurück in den Kolonialstatus."

Die britische Regierung, die stets der Bank von England unterstellt war, begann den Krieg von 1812. Dieser Krieg sollte die Vereinigten Staaten so sehr verarmen lassen, dass die Gesetzgeber um Frieden bitten und um finanzielle Hilfe bitten mussten. Nathan Rothschild legte fest, dass es keine finanzielle Hilfe geben würde, außer im Gegenzug für die Erneuerung der Charta für die Bank of America.

Nathan Rothschilds Plan funktionierte einwandfrei. Es war ihm gleichgültig, wie viele Männer getötet und verwundet, wie viele Frauen verwitwet, wie viele Kinder zu Waisen gemacht und wie viele Menschen in Not gebracht wurden. Er und seine Mitverschwörer freuten sich darüber, dass sie ihr Ziel erreicht hatten und damit immer mehr Unzufriedenheit in der Masse des Volkes schufen, die die Schuld an der verfehlten Politik ihrer eigenen Regierungen gab, während die geheime Macht hinter den Kulissen bis auf wenige Ausnahmen für alle unverdächtig blieb.

1816 bewilligte der Kongress der Vereinigten Staaten die beantragte Erneuerung der Charta für die Bank of the United States. Es gibt viele Behörden, die ganz offen sagen, dass die Mitglieder des Kongresses bestochen oder bedroht wurden, damit sie für die Gesetzgebung stimmten, die das amerikanische Volk wieder in finanzielle Knechtschaft brachte.[59] Die Männer, die Pläne schmieden, um die wirtschaftliche und politische Kontrolle über die Welt zu sichern, zögern nicht, die Liebe zu prostituieren, um ihre Ziele zu erreichen, ebenso wenig wie sie zögern, einen Mord zu befehlen, um Menschen zu beseitigen, die ihnen im Wege stehen. Im Jahr 1857 führte die Hochzeit von Lenora, der Tochter von Lionel Rothschild, mit ihrem Cousin Alfonso von Paris (sie glauben daran, dass die Dinge innerhalb der Familie bleiben) viele internationale Persönlichkeiten nach London, England, wo die Zeremonie durchgeführt wurde. Benjamin Disraeli, der bekannte englische Staatsmann, der 1868 und 1874 zum Premierminister ernannt wurde, war eingeladen, an der Feier teilzunehmen.

---

[59] Die Tatsache, dass Franklin, Adams und Jefferson allesamt Mitglieder der Illuminaten wurden, und die Tatsache, dass das Große Siegel der Vereinigten Staaten in Wirklichkeit die Insignien der Illuminaten sind, beweist die Macht der Synagoge des Satans.

Disraeli soll während seiner Rede bei diesem denkwürdigen Anlass gesagt haben.

> „Unter diesem Dach befinden sich die Oberhäupter der Familie Rothschild, ein Name, der in allen Hauptstädten Europas und in allen Teilen der Welt bekannt ist. Wenn Sie wollen, werden wir die Vereinigten Staaten in zwei Teile teilen, einen für Sie James und einen für Sie Lionel. Napoleon wird genau das tun - und alles, was ich ihm rate; und Bismarck wird ein so berauschendes Programm vorgeschlagen werden, dass er unser elender Sklave wird."

Die Geschichte berichtet, dass Judah P. Benjamin, ein Verwandter der Rothschilds, als ihr professioneller Stratege in Amerika eingesetzt wurde. Der amerikanische Bürgerkrieg, der die Union in zwei Teile spaltete, wurde zu einer vollendeten Tatsache.

Napoleon III. wurde von den Bankiers überredet, sein französisches Reich auf Mexiko auszudehnen. Die britische Regierung wurde davon überzeugt, dass die Nordstaaten wieder zu einer Kolonie gemacht werden könnten. Der Bürgerkrieg in den Vereinigten Staaten war ein Wirtschaftskrieg, der von den internationalen Bankiers ausgelöst wurde. Durch die Ausübung wirtschaftlichen Drucks war es ein Leichtes, die wirtschaftlichen Schwierigkeiten der Nordstaaten nach der Befreiung der Sklaven zu verschärfen. Abraham Lincoln räumte ein: „Keine Nation kann es lange ertragen, halb frei und halb Sklave zu sein".[60]

Die internationalen Bankiers gewährten allen Streitkräften des Südens, die gegen die Streitkräfte des Nordens kämpften, unbegrenzte Kredite. Sie liehen Napoleon III. 201.500.000 Francs für seinen Mexikofeldzug. Als die Konföderation 1863 Hilfe benötigte, boten die Mächtigen Napoleon Texas und Louisiana als Gegenleistung für eine französische Intervention gegen die Nordstaaten an.

Der russische Zar erfuhr von diesen absurden Angeboten und teilte den Regierungen Englands und Frankreichs mit, dass Russland ein aktives

---

[60] Es ist ebenso unmöglich, dass die eine Hälfte der Welt, die bezahlte Arbeitskräfte beschäftigt und einen hohen Lebensstandard genießt, auf Dauer mit der anderen Hälfte konkurrieren kann, die Sklavenarbeit unter einer Diktatur beschäftigt.

Eingreifen und militärische Hilfe für den Süden als Kriegserklärung gegen das russische Kaiserreich betrachten würde. Um seinem Ultimatum Nachdruck zu verleihen, wurden russische Kriegsschiffe nach New York und San Francisco geschickt und Lincoln zur Verfügung gestellt.[61]

Als die Behörden des Nordens in finanzielle Schwierigkeiten gerieten, weigerten sich die internationalen Bankiers nicht, das Geld zu verleihen. Sie legten lediglich fest, dass der Zinssatz für die Nordstaaten 28 Prozent betragen würde. Schließlich waren sie ja als Geldverleiher tätig. Ein wichtiger Aspekt des amerikanischen Bürgerkriegs ist, dass er aller Wahrscheinlichkeit nach in wenigen Monaten zu Ende gewesen wäre, wenn die internationalen Geldverleiher nicht neue Kredite vergeben hätten. Diese Kredite waren Wucher. Sie basierten auf Bedingungen und Zinssätzen, die darauf ausgelegt waren, den internationalen Bankiers die Kontrolle über die Wirtschaft des ganzen Landes zu verschaffen. Als sie es für an der Zeit hielten, beendeten sie den Krieg.

Lincoln versuchte, die finanziellen Fesseln zu sprengen, mit denen seine Nordstaaten gebunden waren. Für ihn war Artikel 1, Abschnitt 8, Absatz 5 der Verfassung eine ausreichende Autorität. Er missachtete die Angebote der Bankiers. Er veranlasste den Druck von 450.000.000 Dollar ehrlichen Geldes. Er stellte den Kredit der Nation als Sicherheit für dieses Geld. Die internationalen Bankiers rächten sich, indem sie ein Gesetz durch den Kongress brachten, das besagte, dass Lincolns Greenbacks weder zur Zahlung von Zinsen auf Staatsanleihen noch von Einfuhrzöllen akzeptiert werden würden. Die Bankiers sorgten dafür, dass Lincolns Geld fast wertlos wurde, indem sie sich weigerten, die Greenbacks nur mit einem starken Abschlag anzunehmen. Nachdem sie den Wert der Greenback-Dollars auf 30 Cents gedrückt hatten, kauften sie sie alle auf. Dann drehten sie sich um und kauften mit ihnen Staatsanleihen, für die sie den Gegenwert eines Dollars verlangten. Auf diese Weise überwanden sie eine ernsthafte Bedrohung und verdienten 70 Cents für den Dollar.

---

[61] Dieser Akt der Einmischung veranlasste die internationalen Bankiers zu dem Beschluss, die russische Regierung zu stürzen.

In der *Londoner Times* erschien ein Artikel, der von den internationalen Bankiers inspiriert war. Er betraf Abraham Lincolns Ausgabe von Greenbacks. Darin hieß es:

> „Wenn diese bösartige Finanzpolitik, die ihren Ursprung in Nordamerika hat, zu einer festen Einrichtung wird, dann wird diese Regierung ihr eigenes Geld ohne Kosten zur Verfügung stellen. Sie wird Schulden tilgen und schuldenfrei sein. Sie wird über alles Geld verfügen, das für ihren Handel notwendig ist. Sie wird zu einem Wohlstand gelangen, wie es ihn in der Geschichte der Welt noch nie gegeben hat. Die Gehirne und der Reichtum aller Länder werden nach Nordamerika gehen. DIESES LAND MUSS ZERSTÖRT WERDEN, ODER ES WIRD JEDE MONARCHIE AUF DEM GLOBUS ZERSTÖREN."[62]

Das Hazard-Rundschreiben wurde an alle Banken in Übersee versandt. Darin hieß es: „Die Sklaverei wird wahrscheinlich durch Kriegsgewalt abgeschafft werden. Ich und meine europäischen Freunde sind dafür, denn die Sklaverei ist nichts anderes als der Besitz von Arbeit und bringt die Sorge für die Arbeiter mit sich, während der europäische Plan, angeführt von England, darin besteht, dass das Kapital die Arbeit durch die Kontrolle der Löhne kontrollieren soll.

> „Die großen Schulden, die die Kapitalisten aus dem Krieg machen werden, müssen dazu benutzt werden, den Wert des Geldes zu kontrollieren. Um dies zu erreichen, müssen Staatsanleihen als Bankgrundlage verwendet werden. Wir warten jetzt darauf, dass der Finanzminister der Vereinigten Staaten diese Empfehlung ausspricht. Wir können nicht zulassen, dass Greenbacks, wie sie genannt werden, für längere Zeit als Geld im Umlauf sind, da wir das nicht kontrollieren können. Aber wir können die Anleihen kontrollieren, und durch sie die Bankemissionen."

Die Bankiers finanzierten die Wahlkampagnen einer ausreichenden Anzahl von Senatoren und Kongressabgeordneten, um sicherzustellen, dass der National Banking Act Gesetz werden würde. Trotz der energischen Proteste von Präsident Lincoln wurde der National Banking Act 1863 tatsächlich Gesetz. Damit hatten die internationalen

---

[62] Dies ist ein typisches Beispiel für die Doppelzüngigkeit der Illuminaten. Monarchie bedeutete in Wirklichkeit Geldverleiher.

Bankiers eine weitere Runde gewonnen. Die Menschen in der Welt waren der wirtschaftlichen, politischen und religiösen Knechtschaft einen Schritt näher gekommen.

Auf dem Briefkopf der Gebrüder Rothschilds, Bankiers, London, England, wurde unter dem Datum des 25. Juni 1863 Folgendes an die Herren Ikelheimer, Morton und Vandergould, Nr. 3 Wall Street, New York, U.S.A., geschrieben

Sehr geehrte Damen und Herren:

Ein Herr John Sherman hat uns aus einer Stadt in Ohio, U.S.A., über die Gewinne geschrieben, die im nationalen Bankgeschäft nach einem kürzlich erlassenen Gesetz Ihres Kongresses erzielt werden können; eine Kopie dieses Gesetzes liegt diesem Brief bei. Offensichtlich wurde dieses Gesetz auf der Grundlage des von der British Bankers Association formulierten Plans ausgearbeitet und von dieser Vereinigung unseren amerikanischen Freunden als ein Plan empfohlen, der, wenn er in Kraft gesetzt würde, sich für die Bankenbrüderschaft in der ganzen Welt als höchst profitabel erweisen würde.

Herr Sherman erklärt, dass es noch nie eine solche Gelegenheit für Kapitalisten gegeben hat, Geld anzuhäufen, wie sie dieses Gesetz bietet. Es gibt der Nationalbank eine fast vollständige Kontrolle über die nationalen Finanzen. Die wenigen, die das System verstehen, so sagt er, werden entweder so sehr an seinen Gewinnen interessiert oder so sehr von seinen Gunstbezeugungen abhängig sein, dass es von dieser Klasse keine Opposition geben wird, während andererseits die große Masse des Volkes, die geistig nicht in der Lage ist, die ungeheuren Vorteile zu begreifen, die das Kapital aus dem System zieht, seine Last klaglos tragen wird, und vielleicht sogar ohne zu ahnen, dass das System ihren Interessen zuwiderläuft...

Eure respektvollen Diener,

GEBRÜDER ROTHSCHILD

Auf das oben genannte Schreiben antworteten die Herren Ikelheimer, Morton und Vandergould:

Sehr geehrte Damen und Herren:

Wir bitten, den Empfang Ihres Schreibens vom 25. Juni zu bestätigen, in dem Sie sich auf eine Mitteilung des ehrenwerten John Sherman aus Ohio beziehen, in der es um die Vorteile und Gewinne einer amerikanischen Investition nach den Bestimmungen des Nationalen Bankengesetzes geht.

Herr Sherman besitzt in hohem Maße die charakteristischen Merkmale eines erfolgreichen Finanziers. Sein Temperament ist so, dass er bei all seinen Gefühlen nie die große Chance aus den Augen verliert. Er ist jung, scharfsinnig und ehrgeizig. Er hat die Präsidentschaft der Vereinigten Staaten ins Auge gefasst und ist bereits Mitglied des Kongresses (er hat auch finanzielle Ambitionen). Er glaubt zu Recht, daß er alles zu gewinnen hat, wenn er sich mit Männern und Institutionen anfreundet, die über große finanzielle Mittel verfügen und die manchmal nicht allzu wählerisch sind, wenn es darum geht, staatliche Hilfe zu erhalten oder sich vor unfreundlichen Gesetzen zu schützen.

Hinsichtlich der Organisation der hiesigen Nationalbank und der Art und des Gewinns solcher Investitionen verweisen wir auf unsere hier beigefügten gedruckten Rundschreiben, nämlich:

Jede Anzahl von Personen, die nicht weniger als fünf beträgt, kann eine Nationale Bankgesellschaft gründen.

Außer in Städten mit 6.000 Einwohnern oder weniger darf eine Nationalbank nicht weniger als 1.000.000 Dollar Kapital haben.

Es handelt sich um private Unternehmen, die zu privaten Zwecken organisiert sind und ihre Führungskräfte und Mitarbeiter selbst auswählen. Sie unterliegen nicht der Kontrolle durch staatliche Gesetze, es sei denn, der Kongress kann von Zeit zu Zeit etwas anderes vorsehen.

Sie können Einlagen entgegennehmen und diese zu ihrem eigenen Nutzen verleihen. Sie können Anleihen und Diskontpapiere kaufen und verkaufen und allgemeine Bankgeschäfte tätigen.

Um eine Nationalbank in der Größenordnung von 1.000.000$ zu gründen, ist der Kauf von US-Staatsanleihen in dieser Höhe (Nennwert) erforderlich. US-Anleihen können jetzt mit einem Rabatt von 50 Prozent erworben werden, so dass eine Bank mit einem Kapital von 1.000.000 Dollar zu diesem Zeitpunkt für nur 500.000 Dollar gegründet werden kann. Diese Anleihen müssen beim Finanzministerium der Vereinigten Staaten in Washington als Sicherheit für die Währung der Nationalbank hinterlegt werden, die der Bank von der Regierung zur Verfügung gestellt wird.

Die Regierung der Vereinigten Staaten wird 6% Zinsen auf alle Anleihen in Gold zahlen, wobei die Zinsen halbjährlich gezahlt werden. Es wird ersichtlich, dass bei dem gegenwärtigen Preis der Anleihen die von der Regierung selbst gezahlten Zinsen 12 Prozent in Gold auf das gesamte angelegte Geld betragen.

Die Regierung der Vereinigten Staaten, die die vorgenannten Schuldverschreibungen beim Schatzmeister hinterlegt hat, wird aufgrund dieser Sicherheit der Bank, die die Schuldverschreibungen hinterlegt hat, nationale Währung zu einem Jahreszins von nur einem Prozent pro Jahr zur Verfügung stellen.

Die Währung wird von der US-Regierung in einer Form gedruckt, die den Greenbacks so ähnlich ist, dass die Menschen den Unterschied nicht erkennen. Obwohl die Währung nur ein Versprechen der Bank ist, zu zahlen.

Die Nachfrage nach Geld ist so groß, dass dieses Geld ohne weiteres über den Schalter der Bank mit einem Abschlag von 10 Prozent nach dreißig oder sechzig Tagen an die Menschen verliehen werden kann, was etwa 12 Prozent Zinsen auf die Währung ergibt.

Die Zinsen auf die Anleihen, plus die Zinsen auf die Währung, die die Anleihe sichert, plus die Nebenkosten des Geschäfts, sollten die Bruttoerträge der Bank von 28 Prozent bis 33 und ein Drittel Prozent betragen.

Nationale Banken haben das Privileg, ihre Währung nach Belieben zu vermehren und zu verringern, und natürlich können sie Kredite gewähren oder zurückhalten, wie sie es für richtig halten. Da die Banken eine nationale Organisation haben und leicht gemeinsam handeln können, wenn es darum geht, Kredite zurückzuhalten oder zu verlängern, folgt daraus, dass sie durch gemeinsames Handeln, indem sie sich weigern, Kredite zu gewähren, eine Verknappung auf dem Geldmarkt verursachen können und in einer einzigen Woche oder sogar an einem einzigen Tag einen Rückgang aller Produkte des Landes verursachen können.

Die Nationalbanken zahlen weder auf ihre Anleihen noch auf ihr Kapital oder ihre Einlagen Steuern.

Ich bitte Sie, dies als streng vertraulich zu betrachten.

Hochachtungsvoll Ihr,

IKELHEIMIER, MORTON & VANDERGOULD

Nach dem Austausch der oben genannten Briefe setzten die amerikanischen Bankiers die genannten Manipulationen erneut in die Praxis um. Sie ernteten eine weitere reiche Ernte durch die Zwangsvollstreckung von Immobilien und Wertpapieren, die ihnen als Sicherheit für Kredite überlassen worden waren, die ihre Kunden nicht zurückzahlen konnten, weil die Bankiers, die geschlossen handelten, die Währung zurückzogen und die Kredite in einem Maße einschränkten, das es der großen Mehrheit der Kreditnehmer unmöglich machte, ihren finanziellen Verpflichtungen nachzukommen.

Abraham Lincoln war der Meinung, dass das amerikanische Volk nach dieser traurigen und kostspieligen Erfahrung bereit sein könnte, auf die Vernunft zu hören, und so griff er die Bankiers erneut öffentlich an. In einer Ansprache sagte er:

> „Ich sehe in naher Zukunft eine Krise herannahen, die mich beunruhigt und mich um die Sicherheit meines Landes zittern lässt; die Konzerne sind inthronisiert worden, eine Ära der Korruption in hohen Positionen wird folgen, und die Geldmacht des Landes wird sich bemühen, ihre Herrschaft zu verlängern, indem sie auf die Vorurteile des Volkes einwirkt, bis der Reichtum in einigen wenigen Händen gebündelt und die Republik zerstört ist."

Kurz nach dieser bedeutsamen Rede wurde Abraham Lincoln als Präsident wiedergewählt, doch bevor er ein Gesetz erlassen konnte, das die gierigen Praktiken der Bankiers eingedämmt hätte, wurde er in der Nacht des 14. April 1865 von John Wilkes Booth ermordet, als er einer Theatervorstellung beiwohnte. Nur sehr wenige Amerikaner wissen, warum Präsident Lincoln ermordet wurde. Die wahre Antwort wurde gefunden, als Ermittler eine verschlüsselte Botschaft in Booths Sachen fanden. Der Schlüssel zu dieser verschlüsselten Botschaft befand sich im Besitz von Judah P. Benjamin, der Rothschilds Agent in Amerika war.

Die verschlüsselte Nachricht hatte zwar keinen direkten Bezug zu dem Mord, aber sie belegte eindeutig den Kontakt, den Booth mit den internationalen Bankiers hatte. Wiederum blieben sie hinter den

Kulissen verborgen, während der Jude Booth für den Tod eines großen Mannes verantwortlich gemacht wurde. Hätte Abraham Lincoln gelebt, hätte er mit Sicherheit den internationalen Geldverleihern die Flügel gestutzt und die Segel gestrichen. Bevor Lincoln ermordet wurde, erklärte Salmon P. Chase, der von 1861 bis 1864 Finanzminister der Vereinigten Staaten war, öffentlich:

> „Mein Einsatz für die Verabschiedung des Nationalen Bankengesetzes war der größte finanzielle Fehler meines Lebens. Er hat ein Monopol geschaffen, das alle Interessen im Lande beeinträchtigt. Es sollte aufgehoben werden, aber bevor das geschehen kann, wird das Volk auf der einen Seite und die Banken auf der anderen Seite in einem Kampf stehen, wie wir ihn in diesem Land noch nie gesehen haben."[63]

Im Jahr 1866 befanden sich in den Vereinigten Staaten 1.906.687.770 Dollar in bar im Umlauf. Dies entsprach 50,46$ pro Kopf. Ende 1876 befanden sich nur noch 605.250.000 Dollar im Umlauf, was einem Pro-Kopf-Betrag von 14,60 Dollar entsprach. Die Währung der Nation war durch Bankabhebungen um mehr als 1.300.000.000$ verringert worden. Die Bedeutung dieser Zahlen wird der Durchschnittsbürger besser verstehen, wenn er erfährt, dass das Nettoergebnis der Bankpolitik in insgesamt 56.446 Geschäftszusammenbrüchen bestand, was einem Verlust von 2.245.105.000 Dollar an Bargeldanlagen entspricht. Der größte Teil der Verluste wurde durch Zwangsvollstreckungen von Hypotheken verursacht. Mit anderen Worten: Durch den Entzug von Bargeld und die Einschränkung von Krediten hatten sich die Banker in etwas mehr als zehn Jahren um weit über 2.000.000.000$ bereichert. Es gibt reichlich Beweise dafür, dass die amerikanischen und die europäischen Bankiers seither miteinander verbunden sind und dass die nachfolgenden Depressionen durch ähnliche Finanzmanipulationen verursacht wurden, wie in anderen Kapiteln erläutert wird.

---

[63] Ausführlichere Informationen zu diesem Aspekt der weltrevolutionären Bewegung finden Sie in Lightning Over The Treasury Building von John R. Elsom und *The Federal Reserve Conspiracy* von Eustace Mullins.

Kapitel 6

Monetäre Manipulation

Als die Rothschilds nach Nathans spektakulärer finanzieller „Tötung"
im Jahr 1815 die Kontrolle über die Bank of England *erlangten*,
bestanden er und seine Partner darauf, dass Gold die einzige Grundlage
für die Ausgabe von Papiergeld sein sollte. Im Jahr 1870 erlebten die
europäischen Bankiers ein kleines Ärgernis in ihrem Kontrollsystem
aufgrund der Tatsache, dass in Amerika eine beträchtliche Menge an
Silbermünzen verwendet wurde. Die europäischen Bankiers
beschlossen, dass das Silber in den Vereinigten Staaten demonetisiert
werden müsse.

Zu dieser Zeit hatte England viel Gold und sehr wenig Silber: Amerika
hatte viel Silber und sehr wenig Gold.[64] Die Bankiers auf beiden Seiten
des Atlantiks wussten, dass sie keine absolute Kontrolle über die
Wirtschaft der Nation erlangen konnten, solange dieser Unterschied
bestand, und absolute Kontrolle ist für den Erfolg von Manipulationen
im großen Stil unerlässlich.

Die europäischen internationalen Bankiers schickten Ernest Seyd nach
Amerika und stellten ihm in amerikanischen Banken 500.000 Dollar zur
Verfügung, mit denen er wichtige Mitglieder der amerikanischen
Legislative bestach. Auf Betreiben der Bankiers brachten ihre Agenten
1873 ein „Gesetz" mit dem unschuldigen Namen „A Bill to reform
Coinage and Mint Laws" ein. Sie war geschickt formuliert. Viele Seiten
Schrift verbargen den wahren Zweck des Gesetzes. Die Vorlage wurde

---

[64] Um diese Situation noch zu verschlimmern, organisierten Agenten der
internationalen Verschwörer in Amerika Banden von Postkutschen- und Zugräubern,
um Goldtransporte abzufangen, die in dieser Zeit von verschiedenen Minen an das US-
Finanzministerium geschickt wurden. Diese Verbindung zwischen den internationalen
Bankiers und der Unterwelt besteht nachweislich auch heute noch.

von keinem Geringeren als Senator John Sherman eingebracht, auf dessen Brief an das Haus Rothschild bereits hingewiesen wurde. Sherman wurde von dem Kongressabgeordneten Samuel Hooper unterstützt. Nachdem Senator Sherman einen sehr plausiblen, aber irreführenden Bericht über den Zweck des Gesetzes gegeben hatte, wurde es ohne Gegenstimme verabschiedet. Es vergingen drei Jahre, bis man sich der vollen Tragweite des Gesetzes bewusst wurde. Es war ein getarntes Gesetz zur Demonetarisierung von Silber. Präsident Grant unterzeichnete das Gesetz, ohne den Inhalt zu lesen, nachdem ihm versichert worden war, dass es sich nur um eine Routineangelegenheit handelte, die notwendig war, um einige wünschenswerte Reformen in den Münz- und Währungsgesetzen durchzuführen. Laut den Kongressunterlagen verstand niemand außer den Mitgliedern des Ausschusses, der den Gesetzentwurf eingebracht hatte, dessen Bedeutung.

Die internationalen Bankiers hielten die Verabschiedung des Gesetzes für so wichtig für ihre Pläne, die absolute Kontrolle über das Geldsystem der Vereinigten Staaten zu erlangen, dass Ernest Seyd beauftragt wurde, sich als Experte für Geldprägung zu präsentieren. Nachdem er die Bildung eines Komitees organisiert hatte, das die Ziele seines Herrn unterstützte, nahm er in beratender Funktion am Komitee teil und half bei der Ausarbeitung des Gesetzes gemäß den Anweisungen der Rothschilds.

Der Kongressabgeordnete Samuel Hooper brachte den Gesetzentwurf am 9. April 1872 in das Repräsentantenhaus ein. Er wird mit den Worten zitiert: „Herr Ernest Seyd aus London, ein angesehener Schriftsteller, hat sich intensiv mit dem Thema Münzstätten und Münzprägung beschäftigt. Nachdem er den ersten Entwurf des Gesetzes geprüft hatte, lieferte er viele wertvolle Vorschläge, die in das Gesetz eingearbeitet wurden." Mr. John R. Elsom erklärt in seinem Buch *Lightning over the Treasury Building* auf Seite 49: Nach seiner (Seyds) eigenen Aussage, die er gegenüber seinem Freund Mr. Frederick A. Lukenback aus Denver, Colorado, gemacht hat, der uns die Geschichte unter Eid erzählt hat, sagte er (Seyd)

> „Ich habe mich mit dem Ausschuss des Repräsentantenhauses und des Senats getroffen, das Geld bezahlt und bin in Amerika geblieben, bis ich wusste, dass die Maßnahme sicher war."

Im Jahr 1878 führte ein weiterer Geldentzug und die Einschränkung von Krediten zu 10.478 Unternehmens- und Bankzusammenbrüchen in den Vereinigten Staaten. Im Jahr 1879 wurde durch die Ausgabe weiterer Münzen auf Drängen des Kongresses die künstlich geschaffene Rezession gestoppt und die Zahl der Unternehmenszusammenbrüche auf 6.658 reduziert. Doch 1882 gab die „Geheime Macht" hinter den internationalen Angelegenheiten die Anweisung, nicht mehr zu zaudern. Sie erinnerten ihre Bankpartner in den Staaten daran, dass Gefühle im Geschäftsleben nichts zu suchen haben. Diese Ermahnungen führten zu ebenso spektakulären wie drastischen Ergebnissen. Zwischen 1882 und 1887 wurde der Pro-Kopf-Geldumlauf in den Vereinigten Staaten auf 6,67 Dollar reduziert. Durch diese Maßnahmen stieg die Gesamtzahl der Unternehmensinsolvenzen von 1878 bis 1892 auf 148.703, während Bauernhöfe und Privathäuser anteilig zwangsversteigert wurden. Nur die Bankiers von und ihre Agenten, die die Kredite vergaben und die Zwangsvollstreckungen durchführten, profitierten davon.

Es hat den Anschein, als würden die internationalen Bankiers absichtlich Bedingungen der Armut und Verzweiflung in den Vereinigten Staaten schaffen, um Bedingungen zu schaffen, die es ihrem Instrument, der Word Revolutionary Party, ermöglichen würden, revolutionäre Kräfte zu rekrutieren. Diese Anschuldigung wird durch ein Schreiben der American Bankers Association an alle amerikanischen Bankiers gestützt,. Es ist erwiesen, dass diese Vereinigung eng mit Rothschilds europäischem Monopol verbunden war, wenn sie nicht sogar vom Haus Rothschild kontrolliert wurde, zu jener Zeit. Der Brief lautet:

11. März 1893.

Sehr geehrter Herr:

Die Interessen der Nationalbanken erfordern eine sofortige Finanzgesetzgebung durch den Kongress.

Silberzertifikate und Schatzanweisungen müssen aus dem Verkehr gezogen werden, und Nationalbankanweisungen auf 151 Goldbasis müssen zum einzigen Geld gemacht werden. Dies erfordert die Genehmigung neuer Anleihen in Höhe von 500.000.000 bis 1.000.000.000$ als Grundlage für den Umlauf. Sie werden sofort ein Drittel Ihres Umlaufs zurückziehen und die Hälfte Ihrer Kredite kündigen. Achten Sie darauf, bei Ihren Gönnern, insbesondere bei einflussreichen Geschäftsleuten, eine Geldknappheit zu erzeugen. Das Leben der Nationalbanken als feste und sichere Anlagen hängt von sofortigem Handeln ab, da die Stimmung zugunsten des gesetzlichen Zahlungsmittels der Regierung und der Silbermünzen zunimmt.

Dieser Befehl wurde sofort befolgt, und die Panik von 1893 war geboren. William Jennings Bryan versuchte, der Verschwörung der Bankiers entgegenzuwirken, aber wieder einmal glaubte die Öffentlichkeit den falschen Anschuldigungen, die von den Propagandisten der Bankiers in der Presse verbreitet wurden. Die Menschen auf der Straße gaben der Regierung die Schuld.

Der Durchschnittsbürger ahnte nicht einmal, welche Rolle die Banker dabei spielten, Chaos zu stiften, um ihr eigenes Nest zu füllen. William Jennings Bryan war nicht in der Lage, etwas Konstruktives zu tun. Seine Stimme war, wie die vieler anderer ehrlicher und loyaler Bürger, eine Stimme, die in der Wüste weinte.

1899 reisten J.P. Morgan und Anthony Drexel nach England, um an der International Bankers' Convention teilzunehmen. Als sie zurückkehrten, war J.P. Morgan zum Hauptvertreter der Rothschild-Interessen in den Vereinigten Staaten ernannt worden. Wahrscheinlich wurde er wegen seines Einfallsreichtums als Top-Mann ausgewählt, den er bewiesen hatte, als er mit dem Verkauf von bereits verurteilten Gewehren der Unionsarmee ein Vermögen machte.[65]

Als Ergebnis der Londoner Konferenz wurden J.P. Morgan & Co. aus New York, Drexel & Co. aus Philadelphia, Grenfell & Co. aus London, Morgan Harjes & Co. aus Paris, M.M. Warburgs aus Deutschland und Amsterdam und das Haus Rothschild angeschlossen.

Die Morgan-Drexel-Kombination organisierte 1901 die Northern Securities Corporation mit dem Ziel, die Heinze-Morse-Gruppe aus

---

[65] Gustavus Myers behandelt die Verbindungen von J.P. Morgan und seinem Vater mit dem Haus Rothschild sehr viel ausführlicher, und alle Amerikaner, die verhindern wollen, dass sich die Geschichte wiederholt, sollten lesen, wie sie Mitte des letzten Jahrhunderts über den Tisch gezogen wurden. In einem anderen Kapitel wird erläutert, wie die internationalen Bankiers in einem Teil Londons zusammentrafen und die Politik planten, während die Revolutionsführer in einem anderen Teil zusammenkamen und die Details der Intrigen ausarbeiteten, die die von den Drahtziehern geplanten Kriege und Revolutionen in die Tat umsetzen sollten.

dem Geschäft zu drängen. Heinze-Morse kontrollierte ein bedeutendes Bankwesen, die Schifffahrt, die Stahlindustrie und andere Branchen. Sie mussten aus dem Geschäft gedrängt werden, damit die Morgan-Drexel-Kombination die bevorstehenden Bundeswahlen kontrollieren konnte.

Der Morgan-Drexel-Kombination gelang es 1901, Theodore Roosevelt ins Amt zu bringen. Dadurch wurde die strafrechtliche Verfolgung verzögert, die das Justizministerium wegen der angeblich illegalen Methoden zur Ausschaltung der Konkurrenz gegen sie eingeleitet hatte. Morgan-Drexel schloss sich daraufhin mit Kuhn-Loeb & Co. zusammen. Um ihre gemeinsame Stärke zu testen, wurde beschlossen, einen weiteren „Finanzmord" zu inszenieren. Sie lösten die „Wall-Street-Panik von 1907" aus. Die Reaktion der Öffentlichkeit auf diese Methoden des legalisierten Gangstertums reichte aus, um die Regierung zum Handeln zu veranlassen, aber die folgenden Beweise belegen eindeutig, wie die Öffentlichkeit betrogen wurde.

Die Regierung setzt eine Nationale Währungskommission ein. Senator Nelson Aldrich wurde zum Leiter dieser Kommission ernannt. Er wurde mit der Aufgabe betraut, eine gründliche Studie über die Finanzpraktiken zu erstellen und dann Banken- und Währungsreformen zu formulieren und dem Kongress die erforderlichen Gesetze vorzulegen. Wie sich später herausstellte, war Aldrich finanziell an den mächtigen Rubber and Tobacco Trusts beteiligt. Er war so ziemlich der letzte Mann im Senat, der mit einer solchen Aufgabe hätte betraut werden sollen. Unmittelbar nach seiner Ernennung wählte Aldrich eine kleine Gruppe von vertrauenswürdigen Leutnants aus, die alle nach Europa aufbrachen. Während ihres Aufenthalts in Europa hatten sie alle Möglichkeiten, die Art und Weise zu studieren, wie die internationalen Bankiers die Wirtschaft der europäischen Länder kontrollierten. Nachdem Aldrich zwei Jahre und über 300.000 Dollar an amerikanischen Steuergeldern in Europa verbracht hatte, kehrte er in die Vereinigten Staaten zurück.

Alles, was die Öffentlichkeit für ihr Geld erhielt, war die Aussage von Aldrich, dass er nicht in der Lage gewesen sei, einen definitiven Plan zu entwickeln, der die immer wiederkehrenden Finanzpaniken verhindern würde, die seit dem Bürgerkrieg in den USA die Wirtschaft aus dem Gleichgewicht gebracht, Arbeitslosigkeit verursacht und viele kleine Vermögen vernichtet hatten. Aldrich stand den Rockefellers so nahe, dass J.D. Jr. seine Tochter Abby heiratete.

Vor der Europareise war Aldrich geraten worden, Paul Warburg zu konsultieren. Dieser Paul Moritz Warburg war eine einzigartige Persönlichkeit. Er war um 1902 als deutscher Einwanderer in die USA gekommen. Später stellte sich heraus, dass er Mitglied des europäischen Finanzhauses M.M. Warburg & Co. in Hamburg und Amsterdam war. Dieses Unternehmen gehörte, wie wir gesehen haben, zum Haus Rothschild. Paul Warburg hatte das internationale Finanzwesen in Deutschland, Frankreich, Großbritannien, Holland und anderen Ländern studiert, bevor er als Einwanderer nach Amerika kam. Die USA erwiesen sich für ihn als das Land der unbegrenzten Möglichkeiten, denn in kürzester Zeit erwarb er eine Partnerschaft bei Kuhn-Loeb & Co. in New York. Ihm wurde ein Gehalt von 500.000 Dollar pro Jahr zugesprochen. Einer seiner neuen Partner war Jacob Schiff, der sich zuvor mit Rothschild-Gold in die Firma eingekauft hatte. Dieser Jacob Schiff ist der Mann, der nachweislich die terroristische Bewegung in Russland von 1883 bis 1917 finanzierte.

Schiff hatte sich und seinen Geldgebern nicht allzu schlecht geschlagen. Es war ihm gelungen, die unbestrittene Kontrolle über das Transportwesen, die Kommunikationssysteme und die Versorgungslinien in den Vereinigten Staaten zu erlangen. Wie bewiesen hat, ist die Kontrolle darüber für erfolgreiche revolutionäre Bemühungen in jedem Land absolut unerlässlich.[66]

Am Abend des 22. November 1910 wartete am Bahnhof von Hoboken, New Jersey, ein privater Eisenbahnbus. Senator Aldrich traf in Begleitung von A. Piatt Andrews ein, einem professionellen Wirtschaftswissenschaftler und Finanzbeamten, der in Europa zu Tisch gebeten worden war. Shelton, Aldrichs Privatsekretär, tauchte ebenfalls auf. Ihm folgte Frank Vanderlip, Präsident der National City Bank of New York; diese Bank vertrat die Rockefeller Oil Interests und die Kuhn-Loeb Railway Interests. Die Direktoren der National City Bank

---

[66] Untersuchungen in mehreren bereits unterworfenen Ländern beweisen, dass die Finanz-Tycoons, die die Transportsysteme zu Lande und zu Wasser und die damit verbundenen Industrien besitzen und kontrollieren, absichtlich Bedingungen herbeiführten, die zu Generalstreiks unmittelbar vor dem für eine revolutionäre Anstrengung angesetzten Datum führten. Es muss klar sein, dass diese internationalen Tycoons keine Diktaturen errichten können, wie sie es in Russland taten, solange die bestehenden Regierungen und Institutionen nicht gestürzt worden sind. Dieses Buch beweist, wie dieses Ziel in Russland erreicht wurde.

WILLIAM GUY CARR

waren öffentlich beschuldigt worden, 1898 einen Krieg zwischen den USA und Spanien angezettelt zu haben. Unabhängig davon, ob die Anschuldigungen zutreffen oder nicht, bleibt die Tatsache bestehen, dass die National City Bank bei Kriegsende die Zuckerindustrie Kubas besaß und kontrollierte. Andere, die sich Aldrich anschlossen, waren H.P. Davison, Seniorpartner von J.P. Morgan & Co. und Charles D. Norton, Präsident von Morgans First National Bank of New York. Die drei Letztgenannten waren in der amerikanischen Legislative beschuldigt worden, das gesamte Geld- und Kreditwesen der USA zu kontrollieren. Als letzte trafen Paul Warburg und Benjamin Strong ein. Warburg war zu diesem Zeitpunkt so reich und mächtig, dass er die Inspiration für den berühmten Comic („Orphan Annie") geliefert haben soll, in dem Warbucks als der reichste und einflussreichste Mann der Welt dargestellt wird; ein Mann, der, wenn er es wünscht, übermenschliche oder übernatürliche Kräfte einsetzen kann, um sich und seine Interessen zu schützen. Benjamin Strong wurde während der ersten Manipulationen der Hochfinanz, die zur Wall-Street-Panik von 1907 führten, berühmt. Als einer von J.P. Morgans Leutnants hatte er sich den Ruf erworben, Befehle ohne Fragen und mit rücksichtsloser Effizienz auszuführen.

Aldrichs Privatwagen war an den Zug angehängt. Zeitungsreporter erfuhren von dieser Zusammenkunft der Männer, die Amerikas Öl, Finanzen, Kommunikation, Transport und Schwerindustrie kontrollierten. Wie Heuschrecken fielen sie über den Privatwagen her... Aber sie konnten niemanden zum Sprechen bringen. Herr Vanderlip wischte schließlich die Forderungen der Reporter nach Informationen mit der Erklärung ab: „Wir fahren für ein ruhiges Wochenende weg".

Es dauerte Jahre, bis man herausfand, was an diesem ruhigen Wochenende geschah. Ein geheimes Treffen fand auf Jekyll Island, Georgia, statt. Dieser Zufluchtsort gehörte J.P. Morgan und einer kleinen Gruppe von ihm nahestehenden Finanzunternehmen. Bei dem besagten Treffen ging es um „Mittel und Wege, um sicherzustellen, dass vorgeschlagene Gesetze zur Eindämmung von Finanzbetrug und Geldmanipulation in den USA sabotiert und durch Gesetze ersetzt werden, die für die Teilnehmer des Geheimtreffens günstig sind." Es war keine leichte Aufgabe, diese beiden wichtigen Ziele zu erreichen. Herr Paul Warburg wurde gebeten, Lösungen vorzuschlagen. Sein Rat wurde angenommen.

Spätere Treffen wurden von derselben Gruppe in New York abgehalten, um die Details zu klären. Die Verschwörer nannten ihre Gruppe den „First Name Club", weil sie sich bei ihren Treffen immer mit dem Vornamen ansprachen, um zu verhindern, dass sich Fremde dafür interessierten, wenn sie die Nachnamen der nationalen und internationalen Finanziers hörten. Um es kurz zu machen: Aldrich, Warburg und Company entwarfen die Währungsgesetzgebung, die Aldrich schließlich als das Werk seines Sonderausschusses vorlegte. Er ließ es 1913 vom Kongress unter dem Titel „The Federal Reserve Act of 1913" verabschieden. Die große Mehrheit der amerikanischen Bürger glaubte aufrichtig, dass dieses Gesetz ihre Interessen schützte und der Bundesregierung die Kontrolle über die Wirtschaft des Landes übertrug.

Nichts ist weiter von der Wahrheit entfernt. Das Federal Reserve System hat die angeschlossenen Bankiers in Amerika und Europa in die Lage versetzt, den Ersten Weltkrieg herbeizuführen und zu kontrollieren. Diese Aussage wird bewiesen werden. Der Erste Weltkrieg wurde geführt, um es den internationalen Verschwörern zu ermöglichen, die russische Revolution von 1917 herbeizuführen.

Diese Fakten veranschaulichen, wie sich die Geschichte wiederholt und warum. Durch ähnliche Komplotte und Intrigen hatten die internationalen Bankiers die englische Revolution von 1640 bis 1649 und die große französische Revolution von 1789 herbeigeführt.[67]

Im Jahr 1914 bestand das Federal Reserve System aus zwölf Banken, die Aktien der Federal Reserve im Wert von 134.000.000$ gekauft hatten. Laut Congressional Record vom 29. Mai 1939, 8896, hatten sie einen Gewinn von 23.141.456.197 Dollar gemacht. Im Jahr 1940 wurde das Vermögen der Federal Reserve mit fünf Milliarden Dollar angegeben. Im Jahr 1946 wurden sie mit fünfundvierzig Milliarden Dollar angegeben. Die Banker machten vierzig Milliarden Dollar Gewinn aus ihren Geschäften im Zweiten Weltkrieg.

---

[67] Umfassende Informationen über die Federal Reserve. Conspiracy lesen Sie das Buch mit diesem Titel, geschrieben von Eustace Mullins und veröffentlicht von Common Sense, Union, New-Jersey. 1954.

Die Mehrheit der Bürger in den Vereinigten Staaten ist der Meinung, dass das Federal Reserve System den Menschen in der Nation insgesamt zugute kommt. Sie glauben, dass das Federal Reserve System das Geld der Einleger schützt, indem es Bankzusammenbrüche unmöglich macht. Sie glauben, dass die von den Federal Reserve Banks erzielten Gewinne dem nationalen Schatzamt zugute kommen. Sie liegen mit allen Annahmen falsch.

Was die Mehrheit der Menschen denkt, ist genau das, was das Federal Reserve System ursprünglich erreichen sollte, aber die Gesetzgebung, die 1910 auf Jekyll Island, Georgia, ausgearbeitet und 1913 vom amerikanischen Kongress verabschiedet wurde, kam nicht dem Volk oder der Regierung der USA zugute, sondern nur den amerikanischen Bankiers, die mit den internationalen Bankiers Europas verflochten waren.

Der Präsident der Vereinigten Staaten ernennt vier der Männer, die mit der Leitung des Federal Reserve Systems betraut sind. Sie werden für ihre Dienste mit 15.000 Dollar pro Jahr entlohnt. Die Unterlagen des Kongresses werden beweisen, dass die Mitgliedsbanken von Anfang an unrechtmäßig an den Gewinnen beteiligt waren. Erst 1922 wurde das ursprüngliche Gesetz geändert, damit die Banker die Gewinne legal einstecken konnten.

Was den Irrglauben betrifft, dass das Federal Reserve System die Menschen, die ihr Geld bei amerikanischen Banken deponieren, vor möglichen Bankzusammenbrüchen schützt, so zeigen Statistiken, dass seit der Einführung des Federal Reserve Systems im Jahr 1913 über 14.000 Banken zusammengebrochen sind. Millionen und Abermillionen des hart verdienten Geldes der Einleger gingen den rechtmäßigen Eigentümern verloren. Da Geld oder Reichtum im Allgemeinen unzerstörbar ist, hat jemand bekommen, was die anderen verloren haben. Das ist es, was wir heute „Smart Business" nennen.

Kapitel 7

Ereignisse im Vorfeld der Russischen Revolution

Der Einmarsch Napoleons *in Russland* im Jahr 1812 erschütterte das russische Volk zutiefst. Zar Alexander I. machte sich an die Aufgabe, ein Wiederaufbauprogramm zu organisieren. In der Hoffnung, eine gemeinsame Anstrengung im gesamten Russischen Reich zu bewirken, lockerte er viele der Beschränkungen, die den Juden auferlegt worden waren, als sie 1772 in der Pale of Settlement eingesperrt worden waren. Besondere Zugeständnisse wurden den Handwerkern und Berufsgruppen gemacht. Es wurden entschlossene Anstrengungen unternommen, um Juden in der Landwirtschaft anzusiedeln. Unter Alexander I. wurden sie nach Kräften ermutigt, sich der russischen Lebensweise anzupassen.

Nikolaus I. trat 1825 die Nachfolge Alexanders I. an. Er war weniger geneigt, die Juden zu begünstigen, da er ihr schnelles Vordringen in die russische Wirtschaft mit Sorge betrachtete. Seine Regierung betrachtete mit großem Missfallen die Entschlossenheit der Juden, ihre eigene Kultur, Sprache, Kleidung usw. beizubehalten.

Um zu versuchen, die Juden in die russische Gesellschaft einzugliedern, machte Nikolaus I. 1804 den Besuch der öffentlichen Schule für alle jüdischen Kinder zur Pflicht. Nikolaus war der Meinung, dass Missverständnisse aus dem Weg geräumt werden könnten, wenn die jungen Juden davon überzeugt würden, dass sie in der russischen Gesellschaft willkommen waren. Sein erklärtes Ziel war es, die einseitige Geschichte der religiösen Verfolgung auszugleichen, die ihnen von frühester Kindheit an eingebläut worden war.

Die Nettoergebnisse des russischen Experiments fielen nicht wie erwartet aus. Für nichtjüdische Kinder bestand keine Schulpflicht. Die Juden wurden zur am besten ausgebildeten Bevölkerungsgruppe in

Russland.[68] Alexander II. folgte Nikolaus I. 1855 auf den russischen Thron. Benjamin Disraeli bezeichnete Alexander II. als „den wohlwollendsten Prinzen, der je über Russland herrschte". Alexander widmete sein Leben der Verbesserung der Lebensbedingungen der Bauern, der ärmeren Schichten und der Juden. Im Jahr 1861 emanzipierte er 23.000.000 Leibeigene. Diese unglückliche Klasse war gezwungen worden, auf dem Land zu arbeiten. Sie waren im wahrsten Sinne des Wortes Sklaven. Sie konnten bei jedem Verkauf oder jeder Verpachtung von Grundstücken von einem Eigentümer auf einen anderen übertragen werden.

Viele Juden, die von der Schulpflicht Gebrauch gemacht hatten, besuchten Universitäten. Nach ihrem Abschluss waren sie bei der Arbeitssuche stark benachteiligt. Um diese Ungerechtigkeit zu beseitigen, ordnete Alexander II. an, dass sich alle jüdischen Hochschulabsolventen in Großrussland niederlassen und dort eine staatliche Stellung einnehmen durften. Im Jahr 1879 wurde jüdischen Apothekern, Krankenschwestern, Hebammen, Zahnärzten, Brennern und Handwerkern erlaubt, überall in Russland zu arbeiten und sich niederzulassen.

Doch die jüdischen Revolutionsführer waren entschlossen, ihre Bewegung für eine weltweite Volksrevolution fortzusetzen. Ihre terroristischen Gruppen verübten eine Schandtat nach der anderen. Sie bemühten sich, die Unterstützung verärgerter russischer Intellektueller zu gewinnen und die allgemeine Idee einer gewaltsamen Revolution in den Köpfen der arbeitenden Bevölkerung zu verankern. 1866 verübten sie das erste Attentat auf Alexander II. Im Jahr 1879 versuchten sie ein zweites Mal, ihn zu ermorden. Beide Versuche scheiterten auf wundersame Weise. Daraufhin wurde beschlossen, dass eine ganz besondere Anstrengung unternommen werden musste, um Alexander zu beseitigen. Seine wohlwollende Herrschaft brachte ihre Behauptung, „dass dringend benötigte Reformen nur durch revolutionäre

---

[68] Diese Tatsache hatte viel mit der letztendlichen Zerstörung der zaristischen Macht zu tun, die mit der Ermordung von Zar Nikolaus II. und seiner gesamten Familie in einem Haus in Jekaterinburg am 17. Juli 1918 durch einen Mann namens Yorovrest endete. Jekaterinburg wurde später in Swerdlowsk umbenannt, zu Ehren des Juden Jakow Swerdlow, der zum Zeitpunkt der Hinrichtungen Präsident der Sowjetrepublik war. An den Wänden des Todeskellers wurden Symbole der Illuminaten angebracht.

Maßnahmen schnell herbeigeführt werden können „, völlig durcheinander. Den nächsten Anschlag auf das Leben Alexanders II. heckten die Verschwörer im Haus der Jüdin Hesia Helfman aus. Der Zar wurde 1881 ermordet.

Während die revolutionären Kräfte in Rußland versuchten, die Regierung auf jede erdenkliche Weise in Verlegenheit zu bringen und alle Arten von Verbrechen, einschließlich Attentaten, zu begehen, versuchten die „Geheimmächte" hinter der W.R.M. von ihren Hauptquartieren in England, der Schweiz und den Vereinigten Staaten aus erneut, Großbritannien in einen Krieg mit Rußland zu verwickeln. Unter könnte ein solcher Krieg keinem der beiden Reiche einen nennenswerten Vorteil bringen. Das Endergebnis eines solchen Krieges würde darin bestehen, beide Reiche materiell zu schwächen und sie anschließend zu einer leichten Beute für revolutionäre Aktionen zu machen.

In der Zeitschrift Nineteenth Century, Oktoberausgabe 1881, schrieb Goldwyn Smith, Professor für moderne Geschichte an der Universität Oxford:

> „Als ich das letzte Mal in England war, standen wir am Rande eines Krieges mit Russland, in den das ganze Reich verwickelt gewesen wäre - die jüdischen Interessen in ganz Europa, mit der jüdischen Presse in Wien als ihrem Hauptorgan, taten ihr Möglichstes, um uns hineinzudrängen."[69]

Die Ermordung des „Kleinen Vaters" der Russen im Jahr 1881 rief weit verbreitete Ressentiments hervor, die sich in einem spontanen Ausbruch von Gewalt gegen die jüdische Bevölkerung in vielen Teilen Russlands äußerten. Die russische Regierung erließ die „Maigesetze". Es waren harte Gesetze, die erlassen wurden, weil die russischen Beamten, die sie befürworteten, argumentierten

---

[69] Dies ist ein weiteres Beispiel dafür, wie selbst ein Geschichtsprofessor in die von den Verschwörern aufgestellten antisemitischen Fallen tappen kann. Zwar glaubt die Mehrheit der Menschen, dass alle internationalen Bankiers und Tycoons Juden sind, aber das ist falsch. Die Mehrheit sind keine Juden, weder durch Blut, noch durch rassische Abstammung oder Religion. Sie fördern den Antisemitismus, weil sie alle Anti-Bewegungen nutzen können, um ihre teuflischen Pläne voranzutreiben.

„Wenn die Juden durch die wohlwollende Politik Alexanders II. nicht zufriedengestellt und versöhnt werden konnten, dann war es offensichtlich, dass sie mit nichts weniger als der absoluten Herrschaft über Russland zufrieden sein würden."

Wieder einmal wurde die gesamte jüdische Ethnie für die Sünden einiger selbsternannter Revolutionsführer bestraft.

Am 23. Mai 1882 suchte eine jüdische Delegation unter der Leitung von Baron Ginzberg [70] den neuen Zaren Alexander III. auf und protestierte offiziell gegen die Maigesetze. Der Zar versprach eine gründliche Untersuchung der gesamten Angelegenheit im Zusammenhang mit dem Konflikt zwischen den jüdischen und nichtjüdischen Teilen der Bevölkerung des Reiches. Am 3. September gab er diese Erklärung ab:

„Seit einiger Zeit widmet die Regierung den Juden, ihren Problemen und ihren Beziehungen zu den übrigen Bewohnern des Reiches ihre Aufmerksamkeit, um die traurigen Zustände der christlichen Bevölkerung festzustellen, die durch das Geschäftsgebaren der Juden verursacht werden. In den letzten zwanzig Jahren haben sich die Juden nicht nur jeden Handel und jedes Gewerbe in allen seinen Zweigen angeeignet, sondern auch einen großen Teil des Bodens, indem sie ihn kauften oder bewirtschafteten. Von wenigen Ausnahmen abgesehen, haben sie ihre Aufmerksamkeit nicht der Bereicherung oder dem Nutzen des Landes gewidmet, sondern dem Betrug des russischen Volkes durch ihre List. Darunter haben besonders die armen Einwohner gelitten, und dieses Verhalten hat Proteste der Bevölkerung hervorgerufen, die sich in Gewalttaten gegen die Juden äußerten. Während die Regierung einerseits ihr Bestes tat, um diese Unruhen einzudämmen und die Juden von Unterdrückung und Abschlachtung zu befreien, hielt sie es andererseits für dringend notwendig und gerecht, strenge Maßnahmen zu ergreifen, um der Unterdrückung der anderen Einwohner durch die Juden ein Ende zu setzen und das Land von ihren Missbräuchen zu befreien, die bekanntlich die ursprüngliche Ursache der antijüdischen Agitationen waren."

---

[70] Ginzberg war der offizielle Vertreter des Hauses Rothschild in Russland.

Die Maigesetze waren von der Regierung nicht nur aus Verbitterung über die Ermordung von Zar Alexander II. verabschiedet worden, sondern auch, weil russische Wirtschaftswissenschaftler die Regierung eindringlich davor gewarnt hatten, dass die Volkswirtschaft zu ruinieren drohte, wenn keine Maßnahmen zur Eindämmung der illegalen Aktivitäten der Juden ergriffen würden. Die Ökonomen wiesen darauf hin, dass die Juden zwar nur 4,2 Prozent der Gesamtbevölkerung ausmachten, es ihnen aber gelungen war, sich so gut in der russischen Wirtschaft zu etablieren, dass die Nation vor einer wirtschaftlichen Katastrophe stand. Wie richtig die Ökonomen lagen, zeigt sich an den Maßnahmen, die ergriffen wurden, nachdem Baron Ginzbergs Deputation die Aufhebung der Maigesetze nicht erreicht hatte. Die internationalen Bankiers verhängten Wirtschaftssanktionen gegen das Russische Reich. Sie brachten die Nation fast in den Bankrott. Sie verhängten ein Embargo gegen den russischen Handel und die Wirtschaft. Nachdem sie das Russische Reich in einen verheerenden Krieg mit Japan verwickelt hatten, nahm das englische Bankhaus Rothschild 1904 sein Versprechen auf finanzielle Hilfe zurück und versuchte, das Russische Reich in den Bankrott zu treiben, während Kuhn-Loeb & Co. New York, Japan alle geforderten Kredite gewährte.

In der Encyclopaedia Britannica, Seite 76, Band 2-1947, heißt es zu den Maigesetzen:

„Die russischen Maigesetze waren das auffälligste gesetzgeberische Denkmal des modernen Antisemitismus... Ihre unmittelbare Folge war eine ruinöse kommerzielle Depression, die im ganzen Reich zu spüren war und die den nationalen Kredit zutiefst beeinträchtigte. Der russische Minister war in seiner Not um Geld verlegen. Mit dem Haus Rothschild wurden Verhandlungen über ein großes Darlehen aufgenommen, und ein Vorvertrag war bereits unterzeichnet, als der Finanzminister davon in Kenntnis gesetzt wurde, dass das große Bankhaus vom Vertrag zurücktreten müsse, wenn die Judenverfolgungen nicht eingestellt würden... Auf diese Weise prägte der Antisemitismus, der bereits die Innenpolitik Europas so tiefgreifend beeinflusst hatte, die internationalen Beziehungen der Mächte, denn es war die dringende Notwendigkeit des russischen Schatzamtes, ebenso wie die Beendigung des geheimen Vertrages über die gegenseitige Neutralität von Fürst Bismarck, die die französisch-russische Allianz zustande brachte."

Viele orthodoxe Juden waren beunruhigt über den rücksichtslosen Terrorismus ihrer Landsleute. Sie wussten, dass in Frankreich, Deutschland, Spanien und Italien eine ähnliche Politik betrieben wurde. Die weniger radikalen Juden waren besorgt, weil sie befürchteten, dass eine Fortsetzung des Terrors zu einer derartigen Welle des Antisemitismus führen würde, dass sie möglicherweise mit der Ausrottung der jüdischen Ethnie enden könnte. Ihre schlimmsten Befürchtungen wurden von einem deutschen Juden, Theodore Herzl, bestätigt, der sie über die antisemitische Politik Karl Ritters informierte und sie warnte, dass sich diese schnell in ganz Deutschland ausbreiten würde. Er schlug vor, dass orthodoxe Juden eine jüdische „Zurück nach Israel"-Bewegung organisieren sollten. Dies war der Beginn der zionistischen Bewegung.[71]

Nachdem Zar Alexander III. sein Urteil gefällt hatte, in dem er die Schuld für die Unruhen und den wirtschaftlichen Ruin des Reiches auf die Juden schob, organisierten die Führer der Revolutionäre die „Sozialrevolutionäre Partei". Ein skrupelloser Mann namens Gershuni wurde zum Organisator der terroristischen Gruppen ernannt. Ein Schneider namens Yevno Azev wurde mit der Organisation der „Kämpfenden Sektionen" beauftragt. Die Führer der Sozialrevolutionären Partei betonten auch, wie wichtig es sei, Nichtjuden in die Bewegung einzubeziehen.

Nichtjuden, die die Prüfungen, denen sie unterzogen wurden, bestanden, wurden Vollmitglieder. Mit diesem Beschluss wurde Alexander Uljanow in die Partei aufgenommen. Bevor die Revolutionsführer ihn als Vollmitglied aufnahmen, wurde ihm befohlen, sich an dem Attentat auf Zar Alexander III. zu beteiligen. Das Attentat auf den Zaren scheiterte. Alexander Uljanow wurde verhaftet. Er wurde vor Gericht gestellt und zum Tode verurteilt. Seine Hinrichtung veranlasste seinen jüngeren Bruder, Wladimir, sich der revolutionären Sache zu widmen. Wladimir stieg in der Macht auf, bis er Führer der bolschewistischen Partei wurde. Er nahm den Namen Lenin an. Schließlich wurde er der erste Diktator der UdSSR.

---

[71] Die zionistische Bewegung wurde ihrerseits von den internationalen Bankiers kontrolliert und zur Förderung ihrer geheimen Pläne und Ambitionen eingesetzt. Lesen Sie *Das Palästina-Komplott* von B. Jensen.

Zwischen 1900 und 1906 verursachte die Revolutionäre Partei nicht nur ernsthafte Probleme mit der Arbeiterschaft und schuf schreckliche Missverständnisse zwischen allen Schichten der russischen Gesellschaft, sondern rieb auch die Wunde der religiösen Bigotterie, bis sie sich zu einem eitrigen Geschwür entwickelte. Dieses Geschwür wurde durch die heißen Anwendungen von Massenmorden und Attentaten auf die Spitze getrieben. Das Geschwür brach in Form der Revolution von 1905 auf.

Zu den von der terroristischen Sektion der Sozialrevolutionäre ermordeten Beamten gehörte Bogolepov, Bildungsminister im Jahr 1901. Dieses Attentat wurde verübt, um dem jüdischen Unmut über die Bildungsklausel in den bereits erwähnten Maigesetzen Ausdruck zu verleihen. Diese Klausel beschränkte die Zahl der Juden, die staatlich unterstützte Schulen und Universitäten besuchten, auf eine Zahl, die im Verhältnis zur jüdischen Bevölkerung im Vergleich zur gesamten russischen Bevölkerung stand. Diese Maßnahme wurde erlassen, weil die staatlich finanzierten Schulen mit jüdischen Schülern überfüllt waren. Eine Gruppe junger Juden, die als Jungen unter der Bildungsklausel in den Maigesetzen von 1882 „gelitten" hatten, wurde mit der Aufgabe betraut, den Bildungsminister zu ermorden. Sie mussten ihren Mut und ihre Fähigkeiten unter Beweis stellen, um sich für den Dienst in der terroristischen Sektion der Sozialrevolutionären Partei zu qualifizieren.

Im nächsten Jahr (1902) wurde Innenminister Sipjagin ermordet, um den jüdischen Unmut über das Maigesetz zu unterstreichen, das die Politik Alexanders II. umkehrte und den Juden das Leben außerhalb des Siedlungsgebiets verbot. Die Juden, die als Kinder aufgrund des Maigesetzes aus ihren Häusern in Großrussland vertrieben worden waren, wurden ausgewählt, um diese „Hinrichtung" durchzuführen. Sie machten keinen Fehler.

1903 wurde Bogdanowitsch, der Gouverneur von Ufa, ermordet; 1904 wurde Vischelev von Plehve, der russische Premierminister, getötet; 1905 brach die erste große russische Revolution aus. Der Großfürst Sergius, Onkel des Zaren, wurde am 17. Februar ermordet. Im Dezember 1905 unterdrückte General Dubrassow die Revolutionäre, doch 1906 wurde er von der Terroristengruppe ermordet.

Nachdem der Zar die Juden für die unbefriedigende Lage in Russland verantwortlich gemacht hatte, wurde Baron Ginzberg beauftragt, auf die Zerstörung des russischen Reiches hinzuwirken. Es wurde vereinbart, dass die Rothschild-Interessen in Europa, um den Russisch-Japanischen Krieg zu beginnen, vorgeben würden, mit Russland befreundet zu sein. Sie würden den Krieg im Namen Russlands finanzieren, während insgeheim die Partner der Rothschilds, Kuhn-Loeb & Co. aus New York, die japanische Regierung finanzieren würden. Die Niederlage Russlands sollte dadurch sichergestellt werden, dass die Rothschilds ihre finanzielle Hilfe zurückziehen, wenn sie am dringendsten benötigt wird. Chaos und Verwirrung sollten in den russischen Streitkräften im Fernen Osten gestiftet werden, indem die Transport- und Kommunikationslinien durch Sibirien sabotiert wurden. Dies führte dazu, dass sowohl der russischen Armee als auch der Marine der Nachschub und die Verstärkung ausgingen.[72]

Andererseits befahl ein russischer Marineoffizier auf dem Weg von der Ostsee nach Port Arthur im Fernen Osten seinen Schiffen, eine britische Trawlerflotte zu beschießen, die auf der Doggerbank in der Nordsee fischte. Für diesen mutwilligen Akt der Grausamkeit und des Massenmordes gegen eine angeblich befreundete Macht wurde nie ein logischer Grund genannt. Die öffentliche Reaktion in England war so heftig, dass ein Krieg nur knapp abgewendet werden konnte. Aufgrund dieses Vorfalls meldeten sich viele britische Marineoffiziere und britische Handelsoffiziere freiwillig zum Dienst in Japan.

Die japanische Regierung wurde durch internationale Kredite finanziert, die von Jacob Schiff (New York) aufgenommen wurden. Schiff war Seniorpartner bei Kuhn-Loeb & Co. Er arbeitete mit Sir Ernest Cassels (England) und den Warburgs (Hamburg) zusammen. Jacob Schiff rechtfertigte sein Vorgehen, die Japaner im Krieg gegen Russland zu finanzieren, in einem Brief, den er an Graf Witte, den Abgesandten des Zaren, schrieb, der 1905 an den Friedensverhandlungen in Portsmouth (Vereinigte Staaten) teilnahm.

---

[72] Mein Vater, Captain F.H. Carr, war einer der britischen Offiziere, die 1904 und 1905 bei den Japanern dienten. Ich besitze eine sehr schöne Elfenbeinschnitzerei eines japanischen Holzfällers, der nach seinem Mittagessen eine Zigarette genießt. Dieses Museumsstück wurde meinem Vater von der japanischen Regierung als Anerkennung für die geleisteten Dienste geschenkt. Mein Vater gab mir viele wertvolle Informationen über die Intrigen hinter den Kulissen, die zum russisch-japanischen Krieg führten.

„Kann man erwarten, dass der Einfluss des amerikanischen Juden auf die öffentliche Meinung zum Vorteil des Landes ausgeübt wird, das seine Brüder in der Ethnie systematisch erniedrigt hat?... Wenn es der Regierung, die jetzt gebildet wird, nicht gelingen sollte, der jüdischen Bevölkerung Sicherheit und Chancengleichheit im ganzen Reich zu garantieren, dann wird in der Tat die Zeit für die Juden in Russland gekommen sein, ihr ungastliches Vaterland zu verlassen. Das Problem, mit dem die zivilisierte Welt dann konfrontiert sein wird, wird zwar gewaltig sein, aber es wird gelöst werden, und Sie, der Sie nicht nur ein weitsichtiger Staatsmann, sondern auch ein großer Wirtschaftswissenschaftler sind, wissen am besten, dass das Schicksal Russlands und sein Untergang dann besiegelt sein werden."

Die Heuchelei von Jacob Schiff lässt sich besser verstehen, wenn man erklärt, dass er ab 1897 die Terroristen in Russland finanziert hat. Im Jahr 1904 half er bei der Finanzierung der Revolution, die 1905 in Russland ausbrach. Er trug auch dazu bei, die Finanzierung der russischen Revolution, die Anfang 1917 ausbrach, international zu organisieren, was ihm und seinen Mitstreitern die erste Gelegenheit gab, ihre totalitären Theorien in die Tat umzusetzen.[73]

Der Russisch-Japanische Krieg wurde von den internationalen Bankiers angezettelt, um die Voraussetzungen für den Erfolg einer revolutionären Anstrengung zum Sturz der Zarenherrschaft zu schaffen. Die Pläne der internationalen Bankiers wurden durchkreuzt, als die jüdisch geführten Menschewiki 1905 unabhängig voneinander eine Revolution in Russland starteten. Als die internationalen Bankiers ihre finanzielle Unterstützung verweigerten, scheiterte die Revolution genau in dem Moment, als sie den Gipfel des Erfolgs erreicht zu haben schien.

Da die jüdisch dominierten Menschewiki aus eigener Initiative handelten, beschlossen die internationalen Bankiers, dass Lenin von

---

[73] François Coty sagte im Figaro vom 20. Februar 1932: Die Subventionen, die Jacob Schiff den Nihilisten in dieser Zeit (d.h. 1905 bis 1914 - d. Verf.) gewährte, waren nicht mehr nur ein Akt der Großzügigkeit. Auf seine Kosten wurde in den USA eine regelrechte russische Terrororganisation gegründet, die den Auftrag hatte, Minister, Gouverneure, Polizeichefs usw. zu ermorden.

diesem Zeitpunkt an ihr revolutionäres Programm in Russland durchführen würde.

Lenin wurde in der am Ufer der Wolga gelegenen Stadt Simbirsk geboren. Er war der Sohn eines Regierungsbeamten, der den Titel „Wirklicher Staatsrat" trug. Diesen Titel hatte er nicht geerbt, sondern er war seinem Vater für seine herausragenden Verdienste als Schulaufseher verliehen worden. Lenin erhielt eine Universitätsausbildung und wurde als Jurist zugelassen, aber er ließ sich nie als Unternehmer nieder. Jüdische Studenten hatten ihn davon überzeugt, dass es an der Zeit war, die Macht der privilegierten Klassen zu stürzen und die Massen ihr eigenes Land regieren zu lassen. Während Lenin mit dem Gedanken spielte, dass „notwendige Reformen nur durch revolutionäre Maßnahmen rasch herbeigeführt werden könnten", wurde sein Bruder von der Polizei verhaftet und hingerichtet.

Lenin wurde schnell als Intellektueller anerkannt. Bereits mit Anfang zwanzig verkehrte er mit den Führern der Revolutionären Partei. Es ist bereits erwähnt worden, dass die wohlhabenden und einflussreichen internationalen Geldverleiher die revolutionären Aktivitäten im Siedlungsgebiet mitfinanziert und geleitet hatten. Lenin wollte so viel wie möglich über die Personen herausfinden, die die verschiedenen nationalen revolutionären Gruppen leiteten, die sich in der gemeinsamen Sache der Volksrevolution zusammengeschlossen hatten. 1895, im Alter von 25 Jahren, ging er in die Schweiz und schloss sich Plechanow an, der aus Russland geflohen war, um dem Schicksal von Lenins älterem Bruder Alexander zu entgehen.

Während ihres Aufenthalts in der Schweiz schlossen sich Lenin und Plechanow, die Nichtjuden waren, mit Vera Zasulich, Leo Deutch, P. Axelrod und Julius Zederbaum, die alle Juden waren, zusammen. Sie gründeten auf eine weltweite marxistische Bewegung, die sie „Gruppe für die Emanzipation der Arbeit" nannten. Tsederbaum war ein junger Mann wie Lenin. Er hatte sich in der „Pale of Settlement" einen Ruf als rücksichtsloser Terrorist und geschickter Agitator erworben. Er änderte seinen Namen in Martow. Er wurde Führer der Menschewiki. Lenin regierte die Bolschewiki in Russland.

Der gescheiterte Revolutionsversuch der Menschewiki im Jahr 1905 überzeugte Lenin davon, dass der einzige Weg zu einer erfolgreichen Revolution darin bestand, ein internationales Planungskomitee zu organisieren, das alle vereinbarten revolutionären Bemühungen zunächst planen und dann leiten sollte. Lenin rief die Komintern als zentrales internationales revolutionäres Planungskomitee ins Leben. Die internationalen Bankiers wählten ihn zu ihrem obersten Agenten in Russland. Lenin hatte sich eingehend mit der Großen Französischen Revolution befasst. Als er erfuhr, dass die Geheimmacht, die die Französische Revolution herbeigeführt hatte, immer noch aktiv war, schloss er sich ihr an. Sein Plan war es, die Mitglieder der Komintern glauben zu lassen, sie seien die Denker, aber ihr Denken zu beeinflussen, so dass sie die langfristigen Pläne der internationalen Bankiers förderten. Wenn der Tag kam, an dem die revolutionären Führer nicht mehr kontrolliert werden konnten , konnten sie jederzeit liquidiert werden. Es werden Beweise dafür geliefert, wie dies tatsächlich geschah.

Nachdem er seine eigene Politik beschlossen hatte, kehrte Lenin mit Martow nach Russland zurück, um seine Geldbeschaffungskampagne zu organisieren, die aus Erpressung, Bankraub, Erpressung und anderen illegalen Praktiken bestand. Lenin argumentierte, dass es nur logisch sei, Geld von den Menschen zu nehmen, deren Regierung man zu stürzen gedenke. Er machte es zu einem Grundsatz seiner Partei, dass alle jungen Menschen, die eine Mitgliedschaft anstrebten, wie sein älterer Bruder Alexander auf körperliche Tapferkeit und geistige Wachsamkeit geprüft werden sollten. Lenin bestand darauf, dass ein Teil der Ausbildung eines jeden jungen Revolutionärs darin bestehen sollte, eine Bank auszurauben, eine Polizeistation in die Luft zu sprengen und einen Verräter oder Spion zu liquidieren.

Lenin bestand auch darauf, dass die revolutionären Führer in allen anderen Ländern ein Untergrundsystem organisieren sollten. Bei der Erörterung dieser Frage und in seinen Schriften erklärte Lenin: „Alles Legale und Illegale, das die revolutionäre Bewegung fördert, ist gerechtfertigt". Er warnte jedoch, dass „die legale Partei immer die Kontrolle über die illegale haben sollte". Diese Praxis ist auch heute noch in Kraft, insbesondere in Kanada und den Vereinigten Staaten. Kommunisten, die sich offen zu ihrer Mitgliedschaft in der Labour Progressive Party bekennen, achten sehr darauf, nicht auf kriminelle Weise in die illegalen Aktivitäten der Untergrundorganisation der Kommunistischen Partei verwickelt zu werden. Aber der „Apparat" lenkt insgeheim die Aktivitäten und profitiert davon finanziell.

Es ist eine Tatsache, dass nur wenige der frühen Führer des Kommunismus Mitglieder des Proletariats waren. Die meisten von ihnen waren gut ausgebildete Intellektuelle. Im Jahr 1895 verursachten sie eine Reihe von Streiks. Einige davon wurden erfolgreich in Unruhen umgewandelt. Auf diese Weise brachten sie eines der Grundprinzipien der revolutionären Technik zur Anwendung: „Einen kleinen Aufruhr so weit zu entwickeln, dass er sich zu einem Aufruhr ausweitet und die Bürger in einen tatsächlichen physischen Konflikt mit der Polizei bringt."

Lenin, Martow und eine Reihe anderer Revolutionäre wurden verhaftet und zu Gefängnisstrafen verurteilt. Lenin beendete seine Gefängnisstrafe 1897.

Es ist nicht allgemein bekannt, dass damals in Russland politische Straftäter, die nach Sibirien verbannt wurden, nicht inhaftiert wurden, wenn sie nicht wegen eines anderen Straftatbestands verurteilt worden waren. Daher nahm Lenin seine schöne junge jüdische Frau und ihre jiddisch sprechende Mutter mit ins Exil. Während seiner Verbannung bezog Lenin von der russischen Regierung ein Taschengeld von sieben Rubel und vierzig Koteken pro Monat. Dies reichte gerade aus, um Unterkunft und Verpflegung zu bezahlen. Lenin arbeitete als Buchhalter, um zusätzliches Geld zu verdienen. Im Exil beschlossen Lenin, Martow und ein Komplize namens Potresow nach ihrer Freilassung, eine Zeitung herauszugeben, um die Köpfe und Energien der gesamten revolutionären Bewegung zu bündeln, die zu dieser Zeit in viele Fraktionen zersplittert war.

Im Februar 1900 beendete Lenin sein Exil. Er erhält die Erlaubnis, zu einem Besuch in die Schweiz zurückzukehren. Er trifft sich mit den anderen Revolutionsführern und den Agenten der Geheimmächte. Sie billigen seine Idee, und Iskra (Der Funke) wird veröffentlicht. Die Redaktion bestand aus den älteren Revolutionsführern - Plechanow, Zasulitsch und Axelrod -, während Lenin, Potresow und Martow die jüngeren Mitglieder vertraten. Lenins Frau war Sekretärin des Vorstands. Trotzki trat zwei Jahre später in die Redaktion ein. Eine Zeit lang wurde die Zeitung sogar in München gedruckt. Der Redaktionsausschuss tagte in London.[74] Im Jahr 1903 wurde sie wieder

---

[74] Weil der Einfluss der Rothschilds bei den Direktoren der Bank of England so groß war und weil die Direktoren der Bank of England die Politik der britischen Regierung kontrollieren konnten, konnten Revolutionäre immer in England Asyl finden, wenn sie

nach Genf verlegt. Die Exemplare wurden über das von den Freimaurern des Großen Orients organisierte Untergrundsystem nach Russland und in andere Länder geschmuggelt. Da die Zeitung den Namen „Iskra" trug, wurden die Revolutionäre, die die von der Redaktion definierte Parteilinie vertraten, als Iskristen bekannt.

In dem Papier wird zu einem Vereinigungskongress aufgerufen, der 1903 in Brüssel stattfinden soll, um verschiedene marxistische Gruppen zu vereinen. Die russischen Sozialdemokraten, Rosa Luxemburgs polnische Sozialdemokraten, die Gruppe für die Emanzipation der Arbeit und die Gruppe der Maximalisten sind vertreten. Anfang August griff die belgische Polizei ein, und die Delegierten zogen in Massen nach London. Dieser Kongress ist von historischer Bedeutung, da sich während dieses Kongresses die ideologische Spaltung der Iskristen vollzog. Lenin wurde Führer der Bolschewiki (oder Mehrheitsgruppe), während Martow Führer der Menschewiki (oder Minderheitsgruppe) wurde.

Als die Menschewiki 1905 die gescheiterte Revolution in Russland durchführten, erwies sich Trotzki als fähiger Führer. Für Uneingeweihte ist es schwer zu verstehen, woran die Bemühungen scheiterten, denn die Revolutionäre hatten von Januar bis Dezember 1905 die Kontrolle über St. Petersburg. Sie bildeten den Petersburger Sowjet, Lenin und viele seiner hochrangigen revolutionären Führer hielten sich fern. Sie überließen es der menschewistischen Partei, diese Revolution zu führen.

Lenin befand sich in Genf, um sich mit den Geheimmächten zu beraten, als die Revolution nach der Tragödie vom Blutsonntag in St. Petersburg im Januar 1905 ausbrach. Er kehrte erst im Oktober nach Russland zurück. Die Tragödie vom Blutsonntag wurde der Intoleranz des Zaren angelastet, doch viele, die die Geschehnisse untersuchten, fanden zahlreiche Beweise, die sie davon überzeugten, dass der Vorfall vom Blutsonntag von der Terrorgruppe geplant worden war, um in den Herzen der nicht-jüdischen Arbeiter Wut und Hass gegen den Zaren zu wecken. Der Vorfall ermöglichte es den Führern der revolutionären Bewegung, die Unterstützung Tausender nichtjüdischer Männer und

---

von allen anderen Ländern ausgeschlossen wurden. Karl Marx und Engels sind typische Beispiele dafür.

Frauen zu gewinnen, die bis zu diesem traurigen Tag dem Zaren treu geblieben waren und von ihm als dem „Kleinen Vater" gesprochen hatten. Der Blutsonntag ist von großer historischer Bedeutung.

Im Januar 1905 befand sich Russland im Krieg mit Japan. Der Eisenbahnverkehr durch die russische Einöde von West nach Ost war zusammengebrochen. Verstärkung und Nachschub konnten aufgrund von Sabotageakten nicht mehr an die Ostfront gelangen. Am 2. Januar wurde die russische Bevölkerung von der Nachricht erschüttert, dass Port Arthur an die Japaner gefallen war. Sie hatten den Krieg gegen eine Macht verloren, die sie für eine zweitklassige Macht hielten.

In ihrem Bemühen um die Gunst der Industriebevölkerung hatte die Reichsregierung eine Politik der Förderung der Bildung legaler Gewerkschaften verfolgt. Bekannte Revolutionäre mussten von der Mitgliedschaft ausgeschlossen werden. Einer der aktivsten Führer bei der Organisation der legalen Gewerkschaften war der russisch-orthodoxe Priester Pater Gapon. Die liberalen Reformen, die von nicht radikalen Bürgern durchgesetzt wurden, gefielen den Führern der revolutionären Partei nicht, die behaupteten, dass „notwendige Reformen nur durch eine Revolution schnell herbeigeführt werden könnten". Vater Gapon hatte sich so viel Respekt verschafft, dass er vom Zaren und seinen Ministern jedes Mal willkommen geheißen wurde, wenn er ein gewichtiges Arbeitsproblem erörtern wollte.

Am 2. Januar, als die schlechten Nachrichten über den Krieg das Reich erreichten, brachen in den großen Putilow-Werken in St. Petersburg organisierte Arbeitsunruhen aus. Man rief zum Streik auf, aber angesichts der allgemeinen Lage erklärte Pater Gapon, er wolle die Streitfragen durch eine direkte Anrufung des Zaren regeln. Diese Idee gefiel der Mehrheit der Arbeiter, aber die „Radikalen" lehnten sie ab. Am Sonntagnachmittag, dem 22. Januar 1905, formierten sich jedoch Tausende von Arbeitern, begleitet von ihren Frauen und Kindern, zu einer Prozession, um Vater Gapon zum Palasttor zu begleiten. Den authentischen Berichten zufolge verlief die Prozession völlig geordnet. Die Bittsteller trugen eilig gefertigte Transparente, auf denen sie ihre Loyalität zum „Kleinen Vater" zum Ausdruck brachten. Vor den Toren des Palastes wurde die Prozession ohne die geringste Vorwarnung durch eine vernichtende Salve von Gewehr- und Maschinengewehrfeuer in völlige Verwirrung gestürzt. Hunderte von Arbeitern und ihre Familien wurden niedergemetzelt. Der Platz vor dem Palast verwandelte sich in eine Fläche von qualvollem Chaos. Der 22.

Januar 1905 ist seither als „Blutsonntag" bekannt. War Nikolaus II. dafür verantwortlich? Es ist erwiesen, dass er sich zu diesem Zeitpunkt weder im Palast noch in der Stadt aufhielt. Es ist bekannt, dass ein Offizier der Garde den Truppen den Befehl zum Feuern gab. Es ist durchaus möglich, dass es sich um eine „Zelle" handelte, die die terroristische Politik ihrer Vorgesetzten ausführte. Diese Tat war der „Funke", der den von den Revolutionsführern bereitgestellten „Zunder" entzündete. Es folgte die „Flamme" einer umfassenden Revolution.

Unabhängig davon, wer dafür verantwortlich war, schlossen sich Zehntausende von zuvor loyalen Industriearbeitern der Sozialistischen Revolutionären Partei an, und die Bewegung breitete sich auf andere Städte aus. Der Zar versuchte, die Flut der Rebellion einzudämmen. Anfang Februar ordnete er eine Untersuchung der Ereignisse in St. Petersburg durch die Schidlowski-Kommission an. Im August kündigte er an, dass die Einrichtung einer demokratischen, repräsentativen Legislative vorgesehen sei. Dies wurde die Duma. Er bot allen politischen Straftätern Amnestie an. Unter dieser Amnestie kehrten Lenin und seine bolschewistischen Führer im Oktober aus der Schweiz und anderen Ländern nach Russland zurück. Doch nichts, was der Zar tat, konnte die Flut der Revolution aufhalten.

Am 20. Oktober 1905 trat der von den Menschewiki geführte gesamtrussische Eisenbahnverband in den Streik. Am 25. Oktober kam es zu Generalstreiks in Moskau, Smolensk, Kursk und anderen Städten. Am 26. Oktober wurde der Revolutionäre Petersburger Sowjet gegründet. Er übernahm die Funktionen einer nationalen Regierung. Die Sowjetregierung wird von der menschewistischen Fraktion der Russischen Sozialdemokratischen Arbeiterpartei dominiert, obwohl auch die Sozialrevolutionäre Partei vertreten ist. Der erste Präsident war der Menschewik Zborovisk. Er wurde schnell von Georgi Nosar abgelöst. Dieser wiederum wurde von Lew Trotzki abgelöst, der am 9. Dezember 1905 Präsident wurde. Am 16. Dezember verhaftete eine militärische Einheit Trotzki und 300 Mitglieder der Sowjetregierung. Unter den Verhafteten befand sich kein einziger prominenter Bolschewik. Dies sollte beweisen, dass Lenin im Auftrag und unter dem Schutz der Geheimmächte handelte, die hinter der Regierung agierten.

Die Revolution war noch nicht ganz vorbei. Am 20. Dezember übernahm ein Jude namens Parvus die Kontrolle über eine neue sowjetische Exekutive. Er rief einen Generalstreik in St. Petersburg aus, dem 90.000 Arbeiter folgten. Am nächsten Tag traten 150.000 Arbeiter in Moskau in den Streik. In Tschita, Kansk und Rostow brach ein offener Aufstand aus. Am 30. Dezember erlangten die Truppen und die Regierungsbeamten, die dem Zaren treu geblieben waren, auf wundersame Weise wieder die Kontrolle. Sie setzten der Revolution ein Ende.[75] Zar Nikolaus II. hielt sein Versprechen. Die Duma wurde gebildet und eine gewählte Legislative eingesetzt.

Im Jahr 1907 fand in London der Fünfte Kongress der russischen sozialdemokratischen Arbeiterpartei statt. Lenin vertrat mit 91 Delegierten die bolschewistische Partei; die Menschewiki unter der Führung von Martow hatten 89 Delegierte; Rosa Luxemburg führte ihre polnischen Sozialdemokraten mit 44 Delegierten an; der Jüdische Bund unter der Führung von Rafael Abramovitch hatte 55 Delegierte; die lettischen Sozialdemokraten unter der Führung von Genosse Herman (Danishevsky) bildeten den Rest. Insgesamt gab es 312 Delegierte, von denen 116 Arbeiter waren oder waren.

Dieser Kongress war einberufen worden, um eine Bilanz der gescheiterten russischen Revolution von 1905 zu ziehen. Lenin machte für das Scheitern der revolutionären Bemühungen die mangelnde Zusammenarbeit zwischen den Menschewiki und anderen Gruppenführern verantwortlich. Er erklärte den 312 Delegierten, dass die Menschewiki die ganze Show geleitet und die Dinge insgesamt verpfuscht hätten. Er forderte eine einheitliche Politik und eine einheitliche Aktion. Er argumentiert, dass revolutionäre Aktionen lange im Voraus geplant und das Überraschungsmoment in vollem Umfang genutzt werden sollten.

Martow schlug auf Lenin zurück. Er beschuldigt ihn, die revolutionären Bemühungen der Menschewiki nicht so unterstützt zu haben, wie er es hätte tun müssen. Er beschuldigte ihn insbesondere, ihm finanzielle Unterstützung vorzuenthalten. Martow und die anderen jüdischen

---

[75] Hätten Lenin und die Internationalen Bankiers zu diesem Zeitpunkt zugunsten der Menschewiki interveniert, hätte nichts die revolutionären Bemühungen besiegen können. Es gibt keine andere Erklärung dafür, dass sie zuließen, dass die Regierungstruppen wieder die Kontrolle erlangten, als dass sie geheime Pläne hatten, die sie zu diesem Zeitpunkt noch nicht in die Tat umsetzen konnten. Dass sie sich auf den Ersten Weltkrieg vorbereiteten und wollten, dass Russland bis zum Ausbruch des Krieges eine Monarchie blieb, scheint die einzige logische Schlussfolgerung zu sein, und künftige Ereignisse würden darauf hindeuten, dass dies ihr Plan war.

Gruppen unter der Führung von Ross. Luxemburg und Abrahamovitch, ärgerten sich darüber, dass Lenin in der Lage gewesen war, die Teilnahme der größten Anzahl von Delegierten zu finanzieren. Sie warfen ihm vor, seine bolschewistische Partei durch Raub, Entführungen, Fälschungen und Diebstahl zu finanzieren. Sie rügten ihn, weil er sich weigerte, einen angemessenen Teil seiner unrechtmäßig erworbenen Gewinne an die zentrale Einheitsorganisation abzuführen. Ein großer Lacher entstand, als einer der Menschewiki Lenin beschuldigte, einen seiner Spitzenfunktionäre mit einer reichen Witwe verheiratet zu haben, um seine Parteikasse zu bereichern.

Lenin soll zugegeben haben, dass er dies zum Wohle der Sache getan habe. Er behauptete, dass der Beamte, den er oft mit der Witwe verheiratet hatte, ein schönes, starkes, gesundes Exemplar von Mensch war. Er war der Meinung, dass die Witwe zustimmen würde, dass sie den vollen Gegenwert für ihr Geld bekommen hatte. Auf diesem Kongress lernte Stalin, damals eine sehr unbedeutende Figur, Lenin kennen. Der Kongress stimmte schließlich einer engeren Zusammenarbeit zwischen den Führern der verschiedenen revolutionären Gruppen zu und entschied, wer ihre revolutionären Zeitungen herausgeben sollte. Sie legten großen Wert auf die Propaganda. Auf diesem Kongress legten sie den Grundstein für eine Neuorganisation ihres Propagandaapparats mit der Maßgabe, dass alle Publikationen die gleiche redaktionelle Politik „Die Parteilinie" verfolgen sollten.

Im Jahr 1908 begannen die Bolschewiki mit der Herausgabe der „Proletarie". Lenin, Dubrowinski, Sinowjew und Kamenjew waren die Herausgeber. Die Menschewiki gaben „Golos Sotsial-Demokrata" heraus. Plechanow, Axelrod, Martow, Dan und Martynow (Pikel) waren die Redakteure. Alle Redakteure waren Juden, außer Lenin und Plechanow. Trotzki gründete eine halb unabhängige Publikation namens „Wiener Prawda".

1909 gewann Lenin die bedingungslose Unterstützung von zwei jüdischen Führern, Sinowjew und Kamenjew. Sie wurden als „Troika" bekannt, und diese Freundschaft hielt bis zu Lenins Tod im Jahr 1924 an.

Nach dem Fünften Kongress der Russischen Sozialdemokratischen Arbeiterpartei, der 1907 in London stattfand, beschloss Lenin, herauszufinden, wie mutig und vertrauenswürdig sein neuer Schüler Stalin war. Außerdem wollte er die Führer der anderen revolutionären Gruppen davon überzeugen, dass er finanziell unabhängig war. Um diesen doppelten Zweck zu erreichen, wies er Stalin an, die Bank von Tiflis auszurauben. Stalin wählte als seinen Komplizen einen Armenier namens Petroyan, der später seinen Namen in Kamo änderte. Sie fanden heraus, dass die Bank eine große Geldsumme mit einem öffentlichen Transportmittel von einem Ort zum anderen bringen wollte. Sie legten den Transport auf die Straße. Petroyan warf eine Bombe. Alles und jeder in dem Transport wurde in die Luft gesprengt, bis auf die starke Kiste mit dem Bargeld - 250.000 Rubel. Dreißig Menschen verloren ihr Leben. Die Beute wurde an Lenin übergeben. Stalin hatte sich als potenzieller Führer erwiesen.

Die Bolschewiki hatten Schwierigkeiten, die gestohlenen Rubel für Parteizwecke zu verwenden, da der Großteil der Währung aus 500-Rubel-Scheinen bestand. Lenin kam auf die Idee, die 500-Rubel-Scheine an vertrauenswürdige Bolschewiki in verschiedenen Ländern zu verteilen. Diese wurden angewiesen, an einem bestimmten Tag so viel Geld wie möglich loszuwerden. Diese Anweisung wurde ausgeführt, aber zwei von Lenins 180 Agenten gerieten bei der Transaktion in die Fänge der Polizei. Die eine war Olga Ravich, die später Sinowjew, Lenins großen Freund, heiratete. Der andere war Meyer Wallach, dessen richtiger Name Finklestein war. Später änderte er seinen Namen wieder in Maxim Litvinov. Als Stalins Kommissar für auswärtige Angelegenheiten von 1930 bis 1939 wurde er weltweit bekannt.[76]

Nach dem Ende der Revolution von 1905 machte sich Zar Nikolaus II. an zahlreiche radikale Reformen. Er plante, die russische absolute Monarchie in eine begrenzte Monarchie umzuwandeln, wie sie das britische Volk genießt. Nachdem die Duma ihre Arbeit aufgenommen hatte, wurde der Premierminister Peter Arkadjewitsch Stolypin zu einem großen Reformer. Er dominierte die russische Politik und entwarf die „Stolypin-Verfassung", die den Bauern, die etwa 85 Prozent der gesamten russischen Bevölkerung ausmachten, Bürgerrechte

---

[76] Dieser „Gangster" spielte bis zu seinem Tod eine wichtige Rolle in internationalen Angelegenheiten in England und Deutschland, im Völkerbund und in den Vereinten Nationen.

garantierte. Seine Landreformen gewährten den Bauern finanzielle Unterstützung, damit sie ihre eigenen Höfe erwerben konnten. Seiner Meinung nach war die Förderung des individuellen Eigentums der logische Weg, um diejenigen zu besiegen, die für eine gemeinschaftliche Lebensweise eintraten.

Doch die Revolutionsführer wollten die politische und wirtschaftliche Macht an sich reißen. Mit Reformen waren sie nicht im Geringsten zufrieden. Im Jahr 1906 versuchte die Terroristengruppe, Stolypin zu ermorden. Sie zerstörten sein Haus mit einer Bombe. Es folgten weitere Anschläge auf den fortschrittlichsten Ministerpräsidenten, den sich die Russen nur wünschen konnten. In einer dunklen Septembernacht des Jahres 1911 wurde der große Emanzipator kaltblütig erschossen, als er einer Galavorstellung im Kiewer Theater beiwohnte. Der Attentäter war ein jüdischer Anwalt namens Mordechai Bogrow.

1907 organisierten die internationalen Bankiers die Wall-Street-Panik, um sich für die im Zusammenhang mit den russischen Kriegen und Revolutionen ausgegebenen Gelder zu revanchieren. Sie finanzierten auch die Vorstufen der chinesischen Revolution, die 1911 ausbrach.

Viele der von Stolypin vorgeschlagenen Reformen wurden nach seinem Tod verwirklicht. 1912 wurde ein Industrieversicherungsgesetz verabschiedet, das allen Industriearbeitern eine Entschädigung bei Krankheit und Verletzung in Höhe von zwei Dritteln des regulären Lohns bei Krankheit und drei Vierteln bei Unfällen gewährte. Die Zeitungen der revolutionären Parteien erhielten zum ersten Mal seit ihrem Erscheinen einen legalen Status. Die öffentlichen Schulen werden erweitert. Die Wahlgesetze wurden überarbeitet, um eine repräsentativere Regierung zu schaffen. 1913 erließ die Regierung des Zaren von Russland eine Generalamnestie für alle politischen Gefangenen. Unmittelbar nach ihrer Entlassung aus den Gefängnissen begannen sie, mit neuer Energie den Sturz der russischen Regierung zu planen. Die Terroristen befürworteten die Liquidierung der königlichen Familie. Doch die Reformen fanden bei der großen Mehrheit des russischen Volkes Anklang. Die Revolution in Russland scheint vorerst tot zu sein. Die Führer der revolutionären Weltbewegung beschlossen, Russland vorerst eine Pause zu gönnen. Sie konzentrierten ihre Bemühungen in anderen Ländern. Portugal und Spanien wurden ins Visier genommen.

Aufgrund des roten Nebels, den die kommunistische Propaganda erzeugt hat, und einer organisierten Kampagne der „*L'Infamie*" in Russland, wie sie in Frankreich und England vor diesen Revolutionen geführt wurde, ist es für den Durchschnittsbürger schwierig zu glauben, dass die russischen Zaren und Adligen etwas anderes waren als große bärtige Monster, die die Bauern versklavten, ihre jungen Frauen vergewaltigten und Babys auf ihren Schwertspitzen aufspießten, während sie auf dem Rücken ihrer Pferde durch die Dörfer galoppierten. Um zu beweisen, dass der letzte Zar ein Reformer war, zitieren wir Bertram Wolfe, denn Bertram Wolfe war ein Anti-Zarist und Pro-Revolutionär. Wolfe sagt auf Seite 360 seines Buches „*Drei, die eine Revolution machten*":

> „Zwischen 1907 und 1914 zogen sich 2.000.000 Bauern und ihre Familien aufgrund von Stolypins Landreformgesetzen aus dem Dorf zurück und wurden zu individuellen Eigentümern. Während des gesamten Krieges (1914 - 1917) setzte sich die Bewegung fort, so dass am 1. Januar 1916 6.200.000 Bauernfamilien von etwa 16.000.000, die in Frage kamen, einen Antrag auf Abtrennung gestellt hatten. Lenin sah die Angelegenheit als einen Wettlauf mit der Zeit zwischen Stolypins Reformen und dem nächsten revolutionären Umsturz. Sollte die Umwälzung um einige Jahrzehnte verschoben werden, würden die neuen Landmaßnahmen das Land so verändern, dass es keine revolutionäre Kraft mehr sein würde. Wie nahe Lenin damit lag, beweist die Tatsache, dass 1917, als er die Bauern aufforderte, sich das Land zu nehmen, sie bereits mehr als drei Viertel davon besaßen."

Es ist leider wahr, dass Rasputin einen schlechten Einfluss auf bestimmte Männer und Frauen am russischen Kaiserhof ausübte. Ich weiß von Damen, die damals dem Hof angehörten, dass Rasputin einen enormen Einfluss auf die Zarin ausübte, weil ihr kleiner Sohn an Hämophilie litt und Rasputin der einzige Mann war, der die Blutung stoppen konnte.

Rasputin verfügte zweifellos über mesmerische Kräfte, die bei bestimmten russischen Völkern nicht unüblich sind. Er schien in der Lage zu sein, die Kaiserin unter seinen Einfluss zu bringen, und zwar nicht als Geliebte, sondern mit dem Ziel, den Zaren zu zwingen, das zu tun, was Rasputin von ihm verlangte. Es ist nicht übertrieben zu sagen, dass Rasputin aufgrund der Macht, die er über die Königin auf den Zaren ausübte, Russland zum Entsetzen des russischen Volkes praktisch regierte.

Es stimmt auch, dass Rasputin Männer und Frauen in die Hofkreise einführte, die die heidnischen Rituale praktizierten, die vor dem Ausbruch der Französischen Revolution 1789 im Palais Royal heimlich durchgeführt wurden. Diese rituellen Orgien basierten auf der lächerlichen Annahme, dass die Menschen erst dann gerettet werden könnten, wenn sie die Tiefen der Erniedrigung in Sünde ausgelotet hätten. Er schleuste Subversive in den königlichen Haushalt ein, die sich Informationen beschafften, mit denen ihre Herren viele einflussreiche Personen erpressen konnten, damit sie ihnen gehorchten. Rasputin gehörte zweifellos zu den Illuminaten und der Synagoge des Satans.

Kapitel 8

Die Russische Revolution - 1917

Im Januar 1910 trafen sich *neunzehn* Führer der revolutionären Weltbewegung in London. Dieses Treffen wird als „Januarplenum des Zentralkomitees" bezeichnet. Es wurden Mittel und Wege erörtert, um eine größere Einheit zu erreichen. Lenin wurde erneut gedrängt, seine Politik der finanziellen Unabhängigkeit aufzugeben. Er reagierte darauf, indem er die Fünfhundert-Rubel-Scheine verbrannte, die von dem Bankraub in Tiflis übrig geblieben waren. Lenin war überzeugt, dass es nahezu unmöglich war, die Scheine einzulösen, ohne von der Polizei erwischt zu werden.

Das Plenum beschloss, die Zeitung „Sotsial Demokrata" als allgemeine Parteizeitung zu akzeptieren. Die Bolschewiki ernannten Lenin und Sinowjew, die Menschewiki Martow und Dan zu Redakteuren. Kamenjew wurde beauftragt, Trotzki bei der Redaktion der „Wiener Prawda" zu unterstützen. Das Plenum erörtert auch, wie die weltrevolutionären Bestrebungen aussehen sollen. Die Delegierten befassten sich mit den möglichen Auswirkungen bestimmter geplanter politischer Attentate. Die Politik der Partei wird festgelegt. Das Zentralkomitee wurde beauftragt, die Tempel und Logen des Großorient auf die Aktion vorzubereiten. Die Mitglieder sollten aktiv für ihre revolutionäre und atheistische Ideologie werben.[77]

Die Parteilinie bestand darin, alle revolutionären Gremien mit dem Ziel zu vereinen, alle großen kapitalistischen Länder gegeneinander in den Krieg zu führen, damit die schrecklichen Verluste, die hohen Steuern

---

[77] Die atheistischen Großorient-Freimaurer dürfen nicht mit anderen europäischen und amerikanischen Freimaurern verwechselt werden, deren Prinzipien über jeden Zweifel erhaben sind, die philanthropisch arbeiten und deren Ritual auf dem Glauben an den Großen Baumeister des Universums beruht.

und die von der Masse der Bevölkerung erlittenen Entbehrungen die Mehrheit der Arbeiterklasse dazu bringen, positiv auf den Vorschlag einer Revolution zur Beendigung der Kriege zu reagieren. Wenn alle Länder sowjetisiert wären, würden die Geheimmächte eine totalitäre Diktatur errichten, und ihre Identität müsste nicht länger geheim bleiben. Es ist möglich, dass nur Lenin die geheimen Ziele und Ambitionen der Illuminaten kannte, die die revolutionäre Aktion so gestalteten, dass sie ihren Zwecken entsprach.

Die revolutionären Führer sollten ihren Untergrund in allen Ländern organisieren, um bereit zu sein, das politische System und die Wirtschaft ihres Landes zu übernehmen; die internationalen Bankiers sollten die Verzweigungen ihrer Agenturen auf die ganze Welt ausdehnen. Es wurde gezeigt, dass Lenin 1894 in revolutionären Kreisen aktiv wurde. Es ist auch gesagt worden, dass er sich entschloss, sein Los mit den Internationalen Bankiers zu teilen, weil er an der Fähigkeit der Männer zweifelte, die die jüdisch dominierten nationalen revolutionären Parteien anführten, ihre einmal errungenen Siege zu konsolidieren. In Anbetracht dieser Aussagen ist es notwendig, die revolutionären Ereignisse von 1895 bis 1917 Revue passieren zu lassen.

Die Kaiserin von Österreich wurde 1898 ermordet, König Humbert 1900, Präsident McKinley 1901, der Großherzog Sergius von Russland 1905 und der König und Kronprinz von Portugal 1908. Um zu beweisen, dass die Illuminaten durch die Freimaurer des Großen Orients für diese politischen Attentate verantwortlich waren, werden die folgenden Beweise vorgelegt.

Die Führer der Weltrevolutionären Bewegung, die sich in Genf in der Schweiz trafen, hielten es für notwendig, König Carlos von Portugal abzusetzen, um eine Republik in Portugal zu errichten. 1907 ordneten sie seine Ermordung an. Im Dezember 1907 reiste Megalhaes Lima, das Oberhaupt der portugiesischen Großorient-Freimaurerei, nach Paris, um vor den Freimaurerlogen Vorträge zu halten. Sein Thema war „Portugal, der Sturz der Monarchie und die Notwendigkeit einer republikanischen Regierungsform". Einige Wochen später wurden König Carlos und sein Sohn, der Kronprinz, ermordet.

Die kontinentalen Freimaurer rühmten sich dieses Erfolgs. Furnemont, Großredner des Großorient von Belgien, sagte am 12. Februar 1911:

> „Erinnern Sie sich an das tiefe Gefühl des Stolzes, das wir alle bei der kurzen Ankündigung der portugiesischen Revolution

empfanden? In wenigen Stunden wurde der Thron gestürzt, das Volk triumphierte, und die Republik wurde ausgerufen. Für die Uneingeweihten war es wie ein Blitz an einem klaren Himmel... Aber wir, meine Brüder, wir haben es verstanden. Wir kannten die wunderbare Organisation unserer portugiesischen Brüder, ihren unermüdlichen Eifer, ihre ununterbrochene Arbeit. Wir besaßen das Geheimnis dieses glorreichen Ereignisses.[78]

1912 trafen sich in der Schweiz die Führer der Weltrevolutionären Bewegung und die Spitzenfunktionäre der kontinentalen Freimaurerei. Bei diesem Treffen fassten sie den Beschluss, Erzherzog Franz Ferdinand zu ermorden, um den Ersten Weltkrieg auszulösen. Das konkrete Datum, an dem der Mord begangen werden sollte, wurde in der Schwebe gelassen, da die kaltblütigen Verschwörer die Zeit für seine Ermordung nicht für reif hielten, um ein Maximum an politischer Wirkung zu erzielen. Am 15. September 1912 veröffentlichte die „Revue Internationale des Sociétés Secretes", herausgegeben von M. Jouin, auf den Seiten 787-788 folgende Worte

„Vielleicht wird eines Tages Licht auf diese Worte eines hohen Schweizer Freimaurers fallen. Als er über den Thronfolger von Österreich sprach, sagte er: „Der Erzherzog ist ein bemerkenswerter Mann. Es ist schade, dass er verurteilt ist. Er wird auf den Stufen des Thrones sterben.'"

Diese Worte wurden beim Prozess gegen die Attentäter, die am 28. Juni 1914 den österreichischen Thronfolger und seine Frau ermordeten, deutlich. Dieser in Sarajewo begangene Gewaltakt war die Initialzündung für den Ersten Weltkrieg. Die stenografischen Aufzeichnungen von Pharos über den Militärprozess sind ein äußerst aufschlussreiches Dokument. Sie liefern weitere Beweise dafür, dass die internationalen Bankiers die Großorient-Logen benutzten, um den Ersten Weltkrieg herbeizuführen, so wie sie sie 1787-1789 benutzten, um die Französische Revolution herbeizuführen. Am 12. Oktober 1914 verhörte der Präsident des Militärgerichts Cabrinovic, der die erste Bombe auf das Auto des Erzherzogs geworfen hatte.

---

[78] Anmerkung: Bulletin du Grand Orient de Belgique 5910, 1910, Seite 92.

Der Präsident: „Erzählen Sie mir etwas mehr über die Motive. Wussten Sie, bevor Sie sich zu dem Attentat entschlossen, dass Tankosic und Ciganovic Freimaurer waren? Hatte die Tatsache, dass Sie und die beiden Freimaurer waren, einen Einfluss auf Ihren Entschluss?"[79]

Cabrinovic: „Ja".

Der Präsident: „Haben Sie von ihnen den Auftrag erhalten, das Attentat auszuführen?"

Cabrinovic: „Ich habe von niemandem den Auftrag erhalten, das Attentat auszuführen. Die Freimaurerei hatte damit zu tun, denn sie hat mich in meiner Absicht bestärkt.

In der Freimaurerei ist es erlaubt, zu töten. Ciganovic erzählte mir, dass die Freimaurer den Erzherzog Franz Ferdinand MEHR ALS EIN JAHR ZUVOR zum Tode verurteilt hatten."

Zu diesen Beweisen kommen noch die Aussagen von Graf Czerin, einem engen Freund des Erzherzogs. Er sagt in „Im-Welt-Krieg": „Der Erzherzog wusste sehr wohl, dass die Gefahr eines Attentats auf sein Leben unmittelbar bevorstand. Ein Jahr vor dem Krieg teilte er mir mit, dass die Freimaurer seinen Tod beschlossen hätten."

Nachdem es den Führern der revolutionären Bewegung gelungen war, einen Weltkrieg herbeizuführen, nutzten sie diese Tatsache, um die Industriearbeiter und die Männer in den Streitkräften davon zu überzeugen, dass der Krieg ein kapitalistischer Krieg war. Sie agitieren. Sie kritisieren alles Mögliche. Sie machen die verschiedenen Regierungen für alles verantwortlich, was schief läuft. Die internationalen „Kapitalisten" wurden von den Illuminaten gelenkt, die sich diskret im Hintergrund hielten, unverdächtig und unversehrt.[80] Da

---

[79] Tankosic und Ciganovic waren höhere Freimaurer als Cabrinovic. Zuvor war im Prozess bekannt geworden, dass Ciganovic zu Cabrinovic gesagt hatte, dass die Freimaurer keine Männer für die Ermordung des Erzherzogs finden könnten.

[80] Es war tatsächlich ein kapitalistischer Krieg, aber nicht die Art von kapitalistischem Krieg, die den Arbeitern durch die Propaganda der von den internationalen Bankern in allen Ländern der Welt kontrollierten Presse vorgegaukelt wurde.

Russland erst wenige Jahre zuvor den verheerenden Krieg mit Japan hinter sich gebracht hatte, war es für die geschulten Agitatoren unter den Menschewiki ein Leichtes, eine Atmosphäre des Zweifels, des Misstrauens und der Unruhe in den Köpfen der russischen Arbeiter und schließlich auch unter den Truppen in den Jahren 1914-1916 zu schaffen. Bis Januar 1917 hatten die kaiserlichen Armeen Russlands fast 3.000.000 Verluste erlitten. Die Crème de la Crème der russischen Männerwelt war gefallen.

Lenin und Martow befanden sich in der Schweiz, dem neutralen Boden, auf dem alle internationalen Komplotte ausgebrütet werden. Trotzki organisierte die Hunderte ehemaliger russischer Revolutionäre, die in den Vereinigten Staaten Zuflucht gefunden hatten. Er war besonders in der East Side von New York aktiv.[81] Die Führer der Menschewiki setzten ihre subversive Politik in Russland fort. Ihr erstes Ziel war es, die Macht des Zaren zu stürzen. Die Gelegenheit dazu bot sich im Januar 1917. Geschickt durchgeführte Sabotageakte in den Kommunikationssystemen, im Verkehrsministerium und im Versorgungsministerium führten zu einer schweren Lebensmittelknappheit in St. Petersburg. Dies geschah zu einem Zeitpunkt, als die Bevölkerung aufgrund des Zustroms von Industriearbeitern, die für die Kriegsanstrengungen benötigt wurden, weit über ihre normale Größe hinaus anschwoll. Der Februar 1917 war ein schlechter Monat. Es wurde eine Lebensmittelrationierung eingeführt. Am 5. März kam es zu allgemeinen Unruhen. Die Schlangen vor den Brothäusern wurden immer länger. Am 6. März füllten sich die Straßen mit Arbeitslosen. Kosakentruppen wurden in die Stadt gebracht. Der Zar befand sich noch immer an der Front, um die Truppen zu besuchen.[82] Am 7. März organisierten die jüdischen Führer der

---

[81] Polizeibeamte und Debatten im Kongress zeigen, dass diese illegale Einreise auch heute noch in immer größerem Umfang stattfindet. Auch für die Unterwelt ist es sehr einfach, nach Kanada einzureisen. Die Gefahr liegt in der Tatsache, dass die Unterwelt und der revolutionäre Untergrund miteinander verflochten sind. Das eine könnte ohne das andere nicht überleben und hat es auch nie getan. Die Männer, die die Geheime Macht sind, lenken beide. Die arischen Kriegsherren haben die Mafia, die internationalen Tycoons und die jüdischen Terroristen benutzt. Das erklärt die Bandenkriege.

[82] Im Februar 1917 hatten die Truppen 1 Gewehr für 6 Mann: 1 Tagesmunition.

menschewistischen Partei die Frauen zu Straßendemonstrationen, um gegen die Brotknappheit zu protestieren.[83]

Am 8. März organisierten die Frauen die Demonstration. Dann griffen die Revolutionsführer ein. Ausgewählte Gruppen veranstalteten Ablenkungsdemonstrationen. Hier und da tauchten Banden auf, die revolutionäre Lieder sangen und rote Fahnen hissten. An der Ecke des Newski-Prospekts und des Sankt-Katharinen-Kanals trieben die berittene Polizei und die Kosaken die Menge auseinander, ohne dass es zu Opfern kam. Auf die Menschenmengen, die sich um diejenigen versammelten, die die Roten Fahnen hissten und die Revolution ausriefen, wurde nicht einmal geschossen. Es sah so aus, als hätte man den ausdrücklichen Befehl gegeben, eine Wiederholung der Ereignisse vom Blutsonntag 1905 um jeden Preis zu vermeiden.[84]

Am 9. März war der Newski-Prospekt vom Katharinenkanal bis zum Nicolai-Bahnhof mit Menschenmassen verstopft, die auf Drängen der Aufwiegler immer zahlreicher wurden. Die Kosaken-Kavallerie räumte die Straße. Einige wurden niedergetrampelt, aber die Truppen setzten nur die flachen Säbel ein. Schusswaffen wurden zu keinem Zeitpunkt eingesetzt. Diese Toleranz verärgerte die Revolutionsführer, und die Aufwiegler wurden angewiesen, ihre Bemühungen zu verstärken, um das Volk in einen physischen Konflikt mit der Polizei und den Truppen zu bringen. In der Nacht stellten die Revolutionsführer in der ganzen Stadt versteckte Maschinengewehre auf.

Am 10. März sorgte ein unglücklicher Vorfall für den winzigen Funken, der nötig war, um den aufgehäuften und mit brennbaren Reden durchtränkten revolutionären Zunder zu entzünden. Eine große Menschenmenge hatte sich um den Bahnhof Nicholai versammelt. Gegen zwei Uhr nachmittags fuhr ein Mann, der zum Schutz vor der Kälte dick in Pelze gekleidet war, mit seinem Schlitten auf den Platz.

---

[83] Diese Aktion war fast identisch mit dem Plan, als Frauen verkleidete Männer für den Marsch auf die Tuilerien einzusetzen.

[84] Eines der besten Werke, das sich mit den Ereignissen im Vorfeld der Russischen Revolution befasst, ist „Behind Communism" von Frank Britton.

Er war ungeduldig. Er befahl seinem Kutscher, durch die Menge zu fahren. Er schätzte die Stimmung in der Menge falsch ein.

Der Mann wurde aus dem Schlitten gezerrt und verprügelt. Er kam wieder auf die Beine und flüchtete in eine stillstehende Straßenbahn. Ein Teil des Pöbels folgte ihm, und einer von ihnen schlug ihm mit einer kleinen Eisenstange den Kopf zu Brei. Diese einzige Gewalttat weckte den Blutdurst der Menge und sie stürmte den Newski hinunter und schlug Fenster ein. Schlägereien brachen aus.

Der Aufruhr breitet sich aus, bis er allgemein wird. Die Revolutionsführer feuerten nach vorheriger Absprache von ihren versteckten Positionen aus auf den Mob. Der Mob griff die Polizei an. Sie beschuldigten die Polizei, auf sie geschossen zu haben. Sie töteten jeden Polizisten bis auf den letzten Mann. [85] Die Insassen der Gefängnisse und Kerker wurden freigelassen, um den Blutrausch zu schüren. Die für die Schreckensherrschaft notwendigen Bedingungen wurden geschaffen.

Am 11. März führten die Verwüstungen der kürzlich freigelassenen Verbrecher zu weit verbreiteten Unruhen. Die Duma versuchte noch immer, die steigende Flut der Revolte aufzuhalten. Sie sandte eine dringende Botschaft an den Zaren, in der sie ihm mitteilte, dass die Lage ernst sei. Das Telegramm erläuterte ausführlich den Zustand der Anarchie, der damals herrschte. Kommunistische „Zellen" innerhalb der Kommunikationssysteme schickten eine weitere Nachricht. Als der Zar das Telegramm las, das er erhielt, befahl er die Auflösung der Duma. Damit beraubte er sich der Unterstützung der Mehrheit der ihm treu ergebenen Mitglieder.

Am 12. März schickte der Präsident der aufgelösten Duma eine letzte verzweifelte Botschaft an den Zaren. Sie schloss mit den Worten: „Die letzte Stunde hat geschlagen. Das Schicksal des Vaterlandes und der Dynastie wird entschieden". Es wird behauptet, dass der Zar diese Nachricht nie erhalten hat. Diese Kontrolle der

---

[85] Ich habe eindeutige und verbindliche Beweise in meinem Besitz von Personen, die in St. Petersburg waren und wissen konnten, dass die eingesetzten Maschinengewehre weder in Stellung gebracht noch von der Polizei abgefeuert wurden. Die Polizei hatte den ausdrücklichen Befehl erhalten, keine drastischen Maßnahmen zu ergreifen.

Kommunikationssysteme durch „Zellen", die in Schlüsselpositionen platziert waren, wurde in den nächsten Monaten häufig genutzt.[86]

Am 12. März revoltierten mehrere Regimenter und töteten ihre eigenen Offiziere. Dann kapitulierte unerwartet die Garnison der Festung St. Peter und St. Paul, und die meisten Truppen schlossen sich der Revolution an.

Unmittelbar nach der Kapitulation der Garnison wurde ein Ausschuss der Duma gebildet, der aus 12 Mitgliedern bestand. Diese provisorische Regierung überlebte, bis sie im November 1917 von Lenins Bolschewiki gestürzt wurde. Die revolutionären Führer, die größtenteils Menschewiki waren, organisierten den Petersburger Sowjet. Sie erklärten sich damit einverstanden, dass die Provisorische Regierung ihre Arbeit fortsetzte, da sie den Anschein einer rechtmäßigen Autorität hatte.

St. Petersburg war nur eine Stadt in einem riesigen Reich. Es gab keine Möglichkeit, genau zu wissen, wie sich die Bürger in anderen Städten verhalten würden. Kerenski, der Sozialist, war ein sehr starker Mann. Er wurde als der Napoleon Russlands bezeichnet.

Durch die gute Vermittlung der internationalen Bankiers M.M. Warburg & Sons. wurde Lenin mit den deutschen Militärführern in Verbindung gebracht. Er erklärte ihnen, dass die Politik sowohl von Kerenskis Provisorischer Regierung als auch des menschewistischen revolutionären Sowjets darin bestand, Russland im Krieg gegen Deutschland zu halten.[87]

Lenin verpflichtete sich, die Macht der jüdischen Revolutionsführer in Russland zu beschneiden. Er versprach, die russischen Armeen aus dem

---

[86] Ich habe eindeutige und verbindliche Beweise in meinem Besitz von Personen, die in St. Petersburg waren und wissen konnten, dass die eingesetzten Maschinengewehre weder in Stellung gebracht noch von der Polizei abgefeuert wurden. Die Polizei hatte den ausdrücklichen Befehl erhalten, keine drastischen Maßnahmen zu ergreifen.

[87] Ich habe Beweise dafür, dass der Bruder von Paul Warburg aus New York der Geheimdienstoffizier der deutschen Armee war, der im Namen des deutschen Oberkommandos mit Lenin verhandelte und für seine sichere Überfahrt durch Deutschland nach Russland sorgte.

Krieg gegen Deutschland herauszunehmen, wenn die deutsche Regierung ihm helfen würde, die russische provisorische Regierung zu stürzen und die politische und wirtschaftliche Kontrolle über das Land zu erlangen. Dieser Vereinbarung wurde zugestimmt, und Lenin, Martow, Radek und eine Gruppe von etwa 30 Bolschewiki wurden in einem versiegelten Eisenbahnabteil heimlich durch Deutschland nach Russland transportiert. Sie kamen am 3. April in St. Petersburg an. Die deutschen Warburgs und die internationalen Bankiers in Genf stellten die notwendigen Mittel zur Verfügung.

Die russische provisorische Regierung unterzeichnete 1917 ihr eigenes Todesurteil, als sie unmittelbar nach ihrer Bildung einen Erlass verkündete, der allen politischen Gefangenen eine bedingungslose Amnestie gewährte. Diese Amnestie schloss auch diejenigen ein, die sich im sibirischen Exil befanden oder im Ausland Zuflucht gesucht hatten. Dieser Erlass ermöglichte über 90.000 Revolutionären, die meisten von ihnen Extremisten, die Wiedereinreise nach Russland. Viele von ihnen waren ausgebildete Führer. Lenin und Trotzki rekrutierten diesen gewaltigen Zustrom von Revolutionären für ihre bolschewistische Partei.

Kaum war Lenin nach Russland zurückgekehrt, griff er die Provisorische Regierung, die ihn und seine Anhänger begnadigt hatte, mit Propaganda an. Anfang April wird der Petersburger Sowjet (d. h. der Arbeiterrat) von den Menschewiki dominiert. Die Essaren (Sozialrevolutionäre) sind die zweitstärkste Fraktion, und die Bolschewiki sind ausnahmsweise in der Minderheit. Die Politik der Provisorischen Regierung bestand darin, die Kriegsanstrengungen fortzusetzen, da die Mehrheit der Russen die totalitären Ambitionen der deutschen „schwarzen" Nazi-Kriegsherren als direkte Bedrohung der russischen Souveränität betrachtete. Diese Politik wurde von Tschetscheidse, der in Abwesenheit von Martow den Vorsitz des Petersburger Sowjets übernommen hatte, nachdrücklich unterstützt. Der stellvertretende Vorsitzende des Sowjets, Skobelew, der auch Mitglied der Provisorischen Regierung war,, unterstützte ebenfalls die Kriegsanstrengungen, da er der Meinung war, dass die Revolutionäre, wenn sie zur Niederlage der deutschen Streitkräfte beitragen könnten, in der Lage sein könnten, den deutschen und polnischen revolutionären Gruppen zu helfen, die deutsche Regierung in der Stunde ihrer Niederlage zu stürzen.

Lenins einziges Ziel war es damals, die Führung zu erlangen. Er greift die Politik der Provisorischen Regierung an. Er beschuldigt ihre Mitglieder, Instrumente der Bourgeoisie zu sein. Er sprach sich offen für ihren sofortigen gewaltsamen Umsturz aus. Er wollte die menschewistischen Mitglieder des Petersburger Sowjets zu diesem Zeitpunkt nicht gegen sich aufbringen. Lenin wies seine bolschewistischen Agitatoren an, den Fabrikarbeitern und Militärs die Zerstörung der Provisorischen Regierung zu predigen, dabei aber die Parole „Alle Macht den Sowjets" zu verwenden, d. h. alle Macht den Arbeiterräten.

Unter den Tausenden von Revolutionären, die nach der Generalamnestie nach Russland zurückkehrten, war auch Trotzki. Er nahm aus Kanada und den Vereinigten Staaten mehrere hundert Revolutionäre mit, die zuvor aus Russland geflohen waren. Die große Mehrheit von ihnen waren jiddische Juden aus dem East End von New York.[88] Diese Revolutionäre halfen, Lenin an die Macht zu bringen. Sobald diese Revolutionäre ihren Zweck erfüllt hatten, wurden die meisten von ihnen zum Exil oder zum Tode verurteilt. Es dauerte nur verhältnismäßig kurz, bis alle Gründungsmitglieder der Ersten Internationale entweder tot, im Gefängnis oder im Exil waren. Die Geschichte der Lenin- und Stalin-Diktaturen sollte jeden unvoreingenommenen Menschen davon überzeugen, dass die Massen der Weltbevölkerung, ungeachtet ihrer Hautfarbe oder ihres Glaubens, als Schachfiguren im internationalen Schachspiel der „roten" internationalen Bankiers und der „schwarzen" arischen Nazi-Kriegsherren unter der Regie der Illuminaten benutzt wurden.

Ein weiterer Beweis dafür, dass die internationalen Bankiers für Lenins Rolle in der Russischen Revolution verantwortlich waren, findet sich in einem „Weißbuch", das im Auftrag des englischen Königs im April 1919 veröffentlicht wurde (Russland Nr. 1), aber die internationalen Bankiers haben über die Direktoren der Bank of England die britische Regierung überredet, das ursprüngliche Dokument zurückzuziehen und

---

[88] Pater Denis Fahey C.S. Sp. nennt in seinem Buch *The Rulers of Russia (Die Herrscher Russlands)* auf den Seiten 9-14 die Namen all dieser Revolutionsführer, ihre Nationalität, ihre rassische Herkunft und die Positionen, die sie bekleideten, sobald Lenin die Macht an sich gerissen hatte und Trotzki im November 1917 seine Position in Russland festigte.

durch ein anderes zu ersetzen, in dem jeder Hinweis auf die internationalen Juden entfernt wurde.[89]

François Coty schreibt im „Figaro" vom 20. Februar 1932:

> „Die Subventionen, die Jacob Schiff zu dieser Zeit den Nihilisten in Russland und anderswo gewährte, waren nicht mehr nur ein Akt der Großzügigkeit. Auf seine Kosten wurde in den USA eine regelrechte russische Terrororganisation gegründet, die mit der Ermordung von Ministern, Gouverneuren, Polizeichefs usw. beauftragt wurde.

Die Illuminaten, die sich des Kommunismus und des Nationalsozialismus bedienen, um ihre geheimen totalitären Ambitionen voranzutreiben, organisieren revolutionäre Aktionen in drei Schritten oder Bewegungen.[90]

1. Die Umwandlung der bestehenden Staatsform (egal ob Monarchie oder Republik) in einen sozialistischen Staat, wenn möglich mit verfassungsrechtlichen Mitteln.

2. Die Umwandlung des sozialistischen Staates in eine proletarische Diktatur durch revolutionäre Aktion.

3. Der Übergang von einer proletarischen Diktatur zu einer totalitären Diktatur durch die Beseitigung aller einflussreichen Personen, die dagegen sein könnten.

Nach 1918 waren alle russischen Juden entweder revolutionäre Juden, die hartnäckig an den Marx'schen Theorien festhielten und sich für die Gründung einer Internationalen der Sozialistischen Sowjetrepubliken einsetzten (Trotzkisten), oder sie befürworteten die Rückkehr nach

---

[89] Captain A.H.M. Ramsay, Mitglied des Parlaments für Midlothian und Peebleshire von 1931 bis 1945, erklärt auf Seite 96 seines Buches: *Der namenlose Krieg* - „Mir wurden die beiden Weißbücher gezeigt... das Original und die gekürzte Ausgabe, Seite an Seite. Wichtige Passagen waren in der gekürzten Ausgabe gestrichen worden." Siehe, www.omnia-veritas.com.

[90] Weitere Einzelheiten zu diesem Thema finden Sie in den Büchern „The Last Days of the Mevanovs" von Thornton Butterworth und „Les Derniers Jours des Romanoff" von Robert Wilton, 15 Jahre lang Russland-Korrespondent der „London Times".

Palästina (die Zionisten). Miss B. Baskerville schreibt in ihrem 1906 veröffentlichten Buch „The Polish Jew" auf den Seiten 117-118 über die Ghettos:

> „Der Sozialzionismus zielt darauf ab, die Zionisten zum Sozialismus zu bekehren, bevor sie nach Palästina gehen, um die Errichtung einer sozialistischen Regierung zu erleichtern... in der Zwischenzeit tun sie ihr Bestes, um die europäischen Regierungen zu stürzen, die nicht ihrem politischen Standard entsprechen... ihr Programm, das voll von sozialistischen Ideen ist... beinhaltet die Organisation von Streiks, Terrorakten und, da die Organisatoren sehr jung sind, auch Akte der Torheit..."

Die geheime Macht hinter der W.R.M. kontrolliert auch den politischen Zionismus, doch die überwiegende Mehrheit der Juden, die für den Zionismus arbeiten, sind sich absolut nicht bewusst, dass auch sie als „Bauern im Spiel" des internationalen Schachs benutzt werden.

Kapitel 9

Politische Intrigen - 1914 - 1919

Die Art und Weise, wie internationale Intrigen genutzt wurden, um den ehrenwerten H.H. Asquith abzusetzen, als er 1916 Premierminister von Großbritannien war, wurde mir von einem Mann erklärt, der sehr gut informiert war. Ich lernte ihn kennen, als ich 1917 als Gesandter des Königs diente. Wir befanden uns in meinem Zimmer in einem Hotel, als ich im Laufe des Gesprächs erwähnte, dass ich den starken Verdacht hegte, dass eine vergleichsweise kleine Gruppe extrem reicher Männer die Macht, die sie sich mit ihrem Reichtum erkaufen konnten, dazu nutzte, nationale und internationale Angelegenheiten zu beeinflussen, um ihre eigenen geheimen Pläne und Ambitionen zu fördern.

Mein Begleiter antwortete: „Wenn du über solche Dinge redest, ist es unwahrscheinlich, dass du lange genug lebst, um zu erkennen, wie recht du hast." Dann erzählte er mir, wie Herr Asquith im Dezember 1916 abgesetzt und David Lloyd George, Winston Churchill und Arthur James Balfour an die Macht in England gebracht worden waren.

Die Geschichte, die er mir erzählte, wies eine bemerkenswerte Ähnlichkeit mit dem Komplott auf, das die Geheimmächte, die die Kampagne *L'Infamie* unmittelbar vor dem Ausbruch der französischen Revolution im Jahr 1789 leiteten, anwandten. Es sei daran erinnert, dass ein Brief benutzt wurde, um den Kardinal Prince de Rohan in den Palais Royal zu locken, wo er mit einer als Marie Antoinette verkleideten Prostituierten zusammen war.

Die angeblich moderne Methode sieht folgendermaßen aus: Kurz nach Ausbruch des Krieges im August 1914 beauftragte eine kleine Gruppe wohlhabender Männer einen Agenten, ein altes, aber sehr geräumiges Herrenhaus in einen märchenhaften Privatclub zu verwandeln. Diejenigen, die es ermöglichten, ein solch kostspieliges Vorhaben zu finanzieren, bestanden darauf, dass ihre Identität geheim bleibt. Sie erklärten, dass sie einfach den Offizieren der Streitkräfte, die ihr Leben für König und Vaterland riskierten, ihre tiefe Wertschätzung zeigen wollten.

Der Club bot jede Art von Luxus, Unterhaltung und Vergnügungsmöglichkeiten. Die Nutzung des Clubs war in der Regel auf beauftragte Offiziere beschränkt, die vom aktiven Dienst in London beurlaubt waren. Ein neues Mitglied musste von einem Offiziersbruder eingeführt werden. Mein Begleiter nannte den Club den „Glass Club".[91]

Bei ihrer Ankunft wurden die Gäste von einem Beamten befragt. Wenn er sich von ihren Qualifikationen überzeugt hatte, wurde ihnen erklärt, wie der Club funktionierte. Der Offizier, der die Aufnahme beantragte, wurde aufgefordert, sein Ehrenwort zu geben, dass er die Namen der Personen, die er während seines Aufenthalts im Club kennengelernt hatte, nicht nennen oder ihre Identität nach seinem Verlassen des Clubs preisgeben würde. Nachdem er dieses feierliche Versprechen gegeben hatte, wurde dem Gast erklärt, dass er eine Reihe von Frauen treffen würde, die in der besten Londoner Gesellschaft bekannt waren. Sie alle trugen Masken. Der Beamte wurde gebeten, nicht zu versuchen, eine der Damen zu identifizieren. Er musste schwören, ihr Geheimnis zu wahren, sollte er eine von ihnen zufällig identifizieren.

Nachdem die Vorbereitungen abgeschlossen waren, wurde der Offizier in sein Privatzimmer geführt. Es war äußerst luxuriös eingerichtet. Zur Ausstattung gehörten ein riesiges Doppelbett, ein Schminktisch, ein Kleiderschrank, ein Schrank mit Weinen und Likören, ein Humidor für Raucher, eine eigene Toilette und ein Bad. Der neue Gast wurde eingeladen, es sich gemütlich zu machen. Er wurde darüber informiert, dass er eine Besucherin empfangen würde. Sie würde eine Brosche aus Modeschmuck mit der Nummer seines Zimmers tragen. Wenn er sie nach dem Kennenlernen zum Abendessen einladen wolle, sei das sein Privileg.

Der Empfangssaal, in dem sich die Gäste und ihre Gastgeberinnen vor dem Abendessen zu einem Cocktail zusammenfanden, glich dem eines Königspalastes. Der Speisesaal war groß genug, um fünfzig Paaren Platz zu bieten. Der Ballsaal war ein solcher, von dem viele Menschen

---

[91] Ein exaktes Duplikat dieses Clubs wurde während des Zweiten Weltkriegs in der Nähe von Montreal gegründet.

träumen, den aber nur wenige zu Gesicht bekommen. Kostspielige Dekorationen wurden durch luxuriöse Vorhänge hervorgehoben, gedämpftes Licht, schöne Frauen in prächtigen Kleidern, sanfte, verträumte Musik, der Duft seltener Parfüms machten den Ort zu einem arabischen Traum vom Himmel. Die ganze Atmosphäre des 200er-Clubs war so, dass sich die beurlaubten Offiziere zunächst entspannten und sich dann aufmachten, einen echten römischen Urlaub zu verbringen. Es gab nichts Ekliges oder Vulgäres im „Glass Club". Alles an diesem Ort war schön, zart, weich und geschmeidig... das genaue Gegenteil von den Schrecken, der Gewalt und der Brutalität eines modernen Krieges. Zwischen den Tanznummern traten Entertainer auf, die die Gefühle von Freude, Spaß und Lachen hervorriefen. Im weiteren Verlauf des Abends wurde ein langes Buffet mit üppigen Fisch- und Wildgerichten aufgebaut. Eine Bar bot alle Arten von Getränken an, vom Champagner bis zum reinen Whisky. Zwischen Mitternacht und ein Uhr nachts führten fünf wunderschöne Mädchen den Tanz der sieben Schleier auf. Der Tanz stellte eine Szene aus dem Harem eines Sultans dar. Die Mädchen begannen den Tanz vollständig bekleidet (bis hin zu dem Schleier, den sie trugen, um ihre Gesichtszüge zu verbergen), aber als der Tanz endete, waren die Mädchen völlig nackt. Den letzten Akt tanzten sie in ihrer geschmeidigen Nacktheit, wobei sie den fadenscheinigen Schleier um sich herum schwenkten, so dass ihre körperlichen Reize eher hervorgehoben als verdeckt wurden. Wenn die Paare der Unterhaltung, des Tanzes und der Gesellschaft anderer Menschen überdrüssig waren, zogen sie sich in ihre Privaträume zurück.

Am nächsten Tag konnten sie sich im Hallenbad, beim Tennis, Badminton, Billard oder im Kartenspielraum, einem Miniatur-Monte Carlo, vergnügen. Etwa im November 1916 wurde eine sehr hohe Persönlichkeit in den Club gelockt, als er eine Nachricht erhielt, in der stand, dass er Informationen von größter Bedeutung für die britische Regierung erhalten würde. Er fuhr in seinem Privatwagen zum Club. Er wies seinen Chauffeur an, auf ihn zu warten. Nachdem er eingelassen worden war, wurde er in eines der luxuriös eingerichteten Schlafsäle geführt. Eine Dame gesellte sich zu ihm. Als sie ihn sah, fiel sie fast in Ohnmacht. Es war seine eigene Frau. Sie war viel jünger als ihr Mann. Sie war schon seit geraumer Zeit Gastgeberin für einsame Offiziere auf Urlaub. Es war eine höchst peinliche Situation.

Die Frau wusste nichts von dem Komplott. Sie hatte keine geheimen Informationen zu geben. Sie war überzeugt, dass sowohl sie als auch ihr Mann fremdgingen. Sie dachte, es sei nur dieses unglückliche Zufallstreffen gewesen, das sie zusammengeführt hatte. Es gab eine Szene. Der Ehemann wurde über die Rolle, die die Hostessen im Club spielten, informiert. Aber seine Lippen waren versiegelt als wäre er tot. Er war ein Mitglied der Regierung. Er konnte es sich nicht leisten, in einen Skandal verwickelt zu werden.

Jeder Angestellte des Clubs, ob männlich oder weiblich, war ein Spion. Sie meldeten alles, was im Club geschah, an ihre Vorgesetzten. Die Identität der Beteiligten wurde bekannt. Die auf diese Weise gewonnenen Informationen wurden in dem so genannten „Schwarzbuch" zu Protokoll gegeben. Im „Schwarzbuch" wurden ihre Unterlassungs- und Begehungssünden, ihre besonderen Laster, ihre besonderen Schwächen, ihr finanzieller Status, der Zustand ihrer häuslichen Beziehungen und der Grad ihrer Zuneigung zu Verwandten und Freunden festgehalten. Ihre Verbindungen zu einflussreichen Männern in Politik, Wirtschaft und Religion sowie ihr Einfluss auf diese wurden sorgfältig festgehalten.

Im November 1916 versuchte ein Abgeordneter, den wahren Charakter des „Glass Club" zu enthüllen. Drei Armeeoffiziere, die den Club besucht hatten, gerieten in den Verdacht, dass es sich um ein riesiges Spionagesystem handelte, nachdem versucht worden war, sie zur Herausgabe von Informationen zu erpressen, die für den Feind wertvoll gewesen wären. In ihr Abenteuer waren eine australische Dame, ihr Chauffeur sowie die Ehefrauen und Töchter mehrerer hochrangiger Regierungsbeamter verwickelt.[92]

Der Versuch, die wahren Fakten bekannt zu machen, wurde unterdrückt, aber das „Schwarzbuch" wurde im Parlament und in der öffentlichen Presse erwähnt. Die Politik der Regierung beruhte auf der Behauptung, dass ein Skandal dieses Ausmaßes zu einer nationalen Katastrophe führen könnte, und das in einer Zeit, in der die Streitkräfte zu Wasser, zu Lande und in der Luft schwere Rückschläge hinnehmen mussten.

Die liberale Presse begann, den Premierminister anzugreifen. Er wurde beschuldigt, in seiner Regierung Männer zu beherbergen, die für das

---

[92] Dies stand im Einklang mit Absatz 8 der in Kapitel 3 dargestellten Handlung.

Amt ungeeignet waren. Ihm wurde vorgeworfen, vor dem Krieg umfangreiche Geschäfte mit deutschen Industriellen und Finanziers gemacht zu haben. Ihm wurde vorgeworfen, dem Kaiser freundlich gesinnt zu sein. Ihm wurde vorgeworfen, nicht in der Lage zu sein, schnelle und feste Entscheidungen zu treffen. Er wurde als „Wait-and-see-Asquith" verspottet. Mein Begleiter erzählte mir, dass Beweise gegen hohe Beamte, die in den „Glass Club"-Skandal verwickelt waren, die Regierung zum Rücktritt veranlassten. Auf diese Weise, so mein Begleiter, war das britische Empire gezwungen, mitten in einem Weltkrieg die politischen Pferde zu wechseln. Als Asquith im Dezember 1916 zurücktrat, wurde er durch eine Koalitionsregierung unter der Führung von David Lloyd George abgelöst. Winston Churchill und Mr. Balfour waren zwei der prominentesten Mitglieder.

Kurz nachdem ich die obige Geschichte gehört hatte, fiel mir auf, dass die drei erwähnten Armeeoffiziere in den offiziellen Listen als „im Kampf gefallen" aufgeführt waren. In Kriegszeiten ist so etwas durchaus möglich. Als Nächstes kam eine kurze Meldung, dass die australische Dame und ihr Chauffeur auf der Grundlage des Defence of the Realm Act inhaftiert worden waren. Dann wurde bekannt gegeben, dass der in den Fall verwickelte Abgeordnete sich aus dem öffentlichen Leben zurückgezogen hatte. Einige Wochen später wurde ich vom Dienst als King's Messenger abgezogen und zum Navigationsoffizier der britischen U-Boote ernannt. Wir verloren 33 Prozent unserer Offiziere und Männer, aber ich war einer von denen, die überlebten. Erst lange nach dem Krieg, als ich moderne Geschichte und vergleichende Religionswissenschaften studierte, wurde mir die enorme Bedeutung des politischen Zionismus für diejenigen bewusst, die die unbestrittene Kontrolle über die Weltwirtschaft anstrebten. Die folgenden historischen Ereignisse sprechen für sich selbst.

Als 1914 der Krieg ausbrach, war der ehrenwerte H.H. Asquith Premierminister. Er war ein Anti-Zionist. Die internationalen Bankiers beschlossen, dass Asquiths Regierung abgesetzt und durch eine Koalitionsregierung ersetzt werden sollte, in der David Lloyd George und Winston Churchill großen Einfluss ausüben würden. Lloyd George war jahrelang Anwalt der zionistischen Bewegung gewesen, die von den Rothschilds geplant und finanziert wurde. Winston Churchill war seit seinem Eintritt in die Politik ein Unterstützer des politischen Zionismus gewesen.

Im Jahr 1917 unterstützten die internationalen Bankiers sowohl die bolschewistische als auch die zionistische Bewegung. Es scheint unglaublich, dass das britische Kabinett nicht wusste, was vor sich ging, zumal die britische Regierung intervenieren musste, um Trotzki und seine revolutionären Führer freizubekommen, nachdem sie in Halifax auf dem Weg von New York nach Russland festgehalten worden waren.

Der Sturz des Russischen Reiches würde zwangsläufig den Rückzug der mächtigen russischen Armeen aus dem Krieg auf Seiten der alliierten Mächte zur Folge haben. Die deutschen Armeen, die an der Ostfront eingesetzt waren, würden die Armeen, die an der Westfront gegen die alliierten Streitkräfte kämpften, wieder verstärken können.

Trotz dieses Wissens wurde nichts unternommen, um zu verhindern, dass die Pläne der internationalen Finanziers ausgereift waren.

Die britische Regierung war sich der ernsten Lage bewusst, die sich in Bezug auf Russland zusammenbraute. Das beweist die Tatsache, dass die Angelegenheit im Kabinett erörtert und ein Beschluss gefasst wurde, Lord Kitchener nach Russland zu entsenden, um die russischen Streitkräfte neu zu organisieren. Lord Kitchener segelte von Scapa Flow aus an Bord der H.M.S. Hampshire. Das Schiff wurde in der Nacht des 5. Juni 1916 auf mysteriöse Weise versenkt. Lord Kitchener ging bis auf ein Dutzend Besatzungsmitglieder verloren. Die Überlebenden wurden mit einer Rettungsinsel an Land getrieben. Die britische Regierung gab bekannt, dass die H.M.S. Hampshire von einem deutschen U-Boot oder einer deutschen Mine versenkt wurde. Dies hat sich als Lüge herausgestellt.

Ich habe diesen Vorfall sehr gründlich untersucht. In einem früheren Buch „Hell's Angels of the Deep", das 1932 veröffentlicht wurde, bewies ich, dass die H.M.S. Hampshire nicht durch einen feindlichen Torpedo oder eine Mine versenkt worden war. Die H.M.S. Hampshire wurde entweder durch Sabotage oder durch eine Fehleinschätzung seitens ihres Navigationsoffiziers versenkt. In Anbetracht aller verfügbaren Beweise war ich davon überzeugt, dass die H.M.S. Hampshire nach dem Aufprall auf die untergetauchten North Shoals Rocks gesunken ist. Es ist schwer vorstellbar, dass ein erfahrener Marine-Navigator eine solche Fehleinschätzung begangen hat. Ich bin nach wie vor der Meinung, dass wahrscheinlich ein Saboteur an den Magneten des Steuerkompasses herumgepfuscht hat. Kreiselkompasse gehörten damals nicht zur Standardausrüstung, und selbst Schiffe, die sie hatten, fanden die Sperry-Modelle sehr unzuverlässig, wie ich aus eigener Erfahrung weiß.

General Erich von Ludendorf (der als Generalstabschef gemeinsam mit General Hindenburg die Führung der deutschen Militärmacht innehatte) untersuchte ebenfalls die Umstände des Untergangs der H.M.S. Hampshire und des Todes von Lord Kitchener. Er stellt positiv fest: „Die Aktionen der deutschen Marineeinheiten, entweder U-Boote oder Minenleger, hatten nichts mit dem Untergang des Schiffes zu tun." Er sagte, er sei zu dem Schluss gekommen, dass der Tod von Lord Kitchener eine Fügung Gottes gewesen sei, denn wenn er noch gelebt hätte, hätte er zweifellos die russischen Armeen reorganisiert und sie zu einer höchst beeindruckenden Kampftruppe ausgebildet. Der General bemerkte dann

> „Hätte er dies getan, wären die Bolschewiki in den Besitz einer der gewaltigsten Kampfmaschinen gekommen, die die Welt je gesehen hat. Eine solche Streitmacht hätte es dem Kommunismus ermöglicht, über die ganze Welt zu fegen."

Ich behaupte, dass die internationalen Bankiers es sich nicht leisten konnten, die russischen Streitkräfte erst NACH dem Aufstand der Menschewiki und nach dem Sturz von Kerenskis provisorischer Regierung im Jahr 1917 neu zu organisieren. Es ist sehr zweifelhaft, ob Lenin und Trotzki das erreicht hätten, was sie erreicht haben, wenn Lord Kitchener in der Lage gewesen wäre, die russischen Streitkräfte 1916 neu zu organisieren, zu disziplinieren und auszubilden. Aus der Geschichte geht auch hervor, dass Winston Churchill und Lord Kitchener in den Jahren 1914-1916 ernsthaft über die Militärpolitik gestritten hatten. Lord Kitchener hatte sich Churchills Idee, die Marinedivision 1914 nach Antwerpen zu schicken, erbittert widersetzt. Er hatte sich auch Churchills Plan widersetzt, die Dardanellen zu erobern. Beide Unternehmungen erwiesen sich als kostspielige Fehler. Das Unternehmen der Dardanellen hätte erfolgreich sein können und hätte wahrscheinlich den Krieg 1916 beendet, wenn Churchill gewartet hätte, bis sowohl die Armee als auch die Seestreitkräfte bereit waren, gemeinsam zu kooperieren.

Als Churchill darauf bestand, dass die Seestreitkräfte die Dardanellen allein angreifen sollten, informierte er den Feind über die geplante Strategie. Nachdem Churchill den ersten Fehler begangen hatte, wurde die Teilnahme der Armee angeordnet. Die Einwände von Lord Kitchener wurden übergangen. Sein Rat wurde ignoriert. Die alliierten

Streitkräfte, die für den Angriff auf die Dardanellen eingesetzt wurden, waren zahlenmäßig unzureichend, unzureichend ausgebildet, für eine solche Aufgabe schlecht ausgerüstet und schlecht unterstützt, was Verpflegung, medizinische Hilfe und Verstärkung anging. Sie waren gezwungen, erstklassige Truppen anzugreifen, deren Anführer vor der Gefahr gewarnt worden waren. Die alliierten Militär- und Seestreitkräfte mussten militärische und maritime Hindernisse überwinden, die noch nicht existierten, als Churchill den ersten Seeangriff anordnete. Der Dardanellenfeldzug war von Anfang an zum Scheitern verurteilt.

Je mehr wir uns mit den Methoden der Geheimmächte in internationalen Angelegenheiten befassen, desto deutlicher wird, dass sie private Attentate wie Unfälle oder Selbstmorde aussehen lassen; Sabotage sieht aus wie Nachlässigkeit, Fehleinschätzungen und unbeabsichtigte Fehler, die aufgrund entschuldbarer Umstände begangen wurden.

Die einzig mögliche Überlegung, die die Politik der Koalitionsregierung im Jahr 1916 gegenüber Russland rechtfertigen konnte, war die Tatsache, dass die Regierung wusste, dass sie keine finanzielle oder militärische Unterstützung von Amerika erhalten konnte, bevor die russische Regierung nicht gestürzt worden war. Eine solche Behauptung scheint absurd, wird aber durch die folgenden Fakten gestützt:

Die Menschewiki begannen die Russische Revolution im Februar 1917.

Der Zar dankte am 15. März 1917 ab.

Jacob H. Schiff, Seniorpartner von Kuhn-Loeb & Co. in New York, hob sofort die Beschränkungen auf, die er für die finanzielle Unterstützung der Alliierten verhängt hatte. Mortimer Schiff wurde daraufhin von seinem Vater Jacob angewiesen, Sir Ernest Cassels zu telegrafieren: „Aufgrund der jüngsten Aktionen in Deutschland und der Entwicklungen in Russland werden wir uns nicht länger der Finanzierung der alliierten Regierungen enthalten."

Am 5. April gab die britische Regierung bekannt, dass sie den Außenminister Arthur James Balfour in die Vereinigten Staaten schickt,, um den amerikanischen Bankiers mitzuteilen, dass die britische Regierung bereit sei, ihre Pläne für den politischen Zionismus offiziell zu unterstützen, sofern sie Amerika auf der Seite der Alliierten in den Krieg bringen würden. Amerika trat in den Krieg ein. Am 7. Juni 1917 landeten die ersten amerikanischen Truppen in Frankreich.

Am 18. Juli 1917 schrieb Lord Rothschild Herrn Balfour wie folgt:

> „Sehr geehrter Mr. Balfour:
>
> Endlich bin ich in der Lage, Ihnen die von Ihnen verlangte Formel zu übermitteln. Wenn die Regierung Seiner Majestät mir eine dieser Formel entsprechende Botschaft schickt und sie und Sie sie billigen, werde ich sie der Zionistischen Föderation auf einer zu diesem Zweck einberufenen Sitzung übergeben."

Der Entwurf der Erklärung lautete wie folgt:

> „Die Regierung Seiner Majestät akzeptiert den Grundsatz, dass PALESTINN als nationale Heimstätte für das jüdische Volk wiederhergestellt werden sollte.[93]
>
> Die Regierung Seiner Majestät wird sich nach besten Kräften um die Verwirklichung dieses Ziels bemühen und die notwendigen Methoden und Mittel mit der zionistischen Organisation besprechen."[94]

Herr Balfour und die britische Regierung stimmten den von Lord Rothschild und seinen zionistischen Mitstreitern diktierten Bedingungen zu. Dies wird durch die Tatsache bewiesen, dass am 28. August. Sir Herbert Samuel (er wurde später zum Viscount ernannt), Sir Alfred Mond (er wurde später zum Lord ernannt) und Lord Rothschild überredeten das britische Kabinett, Lord Reading als Leiter der Wirtschaftsmission in die USA zu schicken. Lord Reading war, als Sir Rufus Isaacs, in den Marconi-Skandal verwickelt.

Die Einzelheiten der Vereinbarung, die er im September 1917 mit der US-Regierung aushandelte, wurden nie bekannt gegeben. Es ist jedoch

---

[93] Dies stand im Einklang mit Absatz 8 der in Kapitel 3 dargestellten Handlung.

[94] Dieser Brief wurde von Herrn Stokes zitiert. Dies entsprach Absatz 8 des in Kapitel 3 aufgedeckten Komplotts. Herr Stokes, M.P. im britischen Parlament während der Palästina-Debatte am 11. Dezember 1947.

bekannt, dass das Geschäft mit der Bank of England zu tun hatte, da sie nach 1919 unter amerikanischer Aufsicht vollständig reorganisiert und physisch wieder aufgebaut wurde. [95]

Im September schrieb Jacob Schiff von Kuhn-Loeb & Co. einen langen Brief über die zionistische Frage an einen Herrn Friedman. Darin finden sich die folgenden Passagen:

> „Ich glaube, dass es möglich sein könnte, den guten Willen Amerikas, Großbritanniens und Frankreichs zu sichern,[96] auf jeden Fall zur Förderung eines großen Zustroms und der Ansiedlung unseres Volkes in Palästina... ferner könnte es möglich sein, von den Mächten die formelle Zusicherung zu erhalten, dass unser Volk Autonomie in Palästina erhalten wird, sobald seine Zahl groß genug ist, um dies zu rechtfertigen."

26. September 1917 - Louis Marshall, Rechtsvertreter von Kuhn-Loeb & Co., schreibt seinem Freund Max Senior, einem anderen führenden Zionisten, folgendes:

> „Major Lionel de Rothschild von der Liga für die britischen Juden teilt mir mit, dass seine Organisation mit dem American Jewish Committee übereinstimmt... Die Balfour-Deklaration, mit ihrer Annahme durch die Mächte, ist ein Akt höchster Diplomatie. Der Zionismus ist nur ein Zwischenfall in einem weitreichenden Plan: Er ist lediglich ein bequemer Pflock, an dem eine mächtige Waffe aufgehängt werden kann. Alle Proteste, die sie (die Gegner) machen könnten, wären vergeblich. Es würde sie individuell hasserfüllten und konkreten Beispielen von höchst beeindruckender Natur aussetzen. Ich würde vor den Möglichkeiten, die sich daraus ergeben könnten, zurückschrecken.

Hier haben wir ein unverblümtes Eingeständnis von Louis Marshall, dass „der Zionismus nur ein Zwischenfall eines weitreichenden Plans ist... er ist lediglich ein bequemer Pflock, an dem eine mächtige Waffe

---

[95] Lesen Sie „Programme for the Third World War", von C.H. Douglas, Liverpool, 1944.

[96] Herr Cambon vom französischen Außenministerium akzeptierte die Balfour-Erklärung in Bezug auf die Unterstützung des Zionismus zu dieser Zeit.

aufgehängt werden kann." Der weitreichende Plan, von dem hier die Rede ist, kann nichts anderes sein als der langfristige Plan, auf den bereits immer wieder hingewiesen wurde. Es ist ein Plan, mit dem die internationalen Finanziers die endgültige und unangefochtene Kontrolle über den Reichtum, die natürlichen Ressourcen und die Arbeitskraft der gesamten Welt erlangen wollen.

Einige der wichtigsten historischen Ereignisse, die die obige Aussage bestätigen, sind die folgenden: Am 28. Januar 1915 schrieb Mr. Asquith, Premierminister von England, in sein Tagebuch:

> „Ich habe gerade von Herbert Samuel ein Memorandum mit der Überschrift Die Zukunft Palästinas erhalten... Er meint, wir könnten in diesem Gebiet etwa drei oder vier Millionen europäische Juden ansiedeln. Es las sich fast wie eine neue Ausgabe von Tancred, die auf den neuesten Stand gebracht wurde. Ich gestehe, dass ich von dieser vorgeschlagenen Erweiterung unserer Verantwortung nicht angetan bin",

usw. Damit erwies sich Asquith als Anti-Zionist.

Prominente Zionisten besaßen die meisten, wenn nicht alle, der wichtigsten britischen Kriegsindustrien. Ohne ersichtlichen Grund hatte Großbritannien 1915-1916 plötzlich einen Mangel an Chemikalien, die für die Herstellung von Sprengstoff benötigt wurden. Waffen und Munition, die unseren russischen Verbündeten versprochen worden waren, kamen nicht zum Einsatz. Die Granaten für unsere Geschütze waren so knapp, dass sie rationiert werden mussten. Die Regierung Asquith wurde beschuldigt, die Kriegsanstrengungen zu verpfuschen. Aber sehen wir uns die Fakten an.

Sir Frederick Nathan war für die chemische Produktion zuständig. Die Firmen Brunner & Mond taten alles in ihrer Macht Stehende, um die entstandene kritische Situation zu verbessern. Mit Hilfe von Regierungsgeldern errichteten sie eine große Chemiefabrik in Silvertown. Sir Alfred Mond wurde zum „His Majesty's Commissioner of Works" ernannt. Danach wurde er Leiter der jüdischen Agentur in Palästina.

Die Arbeiten an der Fabrik wurden zügig vorangetrieben. Die Fabrik wurde in Rekordzeit in Betrieb genommen. Blumensträuße wurden herumgereicht und die wohlhabenden zionistischen Finanziers, die angeblich so viel für die britischen Kriegsanstrengungen taten, wurden geehrt. DOCH KAUM HATTE DIE SILVERTOWN-FABRIK DIE PRODUKTION AUFGENOMMEN, FLOG SIE IN DIE LUFT UND KOSTETE VIERZIG MENSCHEN DAS LEBEN. Über achthundert Gebäude und Häuser wurden zerstört.[97]

Da Großbritannien nicht wie versprochen Waffen und Munition an Russland lieferte, kam es an der Ostfront zu schweren militärischen Rückschlägen. Die Zeitungen berichteten, dass die russischen Truppen mit Stöcken und bloßen Fäusten kämpften, bis sie von den gut bewaffneten deutschen Truppen niedergemetzelt wurden. Ein Brief von Professor Bernard Pares (Professor Pares wurde später zum Ritter geschlagen) an Lloyd George deutet darauf hin, dass die der kaiserlich-russischen Regierung versprochenen Waffen und Munition absichtlich zurückgehalten wurden, um günstige Bedingungen für die Revolution zu schaffen, die damals in Genf und New York von den internationalen Bankiers geplant wurde. Der Brief von Professor Pares aus dem Jahr 1915 lautet auszugsweise:

> „Ich bin der festen Überzeugung, dass das unglückliche Versäumnis der Firma Vickers-Maxim & Co., Russland mit Munition zu beliefern, die das Land vor fünf Monaten hätte erreichen sollen, die Beziehungen zwischen den beiden Ländern und insbesondere ihre Zusammenarbeit bei der Arbeit im gegenwärtigen Krieg ernsthaft gefährdet... MIR WURDE DEFINITIV MITGETEILT, DASS BIS JETZT KEINERLEI LIEFERUNGEN AUS ENGLAND RUSSLAND ERREICHT HABEN."

David Lloyd George war zu der Zeit, als der Brief geschrieben wurde, Schatzkanzler und für die Finanzierung des Krieges verantwortlich. Die Firma Vickers-Maxim & Co. wurde von Sir Ernest Cassels kontrolliert, einem Geschäftspartner von Kuhn-Loeb & Co. aus New York, die wiederum mit den Rothschilds und den internationalen Bankiers aus England, Frankreich, Deutschland usw. verbunden waren.

---

[97] Weitere Einzelheiten zu diesem Aspekt des Krieges finden Sie in „The Brief for the Prosecution" von C.H. Douglas.

Als der Brief von Professor Pare im Kabinett diskutiert wurde, soll Lloyd George die Politik der Regierung mit den Worten verteidigt haben

> „Die Nächstenliebe sollte zu Hause beginnen. Unsere britischen Soldaten, die in Frankreich kämpfen, haben nur vier Maschinengewehre pro Bataillon. Sie sollten besser bewaffnet sein, bevor wir Waffen nach Russland exportieren."

Lord Kitchener soll darauf geantwortet haben.

> „Ich halte mehr als vier Maschinengewehre pro Bataillon für einen Luxus, wenn wir die Waffen, die wir Russland versprochen haben, nicht geliefert haben, was dazu geführt hat, dass die Russen nur EIN Gewehr pro sechs Mann zur Verfügung haben."

Die Agenten der internationalen Verschwörer hatten den Auftrag, Lord Kitchener zu verleumden, und verbreiteten in der ganzen Welt die Geschichte, Lord Kitchener habe erklärt, dass er mehr als vier Maschinengewehre für ein in Frankreich kämpfendes Bataillon britischer Soldaten für Luxus halte. Diese Verleumdung und Unwahrheit hat sich bis zum heutigen Tag gehalten. Sie erschien in der kürzlich erschienenen Biographie über David Lloyd George. Sie erschien in einer Rezension der Biographie, die kürzlich im Toronto Star Weekly erschien. Ich schickte dem Herausgeber des Star Weekly die Wahrheit über dieses wichtige historische Ereignis. Er antwortete, das sei zu viel Dynamit für ihn. Er teilte mir mit, dass er meine Korrespondenz an den Daily Star weitergeleitet habe. Unnötig zu sagen, dass die WAHRHEIT nie veröffentlicht wurde.

Dies ist ein typisches Beispiel dafür, wie die internationalen Verschwörer den Ruf ehrlicher Menschen, sogar toter Menschen, beschmutzen, um ihr eigenes Fehlverhalten zu vertuschen. Es veranschaulicht perfekt, wie ihre Agenten die Presse der Welt benutzen, um die Öffentlichkeit falsch zu informieren, damit sie unschuldige Menschen und sogar ihre eigenen Regierungen für den Schaden verantwortlich machen, der durch ihre Machenschaften entstanden ist.

Um zu beweisen, dass Vickers-Maxim & Co. zu dieser Zeit unter dem Einfluss von Kuhn-Loeb & Co. standen, sagt Boris Brazel [Brasol]:

> „Am 4. Februar 1916 hielt die Russische Revolutionäre Partei Amerikas eine Versammlung in New York ab, an der 62 Delegierte

teilnahmen... Es wurde enthüllt, dass geheime Berichte die Partei gerade aus Russland erreicht hatten, in denen der Zeitpunkt als günstig bezeichnet wurde... der Versammlung wurde versichert, dass reichlich Geldmittel von Personen bereitgestellt würden, die mit der Befreiung des russischen Volkes sympathisierten. In diesem Zusammenhang wurde wiederholt der Name von Jacob Schiff erwähnt.[98]

Jacob Schiff war damals leitendes Mitglied der Firma Kuhn-Loeb & Co. in New York. Etwa 50 der 62 Personen, die an der Versammlung am 4. Februar 1916 teilnahmen, waren Männer, die 1905 aktiv an der russischen Revolution teilgenommen hatten. Wieder einmal sollten sie dazu benutzt werden, revolutionäre Aktionen anzustacheln, aber Jacob Schiff hatte geplant, dass die Früchte des Sieges von Lenin im Interesse der internationalen Bankiers an sich gerissen werden sollten.

In der Enzyklopädie des jüdischen Wissens heißt es über den Zionismus:

„Der Weltkrieg zwang zur Aufgabe von Berlin als Zentrum der Organisation, und alle Befugnisse wurden dem Provisorischen Zionistischen Notstandskomitee übertragen, das in New York unter der Leitung von Justice L.D. Brandeis gegründet wurde."

Jacob de Haas schreibt in seinem Buch „*Louis Dembitz Brandeis*":

„Die (zionistische) Transferabteilung... ihre Verzweigungen erstreckten sich über alle von den Alliierten besetzten Kriegsgebiete und über die Türkei, Syrien, Palästina, bis nach Transjordanien und Bagdad; praktisch kein Cent der gehandelten Millionen ging verloren... Angefangen durch die Nutzung der guten Dienste des U.S.A. Dept. of State (Foreign Office) als Mittel der Kommunikation und der Hinterlegung zu nutzen, wurde es so erfolgreich und zuverlässig, dass es vom Schatzamt der U.S.A. eingesetzt wurde, um Gelder und Nachrichten zu übermitteln, die die Regierung nicht erfolgreich handhaben konnte... Botschaften in europäischen Hauptstädten zahlten auf Anforderung des (zionistischen) Exekutivsekretärs in New York Bargeld aus."

---

[98] Boris Brazel war Autor von „Welt am Scheideweg", siehe S. 69.

L. Fry sagt dies in „Waters Flowing Eastward", S. 51:

> „Von da an wurde ihr Einfluss in den POLITISCHEN Kreisen in Europa und Amerika immer stärker spürbar. Insbesondere die so genannte zionistische Transferabteilung war in der Lage, Gelder und Informationen an subversive Elemente in feindlichen Ländern zu übermitteln."

Als nächstes finden wir die Grand Orient Logen wieder im Bild der W.R.M. wieder. M. Erzberger sagt auf den Seiten 145-146 von „My Experience in the World War":

> „Am 16. März 1916 zahlte die 'Alliance Israelite' dem Grand Orient von Paris die Summe von 700.000 Francs, und in den Archiven des Grand Orient von Rom lässt sich nachweisen, dass am 18. März 1916 die Überweisung von einer Million Lire an den Grand Orient von Rom stattfand. Ich bin nicht so naiv, mir vorzustellen, dass die 'Alliance Israelite' sich zweier Grand Orientes bedient, nur um den italienischen Juden eine Million Lire zukommen zu lassen."

Über die Ereignisse NACH der Absetzung Asquiths im Jahre 1916 sagt A.N. Field in „All These Things", S. 104: „Der jüdische Einfluss in der britischen Politik wurde nach dem Aufstieg von Mr. Lloyd George deutlich". L. Fry sagt auf Seite 55 von „Water Flowing Eastward":

> „Die erste offizielle Londoner Sitzung des Politischen Komitees fand am 7. Februar 1917 im Haus von Dr. Moses Gaster statt. Anwesend waren Lord Rothschild, James de Rothschild, (Sohn von Edmund de Rothschild aus Paris, ehemaliger Besitzer der Rothschild-Kolonien in Palästina), Sir Mark Sykes; - (dessen Haus in Buckingham Gates als Hauptquartier für die zionistische Sache mit telegraphischen Apparaten usw. voll ausgestattet war), Sir Herbert Samuel, Herbert Bentwich, (später Generalstaatsanwalt für Palästina) Harry Sacher, Joseph Cowen, Chaim Weizmann und Nahum Sokolov.[99] Das zionistische Programm, das als Grundlage für die offiziellen Verhandlungen über die künftigen Mandate für Palästina, Armenien, Mesopotamien und das Königreich Hedjaz dienen sollte, wurde ausführlich erörtert."

---

[99] Dies ist der Sokolov, der später die „Geschichte des Zionismus" schrieb.

J.M.N. Jeffries, a.a.O., S. 139, liefert diese weiteren Informationen

„Das Protokoll dieses Treffens wurde der zionistischen Organisation in den Vereinigten Staaten unverzüglich in chiffrierter Form übermittelt... Von nun an begann die politische zionistische Organisation in den Vereinigten Staaten bei der Gestaltung der britischen Politik und der Ordnung der britischen Angelegenheiten mitzureden."

Zur Veranschaulichung der Macht, die die internationalen Bankiers über die Angelegenheiten der britischen Regierung ausüben, wird Samuel Landman zitiert.[100] Er sagt

„Nachdem eine Übereinkunft zwischen Sir Mark Sykes, Weizmann und Sokolov erzielt worden war, wurde beschlossen, eine geheime Nachricht an Richter Brandeis zu senden, dass das britische Kabinett den Juden helfen würde, Palästina zu gewinnen, als Gegenleistung für aktive jüdische Sympathie und für Unterstützung in den USA für die Sache der Alliierten, um eine radikale pro-allye Tendenz in den Vereinigten Staaten zu bewirken. Diese Botschaft wurde in der Chiffre über das britische Außenministerium versandt. Geheime Botschaften wurden auch über General MacDonogh an die zionistischen Führer in Russland geschickt... Dr. Weizmann (einer der Begründer des politischen Zionismus) konnte von der Regierung ein halbes Dutzend jüngerer Zionisten für die aktive Arbeit im Namen des Zionismus gewinnen. Zu dieser Zeit war die Wehrpflicht in Kraft, und nur diejenigen, die eine Arbeit von nationaler Bedeutung leisteten, konnten vom aktiven Dienst an der Front freigestellt werden. Ich erinnere mich, dass Dr. Weizmann einen Brief an General MacDonogh (Direktor der Militäroperationen) schrieb und ihn unter um Unterstützung bat, um die Freistellung von Leon Simon, Harry Sacher, Simon Marks, Hyamson, Tolkowsky und mir vom aktiven Dienst zu erreichen. Auf Dr. Weizmanns Ersuchen wurde ich vom Kriegsministerium (M.I.9)... in das Propagandaministerium... und später in das Zionistische Büro... etwa im Dezember 1916 versetzt. Von diesem Zeitpunkt an wurde der Zionismus mehrere Jahre lang als Verbündeter der britischen

---

[100] Er schrieb „World Jewry" (London) am 22. Februar 1936. Es wird sich zeigen, dass eine sehr ähnliche Situation durch internationale Intrigen zu Beginn des Zweiten Weltkriegs geschaffen wurde.

Regierung betrachtet... Pass- und Reiseschwierigkeiten gab es nicht, wenn ein Mann von unserem Büro empfohlen wurde. Zum Beispiel wurde eine von mir unterzeichnete Bescheinigung vom Innenministerium akzeptiert, dass ein osmanischer Jude als freundlicher Ausländer und nicht als Feind zu behandeln sei, was bei türkischen Untertanen der Fall war."

Eine Untersuchung des Lebens von Disraeli zeigt, dass er viele Sonntagabende mit den Rothschilds in London verbrachte. Es stellt sich heraus, dass, während Kuhn-Loeb & Co. aus New York die jüdischen Revolutionäre in Russland finanzierten, die Londoner Rothschilds die zaristische Verwaltung in London leiteten.

Wir erfahren auch, dass die Londoner Rothschilds Liberale waren und dass die von den Rothschilds kontrollierte liberale Presse von 1840 bis 1917 konsequent antirussisch war. Disraeli informiert uns, dass in Deutschland die führenden Männer in Politik und Finanzwesen als Reaktionäre galten, weil sie den internationalen Bankiers nicht erlaubten, genau das zu tun, was sie wollten. Baron von Bleichroeder aus Berlin und die Warburgs aus Hamburg waren die Vertreter der Rothschilds in Deutschland. In Russland unterstützten die Weinsteins aus Odessa die Ginzbergs in St. Petersburg, um die Interessen der Rothschilds zu wahren.

Ein weiterer Mann, der auf Seiten der internationalen Bankiers sehr aktiv war, war Otto Kahn. Er verbarg sein wahres Gesicht als Weltrevolutionär geschickt hinter den Nationalflaggen der verschiedenen Länder, in denen er lebte, und gab vor, ein patriotischer Bürger zu sein. Herr Otto Kahn wurde in Deutschland geboren. Er wanderte in die Vereinigten Staaten aus, genau wie Paul Warburg. Wie Warburg wurde auch er ein Partner bei Kuhn-Loeb & Co. Nach seiner Ankunft in Amerika nahm Kahn eine Stelle als Angestellter bei Speyer & Co. an, um nicht zu sehr aufzufallen. Später heiratete er die Enkelin von Herrn Wolf, einem der Gründer von Kuhn- Loeb & Co. Als Frau Kahn 1931 Moskau besuchte, wurde sie offiziell von der sowjetischen Regierung empfangen, die ihr zu Ehren ein großes Abendessen und mehrere glänzende Empfänge gab. Die Roten Armeen von Stalin säumten die Straßen, als sie vorbeikam, und die Soldaten überreichten ihr Waffen, als sie vorbeikam.[101]

Am 2. April 1934 erschien im Daily Herald ein Artikel, in dem Herr Hannen Swaffer schrieb:

> „Ich kannte Otto Kahn, den Multimillionär, seit vielen Jahren. Ich kannte ihn, als er ein patriotischer Deutscher war. Ich kannte ihn, als er ein patriotischer Amerikaner war. Als er in das (britische) Unterhaus einziehen wollte, trat er natürlich der Patriotischen Partei bei."

Otto Kahn wäre Präsident der englischsprachigen Union geworden, wenn seine revolutionären Aktivitäten nicht zufällig aufgedeckt worden wären, als bewiesen wurde, dass sein Haus der Treffpunkt für sowjetische Agenten wie Nina Smorodin, Claire Sheridan, Louise Bryant und Margaret Harrison war.

Im Sommer 1917 musste das Problem gelöst werden, wer Lenin und Trotzki während ihrer gemeinsamen revolutionären Bemühungen in Russland finanzieren sollte. Die internationalen Bankiers beschlossen, dass ihre Vertreter in Stockholm, Schweden, zusammenkommen sollten, da dieses Land neutral und vergleichsweise frei von internationalen Spionen war. Unter den Teilnehmern des Treffens befanden sich Männer, die die Interessen der Banken in Großbritannien, Deutschland, Frankreich, Russland und den Vereinigten Staaten von Amerika vertraten. Der russische Innenminister Protopopoff war ebenso anwesend wie Herr Warburg aus Hamburg. Er war der Bruder von Paul Warburg, einem Partner der Firma Kuhn-Loeb & Company in New York, die 1910 die Gesetzgebung für das Federal Reserve System entworfen hatte. Um zu entscheiden, wie die Finanzen für den Sturz der russischen Regierung durch Lenin und Trotzki geregelt werden sollten, nahmen Delegierte aus allen kriegführenden Nationen teil. Schließlich wurde beschlossen, dass Kuhn-Loeb aus New York 50.000.000 Dollar für Lenin und Trotzki bei der schwedischen Bank anlegen sollte.

Sowohl britische als auch amerikanische Geheimdienstoffiziere meldeten diese Fakten 1917 an ihre jeweiligen Regierungen.

---

[101] Lesen Sie „All diese Dinge"-A.N. Field.

Kommandant E.N. Cromie starb bei der Abwehr eines revolutionären Mobs, der das britische Konsulat in St. Petersburg angriff. Er hielt sie auf, um seinen Mitbrüdern Zeit zu geben, Dokumente über diese und andere Angelegenheiten zu verbrennen.[102]

Die amerikanische Regierung übermittelte der britischen Regierung Berichte, die sie von ihren Geheimdienstoffizieren erhalten hatte. Herr Oudendyke, der niederländische Minister in Petrograd (der nach der Ermordung von Kommandant Cromie die britischen Interessen in Russland wahrnahm), warnte die britische Regierung ebenfalls. Seine Warnung wurde im April 1919 als Teil eines Weißbuchs über die bolschewistische Revolution veröffentlicht, das vom King's Printer herausgegeben wurde.

Die Pläne von Jacob Schiff, Trotzki und seiner Bande von Revolutionsführern die Rückkehr von New York nach St. Petersburg zu ermöglichen, zerschlugen sich, als Trotzki auf dem Weg dorthin von kanadischen Regierungsbeamten in Halifax, Nova Scotia, festgehalten wurde. Die Macht, die die internationalen Bankiers über konstitutionelle Regierungen ausüben, wird durch die Tatsache veranschaulicht, dass Trotzki und seine gesamte Bande revolutionärer Gangster sofort nach ihrem Protest bei den betreffenden Regierungen freigelassen wurden und sicheres Geleit durch die britische Blockadezone erhielten.

Ein weiterer Beweis für die Komplizenschaft der britischen Politiker in der russischen Revolution von 1917 wurde von D. Petrovsky erbracht, der die Rolle von Sir G. Buchanan, dem Botschafter, erläutert.[103] Petrovsky beweist, dass die Regierung Lloyd George, obwohl sie über alle Vorgänge hinter den Kulissen informiert war, den internationalen Bankiers half, Trotzki und seine Revolutionsführer nach Russland zu bringen, während gleichzeitig das deutsche Oberkommando den internationalen Bankiers half, Lenin und seine Gruppe von Revolutionsführern aus der Schweiz nach Petrograd zu bringen. Lenin

---

[102] Comdr. Cromie diente zur gleichen Zeit wie der Autor in britischen U-Booten. Seine Heldentaten für die Russen sind in „By Guess and by God" festgehalten, einem Buch, das der Autor 1931 veröffentlichte.

[103] Lies-La *Russie sous les Juifs*, S. 20-28 und 34-35.

und seinen Anhängern wurde für ihre Reise durch Deutschland ein privater Eisenbahnwagen zur Verfügung gestellt.

Herr Petrovsky enthüllt, dass Milioukoff, der im Frühjahr 1917 von der russischen republikanischen Regierung zum Außenminister ernannt worden war, der Mann war, der diese Intrige aushandelte, an der beide kriegführende Nationen beteiligt waren. Es ist auch überliefert, dass die britische Regierung als Dank für die Zusammenarbeit mit dem deutschen Generalstab dem Ersuchen von Milioukoff um die Freilassung von M.M. Litvinov zustimmte. Er war von britischen Geheimdienstlern als Spion für Deutschland verhaftet worden. Die Identifizierung von M.M. Litvinov ist von großem Interesse. Er wurde als Sohn von Eltern geboren, deren Name Finklestein war. Als er sich der Weltrevolutionären Bewegung anschloss, änderte er seinen Namen in Meyer Wallach. Als er eng mit Lenin und seiner bolschewistischen Partei verbunden war, änderte er seinen Namen noch einmal in Maxim Litvinov. Er ist derselbe Mann, der als Litvinov der deutsche Spion bezeichnet wird, und er ist derselbe Mann, der verhaftet wurde, als er versuchte, die Fünfhundert-Rubel-Scheine einzulösen, die Stalin bei der Bombardierung und dem Überfall auf die Tifilis-Bank erlangt hatte.

Nach seiner Freilassung durch die britischen Behörden kehrte Litwinow nach Russland zurück. Er unterstützte Lenin beim Sturz der provisorischen Regierung Kerenski und des menschewistischen Sowjets, der vor dem Oktober 1917 in St. Petersburg errichtet worden war. Litwinow war von 1930 bis 1939 Stalins Kommissar für auswärtige Angelegenheiten. Im Jahr 1935 wurde er zum Mitglied des Zentralkomitees der Kommunistischen Partei ernannt. Seine Fähigkeiten als Attentäter, Hehler von gestohlenem Geld, Spion, internationaler Gangster und Anführer revolutionärer Bestrebungen in mehreren Ländern wurden von den Nationen der Welt anerkannt, als er zum Präsidenten des Rates der Vereinten Nationen ernannt wurde. Nur eine internationale Gruppe, wie die internationalen Bankiers, hätte diesem Mann das Leben retten und ihm seine Freiheit sichern können, als er die kriminellen Aspekte der internationalen Intrigen ausübte. Nur die Macht und der Einfluss der internationalen Bankiers konnten bewirken, dass er zum Präsidenten des Rates der Vereinten Nationen gewählt wurde. Dies veranschaulicht die Tatsache, dass die Illuminaten diejenigen kontrollieren, die die Vereinten Nationen kontrollieren.

Es gibt weitere Beweise dafür, dass die internationalen Bankiers des Vereinigten Königreichs, der Vereinigten Staaten, Deutschlands und

Russlands auch nach dem Krieg zwischen Deutschland und Großbritannien zusammenarbeiteten. Sie sind in einer Broschüre mit dem Titel Trotsky (Defender Publishers, Wichita, Kansas) enthalten, in der ein Brief von J.M. Dell an Lloyd George persönlich zitiert wird. Aber warum weitergehen. Es würde Bände erfordern, alle Beweise dafür anzuführen, dass die internationalen Bankiers die russische Revolution organisierten, finanzierten und leiteten, um die Kontrolle über ein riesiges Gebiet zu erlangen, damit die Illuminaten ihre Ideen des Totalitarismus ausprobieren konnten. Nur durch das Experimentieren in einem so großen Gebiet wie den so genannten U.S.S.Rs. konnten sie Fehler und Schwächen durch den Prozess von Versuch und Irrtum herausfinden. Bis sie dieses Experiment durchgeführt hatten, das Millionen und Abermillionen von Menschenleben gekostet hat, wäre es eine große Dummheit von ihnen gewesen, die ganze Welt beherrschen zu wollen. Ihr Plan war von langer Hand geplant. *Er begann vor 3.000 Jahren. Er wurde bei dem Treffen in Bauers Goldschmiedewerkstatt in Frankfurt am Main 1773 überarbeitet.* Wenn nicht gemeinsam gehandelt wird, wird er wahrscheinlich enden, wenn sie nach dem Dritten Weltkrieg die wirtschaftliche und politische Kontrolle übernehmen

Daraus wird ersichtlich, dass die Koalitionsregierung, die im Dezember 1916 die Kriegsführung von Premierminister Asquith übernahm, keine Anstrengungen unternahm, um die internationalen Bankiers an ihren Plänen für die russische Revolution zu hindern, selbst wenn sie wussten, dass deren Erfolg den Rückzug der russischen Armeen aus dem Krieg zur Folge haben würde. Ein Beweis dafür, dass die Zionisten sowohl in Großbritannien als auch in den USA darin übereinstimmten, dass die russische kaiserliche Regierung gestürzt werden sollte, ist die Tatsache, dass Lloyd George unmittelbar nach der Bekanntgabe der Errichtung der Diktatur durch Lenin im November 1917 verkündete, dass die britische Regierung den Rothschild-Plan zur Errichtung einer nationalen Heimstätte für das jüdische Volk in Palästina unterstützen würde. Dies beweist, dass Lloyd George keine Ressentiments gegenüber den internationalen Bankiers hegte, weil sie Russland als Verbündeten Großbritanniens aus dem Krieg herausgeholt hatten.

Die jüdisch dominierten menschewistischen Revolutionäre in Russland hatten die gescheiterte Revolution von 1905 bekämpft. Sie begannen auch die Revolution im Februar 1917. Wiederum waren sie in den ersten Phasen der revolutionären Bemühungen sehr erfolgreich. Sie errichteten sogar einen Sowjet in Petrograd. Die internationalen

Bankiers kümmerten sich nicht darum, wer den Ball trug, solange er nicht in Tornähe war, aber sobald der Ballträger in Position war, um ein Tor zu schießen, griffen sie ein und übernahmen das Spiel. Ihr Ziel war es, eine totalitäre Diktatur zu errichten, die auf dem Prinzip der Aktiengesellschaften beruhte: Lenin wurde zum Diktator ernannt. Sie blieben hinter den Kulissen. Die kommunistische „Mafia" wurde für ihre Verbrechen gegen die Menschheit verantwortlich gemacht.

Am 17. Juli 1917 begannen die Bolschewiki unter Lenin eine regierungsfeindliche Agitation in Russland. Dies führte zu einem Aufstand von Tausenden von entflammten Arbeitern und Soldaten in der Stadt. Dieser gescheiterte Aufstand ist als „Julitage" bekannt. Kerenski ging entschlossen mit der Situation um. Der Mob wurde beschossen, mehrere hundert Menschen wurden getötet, aber die Ordnung wurde wiederhergestellt. Die bolschewistischen Führer flohen. Einige wurden verhaftet. Lenin und Sinowjew versteckten sich in Sestroretsk. Trotzki, Kamenew und Lunarcharski waren unter den Verhafteten. Stalin, der zu dieser Zeit Redakteur *der Prawda* war, wurde nicht belästigt. Nach dem Aufstand trat Fürst Lwow zurück, und Kerenski, der jüdische Napoleon, wurde Ministerpräsident. Kerenski war ein großer Redner. Er versuchte, die Soldaten und Arbeiter für die Kriegsanstrengungen zu begeistern. Alle mündlichen Bemühungen Kerenskis scheiterten.

Kerenskis Einfluss begann stetig zu sinken. Lenin war beschäftigt. Er berief den Sechsten Kongress der Sozialdemokratischen Arbeiterpartei Russlands ein, der vom 8. bis 16. August stattfand. Er ging als Führer der vereinigten revolutionären Gruppen aus diesem Kongress hervor. Innerhalb eines Jahres nannte sich die vereinigte revolutionäre Partei DIE KOMMUNISTISCHE PARTEI. Auf dem Kongress wurde ein geheimes Komitee gebildet, das Oktober-Zentralkomitee. Es besteht aus 26 Mitgliedern, die die Oktoberrevolution planen und dann die revolutionären Bemühungen in all ihren verschiedenen Phasen leiten sollen. Stalin schaffte es endlich. Er wurde in das Präsidium des Sechsten Parteitags gewählt. Die meisten Studenten sind der Meinung, dass Stalin nicht einmal gekündigt worden wäre, wenn nicht viele der anderen erfahrenen Revolutionsführer im Gefängnis gesessen hätten, aber in Wahrheit handelte Lenin als Generalbevollmächtigter für die „Geheimen Mächte". Sie hatten Pläne, Stalin zu benutzen, um andere zu verdrängen.

Die Idee des Zentralkomitees, die Oktoberrevolution zu organisieren, bestand darin, der Absicht der Provisorischen Regierung zuvorzukommen, eine allgemeine Wahl auszurufen, in der in geheimer Abstimmung eine repräsentative verfassungsmäßige Regierung gewählt werden sollte, die das Russische Reich regieren sollte. Lenin war der Ansicht, dass er, wenn er an die Macht kommen wollte, dies tun musste, bevor die verfassungsgebende Versammlung im Januar zusammentrat, um die landesweiten Wahlen zu organisieren. Wenn diese Wahlen jemals abgehalten würden, hätte das Volk seine eigenen Vertreter in der Regierung. Er war der Meinung, dass es schwieriger sein würde, die notwendige Unterstützung für den Sturz einer Volksregierung zu bekommen als für den Sturz der Provisorischen Regierung. Damit hatte er Recht.

So seltsam es im Lichte der späteren Ereignisse auch erscheinen mag, Kamenew wurde am 17. August aus dem Gefängnis entlassen, Trotzki genau einen Monat später. Am 24. September wurde Trotzki anstelle von Tschidse zum Präsidenten des Petersburger Sowjets gewählt. Am 26. September beschloss der Petersburger Sowjet, die gesamte militärische Macht an ein Revolutionäres Militärkomitee unter der Führung von Trotzki zu übertragen. Die eigentliche Lenin-Revolution war nun nur noch wenige Tage entfernt. Lenin bewies, was eine gute Planung und ein präziser Zeitplan, unterstützt durch unbegrenzte finanzielle Hilfe, bewirken konnten. Er wusste, wie man das Überraschungsmoment vorteilhaft nutzen konnte. Schnell überzeugte er viele Führer anderer revolutionärer Gruppen davon, dass er der richtige Mann für die Führung des revolutionären Krieges war. Bald hatte er alle diszipliniert. Die Anführer mussten Befehle effizient und ohne Fragen zu stellen befolgen - andernfalls.

Die Revolutionsführer verbreiteten eine Anordnung, dass der zweite gesamtrussische Sowjetkongress am 7. November zusammentreten würde. Dies war ein Ablenkungsmanöver, um die Öffentlichkeit glauben zu machen, dass in unmittelbarer Zukunft keine revolutionäre Aktion bevorstehe. Am 4. November veranstaltete das Militärrevolutionäre Komitee jedoch große Massenversammlungen zur Vorbereitung des eigentlichen Aufstands. Am nächsten Tag, dem 5. November, erklärte die Garnison von Peter und Paul ihr Bündnis mit den Bolschewiki. Am 6. November unternahm Kerenski einen verzweifelten Versuch, die Revolution zu verhindern, indem er die Verhaftung des Militärrevolutionären Komitees anordnete. Er verbot alle bolschewistischen Veröffentlichungen. Er ordnete neue Truppen an, um die Garnison von Peter und Paul zu ersetzen. Aber Lenin hatte seine Fünfte Kolonne zu gut organisiert, Kerenskis Befehle wurden nie ausgeführt. Beamte, denen er vertraute, ließen ihn im Stich.

Lenin schlich sich aus seinem Versteck heraus. Sobald er wusste, dass Kerenskis konterrevolutionäre Maßnahmen gescheitert waren, trat er dem Militärrevolutionären Komitee im Smolny-Institut bei. Das Institut diente als revolutionäres Hauptquartier. Am 7. November um 2.00 Uhr nachts wurde der Befehl zum Beginn der organisierten revolutionären Bemühungen gegeben. Bis zum Mittag war St. Petersburg weitgehend in Lenins Händen. Um 15.00 Uhr hielt er eine feurige Rede vor dem Petersburger Sowjet. Um 21.00 Uhr belagern die bolschewistischen Truppen den Winterpalast, das Hauptquartier der Provisorischen Regierung. Um 23.00 Uhr trat der Zweite Allrussische Sowjetkongress zusammen und die Bolschewiki hatten eine klare Mehrheit. Der Kongress wurde somit die offizielle Regierung Russlands.

Kamenjew wird zum ersten Präsidenten gewählt. Lenin wird Premierminister. Trotzki wird Kommissar für Auswärtige Angelegenheiten. Am 21. November wurde ein Jude namens Swerdlow Kamenews Nachfolger. Er war erst seit sechs Monaten in der bolschewistischen Partei und galt als sehr unbedeutende Figur, doch nach seiner Wahl zum Präsidenten übernahm er schnell die absolute Kontrolle über die russische Wirtschaft. Er war ein speziell ausgebildeter Finanzexperte und Agent der Bankiers.

In revolutionären Kreisen geschehen viele Dinge, die nie ans Licht kommen. Sverdlov starb sehr jung, nur zwei Jahre nachdem er die russische Binnenwirtschaft reorganisiert hatte. Er hatte seinen Zweck erfüllt. Er wusste zu viel, also starb er. So wiederholt sich die Geschichte.

Blutige Kämpfe, die man eher als Massaker bezeichnen könnte, und die rücksichtslos geführte „Schreckensherrschaft" bewiesen die Theorie, dass völlige Rücksichtslosigkeit und organisierter Terror, bei dem körperliche Leiden mit seelischen Qualen und moralischer Erniedrigung einhergehen, einen eindeutigen wirtschaftlichen Wert haben, denn die Bolschewiki erlangten innerhalb weniger Tage die unbestrittene Kontrolle über Petersburg. Lenin hat sich den Erfolg nicht zu Kopf steigen lassen. Das Russische Reich war groß. Listig lässt er die Wahlen, für die die Provisorische Regierung den Apparat eingerichtet hatte, am 25. November stattfinden.

Die Provisorische Regierung hatte geplant, dass die Einberufung der Versammlung der frei gewählten Abgeordneten von einer Sonderkommission organisiert werden sollte. Lenin ließ alles nach Plan verlaufen und verhaftete dann die Mitglieder dieser Sonderkommission. Er ersetzte sie durch einen „Kommissar für die verfassungsgebende Versammlung". Der einzige Unterschied zwischen der einen und der anderen Kommission bestand darin, dass die von Lenin gebildete Kommission von Bolschewiki unter der Führung von Uritzky dominiert wurde. Durch diesen Schritt waren die Bolschewiki in der Lage, die neu gewählte Versammlung zu kontrollieren, sobald sie zusammentrat. Als die Versammlung schließlich zusammentrat, übernahm Swerdlow die Leitung der Beratungen, obwohl er kein Abgeordneter war. Die anwesenden Bolschewiki griffen auf Taktiken zurück, die die Delegierten in ständiger Aufregung hielten. Sie stiften völlige Verwirrung.

Nach zehn Stunden verließen die Bolschewiken plötzlich alle das Gebäude. Bolschewistische Truppen traten ein. Sie warfen die verbliebenen Delegierten hinaus und verschlossen die Türen des Gebäudes. Dies war das Ende der konstitutionellen Herrschaft in Russland.

Im März 1918 zogen die Bolschewiki, die sich „Sozialdemokratische Arbeiterpartei Russlands" nannten, nach Moskau und änderten ihren Namen in Kommunistische Partei. Der zweite Allrussische Sowjetkongress wurde nun das offizielle Regierungsorgan.

Die von Juden geführte Sozialrevolutionäre Partei wollte Lenin nicht als Nummer eins in Russland haben. Am 30. August 1918 versuchten zwei jüdische Mitglieder dieser Gruppe, ein Attentat auf ihn zu verüben. Lenin wurde verwundet und Uritzky, den Lenin zum Leiter seiner Tscheka-Organisation ernannt hatte, wurde getötet.

Dieser Vorfall gab Lenin den Vorwand, alle Register zu ziehen. Er setzte den Terrorismus mit voller Wucht ein. Nächtliche Razzien wurden zu regelmäßigen Ereignissen. Niemand wusste, wenn er zu Bett ging, ob er am nächsten Morgen noch am Leben sein würde. David Shub schreibt in seinem pro-marxistischen Buch „Lenin": „Bei diesen nächtlichen Razzien wurde wenig Zeit damit verschwendet, Beweise zu sichten oder die festgenommenen Personen zu klassifizieren... Die Gefangenen wurden in der Regel zur alten Polizeistation in der Nähe des Winterpalastes gebracht und dort erschossen." Mord, Folter,

Verstümmelung, Vergewaltigung, Verbrennung; diese und alle anderen Verstöße gegen das menschliche Empfinden und den Anstand waren die unüberwindbaren Felsen, auf denen die so genannte Sozialistische Sowjetrepublik gegründet wurde. Millionen von russischen Bürgern starben. Es wird geschätzt, dass mehr als 12.000.000 andere dazu verurteilt wurden, dem Staat bei der Zwangsarbeit zu dienen, bis sie durch den Tod entlassen wurden.

Und während die Alliierten den Bolschewismus halbherzig an vier Fronten bekämpften, reorganisierte Lenin die W.R.M. Im März 1919 berief er die Dritte Internationale ein. Er führte den Vorsitz. Sinowjew wird zum Präsidenten gewählt. Der Zweck des Treffens bestand darin, die revolutionären Parteien in allen Ländern der Welt zu konsolidieren und den Führern Ratschläge, finanzielle Hilfe und jede andere Unterstützung zukommen zu lassen, die für den Erfolg der Weltvolksrevolution als notwendig erachtet wurde.[104]

---

[104] Viele weitere Informationen über die russische Sichtweise erhalten Sie durch die Lektüre von „Behind Communism" von Frank Britton.

Kapitel 10

Der Vertrag von Versailles

Es wurde bereits festgestellt, dass der Vertrag von Versailles eines der ungereimtesten Dokumente war, das jemals von den Vertretern der so genannten zivilisierten Nationen unterzeichnet wurde. Die Ungerechtigkeit, die dem deutschen Volk durch die Bedingungen des Friedensvertrages angetan wurde, machte einen weiteren Weltkrieg unvermeidlich.[105]

Die Umstände der Unterzeichnung des Waffenstillstands am 11. November 1918 müssen verstanden werden. Das deutsche Oberkommando hat nicht um den Waffenstillstand gebeten, weil seine Armeen von einer Niederlage bedroht waren. Als der Waffenstillstand unterzeichnet wurde, waren die deutschen Armeen noch nie auf dem Schlachtfeld besiegt worden. Die deutsche Oberste Heeresleitung bat um einen Waffenstillstand, damit sie ihre Bemühungen darauf richten konnte, eine kommunistische Revolution zu verhindern. Rosa Luxemburg und ihr jüdisch dominierter Spartakusbund planten, in Deutschland das zu wiederholen, was Lenin genau ein Jahr zuvor in Russland erreicht hatte.

Der Waffenstillstand wurde *als Vorspiel zu einem ausgehandelten Frieden* unterzeichnet. Es ist von größter Bedeutung, sich diese Tatsache ins Gedächtnis zu rufen, denn ein Waffenstillstand, der unter diesen Bedingungen geschlossen wurde, ist etwas ganz anderes als eine bedingungslose Kapitulation.

---

[105] Die in Versailles begangene Ungerechtigkeit wurde nur noch von den später in Teheran, Potsdam und Jalta geschlossenen Abkommen übertroffen. Es wird sich zeigen, dass bei allen Verhandlungen dieselben bösen Einflüsse am Werk waren.

Die Ereignisse, die das deutsche Oberkommando veranlassten, sich der Gefahr an der Heimatfront bewusst zu werden, waren die folgenden:

Die Revolutionäre von Rosa Luxemburg infiltrierten die deutsche Hochseeflotte. Im Jahr 1918 wurden sie sehr aktiv. Sie verbreiteten Gerüchte, dass die Schiffe und ihre Besatzungen in einer großen Schlacht mit der britischen und der amerikanischen Flotte geopfert werden sollten. Die Gerüchteköche erklärten, der Zweck der Schlacht sei es, die vereinigten alliierten Flotten so weit zu verkrüppeln, dass sie nicht in der Lage wären, die britischen Küsten gegen eine militärische Invasion zu verteidigen, die den deutschen Kriegsherren den Sieg bringen sollte. Die kommunistischen „Zellen" forderten die deutschen Seeleute zur Meuterei auf, weil sie behaupteten, die geplante Invasion Großbritanniens sei zum Scheitern verurteilt, weil britische Wissenschaftler eine Geheimwaffe entwickelt hätten. Den Gerüchten zufolge könnten eindringende Schiffe durch den Einsatz von Chemikalien, die aus Kanonen an Land abgefeuert oder aus Flugzeugen abgeworfen würden, von einem Flammenmeer umgeben werden. Feuer, Hitze und Sauerstoffmangel würden Bedingungen schaffen, unter denen kein Mensch überleben könnte. Die Subversiven vertraten die Ansicht, dass die einzige Möglichkeit, ein solches Schicksal zu vermeiden, darin bestünde, eine Revolution herbeizuführen, um den Krieg zu beenden. Die deutschen Seeleute meuterten am 3. November 1918.

Am 7. November desertierte eine große Gruppe von Marinesoldaten auf dem Weg zur Westfront. Man hatte ihnen gesagt, dass sie als „Speerspitze" für die angebliche Invasion Großbritanniens eingesetzt werden sollten.

In der Zwischenzeit hatten Aufstände in vielen deutschen Industriezentren zu Betriebsschließungen geführt. Die Subversiven sprechen von Defätismus. Die Lage verschlechtert sich, bis der Kaiser am 9. November abdankt.

Die Sozialdemokratische Partei bildete sofort eine republikanische Regierung. Der Waffenstillstand wurde am 11. November 1918 unterzeichnet. Die kommunistischen Führer des Spartakusbundes hatten ihre „Zellen" in Schlüsselpositionen innerhalb der neuen Regierung und in den Streitkräften platziert. Mit vereinten Kräften sorgen sie überall für chaotische Zustände. Rosa Luxemburg spielte dann ihren Trumpf aus. Sie zwang die sozialistische Regierung, die sofortige Demobilisierung der deutschen Streitkräfte anzuordnen. Dadurch wurde das deutsche Oberkommando daran gehindert, seine gut disziplinierten Truppen einzusetzen, um die bevorstehende Revolution, die im Januar 1919 ausbrach, zu verhindern.

Bevor sie die Macht in Deutschland an sich riss, wurde Rosa Luxemburg die gleiche finanzielle und militärische Unterstützung zugesagt, die die internationalen Bankiers ein Jahr zuvor Lenin und Trotzki gewährt hatten. Die ersten Phasen ihrer revolutionären Bemühungen wurden aus dem Fonds finanziert, den sie über den sowjetischen Botschafter Joffe zur Verfügung stellten. Die revolutionären Bestrebungen erreichten nur nicht das, was Lenin in Russland erreicht hatte, als die versprochene Hilfe ausblieb, nachdem Rosa ihren ersten Vorstoß gestartet hatte. Dann erkannte sie, dass ihr jüdischer Spartakusbund von genau den Männern verraten worden war, die sie als ihre Freunde und Unterstützer betrachtete. Allein dieser Vorfall sollte beweisen, dass „Die geheime Macht", die hinter der weltrevolutionären Bewegung steht, sich um das Wohlergehen der Juden ebenso wenig kümmert wie um das der Heiden. Die Mehrheit der Direktoren der W.R.M. sind Männer, die von den Chasaren, Tataren und anderen mongolisch-asiatischen nicht-semitischen Ethnien abstammen. Sie übernahmen die jüdische Religion zwischen dem 7. und 8. Jahrhundert, um sie für ihre eigenen egoistischen Zwecke zu nutzen. [106] Sie haben die Juden genauso wie die Heiden als „Spielfiguren" benutzt.

Der Zweck des Doppelspiels war ein doppelter. Die Männer, die die Weltrevolutionäre Bewegung planen, wollten Deutschland erst dann sowjetisieren, wenn sie das deutsche Volk dazu benutzt hatten, einen weiteren Krieg gegen Großbritannien zu führen. Sie kalkulierten, dass ein zweiter Weltkrieg beide Reiche so erschöpfen würde, dass sie dann mit den Ressourcen der UdSSR, die sie unter Lenins Diktatur kontrollierten, leicht unterworfen werden könnten. Um einen Zweiten Weltkrieg auszulösen, hielten sie es für notwendig, in Deutschland einen starken antisemitischen Hass zu schüren, um Europa in zwei gegensätzliche Lager zu spalten - das faschistische und das antifaschistische. Der Plan verlangte von allen kommunisierten

---

[106] Siehe den *Eisernen Vorhang über Amerika* von Pro. John Beaty. Wilkinson Publishing Co., Dallas, Texas. S. 15-16.

Ländern, sich militärisch neutral zu verhalten, während ihre Agenten alles taten, um die von den Herrenmenschen geschaffenen ungünstigen Bedingungen zu verschlimmern.

Nachdem die jüdisch dominierte Revolution aus Mangel an Hilfe zusammengebrochen war, rächte sich das deutsche arische Volk in vollem Umfang am jüdischen Volk. Tausende von Juden, Männer, Frauen und Kinder, wurden in der Nacht zusammengetrieben und hingerichtet. Rosa Luxemburg und ihre rechte Hand Karl Liebknecht wurden gefangen genommen und von einem deutschen Leutnant wie tollwütige Hunde in den Kopf geschossen. So musste wieder einmal eine große Zahl von Juden für die Verbrechen einer kleinen Gruppe internationaler Gangster büßen, die sie als Schachfiguren im Spiel der internationalen Intrigen benutzten.

Um den Hass des deutschen Volkes auf die Juden zu verlängern und zu verstärken, machte die Propaganda die Juden für die militärische Niederlage der deutschen Streitkräfte und die ungerechten und demütigenden Bedingungen des Versailler Vertrages verantwortlich. Die Propaganda verstärkte den Trend zum Nationalsozialismus in Deutschland, indem sie Großbritannien, Frankreich und die Vereinigten Staaten als egoistische kapitalistische Länder darstellte, die von den internationalen jüdischen Bankiers beeinflusst und kontrolliert wurden. So wurde der Weg für den Aufstieg Hitlers vorbereitet.

Kurz nach der Unterzeichnung des Waffenstillstands wiesen die internationalen Bankiers Lenin an, die kommunistischen Errungenschaften zu konsolidieren und sich darauf vorzubereiten, die Sowjetstaaten gegen eine kapitalistische Aggression zu verteidigen. Lenin verkündete dies als seine Politik. Trotzki widersprach dem erbittert. Er plädiert für eine sofortige Revolution in allen europäischen Ländern, die noch unterworfen werden müssen. Er will dem Spartakusbund in Deutschland helfen, um den revolutionären Geist am Leben zu erhalten.

Lenin bestand darauf, dass es ihre erste Pflicht sei, die kommunistische Einflusssphäre in allen Ländern der Welt zwischen dem 35. und 45. nördlichen Breitengrad aufzubauen. Lenin erklärte, dass er revolutionäre Aktionen nur in Ländern innerhalb dieser Grenzen zulassen würde. Die wichtigsten Länder waren Spanien, Italien, Griechenland, bestimmte Teile Kleinasiens einschließlich Palästinas, bestimmte Teile Chinas und das Gebiet beiderseits der Grenze in

Kanada und den Vereinigten Staaten. Lenin warnte die Dritte Internationale, dass es die Pflicht der revolutionären Führer in all diesen Ländern sei, ihre Parteien so zu organisieren, dass sie bereit sind, ihre Regierungen zu übernehmen, wenn äußere Kräfte günstige Bedingungen für einen Aufstand schaffen. Das Scheitern Rosa Luxemburgs wurde als Beispiel dafür angeführt, was passieren würde, wenn revolutionäre Maßnahmen unabhängig ergriffen würden.

Lenins strategischer Plan ist in Militärkreisen als „Moschusochsen-Plan" bekannt, weil diese nordischen Tiere in der Lage waren, gegen die Angriffe all ihrer Feinde zu überleben, indem sie einfach einen Kreis bildeten, bei dem die Köpfe nach außen und die Schwänze nach innen zeigten. Die Kälber werden innerhalb des Kreises platziert. Wölfe und Bären konnten die Herde nicht von der Flanke oder von hinten angreifen. Wenn sie frontal angriffen, wurden sie von den messerscharfen Hufen der Ochsen aufgespießt oder in Bänder geschnitten.[107]

Lenin rechtfertigt den Verzicht auf Rosa Luxemburg damit, dass er so die sowjetischen Armeen organisieren konnte, um dem gemeinsamen Angriff der kapitalistischen Länder von 1919 bis 1921 standzuhalten. 1921 teilte Lenin den Mitgliedern der Dritten Internationale mit, dass Spanien das letzte Land sei, das sowjetisiert werde. Er machte Rosa Luxemburg für die Welle des Antisemitismus verantwortlich, die über Deutschland hinweggefegt war. Die Dritte Internationale entsandte daraufhin Karl Radek an die Spitze des Kommunismus in Deutschland. Er wurde angewiesen, die Partei auf eigene Faust zu rekrutieren, zu organisieren und auszubilden, aber er wurde gewarnt, keine revolutionären Maßnahmen zu ergreifen, solange er nicht von der Komintern dazu aufgefordert wurde. Die Komintern stand unter der Kontrolle von Lenin und damit der internationalen Bankiers.

Nachdem sie die inneren Verhältnisse in Deutschland so geregelt hatten, dass sie ihren langfristigen Plänen entsprachen, richteten die internationalen Gangster ihre Aufmerksamkeit auf Palästina. Palästina nahm eine zentrale geographische Position in ihren allgemeinen Plänen zur Welteroberung ein. Außerdem wussten sie, dass die weltberühmten

---

[107] Die Zeit hat gezeigt, wie weit dieser langfristige Plan gereift ist, und das erklärt, warum China an die Kommunisten ausgeliefert wurde.

Geologen[108] in der Gegend um das Tote Meer riesige Vorkommen an Bodenschätzen entdeckt hatten. Sie beschlossen daher, den politischen Zionismus zu unterstützen, um ihr doppeltes Ziel zu erreichen.

Erstens. Die Nationen der Welt zu zwingen, Palästina zu einer nationalen Heimstätte für die Juden zu machen, damit sie einen souveränen Staat hätten, den sie aufgrund ihres Reichtums und ihrer Macht kontrollieren würden. Wenn ihre langfristigen Pläne bis zu einem dritten Weltkrieg heranreiften, könnten sie ihren souveränen Staat nutzen, um die Kontrolle, die sie über die vergemeinschafteten Nationen ausüben, auf die ganze Welt auszuweiten. Wenn dies vollbracht wäre, könnten sie das Oberhaupt der Gruppe zum „König des Universums" und „Gott auf Erdenkrönen.[109]

Zweitens. Sie mussten sich die Kontrolle über die Bodenschätze im Wert von fünf Billionen Dollar sichern, von denen sie wussten, dass sie in und an den Ufern des Toten Meeres verborgen waren. Die Ereignisse werden zeigen, wie sie ihr doppeltes Ziel verfolgten. Nachdem sich Großbritannien, Frankreich und die Vereinigten Staaten mit der Balfour-Erklärung im April 1917 verpflichtet hatten, in Palästina eine nationale Heimat für die Juden zu schaffen, wurde Lord Allenby beauftragt, die Türken aus Kleinasien zu vertreiben und das Heilige Land zu besetzen. Die Tatsache, dass Palästina den Juden übergeben werden sollte, wurde erst bekannt gegeben, nachdem die Araber Allenby bei der Erfüllung dieser Aufgabe geholfen hatten. Der allgemeine Eindruck war, dass Palästina ein britisches Protektorat sein würde.

Unmittelbar nach dem triumphalen Einzug Lord Allenbys in Jerusalem „überredeten" die internationalen Bankiers die alliierten Regierungen, ihre politischen Abgesandten zu einer Zionistischen Kommission zu ernennen. Offiziell wurden die Mitglieder dieser Kommission nach Palästina geschickt, um als Bindeglied zwischen der Militärverwaltung und den Juden zu fungieren. Ihr eigentlicher Zweck war es, General Clayton zu „beraten", damit seine Militärverwaltung ihre geheimen

---

[108] Dies war der bereits erwähnte Conningham-Craig.

[109] Die in Kapitel 3 veröffentlichten Langfristigen Pläne belegen, dass dies beabsichtigt ist.

Pläne vorantreiben konnte. Die Zionistenkommission trat im März 1918 in Kraft.

Zu den Mitgliedern der Zionistischen Kommission gehörte auch Major Ormsby-Gore. Später wurde er Lord Harlich. Er war Direktor der Midland Bank, der Standard Bank of South Africa und der Union Corporation.[110]

Major James de Rothschild, der Sohn von Edmund de Rothschild aus Paris, der früher die Rothschild-Kolonien in Palästina besessen hatte. Major de Rothschild wurde anschließend liberales Mitglied des britischen Parlaments. In dieser Funktion war er von 1929 bis 1945 tätig. Er wurde zum parlamentarischen Sekretär in der Churchill-Labour-Koalitionsregierung ernannt.

Leutnant Edwin Samuel wurde später während des Zweiten Weltkriegs Chefzensor für die britische Regierung. Nach der Gründung des Staates Israel im Jahr 1948 wurde er zum leitenden Direktor des palästinensischen Rundfunks ernannt.[111]

Herr Israel Sieff - er war Direktor von Marks and Spencers, den großen britischen Kaufhäusern. Er war ein enger Partner aller internationalen Bankiers. Er wurde zum Vorsitzenden des politischen und wirtschaftlichen Planungsausschusses ernannt. Er war ständiges Mitglied des „Brain Trust", der die aufeinanderfolgenden britischen Regierungen „beriet". Sein Ansehen in Großbritannien war ähnlich hoch wie das von Bernard Baruch in den Vereinigten Staaten von Amerika von 1918 bis heute. Herr Sieff hat sich um die internationalen Bankiers so verdient gemacht, dass er zum Kommandeur des Makkabäerordens ernannt wurde.

Leon Simon - Er wurde später zum Ritter geschlagen und mit der Leitung des britischen Generalpostamts betraut. Er kontrollierte alle Telegrafen-, Telefon- und Kabeleinrichtungen. Die übrigen Mitglieder

---

[110] Die Direktoren der Standard Bank trugen dazu bei, den Burenkrieg herbeizuführen, um die Kontrolle über die Gold- und Diamantenfelder in Afrika zu erlangen.

[111] Es wäre vielleicht zutreffender gewesen, ihm den Titel „Chief Director of Propaganda for the International Bankers" zu geben.

der Kommission waren Dr. Elder, Mr. Joseph Cowen und Mr. Chaim Weizmann, allesamt enge Freunde wohlhabender Zionisten in Amerika.[112]

Sir R. Storrs sagt, die Zionistische Kommission sei vor Beginn der Friedenskonferenz nach Palästina geschickt worden, um ein günstiges Klima für die Errichtung einer nationalen Heimstätte für die Juden zu schaffen und auch um ihre finanziellen Unterstützer zu stimulieren.

Die internationalen Bankiers dominierten die Konferenz, die in den Vertrag von Versailles mündete. Dies wird durch die Tatsache belegt, dass Paul Warburg (der das Federal Reserve System in den USA entworfen hat) im Januar 1919 in Paris eintraf, um die amerikanische Delegation zu leiten. Sein Bruder Max traf als Leiter der deutschen Delegation ein. Comte de St. Aulaire sagt: „Diejenigen, die die Wahrheit anderswo als in den offiziellen Dokumenten suchen, wissen, dass Präsident Wilson, dessen Wahl von der Großen Bank von New York (Kuhn-Loeb & Co.) finanziert worden war, sich fast vollständig nach deren Pfeife tanzen ließ."

Dr. Dillon erklärt

> „Die Reihe von Maßnahmen, die in dieser Richtung erdacht und durchgesetzt wurden, wurde von den Juden (d.h. den Vertretern der internationalen Bankiers) angeregt, die sich in Paris versammelt hatten, um ihre sorgfältig durchdachten Programme zu verwirklichen, und es gelang ihnen, sie im Wesentlichen ausführen zu lassen."

Das Mandat für Palästina wurde von Professor Felix Frankfurter, dem bedeutenden amerikanischen Zionisten, verfasst, der später Chefberater von Präsident Roosevelt im Weißen Haus wurde. Ihm zur Seite standen

---

[112] Die Bedeutung Palästinas in den Plänen derjenigen, die die weltrevolutionäre Bewegung leiten, ist so groß, dass mehrere Bücher zu diesem Thema geschrieben worden sind. Wer besser informiert sein will, sollte lesen: Palestine, the Reality von J.M.N. Jeffries; *The Palestine Plot* von B. Jensen; *Zionism and Palestine* von Sir Ronald Storrs (der erste Gouverneur von Jerusalem); *Geneva versus Peace* von Comte de St. Aulaire (der einst Botschafter im Palace of St. James, England war); The Paris Peace Conference von Dr. Dillon, London 1919; Brief for Prosecution von Major C.H. Douglas.

der ehrenwerte Sir Herbert Samuel, Dr. Jacobson, Dr. Fiewel, Herr Sacher, Herr Landman, Herr Ben Cohen und Herr Lucien Wolfe, der einen enormen Einfluss auf Herrn David Lloyd George ausübte.[113] Ihm wurde nachgesagt, dass er über alle Geheimnisse des britischen Außenministeriums verfügte.[114] Bei den vorbereitenden Konferenzen war Herr Mandel (dessen richtiger Name Rothschild war) Privatsekretär von Herrn Clemenceau aus Frankreich. Henry Morgenthau gehörte der US-Delegation in einer allgemeinen Aufsichtsfunktion an. Er war der Vater des Mannes, der später der Finanzminister von Präsident Roosevelt wurde. Ein weiterer Mann, der mit den internationalen Bankiers in Verbindung stand, war Oscar Strauss, der eine führende Rolle bei der Gründung des Völkerbundes spielte und dessen Politik so gestaltete, dass sie in den langfristigen Plan der internationalen Gangster für die ultimative Weltherrschaft passte.

Herr Lucien Wolfe sagt auf Seite 408 seiner „*Essays in Jewish History*": „Eine kleine Gruppe anderer angesehener Juden erscheint als Unterzeichner des Friedensvertrags. Der Vertrag von Versailles wird für Frankreich von Louis Klotz unterzeichnet. (Er wurde später in dubiose Finanzgeschäfte verwickelt und zog sich aus dem öffentlichen Leben zurück. Anm. d. Red.) Baron Somino für Italien und Edwin Montague für Indien."

Harold Nicolson, Autor von „Peace Making 1919-1944", S. 243, erklärt, dass Wolfe ihm vorschlug, dass alle Juden internationalen Schutz genießen sollten, während sie alle nationalen Rechte der Ausbeutung behalten sollten. M. Georges Batault sagt in „Le Problème Juif", S. 38: „Die Juden, die Lloyd George, Wilson und Clemenceau umgaben, sind schuld an der Schaffung eines 'jüdischen Friedens'." Wieder einmal wird die jüdische Ethnie für die Sünden einiger rücksichtsloser Finanziers verantwortlich gemacht.

Im Frühjahr 1919 ergriff Béla Kun die Macht in Ungarn. Er versuchte, die Ideen von Lucien Wolfe in die Praxis umzusetzen. Die Diktatur von Béla Kun dauerte nur drei Monate, aber in dieser Zeit wurden

---

[113] Herr L. Wolfe veröffentlichte 1934 *Essays in Jewish History*.

[114] Siehe Jewish Guardian, Juni-Ausgabe 1920. Auch *The Surrender of an Empire* von Nesta H. Webster, S. 357, 1933; und *The Palestine Plot* von B. Jensen, S, 60.

Zehntausende von Christen enteignet und rücksichtslos ermordet. Zu den Opfern gehörten Arbeiter, Offiziere, Kaufleute, Grundbesitzer, Berufstätige, Priester und Laien.

Im „Neuen Internationalen Jahrbuch von 1919" heißt es unter anderem:

> „Die Regierung von Béla Kun bestand fast ausschließlich aus Juden, die auch die Verwaltungsämter innehatten. Die Kommunisten hatten sich zunächst mit den Sozialisten zusammengeschlossen, die nicht zu den extrem radikalen Parteien gehörten, sondern eher den Arbeiterparteien oder Gewerkschaftsgruppen in anderen Ländern ähnelten. Béla Kun wählte sein Personal jedoch nicht unter ihnen aus, sondern wandte sich an die Juden und bildete praktisch eine jüdische Bürokratie."

Die Geschichte berichtet, dass Béla Kun nach drei Monaten systematischer Plünderung, Vergewaltigung und Massenmord abgesetzt wurde. Anstatt hingerichtet zu werden, wurde er in einer Irrenanstalt interniert. Seine Freilassung wurde von Agenten der mächtigen Gruppe arrangiert, der er so gut gedient hatte. Er kehrte nach Russland zurück und wurde mit der Leitung der Tscheka betraut, die die Ukrainer terrorisierte und unterwarf, als Stalin die Kollektivierung der Landwirtschaft in der Sowjetunion anordnete. Fünf Millionen Bauern wurden verhungert, weil sie sich weigerten, den Erlassen Folge zu leisten. Über fünf Millionen weitere wurden zur Zwangsarbeit nach Sibirien geschickt.

Als Stalin 1936 versuchte, Spanien in eine kommunistische Diktatur zu verwandeln, wurde Béla Kun ausgewählt, um die Schreckensherrschaft in Spanien zu organisieren.

Die Macht der internationalen Bankiers wird durch einen Vorfall während der vorbereitenden Konferenzen, die 1919 in Paris stattfanden, gut illustriert. Die Verhandlungen tendierten dazu, von der von den internationalen Bankiers festgelegten Politik abzuweichen. Daraufhin schickte Jacob Schiff aus New York ein zweitausend Worte umfassendes Telegramm an Präsident Wilson, der an der Pariser Konferenz teilnahm. Er „instruierte" den Präsidenten der Vereinigten Staaten, was in Bezug auf das Palästina-Mandat, die deutschen Reparationen, Oberschlesien, den Sare, den Danziger Korridor und Fiume zu tun sei. Das Telegramm war auf den 28. Mai 1919 datiert.

Schiff schickte es im Namen der Vereinigung des Bundes Freier Nationen an.[115]

Nach Erhalt des Telegramms änderte Präsident Wilson sofort die Richtung der Verhandlungen. Über diesen Vorfall sagte Comte de St. Aulaire: „Der Vertrag von Versailles zu diesen fünf Fragen wurde von Jacob Schiff und seinen Mitreligiösen diktiert."[116] Es muss noch einmal darauf hingewiesen werden, dass die Angehörigen des jüdischen Volkes absolut nichts mit der Ausarbeitung der Politik zu tun hatten, die die internationalen Bankiers auf Drängen von Lloyd George, Präsident Wilson und Premier Clemenceau durchführten.

Sobald die alliierten Regierungen „überredet" worden waren, Palästina zu einem britischen Protektorat zu machen (wie in dem Telegramm gefordert), wiesen die internationalen Bankiers ihre Agenten an, die Bedingungen des Friedensvertrags so streng zu gestalten, dass das deutsche Volk sie nicht lange ertragen könnte. Dies war Teil des Plans, das deutsche Volk dazu zu bringen, die Briten, Franzosen, Amerikaner und die Juden zu hassen, damit es bereit war, erneut für die Wiedererlangung seiner Rechte zu kämpfen.

Unmittelbar nach der Unterzeichnung des Versailler Vertrages wurde der falsche kapitalistisch-bolschewistische Krieg begonnen. Dieser Krieg ermöglichte es Lenin, seine Politik zu rechtfertigen, mit der er die deutschen Revolutionäre ihrem Schicksal überließ, um die in Russland bereits erzielten Errungenschaften zu konsolidieren. Der Krieg gegen den Bolschewismus durfte nie die Diktatur Lenins gefährden. Er wurde 1921 beendet. Das Ergebnis war, dass die Bolschewiki enorm an Ansehen gewannen, während die kapitalistischen Länder in ähnlichem Maße verloren. Dies ebnete den Agenten der internationalen Bankiers den Weg, im Interesse eines dauerhaften FRIEDENS vorzuschlagen, die Sowjetstaaten in den Völkerbund aufzunehmen.

Die britische Regierung, die stets den „Wünschen" der internationalen Bankiers gehorchte, war die erste, die der neuen „Forderung" nachkam. Frankreich folgte diesem Beispiel am 28. Oktober 1924. Nachdem der

---

[115] Diese Liga wurde von fünf amerikanischen Bankiers finanziert und dominiert.

[116] Siehe *Genf gegen den Frieden*, S. 90.

berüchtigte Litwinow auf Henry Morgenthau und Dean Acheson eingewirkt hatte (die beide von Felix Frankfurter und Louis D. Brandeis beherrscht wurden), erkannte Präsident Roosevelt die Sowjets am 16. November 1933 an. Der Völkerbund nahm die Sowjetstaaten als Mitglieder auf. Von diesem Tag an war der Völkerbund nicht mehr und nicht weniger als ein Instrument in den Händen Stalins. Seine Agenten formten seine Politik und seine Aktivitäten so, dass sie den langfristigen Plänen derjenigen entsprachen, die die revolutionäre Weltbewegung leiteten.[117]

Nachdem die kommunistischen Länder in den Völkerbund aufgenommen worden waren, übernahmen die Freimaurer des Großmagistrats, die Delegierte waren oder zum Stab gehörten, die Verantwortung.[118]

Wickham Steed, ehemaliger Herausgeber der Times in London, war einer der bestinformierten Männer der Welt. Bei mehr als einer Gelegenheit erörterte er die Tatsache, dass die internationalen Bankiers die internationalen Angelegenheiten beherrschen. Kurz nach der Unterzeichnung des Versailler Vertrages machte er diese eindeutige Aussage:

> „Ich bestand darauf, dass die Hauptakteure (um die alliierten Mächte dazu zu bringen, die bolschewistische Diktatur anzuerkennen) Jacob Schiff, Warburg und andere internationale Finanziers waren, die vor allem die jüdischen Bolschewiken unterstützen wollten, um ein Feld für die deutsche und jüdische Ausbeutung Russlands zu sichern.[119]

Leo Maxse schrieb in der Augustausgabe der „National Review" 1919: „Wer auch immer in der Downing Street an der Macht ist, ob Konservative, Radikale, Koalitionäre oder Pseudobolschewisten, die

---

[117] Weitere Einzelheiten finden Sie in Moscow's *Red Letter Day in American History* von Wm. La Varre, in der August-Ausgabe des American Legion Magazine. Auch Trotzkis Buch mit dem Titel *Stalin*.

[118] Lesen Sie *The Hidden Hand*, Seite 28, von Colonel A.H. Lane. Nahun Sokolov, der Präsident des Exekutivkomitees des Zionistischen Kongresses, sagte am 25. August 1952: „Der Völkerbund ist eine jüdische Idee".

[119] Gelesen *durch dreißig Jahre* von Wickham Steed, London. Bd. 2, S. 301-302.

internationalen Juden haben das Sagen. Hier liegt das Geheimnis der 'Verborgenen Hand', für das es keine intelligente Erklärung gibt." Wieder einmal hätte das Wort „Jude" „Banker" oder „Gangster" lauten müssen. Es wäre genauso vernünftig, alle römischen Katholiken für die Verbrechen einiger römischer Mafiabosse verantwortlich zu machen, die ihre Religion seit vielen Jahren nicht mehr ausüben.[120]

Als Winston Churchill im März 1921 Palästina besuchte, wurde er gebeten, eine Delegation muslimischer Führer zu treffen. Diese protestierten dagegen, dass das eigentliche Ziel des politischen Zionismus darin bestehe, die natürlichen Ressourcen Palästinas den Juden zu überlassen. Sie wiesen darauf hin, dass die Araber Palästina seit über tausend Jahren besetzt hielten. Sie baten Churchill, seinen Einfluss geltend zu machen, um das zu korrigieren, was sie als große Ungerechtigkeit betrachteten. Churchill soll daraufhin geantwortet haben:

> „Sie bitten mich, die Balfour-Erklärung abzulehnen und die (jüdische) Einwanderung zu stoppen. Das liegt nicht in meiner Macht... und es ist nicht mein Wunsch... Wir denken, es ist gut für die Welt, gut für die Juden, gut für das britische Empire und auch gut für die Araber... und wir beabsichtigen, dass es so ist.[121]

Als Churchill den Arabern seine Antwort gab, dachte er höchstwahrscheinlich an die Drohung von Chaim Weizmann, der viele Jahre lang ein Agent der internationalen Bankiers gewesen war. Nur ein Jahr vor Churchills Besuch in Palästina hatte Weizmann eine offizielle

---

[120] Es waren die Verweise auf „The Secret Power" und „Hidden Hand" von Steed, De Poncin, Mrs. Webster, Maxse und anderen, die mich veranlassten, der Sache nachzugehen, um die wahre Antwort zu finden. Autor.

[121] Die volle Bedeutung dieser Erklärung wurde selbst dem Verfasser erst 1954 bewusst, als Premierminister Churchill (bei seinem Besuch bei Bernard Baruch) erklärte: „Ich bin Zionist und habe den Zionismus immer gefördert". Im Anschluss an diese Erklärung sprach er sich nachdrücklich für eine „friedliche Koexistenz mit den kommunistischen Nationen" aus. Da die kommunistischen Staaten in Wirklichkeit internationale Finanzdiktaturen sind, muss man davon ausgehen, dass Churchill 1921 wie 1954 insgeheim glaubte, sie seien am besten geeignet und am fähigsten, unter den heutigen Bedingungen zu regieren.

Erklärung zur Politik abgegeben, die in der „Judischen Rundschau", Nr. 4, 1920, veröffentlicht wurde: Er sagte

„Wir werden uns in Palästina niederlassen, ob es euch gefällt oder nicht... Ihr könnt unsere Ankunft beschleunigen oder ihr könnt sie ebenso verzögern. Es ist jedoch besser für euch, uns zu helfen, um zu verhindern, dass unsere konstruktiven Kräfte in eine zerstörerische Kraft verwandelt werden, die die Welt umstürzen wird."

Weizmanns Aussage muss im Zusammenhang mit einer anderen Erklärung betrachtet werden, die ein internationaler Bankier 1919 vor einer Versammlung von Zionisten in Budapest abgab. Bei der Erörterung der Wahrscheinlichkeiten einer Superregierung wurde er von Comte de St. Aulaire mit den Worten zitiert:

„Bei der Verwaltung der Neuen Welt beweisen wir unsere Organisation sowohl für die Revolution als auch für den Aufbau durch die Schaffung des Völkerbundes, der unser Werk ist. Der Bolschewismus ist das Gaspedal, und der Völkerbund ist die Bremse des Mechanismus, dessen Antriebskraft und Lenkung wir liefern... Was ist das Ziel? Das ist bereits durch unsere Mission bestimmt."[122] Eine Weltregierung.

Die beiden Erklärungen zusammen zeigen das internationale Ausmaß ihrer geheimen Ambitionen. Acht Jahre, nachdem ich dieses Kapitel des Originalmanuskripts beendet hatte, gelangte der folgende Bericht über den kanadischen Geheimdienst in meinen Besitz.

Da die Erklärungen, die auf der am 12. Januar 1952 in Budapest abgehaltenen Konferenz abgegeben wurden, meine Behauptungen von 1944 stützen und die Schlussfolgerungen, zu denen ich 1924 gelangt war, bestätigen, füge ich den Bericht der 1952 gehaltenen Rede hier wortwörtlich ein. Er wurde ursprünglich einer amerikanischen Publikation „Common Sense" von Mr. Eustace Mullins, einer Autorität

---

[122] *Genf gegen den Frieden*, S. 83.

auf dem Gebiet der marxistischen Verschwörung, zur Verfügung gestellt.[123]

„Ein Bericht aus Europa enthält die folgende Rede von Rabbi Emanuel Rabinovich vor einer Sondersitzung des Notrates der europäischen Rabbiner in Budapest, Ungarn, am 12. Januar 1952:

Seid gegrüßt, meine Kinder: Ihr seid hierher gerufen worden, um die wichtigsten Schritte unseres neuen Programms zu rekapitulieren. Wie ihr wisst, hatten wir gehofft, zwanzig Jahre zwischen den Kriegen zu haben, um die großen Errungenschaften aus dem Zweiten Weltkrieg zu konsolidieren, aber unsere wachsende Zahl in bestimmten lebenswichtigen Bereichen erregt Widerstand gegen uns, und wir müssen jetzt mit allen uns zur Verfügung stehenden Mitteln daran arbeiten, den Dritten Weltkrieg innerhalb von fünf Jahren herbeizuführen.

Das Ziel, nach dem wir seit dreitausend Jahren so beharrlich gestrebt haben, ist endlich in Reichweite, und weil seine Erfüllung so offensichtlich ist, müssen wir unsere Anstrengungen und unsere Vorsicht verzehnfachen. Ich kann Ihnen mit Sicherheit versprechen, dass unsere Ethnie noch vor Ablauf von zehn Jahren ihren rechtmäßigen Platz in der Welt einnehmen wird:, wobei jeder Jude ein König und jeder Heide ein Sklave sein wird. (Beifall der Anwesenden). Sie erinnern sich an den Erfolg unserer Propagandakampagne in den 30er Jahren, die in Deutschland antiamerikanische Leidenschaften weckte, während wir gleichzeitig in Amerika antideutsche Leidenschaften weckten, eine Kampagne, die im Zweiten Weltkrieg gipfelte. Eine ähnliche Propagandakampagne wird jetzt in der ganzen Welt intensiv geführt. In Rußland wird das Kriegsfieber durch ein unaufhörliches antiamerikanisches Sperrfeuer geschürt, während in Amerika eine landesweite antikommunistische Angst um sich greift. Diese Kampagne zwingt alle kleineren Nationen dazu, sich zwischen der Partnerschaft mit Russland oder einem Bündnis mit den Vereinigten Staaten zu entscheiden.

---

[123] Herr E. Mullins ist Autor von *The Federal Reserve Conspiracy*. Veröffentlicht von „Common Sense", New Jersey, U.S.A. und neu aufgelegt von Omnia Veritas Ltd, www.omnia-veritas.com.

Unser vordringlichstes Problem besteht derzeit darin, den nachlassenden militaristischen Geist der Amerikaner zu entfachen. Das Scheitern des „Universal Military Training Act" war ein großer Rückschlag für unsere Pläne, aber wir sind sicher, dass eine geeignete Maßnahme unmittelbar nach den Wahlen von 1952 durch den Kongress gebracht werden wird. Die Russen und die asiatischen Völker sind gut unter Kontrolle und haben keine Einwände gegen einen Krieg, aber wir müssen warten, um die Amerikaner zu gewinnen. Wir hoffen, dies mit dem Thema des Antisemitismus zu tun, das so gut funktioniert hat, um die Amerikaner gegen Deutschland zu vereinen. Wir setzen stark auf Berichte über antisemitische Ausschreitungen in Russland, um die Empörung in den Vereinigten Staaten zu schüren und eine Front der Solidarität gegen die Sowjetmacht zu schaffen. Gleichzeitig werden wir, um den Amerikanern die Realität des Antisemitismus vor Augen zu führen, durch neue Quellen große Geldsummen an offen antisemitische Elemente in Amerika vorschießen, um ihre Wirksamkeit zu erhöhen, und wir werden antisemitische Ausbrüche in mehreren ihrer größeren Städte inszenieren. Dies wird dem doppelten Zweck dienen, reaktionäre Sektoren in Amerika zu entlarven, die zum Schweigen gebracht werden können, und die Vereinigten Staaten zu einer engagierten antirussischen Einheit zusammenzuschweißen.

Innerhalb von fünf Jahren wird dieses Programm sein Ziel erreichen, den Dritten Weltkrieg, der an Zerstörung alle bisherigen Wettbewerbe übertreffen wird. Israel wird natürlich neutral bleiben, und wenn beide Seiten verwüstet und erschöpft sind, werden wir schlichten, indem wir unsere Kontrollkommission in alle verwüsteten Länder schicken. Dieser Krieg wird für alle Zeiten unseren Kampf gegen die Heiden beenden.

Wir werden unsere Identität mit den Ethnien Asiens und Afrikas offen zu erkennen geben. Ich kann mit Sicherheit sagen, dass die letzte Generation weißer Kinder jetzt geboren wird. Unsere Kontrollkommissionen werden im Interesse des Friedens und zur Beseitigung der Spannungen zwischen den Rassen den Weißen verbieten, sich mit Weißen zu paaren.

Die weißen Frauen müssen mit Angehörigen der dunklen Ethnien zusammenleben, die weißen Männer mit schwarzen Frauen. So wird die weiße Ethnie verschwinden, denn die Vermischung der dunklen mit der weißen bedeutet das Ende des weißen Mannes, und unser gefährlichster Feind wird nur noch eine Erinnerung sein. Wir werden in ein Zeitalter von zehntausend Jahren Frieden und Überfluss eintreten, die Pax Judaica, und unsere Ethnie wird unangefochten über die Welt herrschen. Unsere überlegene Intelligenz wird es uns leicht machen, die Herrschaft über eine Welt von dunklen Völkern zu behalten.

Frage aus der Versammlung:

Rabbi Rabinovich, was ist mit den verschiedenen Religionen nach dem Dritten Weltkrieg?

Rabinowitsch:

Es wird keine Religionen mehr geben. Nicht nur würde die Existenz einer Priesterklasse eine ständige Gefahr für unsere Herrschaft bleiben, sondern der Glaube an ein Leben nach dem Tod würde unversöhnlichen Elementen in vielen Ländern geistige Kraft verleihen und sie in die Lage versetzen, uns zu widerstehen. Wir werden jedoch die Rituale und Gebräuche des Judentums als Kennzeichen unserer erblichen Herrscherkaste beibehalten und unsere Rassengesetze verschärfen, so dass kein Jude außerhalb unserer Ethnie heiraten darf und kein Fremder von uns akzeptiert wird.

Es kann sein, dass wir die düsteren Tage des Zweiten Weltkriegs wiederholen müssen, als wir gezwungen waren, die Hitler-Banditen einen Teil unseres Volkes opfern zu lassen, damit wir ausreichende Unterlagen und Zeugen haben, um unseren Prozess und die Hinrichtung der Führer Amerikas und Russlands als Kriegsverbrecher rechtlich zu rechtfertigen, nachdem wir den Frieden diktiert haben. Ich bin mir sicher, dass Sie für eine solche Aufgabe wenig Vorbereitung brauchen, denn Opferbereitschaft war schon immer die Parole unseres Volkes, und der Tod von ein paar Tausend Juden im Austausch für die Weltherrschaft ist in der Tat ein kleiner Preis, der zu zahlen ist.

Um Sie von der Gewissheit dieser Führung zu überzeugen, möchte ich Sie darauf hinweisen, wie wir alle Erfindungen des weißen Mannes in Waffen gegen ihn verwandelt haben. Seine Druckerpressen und Radios sind die Sprachrohre unserer Wünsche, und seine Schwerindustrie stellt die Instrumente her, die er aussendet, um Asien und Afrika gegen ihn zu bewaffnen.

Unser Interesse in Washington besteht darin, das Point-Four-Programm zur Entwicklung der Industrie in den rückständigen Gebieten der Welt erheblich auszuweiten, so dass die Weißen, nachdem die Industrieanlagen und Städte Europas und Amerikas durch einen Atomkrieg zerstört worden sind, keinen Widerstand gegen die großen Massen der dunklen Ethnien leisten können, die eine unangefochtene technologische Überlegenheit behalten werden.[124]

Und so, mit der Vision des Weltsieges vor Augen, geht zurück in eure Länder und intensiviert eure gute Arbeit, bis zu jenem nahenden Licht, wenn Israel sich in seiner ganzen glorreichen Bestimmung als das Licht der Welt offenbaren wird. Illuminati bedeutet 'Hüter des Lichts'."

Diese Rede bestätigt auch, was ich in Bezug auf die Art und Weise behauptet habe, in der die Geheimmächte absichtlich den Antisemitismus für ihre Zwecke geschürt haben, und auch den Antikommunismus. Sie beweist meine Behauptung, dass die Illuminaten den Kommunismus, den Zionismus und den Faschismus benutzt haben, um ihre geheimen Ambitionen zu fördern. Und sie werden, wenn sie können, die Christdemokratie gegen den Kommunismus einsetzen, um die nächste Phase ihres langfristigen Plans herbeizuführen... den Dritten Weltkrieg. Aber das erhellendste Merkmal der Rede ist die Tatsache, dass sie die Art und Weise offenbart, in der die Illuminaten einen jüdischen Rabbi benutzen, um andere Mitreligiöse davon zu überzeugen, dass sie die regierende Klasse in der Neuen Weltordnung sein werden - eine Tatsache, die, wie die Vergangenheit zeigt, sehr zweifelhaft ist. Der Satanismus, nicht die Juden werden regieren.

Im Rahmen des Versailler Vertrags von 1919 erhielten die internationalen Bankiers die Kontrolle über die militärische Aufrüstung Deutschlands und seine wirtschaftliche Erholung. Um dies zu erreichen, schlossen sie mit dem deutschen Oberkommando die Abmachungen. Sie vereinbarten, dass die Sowjets die deutschen Generäle heimlich mit allen Waffen und Munition versorgen sollten,

---

[124] Studieren Sie diese Erklärung im Hinblick auf das Treffen der Führer aller „dunklen" und „schwarzen" Ethnien, das im April 1956 in Bandung stattfand, und die Politik der Waffenlieferung an Israel und Ägypten.

die sie für eine moderne Armee von mehreren Millionen Mann benötigten. Außerdem verpflichteten sie sich, dass der sowjetische Diktator den Deutschen vollständige Ausbildungseinrichtungen zur Verfügung stellen würde, damit sie die Zahl der Offiziere und Unteroffiziere ausbilden konnten, die sie für die neue Armee benötigten, die sie aufstellen wollten, wenn sie die Zeit für reif hielten.

Die umfangreichen Bauprojekte, die zur Umsetzung der Abmachungen erforderlich waren, wurden von den internationalen Bankiers finanziert.[125] Sie ermöglichten damit sowohl den kommunistischen als auch den faschistischen Ländern den Aufbau ihrer Wirtschaft und ihres Kriegspotentials. Die internationalen Bankiers ermöglichten es dem deutschen Oberkommando, sich allen militärischen Beschränkungen zu entziehen, die ihnen der Versailler Vertrag auferlegt hatte.[126]

Die riesigen Krupp-Munitions- und Rüstungswerke, die in der Sowjetunion hinter dem Uralgebirge errichtet wurden, erhielten den Namen „Manych". Die deutschen Rüstungsunternehmen erhielten alle Konzessionen, die sie verlangten. Internationale Intrigen in einem derartigen Ausmaß konnten nur eines bedeuten. Die Beteiligten bereiteten sich auf den Zweiten Weltkrieg vor. Die Regierungen der so genannten alliierten Nationen waren über die Vorgänge hinter den Kulissen bestens informiert, wie ich bei meinem Besuch in London anlässlich der Konferenz über die Abrüstung der Seestreitkräfte im Jahr 1930 feststellen konnte. Dies ist nur ein weiterer Beweis dafür, dass Disraeli die Wahrheit sprach, als er sagte

„Die gewählten Regierungen regieren nicht".

So offenbart die Geschichte, dass die Geheimmacht von 1920 bis 1934 die internationalen Intrigen so lenkte, dass die Führer des angeblich jüdisch dominierten Kommunismus in RUSSLAND Hand in Hand mit den Führern des angeblich arisch dominierten Nationalsozialismus in Deutschland arbeiteten. Diese Phase der Geschichte ist sehr

---

[125] Das war vor dem Aufkommen von Hitler.

[126] Es wird bewiesen werden, dass die deutschen Generäle und hochrangigen Beamten, die die Abmachungen ausgehandelt haben, bei den Nürnberger Prozessen als Kriegsverbrecher zum Tode verurteilt wurden. Sie wussten zu viel.

kompliziert. Sie ist für den Durchschnittsbürger nur schwer zu verstehen.[127]

Kommunismus und Nationalsozialismus haben mehrere Dinge gemeinsam: Beide sind atheistische Glaubensrichtungen, die die Existenz des allmächtigen Gottes leugnen. Beide befürworten Krieg, Hass und Gewalt, im Gegensatz zu Christi Politik des Friedens, der Liebe und der Lehre. Die Führer beider atheistisch-materialistischer Ideologien MÜSSEN daher Agenten des Teufels sein. Sie fördern die teuflische Verschwörung, um die Seelen der Menschen von der Treue und dem Gehorsam gegenüber dem allmächtigen Gott abzuhalten. Beide nutzen eine Form der großorientalischen Freimaurerei für ihre Bekehrungsversuche.[128] Das Oberhaupt des Rates der Dreiunddreißig ist der Präsident des bereits erwähnten Rates der Dreizehn an der Spitze der Exekutive. Da die Einweihungszeremonien ALLER Logen des Großen Orients verlangen, dass der Kandidat schwört, dass er keinen anderen Sterblichen über dem Oberhaupt der Organisation anerkennen wird, ist dieses Oberhaupt automatisch Gott auf Erden. Die internationalen Bankiers sind seit 1770 immer die obersten Führungskräfte der Großorient-Freimaurerei gewesen. Die arischen Kriegsherren waren schon immer die obersten Führungskräfte der deutschen Logen. Sie wählen ihre Nachfolger selbst aus.

Ein Rückblick auf die Geschichte, 1914-1934, zeigt:

1. Dass die internationalen Bankiers den Ersten Weltkrieg angezettelt haben, um günstige Bedingungen für revolutionäre Aktionen zu schaffen und so die unangefochtene Kontrolle über das Russische Reich zu erlangen.

---

[127] Cecil F. Melville, der sich eingehend mit dieser besonderen Phase der weltrevolutionären Bewegung befasst und *das Buch The Russian Face of Germany* geschrieben hat, hat jedoch viel Licht auf dieses Thema geworfen.

[128] ANMERKUNG: Die deutschen Großorient-Logen haben niemals Juden als Mitglieder zugelassen, und zwar aus dem offensichtlichen Grund, dass die Geheimmächte niemals ein internationales Komplott von der Art und dem Ausmaß der Abmachungen hätten durchführen können, wenn ihre Politik anders gewesen wäre.

2. Die Beseitigung der gekrönten Häupter Europas. Diese Herrscher mussten beseitigt werden, bevor eine der beiden Gruppen ihre totalitären Ambitionen verwirklichen konnte.

3. Die britische und französische Regierung zu zwingen, der Errichtung einer nationalen Heimstätte für die Juden in Palästina zuzustimmen.

Die britische Regierung war gezwungen, die internationalen Bankiers bei der Planung der bolschewistischen Revolution in Russland 1917 zu unterstützen, um ihr Versprechen zu erhalten, dass sie Amerika auf der Seite der Alliierten in den Krieg bringen würden. Es ist davon auszugehen, dass die Versenkung der S.S. Lusitania den notwendigen Vorfall lieferte, um den Wechsel der amerikanischen Politik zu rechtfertigen, so wie Pearl Harbour als Vorwand für den Eintritt Amerikas in den Zweiten Weltkrieg benutzt wurde.

Der ursprüngliche Entwurf des Mandats für Palästina lautet: „PALÄSTINA IN EINE NATIONALE HEIMSTÄTTE FÜR DIE JUDEN ZU VERWANDELN". In letzter Minute wurde er geändert und lautete: „um eine nationale Heimstätte für die Juden in Palästina zu schaffen". Dies geschah, um die geheimen Ambitionen der Zionisten zu verbergen.

Die internationalen Bankiers verschwiegen absichtlich die Wahrheit über die riesigen Mineralienvorkommen, die Geologen in Palästina entdeckt hatten, bis die Regierungen Großbritanniens, Frankreichs und der Vereinigten Staaten dem Mandat für Palästina zugestimmt hatten.[129]

Die internationalen Bankiers benutzten den Zionismus, um die Kontrolle über einen zentral gelegenen souveränen Staat zu erlangen,

---

[129] ANMERKUNG: Die Wahrheit über den Wert der Bodenschätze wurde erst bekannt, nachdem die Vereinten Nationen Palästina 1948 so aufgeteilt hatten, dass heute bekannt ist, dass sich im Staat Israel Bodenschätze im Wert von über fünf Billionen Dollar befinden. Graf Bernadotte von Schweden schlug vor, dass die Juden den gesamten Süden aufgeben und Westgaliläa im Norden erhalten sollten. Sein Plan wurde abgelehnt, und im September 1947 wurde Graf Bernadotte von jüdischen Extremisten ermordet.

von dem aus sie die Kontrolle, die sie jetzt über die U.S.S.Rs. ausüben, auf die gesamte Welt ausdehnen konnten.

Die Verschwörer steuerten die internationalen Angelegenheiten zwischen 1921 und 1934 so, dass Europa in Vorbereitung des Zweiten Weltkriegs in zwei Lager - das faschistische und das antifaschistische - geteilt wurde.

Kapitel 11

Stalin

Stalin wurde 1879 *als Josef* Wissarionowitsch Dschugaschwili in dem Bergdorf Gori in der Provinz Georgien *geboren*. Sein Vater war ein Bauer aus der Stadt Dido-Lilo. Seine Mutter, Jekaterina Geladse, war eine fromme Frau, deren Vorfahren Leibeigene in dem Dorf Gambarouli gewesen waren.

Über Stalins Vater ist nicht viel bekannt, außer dass er manchmal als Arbeiter und manchmal als Schuster in einer Schuhfabrik in Adelchanow arbeitete. Er soll ein unkomplizierter Mensch gewesen sein, der gerne und viel trank. Stalins Mutter hingegen war eine hingebungsvolle Mutter und arbeitete hart. Sie arbeitete als Wäscherin, um zusätzliches Geld für ihre Familie zu verdienen. Ihr Ziel war es, dass Stalin Priester wurde. Sie knauserte und sparte, um ihm die notwendige Ausbildung zu ermöglichen. Der junge Stalin besuchte vier Jahre lang die Volksschule in Gori und erhielt ein Stipendium, das ihn zum Besuch des Theologischen Seminars in Tiflis berechtigte. Aber Stalin war nicht für ein religiöses Leben geschaffen. Er geriet immer wieder in Schwierigkeiten mit den Behörden des Seminars. Nach vier Jahren des Studiums wurde er des Seminars verwiesen. Danach schloss er sich einer Gruppe junger Revolutionäre an.

Stalin heiratete zunächst Jekaterina Swanidse, die ihm einen Sohn gebar, Jascha-Jakob Dschugaschwili. Dieser Junge war nie besonders intelligent. Selbst nachdem sein Vater Diktator geworden war, arbeitete er als Elektriker und Mechaniker.

Stalins zweite Frau war Nadja. Alliljowa, die ihm zwei Kinder gebar, einen Sohn, Wassili, und eine Tochter, Swetlana. Wassili wurde Generalmajor in der sowjetischen Luftwaffe. Nachdem sein Vater Diktator geworden war, führte er gewöhnlich die Flugvorführungen bei besonderen Staatsanlässen an. Nach dem Tod seines Vaters wurde er auf die Müllhalde geworfen.

Stalin und seine zweite Frau scheinen nicht besonders gut miteinander ausgekommen zu sein. Stalin hatte eine Affäre mit einer schönen Jüdin, Rosa Kaganowitsch. Es wird berichtet, dass sie mit Stalin zusammenlebte, als seine zweite Frau Nadja Selbstmord beging.

Es wird vermutet, dass Nadja nicht nur von Stalins Liebesaffären geplagt wurde, sondern auch von der rücksichtslosen Art und Weise, mit der Stalin so viele ihrer Glaubensbrüder abschlachtete, die er als Ablenkungsmanöver beschuldigte.

Rosas Bruder, Lazar Kaganowitsch, war ein großer Freund Stalins. Er wurde Mitglied des Politbüros und behielt sein Amt bis zu Stalins Tod. Kaganowitsch bewies seine Fähigkeiten als Kommissar für Schwerindustrie, als er die Ölfelder im Donetz-Becken erschloss und die Moskauer U-Bahn baute. Kaganowitschs Sohn, Michail, heiratete Stalins Tochter Swetlana. [130] Was aus Swetlanas erstem Ehemann wurde, bleibt ein Rätsel. Es scheint, dass Swetlanas erster Ehemann sich selbst entfernte oder entfernt wurde, um Kaganowitschs Sohn die Heirat mit Stalins Tochter zu ermöglichen, ebenso wie Stalins zweite Frau sich selbst entfernte oder entfernt wurde, um Stalin die Heirat mit Kaganowitschs Schwester Rosa zu ermöglichen. Es wird berichtet, dass Stalin Rosa nach dem Selbstmord seiner Frau geheiratet hat.

Molotow, der Vizepremier von Stalin, war mit einer Jüdin verheiratet, der Schwester von Sam Karp, dem Besitzer der Karp Exporting Co. in Bridgeport, Conn. Molotows Tochter war 1951 mit Stalins Sohn Vasili verlobt, so dass das Politbüro in gewisser Weise ein „Familienverbund" war.

Wie bereits erwähnt, wurde Stalin nur deshalb Mitglied der Oberschicht der russischen revolutionären Partei, weil in der Anfangsphase der russischen Revolution viele der bekannteren Führer im Gefängnis saßen. Stalin hat während der Diktatur Lenins nie eine besonders hohe Position in der Kommunistischen Partei eingenommen. Erst während Lenins letzter Krankheit kämpfte Stalin um seine Position und setzte sich dann an die Spitze, um Trotzki und andere jüdische Mitstreiter

---

[130] Über die Hochzeit von Swetlana Stalin mit Michail Kaganowitsch berichtete die Associated Press am 15. Juli 1951.

auszuschalten. Sobald er die Führung übernommen hatte, gab er sie bis zu seinem Tod nicht mehr ab.

Wie Stalin an die Macht kam, ist eine interessante Geschichte. Lenin erlitt im Mai 1922 einen Lähmungsschlag, der seine Sprache und seine motorischen Reflexe beeinträchtigte. Im Dezember desselben Jahres ernannte er ein Triumvirat bestehend aus Sinowjew, Kamenjew und Stalin, um die Probleme der Regierung zu teilen. Kurz darauf erlitt Lenin einen weiteren Schlaganfall und starb. Trotzki hat behauptet, und seine Anhänger glauben, dass Stalin dazu beigetragen hat, Lenins Tod herbeizuführen, weil er sich über Lenins Unfähigkeit und seine langwierige Krankheit ärgerte.

Als das Triumvirat in Moskau seine Arbeit aufnahm, bestand das Politbüro aus Lenin, Sinowjew, Kamenew, Trotzki, Bucharin, Tomski und Stalin. Sinowjew und Kamenjew waren von dem Tag an, an dem Lenin Diktator wurde, seine rechte Hand gewesen. Sie betrachteten sich natürlich als die ranghöchsten Mitglieder des Triumvirats und folglich als seine Nachfolger. Sinowjew behandelte Stalin auf umsichtige gönnerhafte Weise und Kamenew behandelte ihn mit einem Hauch von Ironie.[131]

Sinowjew und Kamenjew betrachteten Trotzki als ihren eigentlichen Konkurrenten um die Diktatur nach Lenins Tod. In Trotzkis Buch „Stalin" hält er fest, dass Stalin sowohl von Sinowjew als auch von Kamenjew als Gegengewicht gegen ihn (Trotzki) und in geringerem Maße auch von anderen Mitgliedern des Politbüros eingesetzt wurde. Kein Mitglied des Politbüros dachte damals, dass Stalin sich eines Tages über ihre Köpfe hinweg erheben würde.

Sinowjew galt als ranghöchstes Mitglied des Triumvirats, als er beauftragt wurde, die Eröffnungsrede des 12. Parteitags zu halten, eine Funktion, die Lenin bei früheren Gelegenheiten stets für sich selbst reserviert hatte. Sinowjew kam nicht besonders gut an. Stalin nutzte dies schnell aus. Noch vor Ende des Kongresses hatte Stalin die Kontrolle über den Apparat der Kommunistischen Partei erlangt und

---

[131] Anmerkung: „Stalin", von Trotzki, Seite 337 (ebd. Seite 48).

eine beherrschende Stellung im Triumvirat inne. Das war die Situation, als Lenin 1924 starb.

Im April 1925 ließ Stalin Trotzki als Kriegskommissar absetzen. Dann brach er die Beziehungen zu Sinowjew und Kamenjew ab und verbündete sich mit Bucharin, Rykow und Tomski. Sinowjew, Kamenjew und Trotzki vereinten daraufhin ihre Kräfte in der Opposition gegen Stalin, aber sie hatten sich zu spät bewegt. Im Februar 1926 ließ Stalin Sinowjew aus dem Politbüro, dann aus dem Präsidium des Petersburger (Leningrader) Sowjets und schließlich aus dem Präsidium der Dritten Internationale ausschließen. Im Oktober 1926 ließ Stalin Kamenjew und Trotzki aus dem Politbüro ausschließen. Im darauffolgenden Jahr ließ Stalin seine drei Feinde aus dem Zentralkomitee der Kommunistischen Partei entfernen und sie kurz darauf ganz aus der Partei ausschließen.

1927 versuchte Trotzki, einen Aufstand gegen Stalin anzuzetteln, weil dieser von der Marxschen Ideologie abwich und eine imperialistische totalitäre Diktatur an die Stelle einer echten Union der Sozialistischen Sowjetrepubliken setzte. Was alle zu übersehen schienen, war die Tatsache, dass Stalin von den internationalen Bankiers zur Herrschaft über die Sowjetunion ernannt worden war. Er musste Russland von allen Männern säubern, die ihren langfristigen Plänen im Wege stehen könnten.

Während der Säuberungen wurden mehrere Millionen Menschen getötet und etwa ebenso viele zur Zwangsarbeit gezwungen. Viele Männer, die seit der Gründung der Ersten Internationale an der Spitze der revolutionären Bewegung gestanden hatten, wurden zu Tode gehetzt oder ins Gefängnis geworfen. Zu den Führern, die Stalin säubern ließ, gehörten Trotzki, Sinowjew, Kamenew, Martynow, Zasulich, Deutch, Parvus, Axelrod, Radek, Uritzki, Sverdlow, Dan, Lieber und Martow. Die einzigen Juden, die Stalin zum Zeitpunkt seines Todes nahe standen, waren sein Schwager Kaganowitsch und Rosa, seine dritte Frau.

Stalin entwickelte die Politik Lenins weiter, den kommunistischen Einflussbereich zwischen dem 35. und 45. Viele Revolutionsführer in anderen Ländern waren davon überzeugt, dass Stalin persönliche imperialistische Ideen entwickelt hatte und darauf aus war, sich zum Herrscher einer weltweiten totalitären Diktatur zu machen. Sie hatten Recht. Stalin nahm seine Befehle, wie Lenin es getan hatte, von den

Männern entgegen, die „DIE GEHEIME MACHT" hinter der weltrevolutionären Bewegung sind, bis 1936, und dann begann er, ihre Mandate zu ignorieren, wie noch zu beweisen sein wird.

Stalin wollte seine Streitkräfte nicht in Kriege mit anderen Nationen verwickeln. Seine Politik bestand darin, das revolutionäre Feuer in allen Ländern südlich des 35. und 45. Breitengrades zu schüren. Seine Politik hat sich bestens bewährt. Zum Zeitpunkt seines Todes war die Hälfte des Territoriums der nördlichen Hemisphäre unter kommunistische Kontrolle geraten. Etwa die Hälfte der Weltbevölkerung war unterworfen worden. Lenin hatte 1921 erklärt, dass Spanien das nächste Land sein sollte, das sowjetisiert würde. Nach seinem Tod nahm Stalin die Unterwerfung Spaniens als ein frommes Vermächtnis an. Sobald Spanien in eine so genannte proletarische Diktatur verwandelt worden war, würde es ein Leichtes sein, Frankreich und Großbritannien zu unterwerfen. Deutschland wäre dann zwischen den Nussknackern. Wenn die Unterwerfung Spaniens aus irgendeinem Grund nicht zustande käme, könnte der Vorfall dazu genutzt werden, den Zweiten Weltkrieg herbeizuführen.

Während er sich auf die spanische Revolution vorbereitete, wurde Stalin von den internationalen Bankiers angewiesen, sich aktiv an einem Wirtschaftskrieg zu beteiligen, der 1918 unmittelbar nach der Unterzeichnung des Waffenstillstands geplant war. Im Allgemeinen kamen die Menschen, die nicht an den eigentlichen Kämpfen beteiligt waren, während des Ersten Weltkriegs zu Wohlstand. Nach dem Ende der Kämpfe erlebten die Menschen in den alliierten Ländern zwei Jahre des Aufschwungs. Dann, nachdem die spekulativen Investitionen fast ihren Höhepunkt erreicht hatten, wurden große Geldmengen aus dem Verkehr gezogen. Kredite wurden eingeschränkt. Kredite wurden gekündigt. In den Jahren 1922-25 kam es zu einer kleinen Depression.[132] Dieses wirtschaftliche Jonglieren war ein vorläufiges Experiment, bevor die Mächte die große Depression von 1930 herbeiführten.

Nach 1925 wurde die Finanzpolitik umgekehrt, und die Bedingungen verbesserten sich stetig, bis der Wohlstand in Amerika, Großbritannien, Kanada und Australien ein Allzeithoch erreichte. Die Spekulation mit

---

[132] Dies wird in den Kapiteln 1 und 2 von „Der rote Nebel" erläutert.

Aktien, Anleihen und Immobilien nahm überhand. Dann, gegen Ende des Jahres 1929, kam der plötzliche Zusammenbruch, und die größte Depression aller Zeiten brach über die freie Welt herein. Millionen von Menschen wurden mittellos. Tausende begingen Selbstmord. Misswirtschaft wurde für den wirtschaftlichen Zusammenbruch verantwortlich gemacht, der aus Dutzenden von Millionen Menschen Arme und aus dreihundert Millionären Billionäre machte. 1925 begann Stalin mit seinen Fünf-Jahres-Industrieplänen, um den inneren Aufschwung der so genannten sowjetisierten Länder zu fördern. Der Plan sah die Ausbeutung der natürlichen Ressourcen, die Verarbeitung von Rohstoffen zu nützlichen Waren und die Modernisierung von Industrie- und Landmaschinen vor. Dieser umfangreiche Fünfjahresplan wurde durch Kredite der internationalen Banken finanziert. Zusammen mit der Entwicklung des russischen und deutschen Kriegspotenzials im Rahmen der bereits erwähnten Abmachungen gab dieses Programm der sowjetischen Wirtschaft einen großen Auftrieb. Die Tatsache, dass die russischen Machthaber Millionen von Männern und Frauen als Sklaven einsetzen konnten, verschaffte denen, die sie versklavten, einen zusätzlichen Vorteil gegenüber Nationen, die bezahlte Arbeitskräfte beschäftigen und einen hohen Lebensstandard aufrechterhalten.

Der nächste Schritt war die Kollektivierung der landwirtschaftlichen Betriebe. Jahrhundertelang waren die Leibeigenen in Russland kaum mehr als Sklaven der Gutsbesitzer gewesen. Lenin hatte ihre Unterstützung gewonnen, indem er ihnen noch größere Zugeständnisse versprach, als sie unter der wohlwollenden Herrschaft von Premier Peter Arkadjewitsch Stolypin von 1906 bis 1914 gewährt worden waren, als sich über 2.000.000 Bauernfamilien von der Dorfgemeinschaft abspalteten und individuelle Landbesitzer wurden. Bis zum 1. Januar 1916 war die Zahl auf 6.200.000 Familien gestiegen. Um jedoch die Kredite zu sichern, die sie für die Abmachungen und die industriellen Entwicklungsprogramme gewährt hatten, bestanden die internationalen Bankiers darauf, dass sie den Import- und Exporthandel der sowjetisierten Nationen kontrollierten. Außerdem verlangten sie die Kollektivierung der landwirtschaftlichen Betriebe als einzige Möglichkeit, die landwirtschaftliche Produktion erheblich zu steigern.

Die Geschichte zeigt, was geschah, als Stalin die Erlasse durchsetzte. Er wurde immer persönlich für die unmenschlichen Grausamkeiten verantwortlich gemacht, mit denen die Bauern zur Einhaltung der Gesetze gezwungen wurden. Es gibt viele Versionen der Geschehnisse.

Die Wahrheit, so wie ich sie 1930 amerikanischen Zeitungen berichtete, ist bis heute nicht veröffentlicht worden. Es ist bekannt, dass über 5.000.000 Bauern hingerichtet oder systematisch ausgehungert wurden, weil sie sich weigerten, den Erlassen zu gehorchen, oder versuchten, sich ihnen zu entziehen. Über 5.000.000 weitere wurden zur Zwangsarbeit nach Sibirien geschickt. Was nicht allgemein bekannt ist, ist die Tatsache, dass das Getreide, das von den russischen Bauern konfisziert wurde, mit einer riesigen Menge an Getreide zusammengelegt wurde, das von den Agenten der internationalen Bankiers in anderen Ländern außer Kanada und den Vereinigten Staaten gekauft wurde. Zusätzlich zu dieser Getreidebeschlagnahmung kauften die internationalen Bankiers riesige Mengen an verarbeitetem und gefrorenem Fleisch in Argentinien und anderen fleischerzeugenden Ländern auf. Kanada und die Vereinigten Staaten konnten weder für ihr Vieh noch für ihr Getreide einen Markt finden.

In der Zeit von 1920 bis 1929 subventionierten die internationalen Bankiers die Schifffahrt in den meisten Ländern außer Großbritannien, Kanada und den Vereinigten Staaten. Infolge dieser Handelspiraterie wurde es für Schiffe in Großbritannien, Kanada und den Vereinigten Staaten unmöglich, mit Schiffen anderer Länder zu konkurrieren. Tausende von Schiffen lagen ungenutzt in ihren Heimathäfen fest. Der Exporthandel sank auf einen historischen Tiefstand.

Der Rückgang der Exporte aus den verbündeten Nationen ging einher mit der zunehmenden Einfuhr von billig hergestellten Waren aus Deutschland, Japan und den mitteleuropäischen Ländern. Um einen angemessenen Wohlstand genießen zu können, müssen fünf von acht Lohnempfängern in Kanada ihren Lohn direkt oder indirekt durch den Exporthandel erhalten. Wenn der Exporthandel einbricht, folgt sofort eine Rezession, weil fünf Achtel der Bevölkerung an Kaufkraft verlieren. Davon sind unmittelbar diejenigen betroffen, die ihren Lebensunterhalt durch die Erbringung von Dienstleistungen der einen oder anderen Art verdienen. Bleibt der Außenhandel rückläufig, geht die Rezession in eine Depression über.

Um den wirtschaftlichen Strukturen der verbündeten Länder den Boden unter den Füßen wegzuziehen, begannen die Getreide- und Fleischproduzenten, ihre Vorräte auf den Weltmärkten zu Preisen abzusetzen, die unter den Produktionskosten in Kanada, Amerika und Australien lagen. Dies führte zu einer Situation, in der die Kornkammern der im Ersten Weltkrieg verbündeten Länder mit

Getreide gefüllt waren, das sie nicht verkaufen konnten, während die Menschen in anderen Ländern aus Mangel an Brot und Fleisch verhungerten. Großbritannien muss jährlich 85.000.000 Pfund aus seinen Seediensten einnehmen, um seine ungünstige jährliche Handelsbilanz auszugleichen. Die britische Wirtschaft erlitt einen schweren Schlag, als der unlautere Wettbewerb es dem Land unmöglich machte, dieses Geld zu verdienen. Die britische Bevölkerung war gezwungen, ihr Brot und Fleisch auf den billigsten Märkten zu kaufen. Dieses künstlich herbeigeführte wirtschaftliche Durcheinander wurde von den Meistern der internationalen Intrige genutzt, um schwere Missverständnisse zwischen den verschiedenen Einheiten des britischen Commonwealth of Nations hervorzurufen und so die Bande des Empire zu schwächen.[133]

Infolge dieses Wirtschaftskrieges kamen die Schifffahrt, die Industrie und die Landwirtschaft der verbündeten oder kapitalistischen Länder praktisch zum Erliegen, während die Sowjetstaaten und die Achsenmächte mit voller Kapazität arbeiteten. Es sei noch einmal daran erinnert, dass die Männer, die die weltrevolutionäre Bewegung planen, immer von dem Grundprinzip ausgehen, dass Kriege Depressionen beenden und den Weg für revolutionäre Aktionen in den noch zu unterjochenden Ländern ebnen. In Anbetracht dieser Tatsache war es für die Verwirklichung ihrer langfristigen Pläne unerlässlich, die internationalen Angelegenheiten so zu regeln, dass sie den Zweiten Weltkrieg herbeiführen konnten, wenn sie dies wünschten. Da Spanien von Lenin und Stalin eine Schlüsselposition zugewiesen wurde, soll im Folgenden untersucht werden, wie Spanien eingesetzt wurde.

---

[133] Auf diese Phase der Geschichte wird an anderer Stelle ausführlicher eingegangen.

WILLIAM GUY CARR

Kapitel 12

Die Spanische Revolution

Der langfristige Plan zur endgültigen Unterwerfung Spaniens begann, wie in anderen Ländern auch, bald nach dem Tod Christi. In dem Versuch, die Macht der christlichen Kirche in Spanien zu brechen, schleusten die Geldverleiher ihre Agenten in die Gemeinden ein und gaben sich als Christen aus.[134] Auf diese Weise gelang es ihnen, die kirchlichen Organisationen von innen heraus zu zerstören. Diese Verschwörung wurde offensichtlich, und im 13. Jahrhundert setzte Papst Innozenz III. die Inquisition ein. Ziel der Inquisition war es, Ungläubige aufzuspüren und zu verhören, die verdächtigt wurden, sich als Christen auszugeben. Spanien war außergewöhnlich freundlich zu den Juden gewesen. Sie durften Ämter bekleiden und fungierten als Steuereintreiber.

Aber wie in jedem anderen Land Europas wurden die Verbrechen der atheistischen Geldverleiher und ihrer Agenten der gesamten jüdischen Bevölkerung angelastet. Zwischen 1475 und 1504, während der Herrschaft von Isabella und Ferdinand, wurde die Inquisition ausgiebig eingesetzt, um alle Verräter aufzuspüren und zu vernichten, die den Umsturz der Macht von Kirche und Staat planten. Die Inquisitoren unter Torquemada stellten fest, dass der subversive Untergrund so weit verbreitet und gut organisiert war, dass Spanien 1492 dem Beispiel anderer europäischer Länder folgte und alle Juden auswies. Diese Maßnahme bot einigen Extremisten die Gelegenheit, einen gewalttätigen Mob gegen die Juden zu organisieren, und es kam zu mehreren umfangreichen und bedauerlichen Massakern. Diese illegalen

---

[134] Dies bezieht sich auf den bereits erwähnten Rat, den der Sanhedrin in Konstantinopel 1489 an Chemor, den Rabbiner von Arles in der Provence, sandte.

Tötungen wurden von den kirchlichen Behörden in Rom öffentlich verurteilt.

Nachdem sich die internationalen Bankiers in den 1600er Jahren neu organisiert hatten, schlichen sich ihre Agenten in das spanische Finanzministerium ein. Sie waren sowohl während der englischen als auch der französischen Revolution außerordentlich aktiv und versuchten, die spanische Wirtschaft zu zerstören, um den Weg für revolutionäre Bestrebungen auch in diesem Land zu bereiten.

Es lohnt sich, das politische Ränkespiel in Spanien von 1839 bis 1939 zu studieren, weil es ein klares Bild vom Muster der endgültigen Unterwerfung aller Länder vermittelt. Bei allen revolutionären Bestrebungen gibt es drei Schritte.

Erstens: Unterwanderung der Regierung, des öffentlichen Dienstes, der Streitkräfte und der Arbeitnehmerorganisationen durch Agenten der revolutionären Partei, um in der Lage zu sein, die Regierung von innen heraus zu zerstören, wenn der Befehl zum Aufstand gegeben wird.

Zweitens: Der Anschluss der revolutionären Partei an die sozialistische oder liberale Partei links der Mitte, um die bestehende Regierung zu stürzen, unabhängig davon, ob es sich um eine Monarchie oder eine Republik handelt.

Drittens: Subversive Aktivitäten zur Herbeiführung von Anarchie, um die Volksfrontregierung zu diskreditieren und den Vorwand für die Errichtung einer proletarischen Diktatur zu liefern. Sobald diese errichtet ist, wird sie durch Säuberungen in eine totalitäre Diktatur verwandelt, wie es 1917 in Russland geschah.

Die Agenten von Karl Marx organisieren 1865 den ersten politischen Generalstreik in Spanien. 1868 schickten die Direktoren der Weltrevolutionären Bewegung (W.R.M.) Señor Fanelli nach Spanien, um die Anarchisten mit den marxistischen Revolutionären zu verbünden. Fanelli war ein enger Freund von Bakhunin, der ein enger Mitarbeiter von Marx und Engels war. Im Jahr 1870 zerstritten sich

Bakhunin und Marx über die Politik. Er wurde aus der Ersten Internationale der W.R.M. ausgeschlossen.[135]

1872 beeinflusste Bakhunin die spanischen Revolutionsführer bei der Gründung der Sozialistisch-Demokratischen Allianz.[136] Die spanische Regierung erklärte Bakhunins extremistische Organisationen für illegal, aber sie existierten weiter im Untergrund. Die Logen des Großen Orients bildeten bequeme Hauptquartiere. Auf einem Kongress in Zargoza beschloss die spanische Sektion der Marxistischen Internationale, sich mit der Anarchistischen Internationale zu verbünden. Nach dem Beitritt konzentrieren sich beide Gruppen darauf, die verschiedenen Arbeitergruppen in einer großen „Carnorra" zu organisieren. Sie krönten ihre gemeinsamen Anstrengungen mit einer Revolution, die 1873 die erste spanische Republik hervorbrachte.

Die Bemühungen der Revolutionsführer wurden von der üblichen Schreckensherrschaft begleitet. Die Anarchie wütet. Es kommt zu allen möglichen Exzessen. Schließlich gelang General Pavia ein „Staatsstreich", und die Revolutionäre gingen wieder in den Untergrund.

Um wieder an die Öffentlichkeit zu treten, unterstützten die Mitglieder des revolutionären Untergrunds die Führer einer milden „liberalen" Bewegung, um die politische Macht zu erlangen. Die Revolutionsführer nutzten den Streit zwischen denjenigen, die den Anspruch erhoben, dass die Nachkommen von Don Carlos den Thron besetzen sollten, und denjenigen, die den Anspruch erhoben, dass die Nachkommen von Isabella regieren sollten, um einen Bürgerkrieg auszulösen. Dieser Krieg endete 1876 mit der Niederlage der Karlistengruppe.[137]

Die spanischen Arbeiter wollten sich wirklich zu ihrem eigenen Schutz organisieren, aber die Mehrheit war nicht mit der extremen Politik

---

[135] Für weitere Einzelheiten siehe Bakhunin von Professor E.H. Carr.

[136] Einzelheiten über diese Periode der spanischen Geschichte finden Sie in *La Quiebra Fraudulenta de la Republica* von C. Domi.

[137] Dies ist ein typisches Beispiel dafür, wie jede Situation genutzt wird, um die Bürger einer Nation zu spalten und sie dazu zu bringen, sich gegenseitig zu bekämpfen, nach dem Prinzip, dass alle Kriege den Weg für eine Revolution ebnen.

einverstanden, die die Anarchisten vertraten. Die Antirevolutionäre organisieren daher den „Arbeiterverband". Diese Gemäßigten wurden sofort sowohl von den Revolutionären als auch von den Arbeitgebern angefeindet.[138] Diese Verfolgung hielt bis 1888 an, als die gemäßigte Gruppe auf Vorschlag von Pablo Iglesias den Namen „Allgemeine Arbeitervereinigung" annahm, die in Spanien als U.G.T. bekannt wurde. Die Mitglieder dieser Organisation erhielten erst viel Unterstützung, nachdem die Regierung die Iberische Anarchistische Föderation verboten hatte.

Die syndikalistischen Elemente arbeiteten bis 1908 mit der radikalen republikanischen Partei zusammen. Dann gründeten sie die „Solidaridad Obrera", und zwei Jahre später, 1910, schlossen sie sich zum regionalen Gewerkschaftsbund zusammen, der in Spanien als C.R.T. bekannt ist.

Im Jahr 1913 wurden sowohl der C.R.T. als auch der C.N.T. infolge einer Reihe von Streiks ausgesetzt. Die Regierung hatte keine Einwände gegen die Grundsätze der Tarifverhandlungen, wohl aber gegen die extremistische Politik und die revolutionären Aktionen der Führer. Die legitime Arbeiterschaft, die nach sozialer Gerechtigkeit strebte, konnte sich also nicht organisieren, weil es dem radikalen Element immer gelang, in die Führungspositionen der Gewerkschaften vorzudringen.

Die Reaktion war das, was die Verschwörer der Weltrevolution erwartet hatten. Ihre revolutionäre syndikalistische Bewegung gewinnt stark an Macht und geht gegen alle politischen Parteien und gegen den Staat selbst vor. Die Politik dieser Extremisten ist die „direkte Aktion", die sie mit größter Schärfe und Gewalt vertreten. 1916 wurde die C.R.T. von Angel Pestana und Salvador Segui reorganisiert. 1918 gelang es diesen beiden Gewerkschaftsführern, in Barcelona das „Einzige Syndikat" zu gründen, das allgemein als „Das eine große Syndikat" bekannt war.

---

[138] Dies ist ein typisches Beispiel dafür, wie die Agenten der internationalen Bankiers in privaten und verantwortungsvollen Unternehmen platziert werden, um ihren revolutionären Führern dabei zu helfen, gemäßigte Führer zu stürzen, die sie nicht kaufen oder anderweitig kontrollieren können.

Während des Ersten Weltkriegs verdiente Spanien als neutrales Land sehr viel Geld, aber im Allgemeinen erhielten die werktätigen Klassen nicht annähernd einen gerechten Anteil am nationalen Wohlstand. Diese Tatsache war vielleicht der ausschlaggebende Faktor, der die Mehrheit der Arbeiterklasse aus den gemäßigten Gewerkschaftsorganisationen in die Arme der revolutionären Führer der extremistischen Gewerkschaftsgruppen trieb. Die gemäßigteren und besonneneren Gewerkschaftsführer gaben jedoch den Kampf gegen die radikalen Gruppen nicht auf, und als Ergebnis ihrer Bemühungen entstand 1920 eine neue Gewerkschaftsgruppe mit dem Namen „Das Freie Syndikat". In den folgenden drei Jahren kam es zu ständigen Auseinandersetzungen zwischen den rechten und linken Gewerkschaftsorganisationen. Lokale Streiks, Generalstreiks, Zerstörung von Eigentum, private Morde zur Beseitigung von Gewerkschaftsführern, Massenmorde, um die Stärke der gegnerischen Organisationen zu verringern. All diese Verbrechen wurden im Namen der Freiheit begangen. Im Jahr 1923 wurde die Lage chaotisch. Um zu verhindern, dass die Kommunistische Partei eine weitere Revolution auslöst, bat der spanische König General Franco, Militärdiktator zu werden.

Eines der ersten Ergebnisse der Diktatur von Primo de Rivera war die erfolgreiche Beendigung des Marokkokrieges. In der Endphase dieses Krieges zeichnete sich General France auf dem Schlachtfeld besonders aus. Was wie eine vollständige militärische Niederlage aussah, verwandelte er in einen glänzenden Sieg. Indem er Gerechtigkeit mit Barmherzigkeit mischte, gewann er die Bewunderung und die Loyalität vieler marokkanischer Einheimischer. So wurde die breite Öffentlichkeit in Spanien auf ihn aufmerksam, und Rivera wird von seinen Feinden beschuldigt, alles zu tun, was ein Mann nicht tun sollte. Es ist nur fair, festzuhalten, dass er Recht und Ordnung wiederherstellte; er führte eine Reihe von Sozialreformen durch; er arbeitete mit Largo Caballero zusammen, um die Arbeitsbedingungen zu verbessern. Er arbeitete so hart, dass nur sein gesundheitlicher Zusammenbruch im Jahr 1929 seine Fehlentscheidungen im Jahr 1930 erklären kann.

Müde und erschöpft, und als ob er es eilig hätte, sich von der Verantwortung des Amtes zu befreien, rief er zwei sozialistische Führer, Besteiro und Saborit, zu sich. Er beauftragte sie damit, die Wahlmaschinerie des Landes neu zu organisieren, damit das Volk entscheiden konnte, ob es eine Monarchie oder eine republikanische

Regierung wollte. Warum De Rivera Besteiro und Saborit damit beauftragte, den Wahlapparat Spaniens neu zu organisieren, wird wahrscheinlich nie bekannt werden. Die beiden Sozialisten manipulierten die Wahlmaschinerie so gut, dass eine sozialistisch-republikanische Regierung gesichert war. Allein in Madrid überstieg die Zahl der fiktiven Wähler 40.000.[139] Ähnliche Korruption gab es in allen größeren Ballungszentren.

Um das Ende der Monarchie in Spanien sicherzustellen, organisierten die Grand-Orient-Logen eine spezielle „Militärische Bruderschaft", durch die sie die Zusage von einundzwanzig der dreiundzwanzig spanischen Generäle erhielten, die republikanische Sache zu unterstützen. General Mola, der Chef der spanischen Inneren Sicherheit, berichtet in seinem Buch Tempestad Calma Intriga Y Crisis, dass die Generäle in den Großorient eingeweiht wurden und ihnen anderthalb Millionen Peseten zur Verfügung gestellt wurden, damit sie im Falle eines Scheiterns der republikanischen Bewegung ins Ausland fliehen konnten. Franco war einer der beiden Generäle, die sich weigerten, der „Militärischen Bruderschaft „ beizutreten. Zur Unterstützung von Molas Aussage hielt Cano Lopez eine Rede vor den spanischen Cortes (Parlament):

> „Seit 1925 hat die Freimaurerei die meisten hochrangigen Beamten der Armee in der 'Militärischen Bruderschaft' zusammengeschlossen. Zu den Mitgliedern gehören Cabanellas, Sanjurjo, Goded, Mola, Lopez, Ochoa, Queipo de Llana, und andere... Von dreiundzwanzig Divisionsgenerälen waren einundzwanzig Freimaurer... Alle hatten den Eid des Grand Orient abgelegt." (Ich schwöre dem Oberhaupt des Rates der Dreiunddreißig uneingeschränkten Gehorsam... Ich schwöre, keinen Sterblichen als über ihm stehend anzuerkennen.) Lopez fügte hinzu: „Sowohl 1929 zur Abschaffung der Diktatur von de Rivera als auch 1931 zur Abschaffung der Monarchie erteilte der Großorient die Befehle, denen die meisten anderen Generäle gehorchten.[140]

---

[139] Siehe Die spanische Arena, S. 56.

[140] Siehe Jean Dauraya L'Œuvre Latine Januar, 1937.

General Mola erzählt, wie er und die meisten anderen Generäle ihren Eid auf den Großen Orient brachen, als sie zu der Überzeugung gelangten, dass sie für die geheimen Pläne Stalins benutzt wurden, Spanien in eine weitere kommunistische Diktatur zu verwandeln.[141]

Die internationalen Bankiers halfen bei der Finanzierung der revolutionären Bemühungen in Spanien, ohne sich selbst zu engagieren. Im Februar 1932 berichtet Le Journal, dass Stalin 200.000 Dollar für die Finanzierung der revolutionären Ausbildungsschulen in Spanien versprochen hat. In den Finanzberichten, die dem Kongress der Kommunistischen Internationale 1931 vorgelegt wurden, ist unter zu lesen, dass 240.000 Pfund (englisches Geld) zur Unterstützung der spanischen Revolutionäre eingegangen waren.[142]

Darüber hinaus wurden zweieinhalb Millionen Peseten für den Kauf von Waffen und Munition zur Verfügung gestellt. General Mola berichtet, dass bis 1938 über zweihundert revolutionäre Führer nach Spanien gekommen waren, nachdem sie im Lenin-Institut in Moskau ausgebildet worden waren.

Von 1930 bis zur Wahl wurde gegen den spanischen König und die königliche Familie eine L'Infamie-Kampagne geführt, wie sie auch gegen Ludwig XVI. und Marie Antoinette geführt wurde. Eine der lächerlichsten Lügen, die je erfunden wurden, besagt, dass jeden Tag ein spanischer Soldat verblutet, um den Prinzen von Asturien am Leben zu erhalten. Es war bekannt, dass er an Hämophilie litt. Andere Verleumdungen beschuldigten den König, ein Wüstling zu sein, so wie die Kaiserin von Russland fälschlicherweise beschuldigt worden war, die Geliebte von Rasputin zu sein.

---

[141] Was General Mola sagte, wurde durch eine Radiosendung aus Moskau am 13. März 1938 bestätigt. Der Sprecher erklärte, warum der Bürgerkrieg nicht zu Gunsten der Kommunisten (Loyalisten) ausging. Er sagte: „Das große Werk in Spanien wurde ernsthaft gefährdet, weil die bösen Generäle ihr Versprechen an den Großen Orient gebrochen haben."

[142] An anderer Stelle werden Beweise dafür angeführt, dass die Revolutionsführer gefälschte englische Banknoten lieferten, um die revolutionären Bemühungen auch in anderen Ländern zu finanzieren.

Durch die ungültigen Stimmen in den großen Industriezentren wurde das starke Votum der Landbevölkerung für die Monarchie zunichte gemacht. Nachdem die Wahl auf zugunsten einer republikanischen Regierungsform erklärt worden war, gab König Alfonso XIII. von Spanien seine letzte öffentliche Proklamation ab. Sie lautete wie folgt:

„Die Wahlen vom Sonntag haben mir bewiesen, dass ich nicht mehr die Liebe und Zuneigung meines Volkes genieße. Mein Gewissen sagt mir, dass dieser Zustand nicht von Dauer sein wird, denn ich habe mich immer bemüht, Spanien und meinem Volk mit all meiner Hingabe zu dienen. Ein König kann Fehler machen. Zweifellos habe auch ich gelegentlich Fehler gemacht, aber ich weiß, dass sich unser Land stets großzügig gegenüber den Fehlern anderer gezeigt hat, die ohne Böswilligkeit begangen wurden.

„Ich bin der König aller Spanier, und ich bin ein Spanier. Ich könnte genügend Mittel finden, um meine königlichen Vorrechte durch wirksamen Widerstand gegen diejenigen aufrechtzuerhalten, die sie angreifen, aber ich ziehe es vor, entschlossen beiseite zu stehen, als einen Konflikt zu provozieren, der meine Landsleute in einem Bürgerkrieg und Vatermord gegeneinander aufbringen könnte.

„Ich verzichte auf kein einziges meiner Rechte, die nicht mir gehören, sondern ein Erbe der Geschichte sind, über dessen Ausübung ich eines Tages streng Rechenschaft ablegen muss. Ich werde den wahren und vollständigen Ausdruck des kollektiven Gewissens abwarten, und bis die Nation spricht, setze ich bewusst die Ausübung meiner königlichen Befugnisse aus und verlasse Spanien unter. Damit erkenne ich an, dass Spanien alleiniger Herr über seine Geschicke ist. Auch jetzt glaube ich, dass ich die Pflicht erfülle, die mir die Liebe zu meinem Land gebietet. Ich bete zu Gott, dass alle anderen Spanier ihre Pflicht ebenso aufrichtig empfinden und erfüllen mögen wie ich.[143]

Viele der Sozialisten, die 1931 die spanische republikanische Regierung bildeten, waren aufrichtig in ihren Überzeugungen. Sie

---

[143] Dieses Dokument beweist, dass die internationale Presse ihre Leser belogen hat, als sie berichtete, der König von Spanien habe abgedankt. Der König von Spanien hat nie abgedankt. Franco hat die Kontrolle über die Regierung, weil die internationalen Verschwörer immer noch entschlossen sind, Spanien in eine totalitäre Diktatur zu verwandeln, die ihren Zielen dient.

wollten nichts mit dem „roten" Kommunismus oder dem „schwarzen" Nazismus zu tun haben. Aber sie erwiesen sich als machtlos, um die Kommunisten und Anarchisten daran zu hindern, den zweiten Teil ihres revolutionären Programms in die Tat umzusetzen.

Die Taktik der Revolutionsführer bestand darin, die Sozialisten bei jeder Gelegenheit aufs Kreuz zu legen. Rote Zellen innerhalb der Regierung veranlassten die Regierung, einige dumme Fehler zu begehen. Die Roten draußen verdammten die Regierung dann als einen Haufen inkompetenter, korrupter und ineffizienter Trottel. Die Kommunisten und Anarchisten behaupteten, nur eine Diktatur des Proletariats könne eine stabile Regierung errichten. Die Agenten von Moskau begingen alle erdenklichen Verbrechen, um auch die Verantwortlichen für die innere Sicherheit in Verruf zu bringen.

General De Rivera hatte Largo Caballero in den Jahren seiner Diktatur viel benutzt, um die Differenzen zwischen Arbeitnehmern und Arbeitgebern auszugleichen. Mit dem Aufkommen der republikanischen Bewegung zeigte Largo Caballero sein wahres Gesicht. 1935 prahlte Caballero offen damit, dass er „Zehntausende von kommunistischen Zellen in ganz Spanien" platziert hatte.

Auf dem Elften Plenum der Exekutive der Kommunistischen Internationale wurden die spanischen Delegierten mit Glückwünschen überhäuft, weil „in Spanien die Voraussetzungen für eine revolutionäre Krise in rasantem Tempo geschaffen werden".[144] Auf dem Zwölften Plenum lautete der Wortlaut der Glückwünsche an die spanischen Delegierten wie folgt:

> „Vor allem in Spanien konnten wir über viele Monate hinweg ununterbrochen revolutionäre Streikkämpfe beobachten, wie sie das spanische Proletariat noch nie erlebt hat. Was in diesen Kämpfen geschieht, ist vor allem die Weiterentwicklung einer spanischen Revolution."

Es gibt ein altes Sprichwort: „Wenn sich Diebe nicht einig sind, kommt die Wahrheit ans Licht". Genau das ist in Spanien geschehen. Die drei

---

[144] Siehe englische Ausgabe des Berichts des Elften Plenums, S. 11, und des Zwölften Plenums, S. 37.

Anführer des Moskauer Untergrunds in Spanien waren Joaquin Maurin, Victor Serges und Andres Ninn. Sie waren alle junge Männer. Sie alle hatten im Lenin-Institut in Moskau eine spezielle Ausbildung in revolutionären Aktivitäten erhalten, bevor sie mit der Führung in Spanien betraut wurden. Maurin war seit seinem sechzehnten Lebensjahr in die Separatistenbewegung in Katalonien verwickelt gewesen. Im reifen Alter von siebzehn Jahren machte sich der intellektuelle Denker auf den Weg, um dem spanischen Volk die sowjetische Lösung für die wirtschaftlichen Probleme der Welt zu vermitteln. Im Alter von einundzwanzig Jahren wurde er an die Spitze der Anarchisten gewählt. Er predigte und praktizierte die Religion des Hasses und der Gewalt. Im Jahr 1914 wird er zu zwanzig Jahren Gefängnis verurteilt, aber er ist noch nicht volljährig für eine solche Strafe. Maurin ist Delegierter des Dritten Kongresses der Kommunistischen Internationale, der 1921 in Moskau stattfindet. Er erregt positive Aufmerksamkeit.

Nach dem Sturz von Primo De Rivera kehrte Maurin nach Spanien zurück. Er hatte sich in Frankreich und Moskau versteckt. Er hatte ein hektisches Leben geführt. Er war im Gefängnis ein- und ausgegangen, aus dem Gefängnis geflohen, 1925 verwundet worden, in der Zitadelle Montjuich eingesperrt, usw. usw. Es heißt, die einzige Zeit des Friedens, die er in seinem Leben genoss, waren die drei Jahre, die er und seine junge Frau 1927-30 in Paris verbrachten.

Maurin schrieb 1936 ein Buch. Victor Serges schrieb das Vorwort dazu. In diesem Buch *Hacia la Segunda Revolucion* legte er die Tatsache offen, dass Stalin sich von der Marxschen Ideologie entfernt hatte und beschuldigte ihn, die Kräfte des Kommunismus zu benutzen, um seine eigenen geheimen totalitären, imperialistischen Ambitionen voranzutreiben.[145]

Selbst nachdem Maurin, Serges und Ninn 1936 offen mit Stalin gebrochen hatten, waren ihre Macht und ihr Einfluss in der Arbeiterklasse so groß, dass Stalin anordnete, sie am Leben zu lassen, bis sie ihren Zweck erfüllt hatten. Stalin setzte sie bis zum Beginn des Bürgerkriegs in Spanien ein. Dann ordnete er ihre Liquidierung an. Er

---

[145] Selbst Maurin und Serges ahnten nicht, dass Lenin und Stalin nur die Befehle der internationalen Bankiers ausführten, die ihrerseits den Illuminaten gehorchen.

ordnete an, dass „ihr Tod auf eine Weise herbeigeführt werden soll, die es der Öffentlichkeit so erscheinen lässt, als seien alle drei als Märtyrer für die kommunistische Sache gestorben." Maurin wurde an die Streitkräfte von Fraco verraten und nach einem Prozess hingerichtet. Serges wurde Berichten zufolge von Loyalisten erschossen, während kämpfte, und auch Ninn wurde entsorgt. Ihr Tod wurde lautstark auf Gewaltakte der Feinde des Kommunismus zurückgeführt.

Victor Serges schrieb

„Die Entwicklung des sowjetischen Kommunismus wurde 1936 abgeschlossen... vom revolutionären Internationalismus zu einem Nationalismus mit großer militärischer Macht, der in verschiedenen Ländern von Parteien unterstützt wird, die er subventioniert. Nach dem Juli 1936 bildeten die Stalinisten die einheitliche Sozialistische Partei, die mit der Dritten Internationale verbunden ist... und das Ziel des Stalinismus ist es, die neue Macht faschistischer Natur zu etablieren, um Frankreich, den wahrscheinlichen Verbündeten Russlands, in dem sich vorbereitenden Krieg einzukreisen."

Dann wiederum sagt Maurin:

„Die traditionelle Politik Englands besteht darin, seine Gegner zu ruinieren, um sich dann als Beschützer aufzuspielen und die Wiedergeburt des besiegten Vasallen unmöglich zu machen. Spanien ist in erster Linie das Opfer Englands und in zweiter Linie das Frankreichs. Wenn Spanien zögert, greifen England und Frankreich es hart an. Neigt es sich England zu, verstärkt Frankreich die Verfolgung. Solange Frankreich und England kapitalistische Länder sind, müssen sie nicht der natürliche Verbündete von Spanien sein.[146] Die logische Linie wäre die Kurve durch Portugal, Deutschland, Italien und Russland. Ein Block dieser Art würde Frankreich und England neutralisieren.[147]

---

[146] Dies ist wieder ein typisches Beispiel dafür, wie gut die internationalen Bankiers ihr Geheimnis bewahren. Maurin beschuldigte die Regierungen Englands und Frankreichs für die internationalen Verbrechen, die von den Bankern unter der Leitung der Illuminaten gegen die Menschheit begangen wurden.

[147] Dies bestätigt, was bereits zuvor gesagt wurde, nämlich dass die Länder innerhalb des Kreises unterworfen werden, sobald die Einflusssphäre zwischen dem 35. und 45.

Serges erläuterte, warum so viel Propaganda der Loyalisten ihren Weg in die allgemeine Presse fand, während den Veröffentlichungen Francos so wenig Platz eingeräumt wurde. Serges schrieb:

> „Niemals wurden so niedrige und demoralisierende Methoden ins Spiel gebracht, wie sie von Stalin und seinem Instrument, der Dritten Internationale, in einem ununterbrochenen Strom von Propaganda mit großer Reichweite und ohne Rücksicht auf die Wahrheit angewandt werden. Die Methode der Wiederholung und des Zynismus ist fast mechanisch geworden... Die sowjetische Bürokratie plant dieses Vorgehen auf internationaler Ebene. Jede Infamie, die ein Korrespondent der Iswestija in Valentia verbreitet, wird sofort von den Sonderzeitungen in Paris, Stockholm, Oslo, Brüssel, London, New York, Melbourne und Buenos Aires im Chor aufgegriffen... Millionen von Exemplaren der infamen Lügen werden in Umlauf gebracht, sie sind die einzige Information, die Millionen von sowjetischen Arbeitern erhalten. Englische, amerikanische, chinesische und neuseeländische Zeitungen geben diese Lügen (auf Bestellung) wieder. Fortgeschrittene Intellektuelle, die glauben, antifaschistisch zu sein, scheinen sie zu glauben. Man sieht, dass ein gewaltiges Unternehmen der Demoralisierung im Universum funktioniert, und ich finde die Worte Trotzkis, dass die stalinistische Kominternpropaganda eine Syphilis der Arbeiterbewegung ist, erbarmungslos richtig.[148]

Was Maurin und Serges im Jahr 1336 schrieben, bestätigt nur, was Papst Pius XI. in seiner Enzyklika „Divini Redemptoris" vom März 1937 sagte. Ein Kapitel dieses berühmten Dokuments lautet:

> „Es gibt noch eine andere Erklärung für die schnelle Verbreitung kommunistischer Ideen... Eine wahrhaft teuflische Propaganda, wie sie die Welt vielleicht noch nie gesehen hat. Sie wird von einem gemeinsamen Zentrum aus gelenkt; sie ist geschickt an die verschiedenen Bedingungen der unterschiedlichen Völker angepasst; sie verfügt über enorme finanzielle Mittel, unzählige Organisationen, internationale Kongresse und zahllose geschulte Arbeiter; sie bedient sich der Zeitungen und Flugblätter, des Kinos, des Theaters, des Radios und der Schulen und sogar der Universitäten. Nach und nach dringt sie in die Köpfe aller Schichten

---

[148] Victor Serges in Maurin's *Révolution et Contre-Révolution en Espagne*.

des Volkes ein. Ein weiterer mächtiger Faktor ist die Unterdrückung und das Schweigen eines großen Teils... der Weltpresse... wir sagen Unterdrückung, weil es unmöglich ist, anders zu erklären, wie eine Presse, die normalerweise so eifrig ist, selbst die kleinen täglichen Ereignisse des Lebens auszuschlachten, in der Lage war, so lange über die in Russland, in Mexiko und sogar in einem großen Teil Spaniens verübten Schrecken zu schweigen; und dass sie so wenig über eine so große Weltorganisation wie den russischen Kommunismus zu sagen haben sollte. Das Schweigen ist zum Teil auf eine kurzsichtige politische Politik zurückzuführen und wird von verschiedenen okkulten Kräften begünstigt, die seit langem auf den Sturz der christlichen Gesellschaftsordnung hinarbeiten. „Die traurigen Auswirkungen dieser Propaganda stehen uns vor Augen. Der Kommunismus hat, wie seine Verfechter offen rühmen, danach gestrebt, die christliche Zivilisation und die christliche Religion zu zerstören, indem er jede Erinnerung daran aus den Herzen der Menschen, insbesondere der Jugend, verbannt hat... In Spanien wurden so weit wie möglich alle Kirchen und Klöster zerstört und jedes Überbleibsel der christlichen Religion ausgelöscht. Die Theorie beschränkte sich nicht auf die wahllose Abschlachtung von Bischöfen und Tausenden von Priestern und Ordensleuten beiderlei Geschlechts; sie suchte vor allem diejenigen aus, die ihr Leben den arbeitenden Klassen und den Armen gewidmet hatten. Die Mehrzahl der Opfer waren Laien aller Stände und Klassen... mit einem Hass und einer wilden Barbarei, die man in unserer Zeit nicht für möglich gehalten hätte. Kein Mensch mit gesundem Menschenverstand und kein Staatsmann, der sich seiner Verantwortung bewusst ist, kann nicht erschaudern bei dem Gedanken, dass sich das, was heute in Spanien geschieht, morgen in anderen zivilisierten Ländern wiederholen könnte. Für den Menschen ist eine gewisse Beherrschung notwendig, als Individuum oder in der Gesellschaft... Aber reißt man die Vorstellung von Gott aus den Herzen der Menschen, so werden sie von ihren Leidenschaften zu den grausamsten Barbareien getrieben."

Wir werden im Folgenden die Verhältnisse in Spanien betrachten, auf die Papst Pius XI. Anfang 1937 die Aufmerksamkeit der christlichen Welt zu lenken versuchte, was ihm nicht gelang.

Kapitel 13

Der Bürgerkrieg in Spanien

sagte General Mola:

> „Nach der Wahl der sozialistischen Regierung in Spanien und dem Rückzug des Königs aus dem Land gab es eine regelrechte Lawine von Beamten, die zu den Logen des Großen Orients eilten und um Einlass baten. Sie glaubten, auf diese Weise der Verfolgung zu entgehen, die von der Mehrheit der Freimaurer in der Regierung ausgeübt worden war. Sie wollten damit ihre republikanische Gesinnung unter Beweis stellen und die Gewissheit vermeiden, dass ihre Karriere ruiniert werden würde."

Unmittelbar nach der Abreise des Königs teilte Franco dies der Militärakademie mit, deren Leiter er damals war,

> „Die Republik ist in Spanien ausgerufen worden. Es ist jetzt die Pflicht aller, mit ihrer Disziplin und Treue mitzuwirken, damit der Friede herrsche und das Volk sich auf dem natürlichen Rechtsweg selbst regeln könne. In der Akademie hat es bisher immer Disziplin und genaue Pflichterfüllung gegeben. Heute sind diese Eigenschaften noch notwendiger; das Heer muss mit Gelassenheit und geschlossenem Geist jeden Gedanken an Ideologie dem Wohl der Nation und der Ruhe des Vaterlandes opfern."

Der Wortlaut dieser Proklamation zeigt, dass Franco alles andere als ein „schwarzer" Nazi war, wie ihn die kommunistische Propaganda der Öffentlichkeit weismachen wollte.

Aber die Geheimmächte waren nicht bereit, der republikanischen Regierung eine Chance zu geben, effizient und demokratisch zu arbeiten. Churchill schrieb:

> „Die Kommunisten halfen beim Aufbau, damit sie ihn wieder niederreißen und noch mehr politisches und wirtschaftliches Chaos

verursachen konnten, bis sie das Land und die Menschen in einen solchen Zustand gebracht hatten, dass die Führer mit Vernunft sagen konnten, dass nur eine proletarische Diktatur Recht und Ordnung wiederherstellen und den Tag retten könne."

Nachdem die Monarchie in Spanien gestürzt worden war, bestand der nächste logische Schritt darin, die Religion des Volkes anzugreifen. Der Laizismus wurde in den Schulen eingeführt. Eine Kampagne wurde gestartet, um die elterliche Autorität und die der Kirche zu zerstören. Nachdem man Tausende von antireligiösen und antisozialen jungen Bolschewiken hervorgebracht hatte, musste man nur noch die Gelegenheit abwarten, die Massen in einem gut geplanten Aufstand gegen die Kräfte von Recht und Ordnung aufzubringen.

Am 14. Mai 1931 fand im Ateneo-Club in Madrid eine Sitzung statt, auf der das neue politische Programm diskutiert wurde. Die acht Punkte waren:

1. Schaffung einer republikanischen Diktatur.

2. Unverzügliche Bestrafung aller Verantwortlichen für illegale Handlungen während der Diktatur.

3. Auflösung der Guardia Civil, der Armee, der Polizei usw. und Ersetzung durch bewaffnete Republikaner, die aus den werktätigen Klassen und den republikanischen Clubs ausgewählt werden.

4. Konfiszierung des Vermögens von Ordensgemeinschaften.

5. Verstaatlichung von Land.

6. Unterdrückung aller der republikanischen Sache feindlich gesinnten Presseorgane.

7. Nutzung von Fachschulen und anderen Gebäuden für das Gemeinwohl.

8. Vertagung der Cortes, bis dieses Programm durchgeführt wurde.

Azana, ein intellektueller Liberaler, Prieto, ein Sozialist, und Caballero, ein Kommunist, waren zu dieser Zeit drei der prominentesten politischen Führer. Azana lehnte diese radikalen Vorschläge öffentlich ab, obwohl er sie insgeheim befürwortete. *Als er an die Macht gewählt wurde, setzte er das Programm in die Tat um.*

Zu gegebener Zeit wurden die „Cortes Constituyentes" gewählt. Unter dem Vorwand des „Gesetzes zur Verteidigung der Republik" wurde eine rücksichtslose Diktatur errichtet - das einzige demokratische Merkmal war der Name „Republik der Arbeiter". Jiminez Asua, ein in Moskau ausgebildeter Revolutionär, entwarf die neue Verfassung.[149] Azana konzentrierte nun seine gesamten Bemühungen auf die Zerstörung der Kirchen und die Verfolgung der religiösen Orden. Im Dezember 1932 gründete er die „Liga des Atheismus". Ihre Zeitschrift „Sin Dios" (Die Gottlosen) finanzierte er aus öffentlichen Mitteln. All diese Schritte wurden im Namen der Demokratie unternommen. Die Führer erklärten dem Volk, es werde von der Kontrolle der religiösen Orden und des Klerus befreit, die mit dem Feudalismus und tyrannischen Monarchen verbündet seien.

In Katalonien brachen die revolutionären Aktivitäten, die General Prime de Rivera unterdrückt hatte, erneut aus. Im Januar 1933 berichtete der Korrespondent der London *Morning Post*

> „Überall in Spanien findet die Polizei riesige Bestände an Bomben, Gewehren und Munition. Ein enormer Geldbetrag wird ausgegeben, um die revolutionäre Sache zu fördern. Viele der Verhafteten, die allem Anschein nach nicht gut bezahlt wurden, trugen Geldkoffer voller Banknoten bei sich.[150]

Daraufhin wurde ein Aufstand in Asturien organisiert, und am 14. September 1934 wurde ein Bericht veröffentlicht, der Kriegsbeamte und Armeeoffiziere in den Waffenverkauf verwickelte.

General Franco unternahm einen verzweifelten Versuch, die spanische Armee zu reorganisieren und der Anarchie ein Ende zu setzen, aber er erhielt nur wenig Unterstützung von den Regierungsbehörden. Um zu

---

[149] Genauso wie Agenten der W.R.M. die Federal Reserve Banking-Gesetze in den USA 1910 und 1913 und das „Palästina-Mandat" in England 1916 entworfen haben.

[150] Die Polizei beschlagnahmte 90.000 Gewehre, 33.000 Revolver, 500.000 Schuss Munition und eine enorme Menge an Falschgeld.

zeigen, wie gut der kommunistische Untergrund organisiert war, wurden über dreihundert Kirchen in hundert verschiedenen Städten zur gleichen Zeit in Brand gesteckt. Die Ermordung von Personen, die die Revolutionäre beseitigt haben wollten, wurde so üblich, dass „professionelle Pistoleros" konkurrenzfähig wurden. Es war möglich, einen Feind für 50 Pesetas (etwas mehr als 5,00 US-Dollar) zu liquidieren. Die Moskauer Agenten nutzten die verworrenen Verhältnisse in Spanien, um Lenins Auftrag auszuführen: „Das kommunistische Gesetzbuch soll den Terrorismus auf grundlegende Prinzipien stützen.[151]

Folter, Verstümmelung, Vergewaltigung, Verbrennungen, Blutvergießen und Tod waren die Methoden, mit denen der Kommunismus versuchte, die Macht zu erlangen. Die Bedingungen verschlechterten sich zusehends. Anfang 1936 befand sich das ganze Land in Aufruhr. Präsident Alcala Zamora löste die Cortes auf. Der 16. Februar wurde als Termin für die allgemeinen Wahlen festgelegt. Gil Robles und Calvo Sotelo prägten das Land mit einem rein antikommunistischen Programm. Die bolschewistische Wahlpropaganda wurde von den „Freunden Russlands" herausgegeben.

Largo Caballero befand sich zu dieser Zeit im Gefängnis, weil er an einem revolutionären Aufstand teilgenommen hatte. Er wurde von Edward Knoblaugh interviewt, der anschließend den Bericht „Correspondent in Spain" schrieb.

sagte Caballero:

> „Wir werden mindestens 265 Sitze gewinnen. Die gesamte bestehende Ordnung wird umgestoßen werden. Azana wird für meinen Lenin den Kerenski spielen. Innerhalb von fünf Jahren wird die Republik so organisiert sein, dass es für meine Partei ein Leichtes sein wird, sie als Sprungbrett für unser Ziel zu benutzen. Eine Union der iberischen Republiken... das ist unser Ziel. Die Iberische Halbinsel wird wieder ein einziges Land sein. Portugal wird sich hoffentlich friedlich anschließen, aber wenn nötig mit Gewalt. SIE SEHEN HINTER DIESEN GITTERN DEN ZUKÜNFTIGEN HERRSCHER SPANIENS. Lenin erklärte,

---

[151] Siehe *The Bolshevik*, Oktoberausgabe, 1930.

Spanien werde die zweite Sowjetrepublik in Europa sein. Lenins Prophezeiung wird sich erfüllen. Ich werde der zweite Lenin sein, der sie wahr werden lässt."

Nach den unehrlichsten Wahlen, die Spanien je erlebt hat, schrieb Präsident Zamora:

> „Die Volksfront wurde am 16. Februar an die Macht gehievt, dank eines ebenso absurden wie ungerechten Wahlsystems, das einer relativen Mehrheit einen außerordentlichen Vorteil verschafft, auch wenn sie absolut eine Minderheit ist. So konnte die Volksfront in einem bestimmten Wahlkreis mit 30.000 Stimmen weniger als die Opposition zehn von dreizehn Sitzen erringen, obwohl sie in keinem Teil des Wahlkreises mehr als 2 Prozent der Stimmen auf ihren Hauptgegner entfielen. Paradoxe Fälle dieser Art waren ziemlich häufig."

Trotz der illegalen Mittel, die eingesetzt wurden, erhielt die Volksfront nach der ersten Auszählung nur 200 von 465 möglichen Sitzen. Damit wurde sie zur größten Minderheitengruppe im Parlament, hatte aber nicht genug Sitze, um eine Regierung zu bilden. Als Nächstes taten sich die Mitglieder der Volksfront mit den Basken und anderen Minderheiten zusammen. Sie wählten einen Ausschuss, der die Wahlergebnisse in den einzelnen Wahlkreisen überprüfte. Sie sorgten dafür, dass die endgültigen Ergebnisse für die Partei der Volksfront günstig ausfielen. In mehreren Fällen wurden Kandidaten der Rechten disqualifiziert und an ihrer Stelle wurden Kandidaten der Volksfront als Abgeordnete gewählt. Als die „Absprachen" abgeschlossen waren, hatte die Volksfront die 265 Sitze, die Caballero vorausgesagt hatte... Aber selbst nachdem all dies geschehen war, zeigte die endgültige Verteilung der Stimmen:

Für Parteien der „Mitte" und der „Rechten".........4.910.000

Für die „Volksfront"...4.356.000

Mehrheit „Rechte Mitte":...................................554.000

Es muss klar sein, dass die Kandidaten der Volksfront, die in die spanischen Cortes gewählt wurden, jede Art von Individuum repräsentierten, vom sehr milden Sozialisten bis zum Bolschewisten.

Die Stalinisten verursachten so viel Chaos, dass in ganz Spanien höllische Zustände ausbrachen. Vor den Wahlen im Februar 1936 sah die Regierungsbilanz in Spanien folgendermaßen aus:

Seit dem Ende der Diktatur von Prime de Rivera im Jahr 1931 gab es eine Revolution mit 2.500 Toten, sieben Revolten, 9.000 Streiks, fünf Vertagungen des Haushalts, eine Erhöhung der Gebühren um zwei Milliarden Peseten, die Suspendierung von 1.000 Gemeinden, das Verbot von 114 Zeitungen und zweieinhalb Jahre „Ausnahmezustand" (entspricht unserem Kriegsrecht). Nach sechs Wochen Volksfrontregierung unter Azana, Caballero und Prieto lautete die Bilanz:

Überfälle und Raubüberfälle:

In politischen Hauptquartieren, 58;
In öffentlichen und privaten Einrichtungen, 105;
In Kirchen, 36.

Brände:

In politischen Hauptquartieren, 12;
Öffentliche und private Einrichtungen, 60;
Kirchen, 106.

Unruhen:

Generalstreiks, 11;
Aufstände und Revolten, 169;
Getötete Personen, 76;
Verwundete, 346.

Caballero sagte in Zaragoza:

> „Spanien muss zerstört werden, um es wieder zu unserem Land zu machen. Am Tag der Rache werden wir nicht einen Stein auf dem anderen lassen.

Caballero erklärte außerdem:

> „Vor den Wahlen fordern wir, was wir wollen. Nach den Wahlen werden wir uns mit allen Mitteln holen, was wir wollen. Die

'Rechten' dürfen keine Gnade von den Arbeitern erwarten. Wir werden das Leben unserer Feinde nicht mehr verschonen."

Azana erklärte fröhlich: „Spanien ist nicht mehr katholisch".

Die Kommunistenführerin Marguerita Nelken kündigte an

> „Wir fordern eine Revolution. Aber selbst die russische Art wird uns nicht dienen. Wir brauchen Flammen, die auf dem ganzen Planeten zu sehen sind, und Wellen von Blut, die die Meere rot färben werden."

Der Korrespondent *der Times* berichtete über die Bedingungen in Barcelona. Im Februar 1936 berichtete er: „Ein Überwachungsausschuss warnte am 20. Februar eine Reihe hoher Beamter, ihre Posten aufzugeben. Dem Komitee wurde gehorcht." Einen Monat später schrieb er: „Die Diktatur des Proletariats ist jetzt das offene Ziel aller Roten." Etwas später schrieb er:

> „Der spanische Sozialismus war auf dem Weg zum Kommunismus. Unter der jüngeren Generation haben Marx und Lenin die meisten ihrer Jünger gewonnen. Diese jungen Leute glauben, dass die Eroberung der Macht das unmittelbare Erfordernis des spanischen Sozialismus ist, dass Gewalt das ultimative Mittel ist, um sie zu erlangen, und dass eine Diktatur des Proletariats der einzige Weg ist, um sie zu erhalten. Die subversive Doktrin wird unermüdlich gepredigt."

Im März 1936 berichtete er: „*Die Abgeordneten der Cortes* (spanisches Parlament) *sangen mit geballten Fäusten, zum kommunistischen Gruß, die sowjetische Nationalhymne, L'Internationale, im Plenarsaal selbst.* "

Warum hat sich die Jugend Spaniens in großer Zahl dem Kommunismus zugewandt? Wenn man die Technik der Führer der W.R.M. versteht, muss man die Antwort finden, denn die revolutionären Führer ziehen ihre Stoßtruppen aus den werktätigen Klassen und der Jugend der Nation.

Nachforschungen ergaben, dass Azana sich selbst als Intellektueller mit einem aufrichtigen Glauben an den Sozialismus darstellte. Er war offen antireligiös. Er beteuerte jedoch, dass er mit dem von den Anarchisten und Kommunisten befürworteten und ausgeübten Terrorismus nicht einverstanden sei. Sobald er jedoch die nötige politische Macht erlangt hatte, nutzte er sie, um die republikanische Regierung zu veranlassen, die religiösen Lehrverpflichtungen an den Schulen abzuschaffen. Er beauftragte Francisco Ferrer mit der Einführung des Laizismus an den Schulen. Statt den Schultag mit einem Gebet an den allmächtigen Gott zu eröffnen, ließen die neuen weltlichen Lehrer die Schüler singen und eröffneten damit den Unterricht:

> „Wir sind die Söhne der Revolution
> Wir sind die Söhne der Freiheit.
> Mit uns kommt der Anbruch
> einer neuen Menschheit."

Eine andere „Hymne", die zu Beginn und am Ende der Unterrichtsstunden in den Schulen von Barcelona gesungen wird, lautet wie folgt:

> „Schleudere die Bombe; lege gut die Mine; ergreife fest die Pistole,
> Gib das Wort der Revolution weiter... Hilfe für die Anarchisten.
> Steht zu den Waffen bis zum Tod; mit Benzin und Dynamit zerstört die Regierung."

Die Nachrichtenredakteure britischer und amerikanischer Zeitungen weigerten sich, die Wahrheit zu veröffentlichen, weil sie so fantastisch klang. Sehr ähnliche „Hymnen" wurden in den Jahren 1937/38 von Moskau aus in englischer Sprache zur Unterweisung englischer Kommunisten gesendet.

Der beste Beweis für die systematische Methode, Jugendliche zu Revolutionären zu machen, wurde von Francisco Ferrer selbst geliefert. In einem Brief an einen revolutionären Kameraden schrieb er:

> „Um die Menschen nicht zu erschrecken und der (republikanischen) Regierung einen Vorwand für die Schließung meiner Einrichtungen zu liefern, nenne ich sie 'Moderne Schulen' und nicht Schulen für Anarchisten. Mein Wunsch ist es, die Revolution herbeizuführen. Vorläufig muss man sich jedoch damit begnügen, den jungen Leuten die Idee des gewaltsamen Umsturzes einzupflanzen. Sie müssen

lernen, dass es gegen die Polizei und den Klerus nur ein einziges Mittel gibt: Bomben und Gift.[152]

Als Ferrer während des Bürgerkriegs von Francos Truppen gefangen genommen wurde, wurde er als Verräter an Spanien verurteilt. Der obige Brief wurde als Beweismittel verwendet. Er wurde für schuldig befunden und hingerichtet. Der Hohe Rat des Großorient von Paris protestierte bei Freimaurerlogen in der ganzen Welt und behauptete, Ferrer sei wegen seiner antikatholischen Aktivitäten ermordet worden.

Die Untersuchung des Jugenderziehungsprogramms offenbarte die Methoden, mit denen auch die Moral der Jugend einer Nation verdorben wird. Lenin hatte gesagt: „Der beste Revolutionär ist eine Jugend ohne Moral." Da sein Wort in kommunistischen Organisationen Gesetz ist, arbeiten alle Mitglieder im Geheimen daran, junge Menschen beiderlei Geschlechts asozial und unmoralisch zu machen.

Kindern bis zum Teenageralter wird beigebracht, gegen die Disziplin des Elternhauses zu rebellieren. Eltern werden ihren Kindern gegenüber als altmodisch dargestellt. Die elterliche Autorität wird mit Füßen getreten. Die Subversiven argumentieren, dass Eltern ihre Kinder belogen haben, seit sie alt genug waren, um zuzuhören, was den Weihnachtsmann und die Herkunft der Babys betrifft. Die Subversiven behaupten, die Eltern seien Opfer reaktionärer Lehren und kapitalistischer Ausbeutung. Das Kind wird ermutigt, die Eltern in Bezug auf moderne und fortschrittliche Ideen zu erziehen. Sie werden gewarnt, dass sie sich zu ihrem eigenen Wohl weigern müssen, von ihren Eltern beherrscht oder diszipliniert zu werden. Das Ziel dieser subversiven Kampagne ist es, die Heiligkeit und Einheit des Heims zu zerstören, *die das Fundament unserer Zivilisation* bilden.

Um den Kindern den Respekt vor den religiösen Amtsträgern zu nehmen, stellen die Subversiven zunächst dar, dass sie aus den weniger intelligenten oder körperlich zurückgebliebenen Mitgliedern der Familien ausgewählt wurden. Sie werden als rückgratlose „Heilige",

---

[152] Um Ferrers „Ausbildungsschulen" für Jugendliche zu finanzieren, zeichnete Moskau die bereits erwähnten 200.000 Dollar. In Toronto gab es im Jahr 1954 siebzehn solcher „Ausbildungsschulen". In Sudbury gab es mehrere. In allen bevölkerungsreichen Großstädten gibt es sie.

„weibische Weltverbesserer" und Diener der herrschenden Klassen verhöhnt. Marx zitierend, wird den Kindern gesagt:

> „Die Religion ist das Opium des Volkes, weil sie lehrt, Armut, Krankheit und harte Arbeit als gut für die Seele zu akzeptieren".

Das christliche Kind wird gegen die Amtsträger seiner Religion vergiftet, indem man ihm die fantastischsten Verleumdungen gegen sie im Zusammenhang mit ihrem Privatleben erzählt. Sie werden als „Schafe im Wolfspelz" dargestellt; als „schwarze Krähen", die die Leichtgläubigkeit ihrer Gemeindemitglieder ausnutzen. Wenn ein Pfarrer oder Priester in einen Skandal verwickelt ist, wie es oft vorkommt, wird er hochgespielt, was das Zeug hält.

Die christliche Religion wird auf höchst widerwärtige Weise lächerlich gemacht. Christus wird als der uneheliche Sohn von Maria, einer jungen Jüdin, dargestellt, die, um ihr Gesicht zu wahren, Josef vorgaukelte, sie sei vom Heiligen Geist gezeugt worden. Christus als Erwachsener wird als Schwindler dargestellt. Seine Wunder werden als geschickt ausgeführte Illusionen dargestellt, wie sie heute Zauberer vollbringen. Die zwölf Apostel sollen seine Komplizen gewesen sein. Der so genannte Comic „Alraune, der Magier" wird oft verwendet, um zu veranschaulichen, wie ein Hypnotiseur und Magier die Öffentlichkeit täuschen kann.

Eine beliebte Geschichte, die christlichen Kindern erzählt wird, besagt, dass Christus schon in jungen Jahren ein Schmuggler war. Die Subversiven behaupten, er habe beim Hochzeitsmahl zu Kana ein Wunder vorgetäuscht, um seinen geschmuggelten Wein zu verkaufen. Sie beschuldigen sogar Christus und alle römisch-katholischen Christen, Kannibalen zu sein. Sie stützen ihre Argumente auf das Bibelzitat, wonach Christus seine Anhänger ermahnte, dass sie kein ewiges Leben haben könnten, wenn sie nicht sein Fleisch essen und sein Blut trinken.

Jugendliche im Teenageralter werden an Gefährten herangeführt, die ihnen Liberalismus beibringen, der bald in Zügellosigkeit umschlägt. Man lehrt sie die anarchistische Lebensauffassung. Je weniger Gesetze, desto besser. Mach, was du willst. Den subversiven Lehrern zufolge gibt es nur eine Sünde, und das ist der Ungehorsam gegenüber Befehlen, die von autorisierten Führern erteilt werden. Es gibt nur zwei Verbrechen - Pflichtvergessenheit und Verrat von Parteigeheimnissen.

Der nächste Schritt besteht darin, asoziale Jugendliche in einen tatsächlichen Konflikt mit der Polizei zu führen. Sie beginnen damit, indem sie sie mit einer „Bande" in Verbindung bringen. Junge kommunistische Führer stacheln die anderen Mitglieder an. Sie fordern sie auf, Dinge zu tun, die nicht dem Gesetz entsprechen. Sie zwingen sie zu Kämpfen, um ihre körperliche Tapferkeit zu beweisen. Sie verwickeln sie in Kleinkriminalität und führen sie dann tiefer in den Dschungel der kommunistisch organisierten Unterwelt.[153]

Die Veröffentlichung von Verbrechens- und Sex-Comics ist Teil der psychologischen Kriegsführung der Kommunisten. Diese Comics sind darauf ausgelegt, in Kindern verborgene und unterdrückte sadistische Tendenzen zu wecken und den moralischen Panzer von Kindern zu schwächen, die ansonsten normal sind. Jeder „Professor", der behauptet, dass Crime- und Sex-Comics die Kinder nicht in dem von den Illuminaten gewünschten Sinne beeinflussen, ist entweder ein Narr oder ein Schurke.

Spielzeugpistolen, Soldaten, Revolver, Filme mit vielen Verbrechen und Schießereien sind darauf ausgelegt, die feineren Gefühle normaler christlicher Kinder zu brechen und sie an den Gebrauch von Waffen, Gewaltszenen und plötzlichen Tod zu gewöhnen.

Pornografische Bücher und Zeitschriften werden in großem Umfang und zu niedrigen Preisen verbreitet, weil diese Literatur darauf abzielt, den dünnen Mantel der Tugend und des Anstands zu zerstören, den die zivilisierten christlichen Moralvorstellungen uns haben entstehen lassen.

Nur wenige Menschen sind sich darüber im Klaren, welch wichtige Rolle moderne Filme dabei spielen, Jugendliche von ihrem Zuhause, ihrem Land und ihrer Religion abzubringen. In vielen Filmen wird eine Stunde lang gezeigt, wie Kriminelle und böse Männer und Frauen alles tun, was nach unseren Gesetzen und unserem Moralkodex verboten ist, und dann wird ihnen eine Minute gewidmet, in der das Gesetz sie

---

[153] An der Sexorgie, die am 23. Oktober 1954 im Ford Hotel in Toronto nach dem Fußballspiel der Roten Feder stattfand, waren Dutzende von Jugendlichen beiderlei Geschlechts beteiligt. Sie war ein typisches Beispiel dafür, was kommunistischer Einfluss, der im Geheimen ausgeübt wird, auf die Jugend einer Nation ausüben kann.

einholt, oder sie sterben wegen ihrer Sünden. In Galveston, Texas, wurden Filmaufnahmen von den Kämpfen während der mexikanischen Revolution im Jahr 1913 gezeigt. Der Anblick von Männern, die in der Schlacht getötet oder von Revolutionären aus ihren Häusern gezerrt und abgeschlachtet wurden, veranlasste Frauen zu schreien und in Ohnmacht zu fallen und Männer sich zu übergeben. Die öffentliche Meinung führte dazu, dass die Vorführungen verboten wurden. Heute werden diese Szenen in Filmen gezeigt, die als „Children's Special" für Samstagnachmittagsvorstellungen beworben werden. Dies ist nur ein Beispiel dafür, wie die Öffentlichkeit und insbesondere die Kinder systematisch dazu gebracht wurden, den Anblick von Gewalt und blutigem Tod als normal zu akzeptieren. Es untermauert das revolutionäre Motto: „Die dringend notwendigen Reformen können nur durch revolutionäre Maßnahmen rasch herbeigeführt werden."

In allen Ländern, die noch nicht unterworfen sind, haben die Regisseure der Weltrevolutionäre Bewegung private Filmagenturen gegründet, die die obszönsten Bilder liefern, die man sich vorstellen kann, um sie privaten Parteien zu zeigen. Diese Filme zeigen jede Form der sexuellen Verderbtheit, die der Mensch kennt. Sie dienen dazu, die Jugend zu demoralisieren, damit sie für revolutionäre Organisationen rekrutiert werden kann. Diese Aussage wird durch die Tatsache bestätigt, dass die Gesetze, die diese Filme in der UdSSR verbieten, streng durchgesetzt werden.

Jugendliche, die sich als asozial, antireligiös, abgehärtet und verroht erweisen, werden nach Moskau geschickt und in „Revolutionärer Kriegsführung und der Kunst des Straßenkampfes" unterrichtet. Dies ist ein anderer Kurs als der, den angehende Arbeiterführer und Intellektuelle erhalten.

Die revolutionäre psychologische Kriegsführung erfüllt in der westlichen Welt ihren Zweck, so wie sie es in Spanien getan hat. Das beweist die Tatsache, dass heutzutage kein Mensch mehr schläft, wenn er vor dem Schlafengehen als letztes die Einzelheiten von Flugzeugkatastrophen, Autounfällen, Verbrechen und brutalen Morden hört. Vor fünfzig Jahren wäre eine solche Nachtmütze zu stark gewesen, um den Schlaf zu fördern.

Die öffentliche Meinung wird nicht mehr aufgerüttelt, wenn die Zeitungen lapidar berichten, dass mehrere tausend Juden von Antisemiten systematisch in Gaskammern ermordet wurden oder dass zehntausend Christen wegen ihrer antikommunistischen Überzeugung von Béla Kun oder chinesischen Sadisten gemartert wurden. Solche Gräuel werden heute als alltäglich hingenommen. Wir sind immun geworden gegen die Reaktionen, die wir einst erlebten, wenn uns Gewalt jeglicher Art zu Ohren kam. Der gewaltsame Umsturz etablierter Regierungen beunruhigt uns nicht mehr. Wäre es so, hätten wir etwas unternommen, um das Geschehen zu stoppen. Die Menschen hören auf diejenigen, die ständig schreien, wie sie es in Spanien taten: „Der Kommunismus kann hier niemals eine Revolution auslösen". Sie hören auf diejenigen, die ihnen ein Gefühl falscher Sicherheit vermitteln. Die meisten Bürgerinnen und Bürger sind wie Kinder, die ihren Kopf unter der Decke verstecken, wenn sie Gefahr fürchten. Es sei daran erinnert, dass es nie jemanden vor einem Attentäter, einem Vergewaltiger oder einer explodierenden Bombe gerettet hat, wenn man sich die Bettdecke über den Kopf gezogen hat.

Einige Beispiele sollen zeigen, wie die psychologische Kriegsführung in Spanien funktioniert hat. Wir müssen uns immer daran erinnern, dass Lenin sagte: „Ein Teil der Ausbildung aller revolutionären Jugendlichen muss darin bestehen, eine Bank auszurauben, eine Polizeistation in die Luft zu sprengen und einen Verräter oder Spion zu liquidieren." Erst wenn ein Jugendlicher die Milch der menschlichen Güte und alle Gefühle der Sympathie ausgetrocknet hat, wird er als qualifiziert für die Parteimitgliedschaft angesehen. Dies ist ein ganz anderer Status als der eines „Mitläufers".

Als der für den Aufstand gewählte Tag in Spanien näher rückte, wurden die Anbieter von pornografischer Literatur und obszönen Bildern so dreist, dass sie sich an den Eingängen der Kirchen aufstellten und den ein- und ausgehenden Gemeinden ihre Waren anboten. Die Außenseiten dieser Publikationen zeigten in der Regel ein Bild von Priestern und Nonnen, die sich in sexuellen Vergnügungen ergehen. Edward Knoblaugh,[154], der als Experte für den spanischen Bürgerkrieg gilt, war von dieser antiklerikalen Kampagne so beeindruckt, dass er schrieb:

---

[154] Herr Knoblaugh war ein „Korrespondent in Spanien". Er veröffentlichte ein Buch mit diesem Titel.

„Gelegentlich kamen Delegationen protestantischer Geistlicher ins loyalistische Spanien, um den Berichten nachzugehen, die sie über antiklerikale Aktivitäten gelesen hatten. Diese Delegationen wurden sehr herzlich empfangen. Es wurden große Anstrengungen unternommen, um sie davon zu überzeugen, dass sie in die Irre geführt worden waren. Spezielle Führer wurden abgestellt, um sie herumzuführen. Sie sahen nur das, was die kommunistischen Behörden sie sehen lassen wollten. Nach ein oder zwei Tagen wurden sie entsprechend beeindruckt nach Hause geschickt."

Doch eines Tages gab es einen Zwischenfall. Eine Delegation von Geistlichen hielt an einem Bücherstand, um einige seltene alte Bände zu bewundern. Bevor der Führer es verhindern konnte, sahen sie auch Exemplare von „La Traca" und „Bicharracos Clericales". Auf den Titelseiten waren priesterliche Orgien mit halbnackten Nonnen abgebildet. Beide Zeitschriften waren reichlich mit obszönen Bildern illustriert. Herr Knoblaugh kommentierte: „Die Delegierten sind verärgert abgereist".

Die Situation in Spanien zwischen 1923 und 1936 ähnelte sehr derjenigen, die heute in Kanada zwischen der französisch- und der englischsprachigen Bevölkerung besteht. Das baskische Volk hat seine eigene Sprache, Kultur und Traditionen, die bis in die Antike zurückreichen. Sie sind tief religiös und sehr stolz. Wie viele Frankokanadier waren sie der Meinung, dass sie die nationale Unabhängigkeit verdient hätten. Um dieses Ziel zu erreichen, organisierten sie eine Separatistenbewegung, um das baskische Volk vom Rest Spaniens zu befreien. Es war nur natürlich, dass die Verschwörer der revolutionären Bewegung in Spanien eine solche Situation nicht übersehen konnten. Die Basken waren gläubige römisch-katholische Christen. Sie glaubten, dass es gerechtfertigt war, für die politische Unabhängigkeit zu kämpfen, wenn es nötig war. Die große Mehrheit hätte sich jedoch niemals wissentlich der Kommunistischen Partei angeschlossen, um ihr Ziel zu erreichen. Doch genau das ist geschehen. Marxistische „Zellen" infiltrierten die baskische Gesellschaft. Sie verbargen ihre wahre Identität so gut, dass sie die Anführer der „Separatisten" wurden. Dann führten sie die Basken wie der Judasbock zur Schlachtbank. Die baskischen Anführer, Präsident Aguirre, Gird und Negrin, agierten unter dem Banner eines ausgeprägten Patriotismus und religiösen Eifers und vermengten das Kreuz Christi, die Pistole des Anarchismus und die Sichel und den Hammer des Kommunismus zu einer unglaublichen Masse. Als dann der Aufstand begann, wurden die Massen ihrem Schicksal überlassen.

Aguirre war Oberhaupt des baskischen Staates und Generalissimus der baskischen Armeen. Er saß in seinem Büro in Bilbao, während Hunderte von katholischen Priestern und anderen führenden Persönlichkeiten der baskischen Gesellschaft systematisch ermordet wurden. Ihr Märtyrertod verstärkte natürlich den Hass zwischen den Basken und Spanien.

F.J. Olondriz schrieb das Vorwort zu dem Buch Die rote Verfolgung im Baskenland von José Echeandia. Er sagte:

> „Als der Tag kam, fühlten sich die baskischen Separatisten, blind vor Leidenschaft, viele von ihnen vergaßen ihren Glauben und ihre katholische Gesinnung, eng und fest verbunden mit den Kommunisten, den Atheisten und den Anarchisten... und sie zettelten einen Krieg an, machten sich selbst für das Abschlachten verantwortlich und glaubten, alle Mittel seien erlaubt, wobei sie rebellisch die eindringlichen Worte ihres religiösen Führers, Papst Pius XI., ignorierten, wie sie in seiner Enzyklika „Divini Redemptoris" enthalten sind: „Der Kommunismus ist von Natur aus pervers, und es kann nicht zugelassen werden, dass diejenigen, die der christlichen Zivilisation dienen wollen, in irgendeiner Weise mit ihm zusammenarbeiten."

Wie gut hätten sich einige unserer hochrangigen Staatsmänner an diese Worte der Weisheit erinnern sollen, als sie versuchten, während des Zweiten Weltkriegs mit Stalin zusammenzuarbeiten. Eine weitere Wahrheit, die Regierungsführer niemals vergessen dürfen, ist die Tatsache, dass die Kommunisten und alle anderen internationalen Gruppen von den Illuminaten benutzt werden, um ihre eigenen geheimen Pläne und Ambitionen zu fördern.

Kapitel 14

Franco

Um zu verstehen, was 1936 in Spanien *geschah*, muss man zumindest eine allgemeine Vorstellung davon haben, was für ein Mensch Franco wirklich ist. Franco trat in die spanische Armee ein, mit der ernsten Absicht, sie zu seinem Beruf zu machen. Sein Leben in der Armee liest sich wie ein Liebesroman. Nach seiner Berufung in die spanische Legion zeichnete er sich aus. Er verwandelte die Niederlage, die General Sylvestre von den Mauren zugefügt wurde, in einen endgültigen Sieg. Er führte seine Truppen nicht nur furchtlos an, sondern erweckte in ihnen aufgrund seines strategischen Genies großes Vertrauen. Er erwarb sich auch den Respekt seiner Feinde aufgrund seiner militärischen Fortschritte und seiner soliden Verwaltungspolitik in Marokko. Die Mauren betrachteten ihn schließlich als fast göttlich. Sie nannten ihn „den Sieger", „Häuptling der Häuptlinge" und „tapfer wie ein Löwe". Diese Tatsachen erklären, warum sie sich um ihn scharten, als er im Juli 1936 um ihre Loyalität bat.

Von Franco wird nicht gesagt, dass er bei seinen Generalsbrüdern beliebt war. Er genoss jedoch den Respekt der meisten von ihnen. Diese Tatsache hat verhindert, dass die Volksfrontregierung in eine totalitäre Diktatur umgewandelt wurde.

Azana, Caballero und Carlos Prieto dominierten die Regierung der Volksfront. Señor Gil Robles und Calvo Sotelo führten die rechtsgerichtete Opposition an.

Als Sotelo in den „Cortes" enthüllte, dass zwischen Februar und Juni 1936 113 Generalstreiks, 218 Teilstreiks, 284 Gebäude, 171 Kirchen, 69 Klubs und 10 Zeitungsbüros niedergebrannt und über 3.300 Morde verübt worden waren, sprang Casares Quiroga, der damalige Premierminister, auf und erwiderte wütend: „Sie werden persönlich für die Emotionen verantwortlich gemacht werden, die Ihre Rede auslösen wird."

Dolores Ibarruri, eine Kommunistin, die wegen ihrer aufrührerischen Reden und fanatischen Aktionen „Pasionaria" genannt wurde, war Mitglied der spanischen Cortes. Sie sprang auf und zeigte mit dem Finger auf Sotelo und schrie förmlich: „Dieser Mann hat seine letzte Rede gehalten." Sie sollte Recht behalten. Am 13. Juli 1936 wurde Señor Calvo Sotelo von fünfzehn Sturmtruppen unter dem Kommando von Hauptmann Don Angel Moreno aus seinem Haus gezerrt. Er wurde auf einen nahe gelegenen Friedhof gebracht und ermordet. Dieses Ereignis veranlasste viele spanische Generäle, ihren Eid auf den Großorient zu brechen und Franco zu bitten, die Führung in Spanien zu übernehmen. Dolores Ibarruri war eine stalinistische Agentin in Spanien. Sie war mit der Aufgabe betraut worden, Armeebeamte zu korrumpieren, Überfälle auf die Waffenlager der Regierung zu organisieren und zu leiten und die revolutionären Kräfte in Spanien zu bewaffnen. Sie erledigte ihre verschiedenen Aufgaben äußerst effizient.

Nach der Ermordung Sotelos stürmten die Sturmtruppen die Häuser vieler anderer prominenter Antikommunisten, aber die meisten von ihnen waren gewarnt worden und konnten entkommen.

Am Tag der Wahlen im Februar 1936 rief General Franco General Pozas an, der zu diesem Zeitpunkt für die Guardia Civil zuständig war. Er warnte ihn, dass die Kommunisten, die in die Cortes gewählt worden waren, planten, die Gewalt des Pöbels zu schüren, in der Hoffnung, dass sie eine revolutionäre Anstrengung entwickeln könnten, um die republikanische Regierung zu stürzen. General Pozas teilte General Franco mit, dass er seine Befürchtungen für übertrieben halte. General Franco rief daraufhin General Molero, den Kriegsminister, an. Er informierte ihn über die drohende Gefahr. Franco schlug vor, ihm zu gestatten, das Kriegsrecht auszurufen. Franco entwarf die notwendigen Befehle, die ihm die Autorität geben würden, Exzesse und Gewalt des Pöbels zu verhindern. Nur die Unterschriften des Ministerrats waren nötig, um Recht und Ordnung aufrechtzuerhalten und die republikanische Regierung vor revolutionären Aktionen zu schützen. Doch Portela, der zu diesem Zeitpunkt als Premierminister fungierte, berief sich darauf, dass er zu alt sei, um den Beschluss des Kabinetts in die Tat umzusetzen. Franco erwiderte: „Sie haben Spanien in diese traurige Lage gebracht. Jetzt ist es Ihre Pflicht, zu versuchen, es zu retten."

General Franco erhielt den Befehl, sich auf die Kanarischen Inseln zu begeben. Dieser Befehl bedeutete praktisch seine Verbannung aus Spanien.

Bevor er abreiste, hatte General Franco eine Konferenz mit den Generälen Mole und Varela. Sie versicherten ihm, dass, sobald die anderen Generäle, die den Militärlogen des Grand Orient beigetreten waren, die Wahrheit erfahren würden, die meisten von ihnen mit dem Grand Orient brechen und seine Führung akzeptieren würden. Bevor das Treffen beendet wurde, war eine geheime Kommunikationsmöglichkeit zwischen Mola und Franco eingerichtet worden. Unmittelbar nach Francos Abreise auf die Kanarischen Inseln setzten Stalins Agenten ihre Aktivitäten fort.

Am 23. Juni 1936 schrieb Franco einen langen Brief an den Kriegsminister, in dem er noch einmal auf konkrete Gefahren hinwies.[155] Doch diese Warnungen wurden ebenso ignoriert wie die anderen. Es war offensichtlich, dass die kommunistischen Mitglieder der republikanischen Regierung in der Lage waren, ihre Politik und ihr Handeln zu dominieren.

Die Ermordung von Calve Sotelo am 13. Juli war für Franco entscheidend. Er schickte eine verschlüsselte Botschaft an die Generäle, die geschworen hatten, dafür zu kämpfen, dass Spanien nicht zu einem russischen Satellitenstaat wurde. Zu denjenigen, die Franco kontaktierte, gehörten Mola, Goded, Fanjul, Sanjurjo, Saliquet, einige Offiziere der spanischen Marine und Queipo de Llano. Nach der Übermittlung der Botschaft flog Franco von den Kanarischen Inseln nach Tetuan, wo er wusste, dass er sich auf die Loyalität der marokkanischen Truppen verlassen konnte.

Am 21. Juli 1936 erließ Franco seine Proklamation, in der er das Problem, um das es ging, mit möglichst wenigen Worten definierte. Sie lautete: „Es ist die Pflicht eines jeden Menschen, in diesen endgültigen Kampf zwischen Russland und Spanien einzutreten". So begann der Bürgerkrieg. Professor Unamuno erläuterte das Problem mit noch

---

[155] Die Einzelheiten können in Arraras *Franco* nachgelesen werden.

weniger Worten. Er sagte: „Es ist ein Kampf des Christentums gegen die Barbarei." Er hätte sagen sollen: „Gegen den Illuminismus".

Es wurden weitere Beweise dafür gefunden, dass Stalins Komintern die Unterwerfung Spaniens plante, um einen totalen Krieg zwischen Großbritannien und seinen Verbündeten auf der einen Seite und Deutschland und seinen Verbündeten auf der anderen Seite herbeizuführen. Es gibt einen Bericht über die Sitzung des Politischen Sekretariats der Komintern, die am 25. Januar 1938 stattgefunden hat. Der Zweck der Sitzung war es, Mittel und Wege zur Entwicklung der revolutionären Bemühungen in Spanien und Nordafrika zu diskutieren. An der Sitzung nahmen Vertreter der Profintern und der ausländischen Abteilungen der G.P.U. (der Geheimpolizei) teil. Alle erfahrenen Moskauer Revolutionsführer waren anwesend: Iejov, Leiter der geheimen Sektion der Komintern, Georges Dimitrov, Leiter der Liga der Gottlosen und der Liga der Freidenker, der damalige Sekretär der Kommunistischen Internationale, Schick, Manuilsky und Lozovsky von der Profintern; Popescu, Weintrauben, Gourovitch, Liemann, Turrini, Adami und Valdez, der den Sowjet für Auswärtige Angelegenheiten im Politischen Büro der Komintern vertrat (dies sind die Namen von Männern, die in späteren Jahren alle aktiv an der Ausbreitung des kommunistischen Einflussbereichs in der Welt beteiligt waren). Nach der Eröffnung der Sitzung hielt Dimitrov eine feurige Rede. Er prangerte den mangelnden missionarischen Elan der militärischen Sondergesandten an, die nach Spanien geschickt worden waren, um die Volksfrontregierung zu korrumpieren und die militärischen Operationen der loyalistischen Armeen zu leiten. Ihr Vorgehen, sagte er:

> „hat nicht genügend Anreiz und revolutionären Elan auf die allgemeinen europäischen Massen ausgeübt. Die erzielten Ergebnisse haben die eingegangenen schweren Risiken nicht gerechtfertigt. DER HAUPTKAMPF, DER DARIN BESTEHT, EINEN BEWAFFNETEN KONFLIKT ZWISCHEN ZWEI GRUPPEN VON KAPITALISTISCHEN STAATEN HERBEIZUFÜHREN, IST NICHT ERREICHT WORDEN." Und weiter: „Der sowjetische Militärkommandant in Spanien sollte unter die Kontrolle der Emissäre der Komintern gestellt werden, wie die

Botschafter, die es verstehen, ihn mit dem notwendigen revolutionären Gefühl zu imprägnieren.[156]

Im spanischen Bürgerkrieg überzeugte die damalige Propaganda den Durchschnittsbürger davon, dass eine kleine Gruppe von Generälen in Spanien einen Aufstand organisiert hatte, um die republikanische Volksfrontregierung zu stürzen und eine Militärdiktatur zu errichten. Die Kräfte der Volksfront nannten sich Loyalisten. Die Franco-Kräfte nannten sich Nationalisten. Die Loyalisten setzten sich aus allen politischen Gruppierungen links der Mitte zusammen. Die Nationalisten umfassten alle politischen Gruppierungen rechts der Mitte.

Die Kommunisten waren in zwei Gruppen geteilt... diejenigen, die die proletarische Diktatur in einen stalinistischen totalitären Staat verwandeln wollten, und diejenigen, die den spanischen Sowjet zu einer Einheit in der Internationalen der Sowjetrepubliken machen wollten, wie es die marxistische Theorie vorsah. Zu den nationalistischen Kräften gehörten Männer, die die Carlisten-Bewegung unterstützt hatten, deren Ziel seit 1837 die Wiederherstellung des spanischen Throns für die Nachkommen von Don Carlos war. Die Karlisten waren in der Provinz Navarra beheimatet und unterstützten Francos Nationalistische Armee, weil sie den Kommunismus in Spanien nicht dulden wollten.

Auf der Rechten gab es auch die Falangisten, die extremen Rechten, unter denen sich zweifellos eine ganze Reihe deutscher Nazis befanden, die an den totalen Krieg glaubten, um ihre linken Feinde zu unterwerfen. In einer solchen Situation ist es verständlich, dass die Rechten alle Linken als Kommunisten beschuldigten, während die Linken alle Rechten als Faschisten bezeichneten. Die schrecklichsten Gräueltaten, darunter Folter, Verstümmelung, Vergewaltigung und die Hinrichtung Tausender unschuldiger Opfer, wurden von den Kommunisten im Rahmen der Terrorherrschaft begangen. Einige wenige Extremisten auf der Franco-Seite begingen ebenfalls Gräueltaten. Alle Bürgerkriege scheinen eine große Anzahl von Menschen in unmenschliche Bestien zu verwandeln, die unter das Niveau von Bestien herabsinken, sobald die Blutlust in ihnen geweckt

---

[156] Berichtet in der Gringoire-Ausgabe vom 11. Februar 1938.

wurde. Bürgerkriege sind nicht zu rechtfertigen. Diejenigen, die revolutionäre Kriege befürworten, sollten hingerichtet werden. Die Beweise zeigen, dass der spanische König 1931 und General Franco 1936 alles in ihrer Macht stehende getan haben, um einen Bürgerkrieg zu vermeiden.

Franco rief die Bürger Spaniens erst dann auf, sich um ihn zu scharen, als er alle anderen Mittel ausgeschöpft hatte, um den kommunistischen Staatsstreich vom 26. Juli 1936 zu verhindern. Die Berufsarmee in Spanien war zahlenmäßig stark reduziert worden. Sie wurde durch eine nationale Polizei ersetzt, die von der linken Regierung kontrolliert wurde. Es ist erstaunlich, dass Francos Versuch, das kommunistische Komplott zu vereiteln, nicht scheiterte, denn Nachkriegsuntersuchungen ergaben, dass die Streitkräfte 1936 von Verrätern durchsetzt waren, sowohl von Offizieren als auch von Männern, die von Moskauer Agenten, die in der Volksfrontregierung in Spanien arbeiteten, in Schlüsselpositionen eingesetzt worden waren. Am 21. Juli 1936 war die von Moskau gesteuerte Organisation zur Übernahme der Regierung in Spanien abgeschlossen.

Franco wusste, dass Julio Alvarez del Vayo, Außenminister in der republikanischen Regierung und Generalkommissar, an einem Tag Hunderte von politischen Kommissaren für die republikanische Armee ernannte. Die meisten dieser Männer waren Kommunisten. Vayo tat dies, ohne den Premierminister zu konsultieren. Die Kommissare zwangen die Soldaten, der Kommunistischen Partei beizutreten, boten ihnen Vorteile und Beförderungen an, wenn sie dies taten, und drohten mit allen Mitteln der Verfolgung, wenn sie dies nicht taten. Luis Araqistain, ehemaliger Botschafter der Spanischen Republik in Paris, veröffentlichte diese Tatsache in der *New York Times* am 19. Mai 1939. Sie hat sich als wahr erwiesen.

Indalecio Prieto war ein spanischer sozialistischer Abgeordneter und Minister für Nationale Verteidigung während des Spanischen Bürgerkriegs. Er half, den Krieg gegen Franco zu führen. In einem 1939 in Paris veröffentlichten Bericht mit dem Titel: „Wie und warum ich das Ministerium für Nationale Verteidigung verließ", sagte er:

> „Es ist schwierig, auf der Hut zu sein, weil es Kommunisten gibt, die vertrauliche Positionen innehaben und denen befohlen wird, ihre Zugehörigkeit zu verbergen, um keinen Verdacht zu erregen, und denen manchmal befohlen wird, sie zu verbergen, indem sie sich anderen Parteien anschließen. Dr. Juan Negrin war einer von ihnen.

Er war einer der mächtigsten Männer Spaniens während des Bürgerkriegs."

Prieto schrieb über ihn:

„Weil ich mich weigerte, Befehle aus Moskau zu befolgen, schloss Juan Negrin mich am 5. April 1938 aus der Regierung aus, der er vorstand. In seiner Regierung bekleidete ich das Amt des Ministers für Nationale Verteidigung. Gegen mich wurden gleichzeitig zwei Aktionen eingeleitet; die eine wurde der russischen Geheimpolizei und den in unserem Land operierenden Militärs anvertraut, die andere den spanischen Kommunisten... Die Russen befahlen und die spanischen Kommunisten gehorchten."

Dr. Juan Negrin behauptet, dass er kein Kommunist war und ist, aber er war es, der anordnete, dass 7.000 Kisten mit spanischem Gold an Stalin geliefert werden sollten. Die Kisten wurden auf die Schiffe „Kine", „Neve" und „Volgiles" verladen - alle drei trugen die sowjetische Flagge. Jose Velasco und Arturo Candela begleiteten die Sendungen als Vertrauenspersonen nach Odessa. Alles geschah verdeckt, und die anderen Mitglieder der Volksfrontregierung wussten nichts davon. Während Negrins Amtszeit wurden drei Kommunisten zu Unterstaatssekretären für Verteidigung ernannt und waren somit die wahren Herren der republikanischen Armee, Marine und Luftwaffe. [157]

Largo Caballero war Kommunist, aber als er sich weigerte, den Befehl der Moskauer Abgesandten zu befolgen, setzten diese seine Befehle außer Kraft, selbst als er gerade seine Amtszeit als Präsident verbrachte. Als er versuchte, seine eigenen Fehler zu korrigieren, war es bereits zu spät. Wie Moskaus Agenten in fremden Ländern eine solch absolute Kontrolle über die Führer der Linken erlangen, erklärt Prieto. Er schrieb:

„Die Mehrheit der militärischen Kommandos der Volksfrontregierung wurde schließlich von Kommunisten besetzt, und in ihren Händen befanden sich die wichtigsten Zügel der Macht. Wie konnte es zu diesem Phänomen kommen? Durch ein Zwangssystem, das zwischen persönlicher Beförderung für

---

[157] Der Diebstahl dieses Goldes ist 1955 immer noch ein internationales Problem. Franco verlangt von den Sowjets die Rückgabe des Goldes.

diejenigen, die sich beugten, und der Ermordung derjenigen, die rebellierten, abgestuft war."

Theo Rogers verweist in seinem Buch „Spain; a Tragic Journey" auf die Beschlagnahmung von Dokumenten, die zweifelsfrei bewiesen, dass im Juli 1936 eine groß angelegte Revolution geplant worden war. Rogers schrieb:

> „Die Entdeckung von Dokumenten und Plänen bei militanten Kommunisten und Anarchisten zeigte, dass ein sorgfältig ausgeklügeltes Komplott für einen Ausbruch herangereift war, der sogar die Zentralregierung in Madrid stürzen und eine sowjetische Diktatur errichten würde."

Das Werk der Illuminaten.

Rogers Aussage erwies sich als wahr. Es wurden Beweise vorgelegt, die belegen, dass sowohl General Franco als auch General Mola bereits im April 1936 wussten, dass ein kommunistischer Staatsstreich zunächst für den 1. Mai geplant war, dann auf den 29. Juni verschoben wurde und schließlich erneut auf den 22. Juli verschoben wurde. Die Verzögerungen wurden angeordnet, um denjenigen, die mit der Umsetzung des Umsturzplans betraut waren, mehr Zeit zu geben, die letzten notwendigen Details zu vervollständigen.

Die ganze Welt hätte von dem von Moskau gesteuerten Komplott gegen Spanien wissen müssen, denn die letzten Anweisungen wurden abgefangen, als sie von der Komintern an die Führer der revolutionären Bewegung in Spanien weitergeleitet wurden. Die Dokumente wurden dem Echo de Paris übergeben, das sie im April 1936 veröffentlichte. Im Artikel des Echo de Paris heißt es:

„TEXT DER INSTRUKTIONEN FÜR DIE ROTE MILIZ"

> „Diese Anweisungen an die Leiter der spanischen Roten Miliz... stammten nicht von einer spanischen Zentralorganisation, sondern von den Technischen Diensten in Paris, die sie zu diesem Zeitpunkt nach Spanien sandten. Diese Technischen Dienste sind diejenigen der französischen kommunistischen Partei, die eng mit der Komintern und ihren Delegierten in Frankreich zusammenarbeiten. Das Dokument, das wir veröffentlichen, befindet sich in den Händen der Regierung; wir waren nicht diejenigen, die es an weitergegeben haben. Wir sind davon überzeugt, dass M. Daladier, Kriegs- und

Verteidigungsminister, den Befehl gegeben hat, vorbeugende Verteidigungs- und Schutzmaßnahmen zu ergreifen."

Der abgekürzte Text lautet wie folgt:

1. Verstärkung der Stoßtruppen und Wachen in den Kasernen und Ausstattung mit automatischen Pistolen. Diese Schocktruppen und Wachen sind Mitglieder der Kommunistischen Partei, die in den ständigen Streitkräften und Reserven dienen.

2. Diese Truppen werden mit den Gruppen, die in die Kaserne einbrechen sollen, in Verbindung stehen. Letztere werden in Uniform sein und unter dem Befehl unserer Offiziere stehen, zu denen wir volles Vertrauen haben.

3. Wenn der Kampf beginnt, erhalten unsere Offiziere mit ihren Gruppen heimlich Zutritt. Sie setzen sich mit den jeweiligen Komitees in Verbindung und führen den vorher vereinbarten Angriffsplan innerhalb der Kaserne aus.

4. Die provisorischen Ausschüsse in den Kasernen erneuern alle zwei Tage ihre Listen der Feinde, Neutralen, Sympathisanten und Experten. Nach der Übernahme der Kasernen sind die als Feinde eingestuften Personen, insbesondere alle Kommandanten und Offiziere, rasch und ohne Zögern zu beseitigen.

5. Jedes Mitglied der Ausschüsse erhält eine Liste mit den Namen der Personen, die von ihm persönlich ermordet werden sollen.

6. Nachdem die Feinde beseitigt worden sind, werden die Neutralen strengen Züchtigungen unterworfen, um ihnen jedes Zögern zu nehmen, das bei solchen unentschlossenen Personen üblich ist.

7. Die Ausschüsse, die die Neutralen betreuen, treffen die notwendigen Vorkehrungen, damit die Wachmannschaften unter dem Vorwand, bei der Niederschlagung des Aufstandes zu helfen, in die Kasernen eindringen können.

8. Dies hat wenig Bedeutung.

9. Die für die Liquidierung von Generälen auf der aktiven Liste eingesetzten Personen bestehen aus zehn Männern mit Revolvern. Die Generäle haben zwei Adjutanten und einen Sekretär, die in ihren eigenen Häusern ermordet werden müssen. Die mit der Ermordung beauftragten Personen dürfen vor keinem Hindernis oder Widerstand zurückweichen und müssen jeden beseitigen, der sich ihnen widersetzt, unabhängig von Geschlecht oder Alter.

10. Die zur Beseitigung von Generälen, die keine Befehlsgewalt innehaben, eingeteilten Personen bestehen aus drei Gruppen von Männern und erfüllen ihre Aufgaben wie im vorstehenden Absatz beschrieben.

11 und 12. Darin wird beschrieben, wie Häuser und Grundstücke in strategischen Positionen von kommunistischen Kämpfern beschafft und heimlich bewaffnet und befestigt werden müssen, um Truppen, denen die Flucht aus den Kasernen gelingen könnte, in einen Hinterhalt zu locken. Die Anweisungen lauten: „Da die Offiziere der Streitkräfte über geschützte Autos verfügen, müssen sich Gruppen unserer Militanten in Autos und Lastwagen zu strategischen Punkten wie Kreuzungen begeben; sie müssen mit Maschinengewehren bewaffnet sein, um zu verhindern, dass Hilfe zu den Menschen in den Städten gelangt. Die Lastwagen sollen Granaten transportieren."

13. Unsere Kämpfer sollen schnell die zuvor erhaltene Uniform anziehen und mit Gewehren ausgestattet werden.

14. Wenn der Aufstand ausbricht, verhaften unsere militanten Gruppen, die Uniformen der Guardia Civil und der Sturmgarde und die bereits für sie vorbereitete Ausrüstung tragen, alle Führer aller politischen Parteien unter dem Vorwand, dies sei zu ihrem persönlichen Schutz notwendig. Nach der Verhaftung wird das Verfahren zur Beseitigung der Generäle, die keine Befehlsgewalt haben, durchgeführt. Uniformierte Gruppen verhaften und inhaftieren auch wichtige Kapitalisten, deren Namen im Anhang „B" des Rundschreibens Nr. 32 aufgeführt sind.

15. Gegen diese Kapitalisten darf keine Gewalt angewendet werden, es sei denn, sie leisten Widerstand; sie werden jedoch gezwungen, die Guthaben auf den Girokonten bei den Banken und ihre Wertpapiere herauszugeben. Im Falle der Verheimlichung sind sie vollständig zu beseitigen, einschließlich ihrer Familien, ohne Ausnahme. Es ist wünschenswert, dass Zellen in ihren Stäben als

Hausangestellte oder Mechaniker eingesetzt werden, da sie sehr nützlich sein können. [158]

16. Kann übersprungen werden.

17. In Bezug auf Angehörige der Streitkräfte, die behaupten, Sympathisanten zu sein, ist die gleiche Taktik zu verfolgen wie in Russland. Erst ihre Dienste in Anspruch nehmen und sie dann als Feinde eliminieren. Damit unsere Bemühungen erfolgreich und dauerhaft sind, ist ein neutraler Offizier oder Mann besser als einer, der seine Uniform verraten hat, weil sein Leben in Gefahr war. Es ist wahrscheinlich, dass er uns auch verraten würde, wenn er die Gelegenheit dazu hätte.

18. Die Anweisungen an unsere Miliz bezüglich der Mobilisierung, der Transportbewegungen, des Waffengebrauchs und der Treffsicherheit müssen intensiviert werden. [159]

19. Die an den Straßenkreuzungen postierte Miliz muss alle besiegten Truppen, die zu fliehen versuchen, ausschalten.

20. Maschinengewehrstellungen sind in Räumen zu errichten, die die Vorder- und Rückseite aller Zeughäuser, Polizeistationen und Feuerwachen sowie alle Zu- und Ausgänge der Städte abdecken, und wenn es dem Feind trotzdem gelingt, herauszukommen, sind sie mit Handgranaten zu beschießen.

21. Andere Milizen werden in gepanzerten Lastwagen in strategischen Positionen innerhalb der Städte in einem Abstand von nicht mehr als einem Kilometer aufgestellt und mit Maschinengewehren bewaffnet.

---

[158] Dieser Orden schützte die Bankiers und Kapitalisten, die als Agenten der Illuminaten arbeiteten, auf genau die gleiche Weise, wie ein ähnlicher Orden die Rothschilds in der Französischen Revolution schützte.

[159] Im Jahr 1946 meldete der Autor den zuständigen Behörden, dass Gewehre als Schrott nach Kanada eingeführt worden waren; auf die gleiche Weise erlaubten Kanadas Kabinettsminister 1956, dass Waffen als Schrott in den Nahen Osten geliefert wurden.

22. Die Verbindung erfolgt durch Leichtfahrzeuge und Radfahrer, die mit Revolvern bewaffnet sind.

23. Ist nicht von besonderer Bedeutung.

24. Die intimsten Einzelheiten über das Leben und den Charakter aller Neutralen und Sympathisanten müssen eingeholt und sorgfältig aufgezeichnet werden, einschließlich ihrer familiären Bedürfnisse und des Einflusses, den die Liebe zu ihren Kindern und der Wunsch nach diesen notwendigen Bedürfnissen auf sie ausüben können. Wenn einer unserer Milizionäre oder einer der Neutralen und Sympathisanten irgendeine Art von Schwäche oder Widerstand gegen Befehle zeigt, muss er beim höchsten Komitee der Organisation als schuldig der Komplizenschaft und/oder Reaktion angezeigt werden.

25. Unsere Miliz muss so organisiert werden, dass sie außerhalb ihrer eigenen Häuser und Orte arbeitet, denn die Erfahrung hat uns gelehrt, dass Männer, die in ihren eigenen Orten und im Kreise ihrer Familien und Freunde arbeiten, im letzten Moment aus Sentimentalität versagt haben, unseren Plan mit dem richtigen Enthusiasmus auszuführen.

26. Alle Eigentümer von Waren- und Güterdepots sind als bedeutende Kapitalisten zu betrachten. Diese Depots müssen so organisiert werden, dass sie dem Proletariat über die Verwaltungsgruppen dienen.[160]

27. befasst sich mit der Frage des Einsatzes von STARVATION als Mittel zur raschen Verringerung des Widerstands und bestätigt, was über den Einsatz dieser Waffe in nationalen Auseinandersetzungen und in der internationalen Kriegsführung gesagt wurde. Er lautet: „Während der ersten Woche und bis zur Normalisierung der Verfassung ist die Versorgung der Bürger mit Lebensmitteln und Getränken verboten."

---

[160] Dieser Auftrag zeigt auch, dass die Illuminaten die wahren Führer einer revolutionären Anstrengung sind. Sie sind immer in den obersten Ebenen der Regierungen, der Gesellschaft, der Industrie und der Streitkräfte. Die Arbeiter, der Pöbel, sind lediglich die „Bauern im Spiel". Sie werden benutzt und dann unterworfen. Beweisen Sie ihnen das, und das kommunistische Komplott wird scheitern. -Autor.

28. Liest - Vorräte an Lebensmitteln in den Kasernen und in den Händen unserer Feinde, die nicht erbeutet werden können, müssen durch Vermischung mit Paraffin oder anderen Substanzen unbrauchbar gemacht werden. Seit dem Erlass dieser Befehle haben die revolutionären Führer in allen Ländern die besondere Anweisung erhalten, sorgfältige Pläne zu machen, wie mit den Angehörigen der Polizei und der Feuerwehr zu verfahren ist, da die Erfahrung gezeigt hat, dass die Mehrheit dieser städtischen Angestellten „ihren bürgerlichen Chefs treu bleibt". Die empfohlenen Maßnahmen sind:

1. Infiltrieren Sie die beiden Streitkräfte.

2. Korrumpieren Sie die Basis.

3. Die Parteimitglieder werden aufgefordert, Grundstücke zu kaufen oder zu mieten, die die Zufahrten zu den Polizeistationen und den Feuerwehrhallen abdecken, damit die Mitglieder beim Schichtwechsel ausgeschaltet werden können. Die Stunde der Revolte soll mit dem Schichtwechsel der Polizei zusammenfallen.

Die Befehle, die den Führern der kommunistischen Partei in Spanien erteilt wurden, legten detailliert fest, wie sie die öffentlichen Versorgungseinrichtungen und Dienstleistungen sowie die bürgerliche Verwaltung übernehmen sollten. Ziel war es, in kürzester Zeit die vollständige und absolute Kontrolle über die gesamte Lebensmittelversorgung und die Kommunikationssysteme zu erlangen.

Die im Oktober 1936 auf Mallorca beschlagnahmten revolutionären Anordnungen wurden von Jacques Bardoux übersetzt, der anschließend das Buch „Chaos in Spanien" schrieb. Sie waren auf dem Weg zu den revolutionären Führern in Spanien.

SPANISCHES DOKUMENT

Um auch die kleinsten Details der Bewegung kontrollieren zu können, können ab dem 8. Mai nur noch die Verbindungsagenten Befehle erteilen, und sie kommunizieren untereinander mit Hilfe der Chiffre E.L.M. 54-22. Die lokalen Führer müssen dem Komitee mündliche Anweisungen mit Hilfe des folgenden Codes erteilen:

1.2.1. Befehl zum Beginn der Mobilisierung.
2.1.2. Befehl zum Beginn des Aufstandes.
2.2.1.1.1. Befehl zum Angriff an vorher festgelegten Punkten.

3.3.3. Vorkehrungen für Gegenrevolutionäre.

2.4.3. Mobilisierung der Gewerkschaften.

2.5.5. Generalstreik.

2.6.5. Sabotageakte, d. h. Sprengung von Eisenbahnlinien usw.

1.3.2. Signal zum Abbruch des Aufstandes.

1.1.0. Befehl zur Bereitstellung.

1.0.0. Reorganisation ist bereit.

0.0. Grenzen und Häfen schließen.

1.1. Hinrichtung derjenigen, deren Namen auf der schwarzen Liste stehen.

Alle diese Befehle werden am Tag vor dem Aufstand, am 1. oder 29. Mai,[161], um Mitternacht von dem in der Casa del Pueblo in Madrid installierten Sender gesendet, dessen Wellenlänge fast die gleiche ist wie die des Madrider Gewerkschaftsradios.

Organisation von Madrid:

Aufzuteilen in die folgenden Abteilungen: A.B. Chamartin de la Rosa, H.Q. in der Casa del Pueblo dieses Bezirks.

C.D. Cuatro Caminos, H.Q. im Sozialistischen Club des Distrikts.

E.F. Palace District, H.Q. in der Druckerei von Mundo Obrero.

G.H. Universitätsviertel, H.Q. in den Redaktionsräumen von El Socialista.

I.J. Bezirk Latina, H.Q. in Casa del Pueblo.

M.N. Bezirk Inclusa, H.Q. im sozialistischen Zentrum.

N.O. Bezirk Pardinas, Hauptquartier in der Garage, in Castello 19.

P.Q. Südlicher Bezirk, H.Q. im Sozialistischen Zentrum von Vallecas.

---

[161] Nachdem diese Befehle erteilt worden waren, wurde der Termin für den Aufstand auf den 22. Juli verlegt.

R.S. Carabanchel District, Hauptquartier im Socialist Club.

T.U.V.-Zentrum in Madrid, Hauptquartier im Casa del Pueblo, Sekretariat.

X.Y.Z. Büros Nr. 2, 3, 4, 6, 8, 10, 12 (Balkonzimmer).

Plan des Feldzugs in Madrid:

Der Aufstand wird durch fünf Bomben angekündigt, die in der Abenddämmerung gezündet werden. Sofort wird ein faschistischer Angriff auf eines der C.N.T.-Zentren vorgetäuscht; dann wird ein Generalstreik ausgerufen und die Soldaten und Chefs, die uns unterstützen, erheben sich in Aufruhr. Die Gruppen werden in Aktion treten.

Diejenigen, die in T.U.V. benannt sind, werden das Büro für Kommunikation, das Präsidium und das Kriegsministerium übernehmen. Diejenigen, die zum Distrikt gehören, werden die Kommissariate angreifen, und diejenigen, die zur Sektion X.Y.Z. gehören, werden das Büro für öffentliche Sicherheit übernehmen.

Eine spezielle Gruppe, die ausschließlich aus Maschinengewehrschützen mit Handgranaten besteht, wird das Hauptquartier der Regierung und über die folgenden Routen angreifen: Carretas, Montera, Mayor, Correos, Paz, Alcala, Arenal, Preciados, Carmen und San Jeronimo. Die Gruppen, die sich aus fünfzig Zellen zu je zehn Mann zusammensetzen, werden in den Straßen zweiter und dritter Ordnung agieren, und nur zwei Zellen in denen erster Ordnung und in den Avenidas.

Die Befehle lauten auf die sofortige Hinrichtung aller festgenommenen Konterrevolutionäre. Die Republikaner der Volksfront werden aufgefordert, die Bewegung zu unterstützen, und im Falle ihrer Weigerung werden sie aus Spanien ausgewiesen.

FRANZÖSISCHES DOKUMENT

Geheim. An die Leiter der Gruppen und Sektionen: Zelle von St. George du Bois, Ausguckstation.

ERSTE GRUPPE: H.Q. Rathaus.
Leiter der Gruppe, A. Präsident.
Erste Sektion: B.

4 Freiwillige
5 Gewehre, 1 Revolver,
70 Schuss Munition für das Gewehr,
20 für den Revolver,
15 Granaten.

Zweite Sektion: C.

6 Freiwillige
4 Gewehre,
3 Revolver,
70 Schuss Munition für Gewehre,
20 für Revolver.

Dritte Sektion: D.
Führer, C

4 Freiwillige für den Vertrieb von Waffen und Munition und für
die Herstellung von Munition.
6 Revolver,
15 Kanister Benzin,
25 Kanister (je 5 Liter) Reserve, ausgegeben an Genosse C.

ZWEITE GRUPPE:
H.Q. Bahnhof.
Leiter, D.E.P.

7 Freiwillige,
8 Gewehre,
80 Patronen Munition,
20 Stangen Dynamit, ausgegeben an Genosse E.

DRITTE GRUPPE:
Auf dem Bahnhof.
Anführer, F.E.

5 Freiwillige (2 Experten),
6 Gewehre,
1 Revolver,
60 Schuss Munition für das Gewehr,
20 für den Revolver, 1.500 Meter isolierte Telefonleitung, die dem
Genossen F.

VIERTE GRUPPE:
(Angreifer) H.Q. Untergeschoss des Rathauses, Anführer G.

Erste Sektion: H.

4 Freiwillige,
4 Gewehre,
50 Patronen Munition,
10 Messer,
12 Seile.

Zweiter Abschnitt: I.

4 Freiwillige,
4 Gewehre,
50 Patronen Munition,
10 Messer,
10 Seile.
Besondere Anweisungen.

ZWEITE GRUPPE: Sprengung von Eisenbahn- und Faschistenkonvois

DRITTE GRUPPE: Verbindung sofort Telefonzentrale, Bahnhof und Rathaus.

An ALLE GRUPPEN: Munition aufbewahren bis zum Eintreffen von Waffen und Munition aus der Zelle in Rochefort. Erste Gruppe an Kommandant alle Vorräte, Tiere und Futtermittel bis zum Eintreffen der Anweisungen aus Rochefort zur Verteilung.[162]

GENOSSE PRÄSIDENT

Kommentar des Autors:

Die jüngste Geschichte hat bewiesen, dass die Anweisungen, die die Illuminaten über Moskau für die Unterwerfung Spaniens gegeben

---

[162] Die oben genannten Informationen wurden der „Free Press of the World" von Free Lance-Autoren und akkreditierten Korrespondenten zur Verfügung gestellt, sobald sie verfügbar waren, aber sie wurden nie veröffentlicht. Warum? -Verfasser.

haben, seitdem auf den neuesten Stand gebracht und in allen Ländern Europas, die seit 1936 unterworfen wurden, ausgeführt wurden. *Es gibt keinen Grund zu der Annahme, dass die 5. Kolonne in Kanada und den USA weniger gut organisiert ist. Die 5. ist bereit, die Befehle der Illuminaten auszuführen, wenn diejenigen, die die weltrevolutionäre Bewegung leiten, den Zeitpunkt für günstig halten.* Es gibt reichlich Beweise dafür, dass die Mitglieder der kommunistischen Partei in Kanada und den USA seit 1948 eine schnelle Evakuierung aus den großen Städten und Industriegebieten praktizieren, damit sie während der Anfangsphase eines sowjetischen Bombenangriffs auf dem Lande sein können, um Picknicks zu machen oder andere vernünftige Ausreden zu finden. Sie planen, zurückzukehren und die Macht zu übernehmen, solange die Lage noch chaotisch ist und die Einwohner sich noch in Panik befinden.

Es ist zwar notwendig, den Illuminismus in Europa und Asien einzudämmen, aber es wäre ein gewaltiger und kostspieliger Fehler, wenn wir nicht das volle Ausmaß der Gefahr ihrer 5. Wir müssen unsere innere Gefahr beseitigen, sonst sind alle unsere Pläne zur zivilen Notwehr nutzlos. Wir müssen uns zuerst mit dem inneren Feind befassen, dann werden unsere Verteidigungspläne und andere Angelegenheiten reibungslos funktionieren, ohne von Verrätern und Saboteuren behindert zu werden. Wir dürfen nicht vergessen, dass die Kommunisten dazu benutzt werden, den Aufstand anzuzetteln. Diejenigen, die die Kommunisten anführen, bilden dann eine Diktatur des Proletariats, die ihrerseits von den Agenten der Illuminaten übernommen wird.

Kapitel 15

Die revolutionäre Schreckensherrschaft

Das Studium der Methoden, die von den Agenten der Illuminaten in Spanien angewandt wurden, ist von großem Wert für diejenigen, die ihr Land vor der Gefahr ähnlicher Drangsale schützen wollen. Revolutionäre Führer haben Zellen, die Schlüsselpositionen in Gefängnissen und Irrenanstalten besetzen. Ihr Ziel ist es, diese Einrichtungen zu kontrollieren, um die inhaftierten antisozialen Elemente freizulassen und sie während des Aufstands als Stoßtruppen einzusetzen. In allen bisherigen Revolutionen wurden asoziale Gefangene und kriminelle Geisteskranke eingesetzt, um den Pöbel in Blutrausch zu versetzen und so die „Schreckensherrschaft" einzuleiten, die, so das Kalkül der Revolutionsführer, die Bevölkerung in kürzester Zeit zur Kapitulation bringen wird.[163]

Die Gefängnispolitik in Madrid wurde stark von den Ratschlägen beeinflusst, die den Behörden der Volksfrontregierung von „General" Kleber, dem Kanadier und Russen, erteilt wurden, der nach einer

---

[163] Untersuchungen von Ausbrüchen in vielen Gefängnissen sowohl in den USA als auch in Kanada zeigen, dass diese Aufstände kommunistisch inspiriert waren. Es dauerte fast dreiundzwanzig Jahre, bis bewiesen werden konnte, dass einige Beamte des Kingstoner Gefängnisses zu der Zeit, als Tim Buck in der Anstalt eingesperrt war, Kommunisten waren. Die Beweise deuten darauf hin, dass sie ihm bei der Organisation der Kingstoner Gefängnisunruhen geholfen haben. Zu dieser Zeit schrieb ich für die Free Lance. Ich schrieb, dass die ganze Sache zum Himmel stinkt, um aus Tim Buck einen Märtyrer zu machen, um die Sympathie der Öffentlichkeit zu wecken und seine Freilassung zu erreichen. Ich erklärte, dass meiner Meinung nach die Wärter und andere Gefängnisbeamte darin verwickelt waren. Meine Geschichte erschien nie in der Presse. 1953 trat einer der Beamten, die ich 1932 verdächtigt hatte, den „Roten" anzugehören, bei den Bundeswahlen in British Columbia als progressiver Labour-Kandidat an. Zwischen 1939 und 1944 war derselbe Mann für die Ausbildung des Personals in der technischen Abteilung der Royal Canadian Navy zuständig. Diese Informationen wurden an die zuständigen Behörden weitergegeben.

theoretischen Ausbildung am Lenin-Institut in Moskau nach Spanien geschickt wurde, um Stalin zu dienen und praktische Erfahrungen in der revolutionären Kriegsführung zu sammeln.

Unmittelbar nach dem Amtsantritt der Volksfrontregierung im März 1936 drängten die Mitglieder der extremen Linken auf die Verabschiedung eines Amnestiegesetzes, das all jenen die Freiheit gewährte, die an der asturischen Rebellion teilgenommen hatten. Zusätzlich zu dieser kleinen Armee von 318 Revolutionären wurden 30.000 weitere Personen, die als Kommunisten verhaftet worden waren, auf freien Fuß gesetzt. Nach dem 17. Juli wurden weitere 40.000 gewöhnliche Kriminelle unter der Bedingung freigelassen, dass sie in der loyalistischen Armee Waffen tragen würden. Die Revolutionsführer liquidieren die meisten gewöhnlichen Kriminellen, nachdem sie ihren Zweck erfüllt haben. Auf diese Weise überzeugen sie viele Menschen davon, dass die während der Revolution begangenen Gräueltaten von verantwortungslosen Menschen begangen wurden, die aus eigenem Antrieb handelten und nicht nach einem vorgefassten Plan des Terrorismus.

Dies waren die Bedingungen, als General Franco beschloss, Spanien vor der kommunistischen Tyrannei zu retten. Es sind viele Bücher darüber geschrieben worden, wie es Franco und einer Handvoll spanischer Generäle schließlich gelang, das kommunistische Komplott zu besiegen. Es ist eine spannende Geschichte über Mut, Tapferkeit und den großen Glauben an ihren christlichen Kreuzzug. Sobald Franco seine Proklamation herausgab, befahlen die roten Unterstaatssekretäre für Heer, Marine und Luftwaffe den kommunistischen Zellen, alle als Feinde eingestuften Offiziere zu liquidieren. Diese Aufgabe wurde mit großer Gründlichkeit ausgeführt. Kommunistische Zellen wurden in den mechanischen, Kommunikations- und Signalabteilungen der Dienste platziert. Dies beweist, dass sich die Organisatoren an das für die englischen, französischen, russischen und deutschen Revolten festgelegte Muster halten.

In der Anfangsphase des Angriffs wurden fast zwei Drittel der überraschten Offiziere kaltblütig ermordet. Die Meuterer versuchten, andere Dienstgrade zu überzeugen, dass sie die Befehle der Regierung ausführten und Offiziere hinrichteten, die als Feinde der Volksfrontregierung verurteilt worden waren. Viele Männer wollten nicht glauben, was ihnen erzählt wurde. Bald war es keine Seltenheit mehr, dass ein Kriegsschiff aus einer Entfernung von nur wenigen

Metern auf ein anderes feuerte. In einem Fall war der vordere Turm mit Roten und der hintere Turm desselben Schiffes mit Anti-Roten besetzt. Die Massaker, die an Bord der Schiffe begannen, griffen auf die Werften und die Städte über, in denen sie sich befanden.

Das drastische Vorgehen gegen die Offiziere, von denen man annehmen konnte, dass sie sich auf die Seite Francos stellen würden, war vielleicht zu entschuldigen, aber der Terrorismus, den die Kommunisten, die als Soldaten und Polizisten der Volksfrontregierung auftraten, gegen die unbewaffnete und ahnungslose Bevölkerung ausübten, ist nicht zu entschuldigen. Die Auferlegung des Terrorismus bewies auf Kosten von Hunderttausenden von unschuldigen Menschenleben, dass Lenins Politik angenommen worden war. Er entschied, dass jeder gewaltsame Versuch, eine Regierung zu stürzen, mit Terrorismus einhergehen müsse, weil Terrorismus die wirtschaftlichste Methode sei, die Massen schnell und gründlich zu unterwerfen.

Es muss daran erinnert werden, dass die Führer einer Revolution die Bemühungen nicht als völlig vergeblich betrachten, wenn sie nicht in einer proletarischen Diktatur enden. Jeder Aufstand gegen die konstituierte Regierung und die rechtmäßige Autorität wird von denjenigen, die revolutionäre Bemühungen planen, als ein Schritt in die richtige Richtung betrachtet. Wenn die Bemühungen nicht von Erfolg gekrönt sind, ist das schlecht, aber nicht hoffnungslos. Es spielt keine Rolle, wie viele Menschen getötet werden. Sie sind nur Spielfiguren in diesem Spiel. Sie sind entbehrlich. Es ist erstaunlich, wie wenige der hochrangigen Revolutionsführer während eines Aufstands getötet werden. [164] Es wird als gute revolutionäre Technik akzeptiert, die Massen zu opfern und die Mitglieder der Illuminaten zu schonen, denn sie sollen die neue Ordnung regieren. Selbst bei gewöhnlichen Streiks schüren die Roten gewöhnlich den Ärger und schleichen sich dann davon. Sie überlassen es den anderen Arbeitern, den eigentlichen Kampf mit der Polizei oder der Miliz zu führen.

Die folgenden Fakten belegen, dass während einer Revolution jeder, der nicht Parteimitglied oder Mitläufer ist, keinerlei Gnade erwarten

---

[164] Es ist eine historische Tatsache, dass zehnmal mehr Revolutionsführer bei Parteisäuberungen ums Leben gekommen sind als im eigentlichen Revolutionskrieg.

darf. Selbst Mitläufer werden liquidiert, nachdem sie ausgenutzt worden sind.

Vor dem Juli 1936 hatten die Direktoren der W.R.M. Madrid buchstäblich mit Agenten überschwemmt. Moses Rosenberg traf als Moskauer Botschafter in Madrid ein. Anteneff Avseenko traf in Barcelona ein. Dimitrov traf ein, um persönlich die nach dem kommunistischen Staatsstreich geplanten religiösen Verfolgungen durchzuführen. Während des Bürgerkriegs regierte Rosenberg als Zar von Madrid. Avseenko übernahm das Kommando über die katalanische Rote Armee. Rosenberg organisierte die Tschekas in Spanien und sorgte dafür, dass sie immer mehr Opfer ausspionierten.

Moskaus Agenten organisierten „Säuberungskommandos". Offiziell bestand ihre Aufgabe darin, Faschisten ausfindig zu machen, aber insgeheim liquidierten sie all jene, die zuvor als Reaktionäre auf den Plan der Illuminaten zur Unterwerfung Spaniens aufgelistet worden waren. Diese Listen waren von kommunistischen Spionen zusammengestellt worden, die in der Gewerkschaft der Concierges (Haus- und Wohnungsmeister), den Steuerbehörden, der Post und anderen öffentlichen Ämtern tätig waren. Die Listen der zu liquidierenden Personen waren sehr vollständig, da die Moskauer Spione, die zum Teil als Scheren- und Messerschleifer getarnt waren, jeden Bezirk, Straße für Straße und Haus für Haus durchkämmt hatten. Alle Bürger wurden nach ihrer politischen, arbeitsrechtlichen, sozialen und religiösen Stellung sowie nach ihrer Zugehörigkeit zu aufgelistet. Als der Befehl zum Beginn der Schreckensherrschaft gegeben wurde, arbeiteten die Kommunisten mit der Sicherheit, der Grausamkeit und der Gründlichkeit ausgehungerter Bestien. Stalin hatte einmal erklärt: „Es ist besser, dass hundert unschuldige Menschen sterben, als dass ein einziger Reaktionär entkommt." Sie befolgten diesen Befehl mit teuflischer Beharrlichkeit. Damit auch andere, die in noch nicht unterworfenen Ländern leben, verstehen können, was während einer Schreckensherrschaft geschieht, werden einige konkrete Gräueltaten beschrieben.

Am 17. Juli 1936 suchte eine Gruppe von Kommunisten in den Uniformen der Regierungstruppen das Dominikanerkloster in Barcelona auf. Der Anführer teilte der Mutter Oberin mit, dass er den Befehl habe, die Schwestern an einen sicheren Ort zu bringen, da Gewalt durch den Mob zu befürchten sei. Die Schwestern packten ihre wenigen Habseligkeiten zusammen und begleiteten ahnungslos die

Soldaten, die sie in die Vorstadt brachten, wo sie sie alle ermordeten. Der Anführer bemerkte hinterher kaltschnäuzig: „Wir brauchten das Gebäude. Wir wollten es nicht in Unordnung bringen, bevor wir es besetzten.[165]

Señor Salvans war ein bekannter Antikommunist. Dreimal besuchten Säuberungstrupps sein Haus in Barcelona. Als der dritte Besuch keine Informationen über seinen Verbleib erbrachte, ermordeten die Roten die gesamte achtköpfige Familie. Diese abscheuliche Tat wurde in Übereinstimmung mit den Paragraphen 15 und 16 der bereits erwähnten Anweisungen ausgeführt.

Eine der sinnlosesten Gewalttaten, die jemals im Namen von „Freiheit... Gleichheit... Brüderlichkeit" begangen wurde, war die Ermordung von sechzehn Laienbrüdern, die ehrenamtlich als Krankenpfleger im größten Krankenhaus Barcelonas arbeiteten. Ihr einziges Verbrechen war, dass sie einem religiösen Orden angehörten. Die Tatsache, dass sie alle Kranken pflegten, unabhängig von Klasse, Hautfarbe oder Glaubensbekenntnis, machte für diejenigen, die ihre „Liquidierung" anordneten, keinen Unterschied. E.M. Godden, der Conflict in Spain veröffentlichte, berichtet auf Seite 72:

> „Das Gemetzel an den Lebenden wurde von der Verhöhnung der Toten begleitet. In der letzten Juliwoche 1936 wurden die Leichen von Nonnen aus ihren Gräbern geholt und vor den Klostermauern aufgehängt. An ihren Körpern wurden obszöne und beleidigende Plakate angebracht."

Mein Cousin, Tom Carr, war von 1919 bis 1938 als Bergbauingenieur in Spanien tätig. Er war mit der Tochter von Mr. Allcock, dem amerikanischen Konsul von Huelva, verheiratet. Einer von Caballeros 5. Kolonne war zum Bürgermeister von Huelva gewählt worden. Auf Geheiß Moskaus übergab er die Stadtverwaltung an die Kommunisten. Als erstes folterten und ermordeten sie alle Priester. Die Nonnen

[165] Aufgezeichnet in den offiziellen Berichten „Kommunistische Gräueltaten in Spanien". Teile eins, zwei und drei. Die Untersuchungen wurden von einem Ausschuss durchgeführt, der sich aus Männern verschiedener Nationalitäten zusammensetzte. Die Bearbeitung erfolgte durch Arthur Bryant, einen international bekannten Journalisten und Autor.

wurden nackt ausgezogen und aus den Klöstern auf die Straßen getrieben, um den Revolutionären Sport zu bieten.[166]

Godden gibt auch an, dass er zwei englische Frauen interviewt hat, die nur deshalb der Belästigung entkommen konnten, weil sie Ausländerinnen waren. Diese beiden Frauen erzählten Godden, sie seien gezwungen worden, einem Mob von Männern und Frauen beizuwohnen, die sich wie fanatische Derwische verhielten. Im ersten Fall folterten und verhöhnten die Roten einen Priester, bevor sie schließlich seinen zerstückelten Körper und seine Gliedmaßen an einer Statue der heiligen Jungfrau aufhängten. Im zweiten Fall bohrten sie ein Loch in den Körper eines jungen Priesters und fesselten ihn dann, während er noch lebte, mit einem Kruzifix.

Im September 1936 berichtete Pere Van Rooy, ein berühmter französischer Schriftsteller, über Dimitrovs Worte: „Man wirft uns vor, die Kirchen und Klöster Spaniens zu zerstören. Was bedeutet schon die Zerstörung einiger Klöster und Kirchen? Wir sind darauf aus, eine neue Welt zu schaffen. [167] Ein Ausschuss, der 1939 offiziell die kommunistischen Gräueltaten in Spanien untersuchte, kam überein, dass eine vorsichtige Schätzung die Zahl der zwischen Juli 1936 und Dezember 1937 in Barcelona als „Reaktionäre" liquidierten Bürger auf 50.000 beziffert. In Valencia wurde die Zahl auf 30.000 festgelegt. In Madrid schätzten sie, dass ein Zehntel der gesamten Bevölkerung systematisch ermordet wurde, um Spanien in einen weiteren totalitären Staat zu verwandeln.[168]

---

[166] Diese Aussage meines Cousins wurde auf Seite 238 des Buches *Spanish Arena* von William Fees und Cecil Gerahty sowie von Arthur Bryant, der die kommunistischen Gräueltaten in Spanien untersucht hat, bestätigt.

[167] Siehe *Catholic Herald*, 11. Februar 1938.

[168] Falls einige Leute denken, dass Kommunisten nur die römisch-katholische Kirche hassen, ist es gut, sich daran zu erinnern, dass die geheimen Mächte, die hinter der revolutionären Weltbewegung stehen, entschlossen sind, diese Welt letztendlich in die Despotie Satans zu verwandeln. Das ist die Essenz des Illuminismus. Um die Menschen in den noch nicht sowjetisierten Ländern in falscher Sicherheit zu wiegen, werden sie versuchen, sie von ihrer Toleranz gegenüber anderen Religionen als der römisch-katholischen zu überzeugen, aber Untersuchungen zeigen, dass sie entschlossen sind, alle Religionen auszulöschen, wenn sie genügend Macht haben.

Um zu veranschaulichen, was geschah, als die Roten die Kontrolle in Spanien übernahmen, möchte ich einige andere unabhängige Zeugen zitieren. Marcel M. Dutrey, der berühmte französische Schriftsteller, erklärte:

> „In Castre Urdiales war der kommunistische Militärkommandant ein ehemaliger Gemeindepolizist, der wegen Diebstahls entlassen worden war. Der neue Polizeichef hatte zuvor seinen Lebensunterhalt mit der Herstellung und dem Verkauf obszöner Postkarten verdient. Der Staatsanwalt war der uneheliche Sohn einer Frau, die zuvor ein bekanntes Straßenmädchen gewesen war. Er erhielt den Spitznamen „Sohn seiner Mutter". Das Rote Tribunal wurde von einem Bergmann geleitet, der von zwei „Beisitzern" unterstützt wurde... Alle diese Männer waren Sadisten. Sie verherrlichten den Vollzug der Urteile, die sie selbst über ihre Opfer verhängten. Sie haben Vincent Mura den Bauch aufgeschnitten, Julie Yanko auf dem Marktplatz öffentlich gemartert und Varez, den berühmten spanischen Rennfahrer, zerstückelt, weil er sich weigerte, seine Freunde in ihre Hände zu verraten."

Herr Arthur Bryant, der das Vorwort zu dem vollständig belegten und beglaubigten Bericht über „Kommunistische Gräueltaten in Spanien" schrieb, bemerkte bei mehreren Gelegenheiten

> „Die sowjetischen Agenten hatten eine solche Kontrolle über die Kommunikationssysteme, dass nur Berichte, die ihrer Sache dienlich waren, in die meisten Zeitungen der Welt gelangten, während andererseits die ungeheuerlichsten Lügen gegen die französischen Streitkräfte erfunden und ungehindert an die Presse der Welt weitergegeben wurden."

Bryant war so angewidert von dem, was er sah, dass er schrieb:

> „Kein Universitätsdozent oder anonymer Kommentator von B.B.C.[169] hat dem gerechten und mitfühlenden britischen Volk die Wahrheit über die Frauen von San Martin de Valdeiglesias erzählt.

---

[169] ANMERKUNG - Rote Agenten waren 1938 in den Stab des britischen B.B.C. eingeschleust worden, und fast zwei Jahre lang war die Politik pro-loyalistisch, d.h. kommunistisch. Der gegenwärtige Trend des C.B.C. ist derselbe. Die Mehrheit der Programme ist stark nach „links" ausgerichtet.

Für kein größeres Verbrechen als den Besitz eines religiösen Emblems wurden die Frauen in San Martin de Valdeiglesias dazu verurteilt, von je fünfundzwanzig Männern der Roten Miliz vergewaltigt zu werden und jede abscheuliche Leidenschaft zu befriedigen.

Die Tatsache, dass die Väter einiger Frauen inhaftiert und zum Tode verurteilt worden waren und dass ihre Mütter gezwungen waren, der Erniedrigung ihrer Töchter beizuwohnen, konnte die Männer der Roten Miliz nicht davon abhalten, das Urteil zu vollstrecken. Die Schrecken der Stunden, die diese Frauen erlebten, hatten schreckliche Auswirkungen auf die Psyche einiger von ihnen. Die Überlebenden berichteten, wie sie ihre Henker immer wieder anflehten, sie lieber zu töten, als sie einer so schrecklichen Schande auszusetzen. Die entsetzliche Grausamkeit dieser Grausamkeiten lässt sich daran erkennen, dass viele der verurteilten Frauen verheiratet waren, und als sie zwischen Milizionären vor dieses erbarmungslose Tribunal geführt wurden, trugen sie Kinder auf dem Arm, und diese Kinder waren Zeugen dieses Höhepunkts des Grauens in der Entehrung ihrer Mütter.[170]

Es ist kein Wunder, dass die geheime Macht, die die W.R.M. leitet, sagte:

„Kommunisten sollten nicht in den Orten, in denen sie mit ihren Familien gelebt hatten, ihren Terrorplan verwirklichen müssen, sondern anderswo eingesetzt werden."

Jeder Kommunist wird erklären, dass diese Gräueltaten von „Unkontrollierbaren" begangen wurden, die bestraft wurden, als sie erwischt wurden. Damit sich niemand von solchen Lügen täuschen lässt, zitiere ich erneut Lenin, den ersten heiliggesprochenen Heiligen des totalitären Illuminaten-Credos. Lenin sagte bei verschiedenen Gelegenheiten:

---

[170] Die Einzelheiten finden Sie auf Seite sechs des zweiten Berichts „Kommunistische Gräueltaten in Spanien".

„In der Politik gibt es keine Moral, sondern nur Zweckmäßigkeit. Ein Schurke kann für uns von Nutzen sein, nur weil er ein Schurke ist.“

Bei einer anderen Gelegenheit sagte er:

„Die jungen Revolutionäre sollten sofort mit der Ausbildung für den Krieg beginnen, und zwar durch praktische Aktionen wie die Liquidierung eines Verräters, die Ermordung eines Spions, die Sprengung einer Polizeistation oder den Überfall auf eine Bank, um den Aufstand zu finanzieren, usw... Scheuen Sie nicht vor diesen experimentellen Angriffen zurück. Sie können natürlich in Exzesse ausarten, aber das ist eine Sorge für die Zukunft.“[171]

Der Kommunist Krassikow war ein Wüstling, der die Parteigelder für ein ausschweifendes Leben vergeudete. Als Lenin seine Liquidierung anordnete, sagte er:

„Es spielt keine Rolle, dass Genosse Krassikov Parteigelder in einem Bordell vergeudet hat, aber es ist ein Skandal, dass dies den Transport illegaler Literatur durcheinander gebracht haben soll.“[172]

Die kommunistische Ausbildung zielt darauf ab, den letzten Tropfen menschlicher Güte aus den Herzen der Männer und Frauen zu quetschen, die hohe Priester der Religion werden wollen. Anna Pauker stieg in der sowjetischen Hierarchie zu schwindelerregenden Höhen auf. Sie wurde Außenministerin von Rumänien. Sie bewies ihre Loyalität zu Stalin, als sie sich selbst zur Witwe machte, indem sie den Vater ihrer drei Kinder als Trotzkisten denunzierte.

Kommunistische Terroristen ermutigen einfache Jungen dazu, Henker der Feinde des Proletariats zu werden, um sie abzuhärten und ihnen den letzten Rest von menschlichem Gefühl und Mitgefühl zu nehmen. Ein

---

[171] Kommunistische Agenten lehren Kinder in allen freien Nationen die Umkehrung der Zehn Gebote. Der Kommunismus ist daher mehr als jede andere Ursache für die Zunahme der Jugendkriminalität verantwortlich. Obwohl sie bekennende Atheisten sind, dienen sie dem Zweck der Illuminaten und des Satanismus.

[172] Die Zeitschrift *Time* nahm Bezug auf diese von Lenin am 17. November 1948 geäußerten Ansichten.

solcher Jugendlicher erzählte, wie er mit einem Priester viel Spaß hatte. Er sagte:

> „Nacht für Nacht nahmen wir ihn mit den Gruppen, die wir töten mussten, mit, aber wir stellten ihn immer als letzten in der Reihe auf. Wir ließen ihn warten, während wir alle anderen töteten, und brachten ihn dann wieder in die Bellas Artes zurück. (Die Bellas Artes waren das Gebäude der schönen Künste, das von den Kommunisten als Gefängnis genutzt wurde). Jede Nacht dachte er, er müsse sterben, aber ein schneller Tod war zu gut für ihn. Dieser 'Fraile' starb sieben Tode, bevor wir ihn endlich erledigten."

Herr Knoblaugh erzählt auf Seite 87 seines Buches Correspondent in Spain von einem schrecklichen Vorfall, der die Behauptungen bestätigt, dass die Planer der Weltrevolution potenzielle Führer auswählen, während sie noch sehr jung sind, und sie dann so lange trainieren, bis sie jede Spur von menschlichen Gefühlen und Mitleid verloren haben. Knoblaugh erzählt, wie zwei kommunistische Jugendliche vor einem Arzt damit prahlten, dass sie zwei junge Priester verstümmelt und ermordet hätten. Sie durchbrachen die Verkleidung dieser beiden religiösen Männer, die, um der Entdeckung und dem Tod zu entgehen, als Kohlenschürfer arbeiteten. Die beiden Jugendlichen erzählten, wie sie die beiden Priester dazu brachten, mit ihren Kohlenschaufeln ihre Gräber zu schaufeln, dann entmannten sie ihre beiden Opfer gemäß der von den Kommunisten geplanten Schreckensherrschaft und zwangen ihnen die Organe in den Mund. Sie standen johlend daneben, während die Priester einen langsamen, schleichenden Tod starben.

De Fonteriz erzählt in „*Roter Terror in Madrid*" auf den Seiten 19-20, wie die von Dimitrov und Rosenberg organisierten Tschekas versuchten, eine bestimmte Frau dazu zu bringen, das Versteck ihres Mannes zu verraten. Die Frau wusste wahrscheinlich nicht, wo er sich aufhielt, aber um sicherzugehen, dass sie es nicht wusste, zwangen die Mitglieder der Tschekas sie, dabei zuzusehen, wie sie sich einen Spaß daraus machten, acht Frauen aus ihrem Haushalt mit langen Hutnadeln die Brüste zu durchstechen.

Um eine frühere Aussage zu beweisen, dass diejenigen, die das Muster der Schreckensherrschaft entwerfen, Kriminelle und Verrückte benutzten, um den Blutrausch zu schüren, berichte ich, was am 20. Juli 1936 in Alcala geschah: Die Roten ließen alle Gefangenen, Männer und Frauen, unter der Bedingung frei, dass sie für die kommunistische Sache Waffen tragen. Es handelte sich um eintausend Männer und zweihundert Frauen. Sie wurden zum Bataillon Alcala formiert. Sie zeichneten sich bei dem siegreichen Angriff auf Madrid aus. Zur Belohnung wurden sie nach Siguenza geschickt. Nachdem sie die Stadt eingenommen hatten, ermordeten sie zweihundert Bürger, um den Widerstand der anderen zu brechen. Dieses Bataillon von Verbrechern hielt Siguenza sechzehn Wochen lang besetzt. Als sie von Francos Truppen vertrieben wurden, stellte man fest, dass jede Frau zwischen zehn und fünfzig Jahren vergewaltigt worden war. Viele von ihnen waren schwanger und viele krank. Einige waren beides. Ein Mädchen, eine Kellnerin in einem Hotel, erzählte, wie viel Glück sie gehabt hatte. Sie erzählte, wie die Verbrecher den Bischof von Siguenza auf grausame, barbarische und unaussprechliche Weise ermordet hatten. Bei einem Bankett, das an diesem Abend im Hotel stattfand, fand einer der Bataillone Gefallen an ihr und verlangte, dass einer seiner Kameraden sich in die Gewänder des ermordeten Bischofs kleide und sie heirate. Die anderen hielten dies für einen guten Scherz und führten die Scheinhochzeit durch. Nach der Hochzeit führten die „Militiennes" den „Danse on Ventre" auf und benutzten die Esstische als Bühne. Nach dem Ende der Orgie beanspruchte der Mann das Mädchen als sein persönliches Eigentum. Sie erzählte von diesem Ereignis und bemerkte:

> „Ich hatte Glück. Mein Mann war ein Mörder, aber es war besser, ihm zu gehören, als der Spielball von allen zu sein. Wenigstens bin ich der Krankheit entkommen."

Marcel M. Dutrey veröffentlichte die Tatsache, dass in Ciempozuelos über hundert Ordensbrüder an Verrückte gefesselt wurden, die dann mit Messern ausgestattet wurden. Man kann sich den Schrecken vorstellen, der folgte. Moskaus Heer von geschulten Propagandisten erzählte der Welt, wie Francos Truppen die Bürgermeister vieler kleiner Städte ermordet hatten, aber sie erwähnten nicht die Tatsache, dass sie von einem ordnungsgemäß konstituierten Militärgericht verurteilt worden waren und sich als kommunistische Agenten von Largo Caballero erwiesen hatten, die sich verschworen hatten, Spanien in eine Diktatur zu verwandeln.

Wenn es noch eines Beweises bedarf, um die Behauptung zu untermauern, dass die hinter der weltrevolutionären Bewegung stehenden Geheimmächte Kommunisten in der ganzen Welt benutzen, um ihre totalitären Pläne voranzutreiben, dann sollten die zahlreichen Desertionen aus der kommunistischen Partei in der ganzen Welt diesen Beweis liefern. Douglas Hyde, der in den vorangegangenen fünf Jahren Nachrichtenredakteur des Daily Worker, der führenden

BAUERN AUF DEM SCHACHBRETT

kommunistischen Zeitung Großbritanniens, war, gab im März 1948 seinen Austritt aus der kommunistischen Partei bekannt. In einer Presseerklärung erklärte er:

> „Ich glaube, dass die neue 'Linie' der kommunistischen Partei, die nach der Gründung der Kominform im letzten Jahr (1947) eingeführt wurde, wenn sie Erfolg hat, dem einfachen Volk nichts als Elend bringen wird."

Mr. Hyde fuhr fort zu erklären, dass er seit dem Ende des Zweiten Weltkriegs über die Außenpolitik Moskaus besorgt sei. Er sei schließlich zu der Überzeugung gelangt, dass die Parteilinie, wie sie jetzt von der Moskauer Clique bestimmt werde, nicht mehr mit den Idealen übereinstimme, für die er so lange gearbeitet habe, und dass das Endergebnis die Zerstörung eben jener Freiheiten und Anständigkeiten sein werde, für die die Kommunisten so lange gekämpft hätten. Er schloss mit diesen Worten:

> „Meine wachsende Desillusionierung veranlasste mich, eine andere Antwort auf das Problem unserer Zeit und einen anderen Weg aus dem Chaos der Welt zu suchen.

Gleich nach dem Rücktritt von Herrn Hyde in London, England, folgte der Rücktritt von Frau Justina Krusenstern-Peters, die seit zwölf Jahren Mitarbeiterin der sowjetischen Publikationen war. Sie gab ihren Rücktritt in Shanghai, China, bekannt. Sie sagte:

> „Die Belastung, auf Anweisung aus Moskau zu schreiben, wurde mehr, als ich ertragen konnte... Ich bin immer noch ein Sowjetbürger. Ich bin sicher, dass viele meiner Kollegen in Russland meine Gefühle teilen, der einzige Unterschied ist, dass sie nicht in der Lage sind, gegen ihre Versklavung zu protestieren."

Die meisten Kommunisten setzen sich für die Schaffung einer Internationalen der Sozialistischen Sowjetrepubliken ein. Mit anderen Worten, sie sind der Meinung, dass sie nur durch die Anwendung revolutionärer Methoden den Würgegriff des egoistischen Kapitalismus rasch zerstören und die politische Macht in die Hände der Arbeiter legen können. Nur wenige Parteimitglieder sind sich darüber im Klaren, dass sie sich in einen Zustand der Sklaverei hineinarbeiten, aus dem es keine Hoffnung auf ein Entkommen gibt.[173]

---

[173] Mr. Hyde und andere, die sich von der kommunistischen Partei losgesagt haben, scheinen noch nicht einmal zu erkennen, dass sie nur Werkzeuge waren, um die Pläne der Illuminaten voranzutreiben.

Kapitel 16

Die Ereignisse im Vorfeld des Zweiten Weltkriegs

Es wurde erzählt, wie die internationalen Bankiers es Deutschland ermöglichten, mit Hilfe von Stalin heimlich aufzurüsten, trotz der durch den Versailler Vertrag auferlegten Beschränkungen. Um zu verstehen, was in Deutschland geschah, um Hitler an die Macht zu bringen, muss man die politischen Intrigen kennen, die zwischen 1924 und 1934 abliefen. Die „Geheimmächte" haben schon immer ihre Agenten beauftragt, die Bevölkerung von Ländern zu spalten. Sie planen die Unterwerfung in viele religiöse, wirtschaftliche, politische, soziale und arbeitsrechtliche Gruppen. Ihre Agenten spalten dann die verschiedenen Gruppen in so viele Fraktionen wie möglich. Ihr Motto lautet: „Vereint stehen wir. Geteilt fallen sie".

Die meisten deutschen Bürger, mit Ausnahme der Kommunisten, waren sich in den folgenden Punkten einig: Dass Deutschland den Krieg gewonnen hatte, als es erst verraten und dann geschädigt worden war. Dass die nationalen Geldverleiher die sogenannten Demokratien Großbritanniens, Frankreichs und der Vereinigten Staaten benutzt hatten, um die deutschen Streitkräfte zu besiegen. Dass die jüdisch geführte Kommunistische Partei den internationalen Bankiers geholfen hat, indem sie die chaotischen Bedingungen herbeiführte, die der Unterzeichnung des Waffenstillstands und der darauf folgenden Revolution vorausgingen. Sie sind sich einig, dass jeder patriotische deutsche Mann und jede patriotische deutsche Frau alles tun sollte, um das Nachkriegsdeutschland aufzubauen und den wirtschaftlichen und militärischen Würgegriff zu brechen, der ihrer Nation durch den Versailler Vertrag auferlegt wurde.

Die meisten politischen Führer, mit Ausnahme der Kommunisten, waren sich auch darin einig, dass es zur Befreiung von den wirtschaftlichen Sanktionen, die der Nation auferlegt worden waren, notwendig war, sich von der Abhängigkeit von den internationalen Bankiers in Bezug auf finanzielle Unterstützung in Form von verzinslichen Darlehen zu lösen. Mit anderen Worten, die meisten deutschen Politiker, mit Ausnahme der Kommunisten, waren sich einig, dass Deutschland sich von der Praxis der Finanzierung der nationalen Wirtschaft durch die Aufnahme von Schulden verabschieden sollte, eine Praxis, die England 1694, Frankreich 1790 und den Vereinigten Staaten 1791 von den internationalen Bankiers aufgezwungen worden war. Sie erkannten, dass dieses System zu einer astronomischen Staatsverschuldung geführt hatte, deren Kapital- und Zinszahlungen durch die direkte Besteuerung des Volkes garantiert und gesichert wurden.

Die faschistischen Führer in Deutschland beschlossen, ihr eigenes Geld zu schaffen und ihr nationales Vermögen, wie den Wert ihrer Immobilien, ihr industrielles Potenzial, ihre landwirtschaftliche Produktion, natürliche Ressourcen und die Produktionskapazität der Nation, als Sicherheit zu verwenden.

Das deutsche Volk stellte fest, dass seine Ansichten über die künftige politische und wirtschaftliche Politik im Allgemeinen von den Völkern Italiens, Spaniens und Japans geteilt wurden, und so entstanden DIE ACHSENMÄCHTE und die faschistische Bewegung. Aufgrund ihrer dynamischen Persönlichkeiten wurden Hitler, Mussolini und Franco zu den auserwählten Führern. Die Geschichte beweist, dass diese drei Männer viel dazu beigetragen haben, dass sich ihre Länder von den Folgen der vorangegangenen Revolutionen und Kriege erholen konnten. Die industriellen und landwirtschaftlichen Entwicklungen waren geradezu wundersam. Ihre militärische Aufrüstung wurde durch die geheime Unterstützung der Agenten der Illuminaten ermöglicht, die planten, die faschistischen und kapitalistischen Länder in einen weiteren Weltkrieg zu führen.

Als Hitler und Mussolini an die Macht kamen, vertraten sie eine gemäßigte faschistische Politik, die verlangte, das Unrecht, das ihren Ländern angetan wurde, wiedergutzumachen, den Kommunismus einzudämmen und die Macht der Illuminaten, die das Finanzwesen und die Industrie kontrollierten, zu beschneiden. Doch im Laufe der Zeit gerieten sowohl Hitler als auch Mussolini unter den Einfluss der Führer des harten Kerns der Nazi-Kriegsherren, die behaupteten, der einzige Weg, einen dauerhaften Frieden in der Welt zu schaffen, sei die militärische Eroberung. Die Naziführer überzeugten die obersten

Militärs in Italien und Japan von den Theorien und Plänen, die Karl Ritter im Jahr 1849 vertrat. Franco in Spanien weigerte sich, ihre totalitären Pläne mitzutragen. Sein religiöser Glaube überzeugte ihn, dass eine Ideologie, die die Existenz eines allmächtigen Gottes leugnet, das Werk des Teufels ist.

Die totalitär gesinnten Führer in Deutschland, Italien und Japan waren entschlossen, den Faschismus zu nutzen, um ihre geheimen langfristigen Pläne voranzutreiben, und zwar auf genau dieselbe Weise, wie ihre Gegner, die internationalen Bankiers, den Kommunismus nutzten. Die unmittelbaren Pläne der Kriegsherren bestanden darin, erstens das von Stalin kontrollierte Kaiserreich zu besiegen, zweitens den Kommunismus in Europa auszulöschen, drittens die Kontrolle der Achsenmächte über Kontinentaleuropa zu festigen, viertens in Großbritannien und Frankreich einzumarschieren und die Bevölkerung zu unterwerfen und fünftens in die Vereinigten Staaten einzumarschieren und sie zu erobern, indem sie zwei riesige Zangenbewegungen. Japan sollte Invasionstruppen an der Westküste Mexikos im Süden und in den Nordwest-Territorien im Norden landen. Deutschland sollte im Norden auf dem Luftweg in Kanada eindringen, und die deutsch-italienischen Streitkräfte sollten von Afrika aus den Atlantik überqueren und die USA von Südamerika und dem Golf von Mexiko aus angreifen.

Die nördlichen Invasionstruppen sollten sich an einem Punkt in der Nähe von Chicago treffen und den Mississippi hinunterstoßen, während die Invasionstruppen aus dem Südwesten und dem Südosten bei New Orleans zusammentreffen und den Mississippi hinauf nach Norden stoßen sollten, wodurch das Land in zwei Hälften geteilt wurde. [174]

Mit der Eroberung Großbritanniens und der Vereinigten Staaten planten die Nazis, die in diesen beiden Ländern lebenden Juden zu vernichten, so wie sie die Juden in Europa vernichtet hatten. Die internationalen Bankiers und die von ihnen kontrollierten Großkapitalisten wurden zur

---

[174] Dieser militärische Plan existierte bereits vor 1914 und wurde den alliierten Regierungen, die im Ersten Weltkrieg kämpften, von Geheimdienstoffizieren sowohl der britischen als auch der amerikanischen Streitkräfte gemeldet. Der Plan wird in den Büchern *Hell's Angels of the Deep* und *Check Mate in the North* von W.G. Carr ausführlich erläutert.

sofortigen Liquidierung und zur Beschlagnahmung ihres gesamten Vermögens und ihrer Besitztümer aufgefordert.

Während Hitler vor 1934 inhaftiert war, weil er als persönlicher Feind der Nazi-Kriegsherren und der internationalen Bankiers galt, schrieb er Mein Kampf. Auf der allerletzten Seite erklärte er:

> „Die (nationalsozialistische) Partei als solche steht für ein positives Christentum, bindet sich aber in der Glaubensfrage an kein Bekenntnis. Sie bekämpft den jüdisch-materialistischen Geist in uns und außerhalb von uns."

1933 verkündete Hitler auch seine Politik in Bezug auf Großbritannien. Er wies darauf hin, dass Marx, Lenin und Stalin wiederholt bekräftigt hatten, dass Großbritannien und sein Empire zerstört werden müssten, bevor der internationale Kommunismus seine endgültigen Ziele erreichen könne. Unter diesen Umständen sagte Hitler:

> „Ich bin bereit, das britische Empire mit Gewalt zu verteidigen, wenn ich dazu aufgefordert werde."

Über den Vertrag von Versailles schrieb Hitler:

> „Es war nicht ein britisches Interesse (Absicht), sondern in erster Linie ein jüdisches, Deutschland zu zerstören."

Er schrieb auch:

> „Auch in England findet ein ständiger Kampf zwischen den Vertretern der Interessen der britischen Staaten und der jüdischen Weltdiktatur statt. Während England sich anstrengt, seine Stellung in der Welt zu behaupten, ist der Jude heute in England ein Rebell, und der Kampf gegen die jüdische Weltbedrohung wird auch dort aufgenommen werden."

Hitler wich nie von seiner persönlichen Meinung ab, dass das Überleben Deutschlands als Großmacht von einem Bündnis mit dem britischen Empire abhing.

Im Jahr 1936 leitete er ein Verfahren ein, um dieses Bündnis zustande zu bringen. Er arrangierte inoffizielle Gespräche zwischen deutschen und britischen Diplomaten, und nachdem diese Treffen nicht zu dem von ihm so sehr gewünschten Bündnis geführt hatten, sagte er:

„Kein Opfer wäre zu groß gewesen, um Englands Bündnis zu gewinnen. Es hätte den Verzicht auf unsere Kolonien bedeutet, auf unsere Bedeutung als Seemacht und den Verzicht auf die Einmischung in die britische Industrie durch Konkurrenz."[175]

Er war der Ansicht, dass sich all diese deutschen Zugeständnisse gelohnt hätten, wenn es ihm nur gelungen wäre, das deutsch-britische Bündnis zustande zu bringen. Das Scheitern der britischen Allianz führte dazu, dass er in seinem Widerstand gegen die totalitäre Ideologie, wie sie von den extremen Nazi-Kriegsherren vertreten wurde, nachließ. Das Scheitern der Konferenz überzeugte Hitler davon, dass keine gemäßigte Politik jemals die Kontrolle der internationalen Bankiers über die britische Außenpolitik brechen würde. Widerstrebend begann er einzuräumen, dass Karl Ritter Recht gehabt hatte, als er sagte:

„Die Macht, die die jüdischen Finanziers über den Kommunismus ausüben, muss zerstört werden, ebenso wie die der Mitglieder der weltrevolutionären Bewegung, bevor Frieden und wirtschaftliche Freiheit in der Welt wiederhergestellt werden können."

Der Zweck dieses Buches ist es, die Ereignisse in der Geschichte aufzuzeichnen, die die „Ursachen" lieferten, die zu den „Wirkungen" führten, die wir heute erleben. Wir befassen uns nicht mit den „Rechten" oder „Unrechten" der von Einzelpersonen getroffenen Entscheidungen, außer um selbst zu beurteilen, ob die Entscheidungen den Plan des Teufels förderten oder mit dem Plan Gottes übereinstimmten. Der einzige Wert der Geschichtsforschung besteht darin, zu erfahren, wie und warum in der Vergangenheit Fehler gemacht wurden, damit wir versuchen können, ähnliche Fehler in der Zukunft zu vermeiden.

Im Januar 1936 fand das folgenschwere Treffen über die Möglichkeit eines Bündnisses zwischen Großbritannien und Deutschland statt. Lord Londonderry vertrat die britische Regierung, Göring, Ribbentrop und Hitler die deutsche.

---

[175] Diese und andere Aussagen ähnlicher Art beweisen, dass Hitler den langfristigen Plan der extremen Nazi-Kriegsherren zur Weltherrschaft durch militärische Eroberung nie akzeptiert hatte oder damit einverstanden war.

Ein Kenner dieser Phase der Geschichte informierte mich darüber, dass Herr Göring und Herr von Ribbentrop Lord Londonderry die Geschichte der weltrevolutionären Bewegung erläuterten und dabei auf die detaillierte Forschungsarbeit von Professor Karl Ritter und anderen eingingen. Sie kamen zu dem Schluss, dass der einzige erfolgreiche Weg, eine totalitär ausgerichtete Verschwörung zu bekämpfen, der totale Krieg sei. Sie erklärten Lord Londonderry, dass ihr Plan darin bestehe, alle kommunistisch kontrollierten Länder anzugreifen, die Menschen zu befreien und alle kommunistischen Verräter hinzurichten. Sie behaupteten, der einzige Weg, den Kommunismus auszurotten, sei die Ausrottung der gesamten jüdischen Ethnie.[176] Sie legten massenhaft dokumentierte Beweise vor, die, wie sie behaupteten, authentisch waren, um zu beweisen, dass der Kommunismus von mächtigen, wohlhabenden und einflussreichen Juden organisiert, finanziert und geleitet wurde, die auch geheime Ambitionen organisierten, finanzierten und leiteten, um das messianische Zeitalter herbeizuführen.[177]

Hitler soll versprochen haben, dass er sich weiterhin den extremen totalitären Plänen der Nazi-Kriegsherren widersetzen und seine Aktivitäten gegen den Kommunismus auf Europa beschränken würde, sofern die britische Regierung ein Bündnis mit Deutschland eingehen würde. Als Lord Londonderry erklärte, er bezweifle, dass sich die britische Regierung an einem Plan zur Beseitigung des Kommunismus beteiligen würde, der einen „Völkermord" vorsieht, lenkte Hitler ein. Er sagte, Deutschland würde die Aufgabe allein übernehmen, wenn England ein Abkommen schließen würde, dass die beiden Länder zehn Jahre lang unter keinen Umständen gegeneinander Krieg führen würden. Hitler argumentierte, dass die einzige Möglichkeit für Großbritannien, Frankreich und Russland, die unerträgliche und ruinöse Last der ständig wachsenden Staatsschulden abzuschütteln, darin bestünde, diese abzulehnen und die Geldausgabe wieder in die

---

[176] Wieder einmal zeigt sich ein wütender Antisemitismus, und doch beweist die Geschichte, dass die internationalen Verschwörer jede Ethnie und jeden Glauben benutzt haben, um ihre eigenen geheimen und selbstsüchtigen Ambitionen zu bedienen.

[177] Die meisten dieser Beweise sind in *The Palestine Plot* von B. Jensen wiedergegeben, gedruckt von John McKinley, 11-15 King Street, Perth, Schottland.

Hände der Regierung zu legen, wo sie ursprünglich und rechtmäßig hingehörte.

Hitler soll darauf hingewiesen haben, dass der Zweck seiner nationalsozialistischen Partei... nennen wir sie Faschismus... darin bestand, der Macht und dem Einfluss der internationalen Geldgeber auf nationale und internationale Angelegenheiten sofort und für alle Zeiten ein Ende zu setzen, weil sie jede Nation, die noch behauptete, unabhängig zu sein, immer weiter in ihre Schulden zwangen. Er soll zitiert haben, was Benjamin Disraeli eine seiner Figuren in seinem berühmten Buch *Coningsby* sagen ließ,

> „Du siehst also, lieber Coningsby, die Welt wird von ganz anderen Persönlichkeiten regiert, als es sich diejenigen vorstellen, die nicht hinter den Kulissen stehen."[178]

Göring soll dem Führer den Rücken gestärkt haben, indem er darauf hinwies, dass die Geschichte bewiesen habe, dass die reichen und einflussreichen Juden mit illegalen Methoden und korrupten Praktiken die wirtschaftliche und politische Kontrolle über jedes Land erlangt hätten, in das sie eingedrungen seien.

Herr von Ribbentrop soll Goerings Argumente unterstützt haben, indem er Lord Londonderry daran erinnerte, dass noch 1927/28, als er in Kanada war, die königliche Stevens-Kommission über den kanadischen Zolldienst bewiesen hatte, dass das Land jährlich um über EINHUNDERT MILLIONEN DOLLAR durch Schmuggel und andere Arten von illegalem Verkehr und Handel beraubt wurde, der von einem internationalen Hauptquartier aus organisiert und gesteuert wurde. Er wies darauf hin, dass die dem Königlichen Kommissar vorgelegten Beweise bewiesen hätten, dass Tausende von Staatsbediensteten und Hunderte von Regierungsbeamten, sogar auf Kabinettsebene, „fixiert" wurden, um mit Gangstertum und Zügellosigkeit davonzukommen. Er wies darauf hin, dass das, was in Kanada absolut erwiesen sei, in den Vereinigten Staaten von Amerika zehnmal so schlimm sei. Ribbentrop schlussfolgerte, dass die einzige Möglichkeit, das Chaos zu beseitigen,

---

[178] Das Buch *Coningsby* wurde 1844 veröffentlicht, kurz bevor Karl Marx „Das Kommunistische Manifest" herausgab. Zu dieser Zeit waren mehrere Revolutionen in Planung, die unmittelbar nach dem Erscheinen des Buches von Karl Marx stattfanden.

darin bestand, die dreihundert Männer an der Spitze zu „erwischen",
die „die geheime Macht" waren, die die negativen Kräfte lenkten, deren
verschiedene böse Einflüsse und kriminelle Aktivitäten alle den
langfristigen Plan derjenigen förderten, die die revolutionäre
Weltbewegung leiteten.[179]

Göring soll noch einmal die Rolle der internationalen Bankiers bei der
Herbeiführung, Lenkung und Finanzierung der russischen Revolution
von 1917 Revue passieren lassen, die es ihnen ermöglicht habe, die
widrigen Umstände, die damals in der Welt herrschten, zu schaffen.[180]

Hitler erinnerte Lord Londonderry an die Millionen von Christen, die
seit Oktober 1917 in den kommunisierten Ländern rücksichtslos
abgeschlachtet worden seien, und argumentierte, dass die
Verantwortlichen nichts anderes als internationale Gangster sein
könnten.

Der letzte Diskussionspunkt war die Art und Weise, in der Stalin
angewiesen worden war, Spanien in eine kommunistische Diktatur zu
verwandeln. Das gesamte Muster der internationalen Intrigen wurde
offengelegt. Die Art und Weise, in der Deutschland in die Lage versetzt
wurde, heimlich aufzurüsten: Die Art und Weise, wie die französische
Politik von der großorientalischen Freimaurerei kontrolliert wurde.[181]
Die Art und Weise, in der Großbritannien dazu gebracht wurde,
abzurüsten, während seine potenziellen Feinde wieder aufgerüstet
wurden.

Die Deutschen sind der Meinung, dass die Welt nicht in Frieden und
Wohlstand leben kann, solange die Führer der weltrevolutionären
Bewegung darauf bestehen, Kriege zu schüren, um günstige
Bedingungen für revolutionäre Aktionen zu schaffen. Sowohl der

---

[179] Ribbentrop zitierte offensichtlich aus einem am 14. Dezember 1912 in der Weiner
Freien Presse erschienenen Artikel des verstorbenen Walter Rathenau, in dem er sagte:
„Dreihundert Männer, von denen jeder allen anderen bekannt ist, lenken die Geschicke
des europäischen Kontinents, und sie wählen ihre Nachfolger aus ihrer eigenen
Entourage." Dies sind die Illuminaten.

[180] Die meisten Länder der Welt steckten tief in der wirtschaftlichen Depression.

[181] Hitler schloss alle Großorient-Logen in Deutschland.

internationale Kommunismus als auch der politische Zionismus müssten gestoppt und die Bewegungen sofort beendet werden, sonst sei ein weiterer Krieg unvermeidlich, denn die Geheimmächte, die die Fäden in der Hand hielten, seien entschlossen, ihre Endziele zu erreichen.

Hitler war ein großer Redner, und mein Informant behauptete, er habe die Gespräche mit der Bitte beendet, Lord Londonderry möge nach England zurückkehren und die britische Regierung davon überzeugen, sich dem vorgeschlagenen Bündnis mit Deutschland anzuschließen.

> „weil ich davon überzeugt bin, dass das britische Empire und die römisch-katholische Kirche beides universelle Institutionen sind, deren Fortbestand als Bollwerke für die Erhaltung von Recht und Ordnung in der ganzen Welt in der Zukunft absolut unerlässlich ist".

Was hier über Hitler gesagt wurde, ist der allgemeinen Vorstellung so absolut fremd, dass die folgenden historischen Fakten und Dokumente zitiert werden, um das Gesagte zu untermauern: Lord Londonderry kehrte nach der Konferenz nach London zurück und legte dem britischen Kabinett seinen Bericht vor. Am 21. Februar 1936 schrieb er an Herrn von Ribbentrop. Er bezog sich auf die Gespräche, die er geführt hatte. Der Brief lautet auszugsweise:

> „Sie (Hitler und Göring) vergessen, dass wir hier (in England) seit mehreren Jahrhunderten nicht mehr die Verwüstungen einer Revolution erlebt haben... In Bezug auf die Juden... mögen wir keine Verfolgung, aber dazu kommt noch das materielle Gefühl, dass man es mit einer ungeheuren Kraft zu tun hat, die in der Lage ist, auf die ganze Welt zurückzuschlagen... Es ist möglich, ihre Beteiligung an den meisten dieser internationalen Unruhen nachzuweisen, die in verschiedenen Ländern so viel Unheil angerichtet haben, aber auf der anderen Seite kann man viele Juden finden, die stark auf der anderen Seite stehen und ihr Bestes getan haben, um mit dem Reichtum, der ihnen zur Verfügung steht, und auch durch ihren Einfluss, jenen böswilligen und bösartigen Aktivitäten von Mitjuden entgegenzuwirken."[182]

---

[182] Zitiert aus dem *Evening Standard*, London, vom 28. April 1936. Weitere Einzelheiten zu Lord Londonderrys Gesprächen mit Hitler, Göring und von Ribbentrop

Nachdem Hitler erkannt hatte, dass seine Hoffnungen, ein Bündnis zwischen Deutschland und Großbritannien zustande zu bringen, gescheitert waren, neigte er sich immer weiter nach „rechts". Er war davon überzeugt, dass es für eine Einzelperson, eine Gruppe von Einzelpersonen oder sogar eine einzelne Nation unmöglich war, die Macht und den Einfluss zu brechen, den die internationalen Bankiers aufgrund ihrer finanziellen Kontrolle und der Belastung durch ihre Staatsschulden über die sogenannten demokratischen Nationen ausübten.

Im Juli 1936 brach der Spanische Bürgerkrieg aus und Hitler, Mussolini und Franco rückten näher zusammen. Die Tatsache, dass Franco in Spanien einen Bürgerkrieg hatte anzetteln müssen, um eine kampflose Kommunisierung Spaniens zu verhindern, veranlasste Hitler, seine Grenzen abzurunden und die militärische Macht auf seine Grenzen zu konzentrieren. Er war entschlossen, dafür zu sorgen, dass Stalin, von dem er wusste, dass er nur der Agent der internationalen Bankiers war, die ihn mit der Herrschaft über Russland beauftragt hatten, seine Diktatur nicht auf andere europäische Länder ausdehnen würde. Jeder Schritt, den Hitler in diese Richtung unternahm, wurde von der antifaschistischen Presse als „Angriffshandlung" bezeichnet. Hitler erklärte solche Schritte als „Präventivkriege" oder Besetzungen. Er erklärte, es gehe ihm in erster Linie darum, „zu verhindern", dass Stalin seinen Einflussbereich in Europa auf oder um den 40. Wenn man ihm das erlaube, würden Deutschland, Großbritannien und andere nordeuropäische Länder wie Fliegen in einem Spinnennetz gefangen sein.

Hitler war es nicht nur nicht gelungen, das britische Bündnis zustande zu bringen, sondern er hatte sich auch die Feindschaft der Nazi-Kriegsherren zugezogen, die totalitäre Methoden zur Lösung des sehr komplizierten und gefährlichen Problems befürworteten. Sie wollten kein Bündnis mit England. Sie wollten nicht, dass das Christentum gedeiht. Sie waren mit Hitlers „präventiven" Maßnahmen nicht einverstanden. Sie waren mit nichts einverstanden, was Hitler unternahm, um ihre Pläne für einen „totalen Krieg", zuerst gegen Russland, dann gegen England und Frankreich, zu behindern. Der

---

sind in dem von Lord Londonderry herausgegebenen Buch *Ourselves and Germany* zu finden.

„harte Kern" der heidnischen Nazi-Kriegsherren verlangte, dass Hitler offensiv vorgehen sollte, da dies die beste Verteidigung gegen das allmähliche Vordringen des kommunistischen Untergrunds und der stalinistischen Streitkräfte sei. Als Hitler sich weigerte, diesen Weg mit ihnen zu gehen, beschlossen sie, ihn loszuwerden. Das erste Attentat wurde auf sein Leben verübt. Die Nazi-Kriegsherren versuchten anschließend, die Kontrolle, die er über das deutsche Volk erlangt hatte, zu schwächen.

Sie starteten eine Kampagne, um dem deutschen Volk ihre arisch-heidnische Ideologie zu verkaufen. Sie lehrten die Überlegenheit der arischen Ethnie. Sie befürworteten den Krieg, um die unbestrittene Vorherrschaft des arischen Staates zu errichten. Sie machten es zu einem Grundprinzip, dass alle Männer und Frauen arischen Blutes dem Oberhaupt des arischen Staates uneingeschränkten Gehorsam leisten und keinen Sterblichen als über ihm stehend anerkennen sollten. Diese Kampagne wurde Hitler zugeschrieben, und die antifaschistische Presse in aller Welt schrie zum Himmel, dass Hitler ein Heide und ein totalitär gesinnter Nazi-Kriegsherr im schwarzen Hemd sei. Damit begannen die Auseinandersetzungen zwischen dem katholischen und protestantischen Klerus und dem Staat. Der Klerus verurteilte die Nazi-Ideologie mit der Begründung, dass diejenigen, die sie predigten, die Vergöttlichung des Menschen verkündeten.

Die Naziführer warfen sowohl katholischen als auch protestantischen Geistlichen vor, gegen die Gesetze zu verstoßen und die Autorität des Staates zu missachten. Die römisch-katholischen und protestantischen Bischöfe entgegneten, dass die extremen Lehren der Nazis gegen den göttlichen Schöpfungsplan verstießen. Die Naziführer konterten mit dem Argument, die Kirche habe kein Recht, sich in staatliche Angelegenheiten einzumischen.

Hitler versuchte, den Klerus zu besänftigen, indem er die Großorientalischen Logen verbot, die als Hauptquartiere der arischen Extremisten in ganz Deutschland bekannt waren. Die Naziführer ließen diesen Schritt scheitern, indem sie sie in „Deutsche Ritterorden" umwandelten.

Um eine einheitliche Front gegen den Kommunismus aufrechtzuerhalten, versuchte Hitler, die Nazis zu besänftigen, indem er ein Edikt erließ, wonach jeder Geistliche, der gegen die Gesetze des Staates predigt oder dessen Oberhoheit in Frage stellt, dem vollen

Rechtsweg unterworfen wird und, falls er für schuldig befunden wird, die für solche „Verbrechen" vorgesehenen Strafen erleiden muss. Diese Situation ist ein weiteres Beispiel dafür, wie die Mächte des Bösen zwei mächtige Kräfte spalteten, die einen gemeinsamen Feind bekämpften.

Die antifaschistische Propaganda nutzte die Meinungsverschiedenheiten zwischen Hitler und dem Papst aus. Es stimmt, dass Papst Pius XI. in der Enzyklika vom 14. März 1937 „über die Lage der Kirche in Deutschland" den Nationalsozialismus in unmissverständlichen Worten anprangerte. Er sagte den römischen Katholiken, dass er jedes Wort der Enzyklika mit der Waage der Wahrheit und Klarheit abgewogen habe.

In Bezug auf die nationalsozialistische Vorstellung von der Überlegenheit der arischen Ethnie und der Vorherrschaft des Staates sagte er:

> „Es ist zwar wahr, dass die Ethnie oder das Volk, der Staat oder eine Regierungsform; die Vertreter einer bürgerlichen Macht oder andere grundlegende Elemente der menschlichen Gesellschaft einen wesentlichen und ehrenvollen Platz in der natürlichen Ordnung einnehmen, doch wer sie aus dieser Skala der irdischen Werte herauslöst und sie zur höchsten Form und zum Maßstab aller Dinge, auch der religiösen Werte, erhebt, indem er sie mit götzendienerischer Verehrung vergöttert, der verdreht und verfälscht die von Gott geschaffene und gebildete Ordnung der Dinge und ist weit entfernt vom wahren Glauben an Gott und von einer ihm entsprechenden Lebensauffassung... Unser Gott ist ein persönlicher Gott, transzendent, allmächtig, unendlich, vollkommen. Einer in der Dreifaltigkeit der Personen und drei in der Einheit des göttlichen Wesens; Schöpfer des Universums; Herr; König und Endzweck der Weltgeschichte; der keine andere Gottheit außer Ihm erleidet und niemals erleiden kann... Nur oberflächliche Gemüter können dem Irrtum verfallen, von einem Nationalgott, einer Nationalreligion zu sprechen und törichterweise zu versuchen, jenen Gott, der der Schöpfer der Welt, der König und Gesetzgeber aller Völker ist und vor dessen Größe die Nationen so klein sind wie Wassertropfen in einem Eimer, auf die engen Grenzen einer einzigen Ethnie zu beschränken" (Isaias XL-15).

In einem Hirtenbrief vom 19. August 1938 wandten sich die deutschen Bischöfe entschieden gegen die nationalsozialistische Ideologie. Darin heißt es, dass die Haltung der Nationalsozialisten gegenüber der christlichen Religion in Deutschland in offenem Widerspruch zu den Behauptungen des Führers steht.[183]

> „Es geht nicht nur darum, das Wachstum der katholischen Kirche zu bremsen, sondern das Christentum auszulöschen und an seine Stelle eine Religion zu setzen, die dem christlichen Glauben an den einen wahren Gott völlig fremd ist."

Weiter heißt es in dem Schreiben, das Attentat der Nazis auf den evangelischen Bischof von Rottenburg, Dr. Sproll, beweise eindeutig, dass sich die „Verfolgung" nicht nur gegen die katholische Kirche, sondern gegen die gesamte christliche Idee als solche richte... „Es wird versucht, den christlichen Gott abzuschaffen, um ihn durch einen „deutschen Gott" zu ersetzen. Was bedeutet ein deutscher Gott? Ist er anders als der Gott anderer Völker? Wenn ja, dann muss es für jedes einen eigenen Gott geben.[184]

Was 1936 in Deutschland geschah, ist seitdem auch in anderen Ländern geschehen. Die Führer des „schwarzen" Nationalsozialismus taten sich mit den Führern des „roten" Kommunismus zusammen, um sowohl die christliche Religion als auch das britische Empire anzugreifen. Die totalitär gesinnten Nazi-Kriegsherren weihten ihre Anhänger in die deutschen Großorient-Logen ein, wobei sie die alten heidnischen Riten und Rituale verwendeten, die aus der Zeit stammen, als die barbarischen arischen Stämme und die Hunnen über Europa hinwegfegten. Die totalitär gesinnten Männer, die den internationalen Kommunismus leiten, weihen ihre Führer in die Logen des Großen Orients anderer Länder ein und verwenden dabei die alten kabbalistischen Riten des Illuminismus. Um diese Situation zu verstehen, muss man sich daran erinnern, dass Juden unter keinen Umständen in die deutschen Logen des Großen Orients aufgenommen wurden, seit 1785, als die Papiere, die bei der Leiche des in Regensburg vom Blitz erschlagenen Kuriers der Illuminaten gefunden wurden, von der Polizei an die bayerischen Behörden übergeben wurden und

---

[183] Für den vollständigen Text dieser Briefe lesen Sie *The Rulers of Russia* von Pater Fahey, S. 64-70. 345 Nation und für jedes Volk... Das ist dasselbe wie zu sagen: „Es gibt keinen Gott."

[184] Der einleitende Absatz dieses Schreibens bestätigt die Meinung des Verfassers, dass der Plan der extremen Nationalsozialisten nicht mit Hitlers Plan übereinstimmt.

bewiesen, dass die Logen des Großen Orients in Frankreich als geheimes Hauptquartier der jüdisch inspirierten revolutionären Bewegung benutzt wurden.

Wenn sich komplizierte Situationen wie diese entwickeln, kann man verstehen, warum die römisch-katholische Kirche so entschieden gegen den „schwarzen" Nationalsozialismus Stellung bezogen hat, während sie die weniger extremen Formen des Faschismus, d.h. den Antikommunismus, wie er von Franco in Spanien praktiziert wurde, tolerierte. Es erklärt auch, warum Kardinal Mindszenty mit angeblich faschistischen Führern zusammenarbeitete, die versuchten, die kommunistische Herrschaft in seinem Land zu stürzen.

Franco hat sich stets geweigert, in den Abgrund zu stürzen. Er weigerte sich, den deutschen Nationalsozialismus im Zweiten Weltkrieg zu unterstützen, nur weil die extremen heidnischen Nazi-Kriegsherren in Deutschland allmächtig geworden waren. In Deutschland, Italien, Frankreich, Spanien und Japan sahen sich Millionen von Bürgern,, die friedlich gesinnt und im Grunde ihres Herzens wohltätig waren, vor die Entscheidung gestellt, ob sie aktiv pro-faschistisch oder pro-kommunistisch sein sollten. Sie wurden vor die Qual der Wahl gestellt. In der Regel entschieden sie sich für das geringere Übel. Dementsprechend wurden sie sofort abgestempelt.

Durch teuflische Intrigen wurden die Nationen der Welt auf den Zweiten Weltkrieg vorbereitet. Die russische Diktatur rüstete heimlich die deutschen Armeen auf. Die italienische Diktatur unter Mussolini baute heimlich eine riesige Flotte von U-Booten nach deutschen Vorgaben und Entwürfen. Diese U-Boote wurden während des Spanischen Bürgerkriegs unter den Bedingungen der tatsächlichen Kriegsführung erprobt.

Diese Tests bewiesen, dass die deutschen U-Boote im Jahr 1936 praktisch immun gegen britische U-Boot-Waffen einschließlich Asdic waren. Die britische Regierung wurde über diese Angelegenheit informiert. Kapitän Max Morton, R.N., hatte die Warnungen unterstrichen, indem er alle zum Schutz der britischen Mittelmeerflotte eingesetzten U-Boot-Abwehrvorrichtungen umging, während diese vor Anker lag. Er drang tatsächlich in den bewachten Hafen ein und versenkte theoretisch ein halbes Dutzend kapitaler Schiffe, als diese vor Anker gingen. Diese Tat von Kapitän Max Morton brachte ihm statt Lob und Anerkennung die Verurteilung durch die britischen Civil Sea

Lords ein. Seine Beförderung wurde ausgesetzt, und er wurde zum Schweigen gebracht. Erst 1940 durfte er sich wieder aktiv an den britischen Marineangelegenheiten beteiligen. Als die deutschen U-Boote Großbritannien auszuhungern drohten, wurde er gebeten, die Leitung der Anti-U-Boot-Schlacht im Atlantik zu übernehmen.

Die britische Regierung wurde bereits 1930 gewarnt, dass U-Boote deutscher Bauart tiefer als 500 Fuß getaucht waren und damit alle damals verwendeten Wasserbomben obsolet wurden. Sie wurden gewarnt, dass die damals verwendeten Asdic-Geräte ebenfalls veraltet waren. Aber sie weigerten sich, die Warnungen zu beherzigen. Die Geheimmächte setzten ihre Agenten in der britischen Regierung ein, um das britische Kriegspotential zu schwächen, während sie insgeheim das deutsche stärkten. Als der Krieg ausbrach, hatte Großbritannien kein einziges modernes U-Boot-Begleitschiff in Dienst gestellt. Infolgedessen verlor es 75 Prozent seiner Handelsschiffe, und über 40.000 Seeleute, bevor sich das Blatt im April 1943 zu seinen Gunsten wendete.[185]

Hitler brachte die internationalen Bankiers gegen sich auf, als er seine Finanzpolitik und sein Währungsreformprogramm ankündigte. Er überzeugte Italien, Spanien und Japan, ihn in seiner Entschlossenheit zu unterstützen, die Macht der von den internationalen Bankiers finanzierten und kontrollierten Kartelle und Monopole herauszufordern, insbesondere deren „geistiges Kind", die Bank für Internationalen Zahlungsausgleich. Das Deutsche Reich hob die Klausel in der Verfassung auf, die Dr. Hans Luther, den Präsidenten der Reichsbank, zu einer festen Größe machte. Bis zu dieser Änderung konnte der Präsident der Reichsbank nicht ohne seine eigene Zustimmung und einen Mehrheitsbeschluss des Verwaltungsrats der Bank für Internationalen Zahlungsausgleich abgesetzt werden.

Seit dem Ersten Weltkrieg hatten die internationalen Bankiers sechsundzwanzig Zentralbanken gegründet. Ihr Vorbild waren die Federal Reserve Banks in den Vereinigten Staaten, die 1913 nach den Theorien des Deutschen Paul Warburg gegründet worden waren, der

---

[185] Der Autor hat sowohl den kanadischen Marinestabschef als auch den Ersten Lord der Admiralität und andere Regierungsbeamte persönlich über diesen traurigen Zustand informiert.

1907 nach Amerika gegangen und Partner bei Kuhn-Loeb & Co. in New York geworden war.

Paul Warburgs Schöpfung aus dem Jahr 1913 hatte unablässig versucht, eine „zentrale Bankorganisation" zu schaffen, die keine Autorität auf diesem Planeten als über ihr stehend anerkennen würde. Hitler wusste, dass die Bank für Internationalen Zahlungsausgleich, wenn es nach Warburg und seinen Mitarbeitern ginge, genauso autokratisch werden würde wie die Bank von England in Bezug auf die britischen nationalen Angelegenheiten und die Außenpolitik. Politiker und Staatsmänner sollten glauben, dass dieser Traum der Bankiers das Bankensystem der Welt stabilisieren würde. Mit dieser Behauptung lagen sie absolut richtig. Der Haken an der Sache ist die Tatsache, dass mit der Verwirklichung dieses Traums automatisch jede Hoffnung auf Freiheit und Überfluss für den Einzelnen und die Privatwirtschaft verschwinden würde. Die Bürger der Welt hätten dann die gleiche finanzielle Sicherheit wie der Kriminelle, der hinter Gittern soziale Sicherheit genießt. Gegen diesen Prozess der Herabsetzung der Weltbevölkerung in die finanzielle Sklaverei beschloss Hitler, einen eindeutigen Standpunkt einzunehmen, und er weigerte sich, Deutschland in die Liga der Monopolstaaten aufzunehmen, die insgeheim von Agenten der Illuminaten kontrolliert werden.

Nachdem das Federal Reserve System von Paul Warburg drei Jahre lang, d. h. von 1913 bis 1916, in Betrieb war, fasste Präsident Woodrow Wilson die wirtschaftliche Lage in den Vereinigten Staaten von Amerika wie folgt zusammen:

> „Eine große Industrienation wird durch ihr Kreditsystem kontrolliert. Unser Kreditsystem ist konzentriert. Das Wachstum der Nation und alle unsere Aktivitäten liegen daher in den Händen einiger weniger Männer...

> Wir sind zu einer der am schlechtesten regierten, einer der am stärksten kontrollierten und beherrschten Regierungen in der zivilisierten Welt geworden... nicht mehr eine Regierung durch Überzeugung und die freie Wahl der Mehrheit, sondern eine Regierung durch die Meinung und den Zwang kleiner Gruppen von dominanten Männern."

Das ist es, was die moderne so genannte Demokratie in Wirklichkeit bedeutet.[186]

Als die Länder der westlichen Welt in den 1930er Jahren in die wirtschaftliche Depression stürzten, aus der sie nur ein weiterer Krieg befreien konnte, sagte Präsident Franklin D. Roosevelt:

> „Sechzig Familien in Amerika kontrollieren den Reichtum der Nation... Ein Drittel der Bevölkerung der Nation ist schlecht untergebracht, schlecht ernährt und schlecht gekleidet..." „Zwanzig Prozent der Männer, die an Projekten der W.P.A. arbeiten, sind in einem so fortgeschrittenen Zustand der Unterernährung, dass sie keine Tagesarbeit leisten können... Ich beabsichtige, die Geldwechsler aus dem Tempel zu vertreiben."

Roosevelt wusste, dass nur ein umfassender Weltkrieg den chronischen Zustand der finanziellen Verstopfung, den sie durch den Entzug von Devisen, die Einschränkung von Krediten und andere Finanzmanipulationen auf internationaler Ebene herbeigeführt hatten, beseitigen konnte, wenn es ihm nicht gelang, die internationalen Bankiers aus dem modernen Tempel der internationalen Finanzen zu vertreiben. Sie wurden immer reicher, während alle außerhalb ihres erlesenen Kreises immer ärmer wurden. Doch schon bald war Roosevelt gefügig.

Präsident Roosevelt musste feststellen, dass er die Macht der Illuminaten weder brechen noch eindämmen konnte. Er war gezwungen, sein Land in einen Krieg gegen die einzigen Länder zu führen, die an der Politik festhielten, die er kurz nach seiner Wahl so voreilig angekündigt hatte. Und nachdem er hager und grau geworden war, weil er die Befehle der Männer ausführte, deren Geld und Einfluss ihn in das Amt des Präsidenten der Vereinigten Staaten gebracht hatten, starb er angeblich im Haus des reichsten und mächtigsten Mannes der Vereinigten Staaten... Bernard Baruch... Ein Mann, der über alle anderen erhaben ist, der zumindest in den letzten vierzig Jahren still im Hintergrund gesessen hat, aber als „König" über alle amerikanischen

---

[186] Für weitere Einzelheiten zu den internationalen Finanzen lesen Sie *Wealth, Virtual Wealth and Debt* von Professor Soddy, S. 290 ff. Veröffentlicht von Omnia Veritas Ltd, www.omnia-veritas.com.

Bankiers anerkannt war und zweifellos einer der wenigen Auserwählten war, die in unserer Zeit „die geheime Macht" hinter den Kulissen der internationalen Angelegenheiten waren. Wenn das nicht so wäre, warum besuchen Winston Churchill und sein Sohn ihn dann so oft? Warum hat Winston Churchill unmittelbar nach seinem Besuch bei Bernard Baruch im Jahr 1954 seine folgenschweren Ankündigungen bezüglich seiner Haltung zum politischen Zionismus und zur friedlichen Koexistenz gemacht?

Es ist bedauerlich, aber wahr, dass „Demokratie" heute ein sehr trügerisches Wort ist. Es wird verwendet, um alle Länder zu beschreiben, die in Wirklichkeit ein Paradies für Geldverleiher sind. Die Länder, die heute als „demokratisch" bezeichnet werden, folgen einem von den internationalen Bankiers erdachten Währungssystem, in dem die Währung aus Schulden bei Gruppen von Privatpersonen stammt, die das Preisniveau verschiedener Länder manipulieren und Geld als stabilen Wert verwenden, der den Austausch von REALEM REICHTUM erleichtert. Großbritannien, Frankreich und die Vereinigten Staaten werden nur deshalb als „demokratische" Länder bezeichnet, weil sie durch Schulden bei den internationalen Geldverleihern miteinander verbunden sind. Die kommunistischen Länder bezeichnen sich ebenfalls als „demokratische" Republiken, und sie haben das Recht dazu, solange sie ebenfalls von denselben internationalen Finanzgruppen kontrolliert werden.

Als die Achsenmächte in Europa sich weigerten, sich in den Wucher mit den internationalen Bankiers zu begeben, stellten sie sich in genau dieselbe Kategorie wie der kleine unabhängige Ladenbesitzer im Verhältnis zu den großen Ladenketten, Konzernen und Monopolen. Sie wurden vor die Wahl gestellt, sich der großen „Happy Family" anzuschließen... oder nicht. Weigert sich ein unabhängiger Ladenbesitzer, „das Licht zu sehen", wird er durch systematisch ausgeübten Druck des unlauteren Wettbewerbs aus dem Geschäft gedrängt. Im Falle von Nationen, die sich weigern mitzuspielen, sind sie dazu verdammt, Krieg oder Revolution zu erleiden. Den Nationen, deren Führer sich weigern, sich vor dem Mammon zu verneigen und ihn anzubeten, wird keine Gnade zuteil. Nationen, die sich weigern, sich den Hohepriestern des Mammongottes in Wucher zu unterwerfen, werden nicht berücksichtigt.

Alle müssen den von ihnen geforderten Tribut zahlen... sonst.

Der Zweite Weltkrieg wurde angezettelt, um den Illuminaten die Möglichkeit zu geben, sich endlich von den Schranken der Kaste, des Glaubens und der Vorurteile zu befreien. Ihre Vorstellungen von einer neuen Zivilisation mussten durch *eine* Welt im Krieg aufgebaut werden. Als Beweis für die obige Aussage wird ein Teil der Sendung zitiert, die Sir Anthony Eden am 11. September 1939 an Amerika richtete. Er sagte: „Können wir Europa endlich von den Schranken der Kaste, des Glaubens und der Vorurteile befreien?... Unsere neue Zivilisation muss durch eine Welt im Krieg aufgebaut werden. Aber unsere neue Zivilisation wird genau so aufgebaut werden." Was für ein Schwachsinn. Kriege sind zerstörerisch, nicht konstruktiv.

Seit 1930 hatten informierte und einflussreiche Briten alles in ihrer Macht Stehende getan, um zu verhindern, dass England und seine Verbündeten in einen weiteren Krieg mit Deutschland verwickelt werden. Wie zu erwarten war, wurden alle diese Personen von den antifaschistischen Organisationen als „schwarze", totalitär gesinnte Nazis angegriffen.

Einige der Briten, die sich gegen den Kommunismus - und auch gegen die fortgesetzte Unterordnung der britischen Regierung unter die internationalen Bankiers - wandten, sprachen sich offen für die faschistischen Prinzipien aus, wie sie von Franco und Hitler vertreten wurden. Diese Gruppe wurde von Sir Oswald Mosley angeführt. Andere, zumeist Staatsmänner, Admirale im Ruhestand und Generäle, versuchten im Stillen, Politiker und Regierungsmitglieder über die Ziele der internationalen Intrigen zu informieren.

Die antisemitische Bewegung begann in England Anfang 1921, nachdem Victor E. Marsden aus Russland zurückgekehrt war, wo er von den Bolschewiken inhaftiert worden war. Marsden war seit 1914 als Korrespondent der London Morning Post in Russland tätig. Als Herr Marsden nach England zurückkehrte, war er im Besitz des Dokuments, das Professor Sergei Nilus 1905 auf Russisch unter dem Titel Jewish Peril veröffentlicht hatte. Professor Nilus behauptete, die Originaldokumente stammten von einer Frau, die sie einem wohlhabenden internationalen Juden gestohlen hatte, als dieser in ihre Wohnung zurückkehrte, nachdem er 1901 in Paris vor hochrangigen Führungskräften der Großorient-Logen gesprochen hatte.

Während Herr Marsden die Dokumente übersetzte, erhielt er eine Warnung, dass er sterben würde, wenn er auf der Veröffentlichung des

Buches bestehen würde. Herr Marsden veröffentlichte seine Übersetzung der Dokumente unter dem Titel „Protokolle der Weisen von Zion" und starb einige Jahre später unter verdächtigen Umständen.

Nach der Veröffentlichung des Buches durch die Britons Publishing Society wurde Herr Marsden international als unverhohlener antisemitischer Lügner angeprangert. Das Buch löste eine der größten Kontroversen aus, die die Welt je erlebt hat. Meine eigene Forschungsarbeit hat mich zu der Überzeugung gebracht, dass es sich bei den Dokumenten, die von Professor Nilus 1905 in Russland unter dem Titel Jüdische Gefahr und von Herrn Marsden 1921 in England unter dem Titel Protokolle der Weisen von Zion veröffentlicht wurden, um die langfristigen Pläne der Illuminaten handelt, die Amschel Rothschild 1773 seinen Mitarbeitern in Frankfurt am Main erläutert hat. Rothschild wandte sich nicht an Rabbiner und Älteste. Er wandte sich an Banker, Industrielle, Wissenschaftler, Wirtschaftswissenschaftler usw. *Daher ist es ungerecht, diese teuflische Verschwörung als ein Verbrechen gegen das gesamte jüdische Volk und seine religiösen Führer anzuklagen.* In dieser Meinung werde ich von einem der ranghöchsten Geheimdienstoffiziere im britischen Dienst unterstützt. Er hat die Angelegenheit in Russland, Deutschland und England untersucht.

Dass das Dokument, das Professor Nilus in die Hände fiel, als Material für Vorlesungen zur Unterweisung von Führern der W.R.M. verwendet wurde, kann nicht bezweifelt werden, denn neben dem ursprünglichen Entwurf der Verschwörung gibt es zusätzliche Bemerkungen, die erklären, wie das Komplott in die Tat umgesetzt wurde und wie Darwinismus, Marxismus und Nietzscheismus seit 1773 verwendet wurden. Es wird auch erwähnt, dass man beabsichtigte, den politischen Zionismus zu benutzen, um den Zweck der W.R.M. in der Zukunft zu erfüllen... die Illuminaten.

Der in dem Dokument enthaltene Begriff „Agentur" scheint ein Individuum, eine Gruppe, eine Ethnie, eine Nation, ein Glaubensbekenntnis oder irgendeine andere Organisation zu bezeichnen, die als Werkzeug oder Instrument zur Förderung des langfristigen Plans der Illuminaten für die endgültige Weltherrschaft eingesetzt werden könnte.

Ungeachtet der Herkunft des Dokuments kann niemand, der es gelesen hat, leugnen, dass die Entwicklung des Weltgeschehens seit 1773 bis heute dem in dem Dokument vorgeschlagenen Programm gefolgt ist. Niemand kann anders als erstaunt sein über die tödliche Genauigkeit der in diesem Dokument gemachten Vorhersagen.

Um nur ein krasses Beispiel von vielen zu nennen. Das Dokument beschreibt, wie der Zionismus unterstützt werden soll, um seine Ziele zu erreichen. Theodore Herzl war der Gründer der zionistischen Bewegung. Von ihm ist überliefert, dass er sagte: „Vom ersten Augenblick an, als ich in die zionistische Bewegung eintrat, richtete sich mein Blick nach England, weil ich dort aufgrund der allgemeinen Verhältnisse den archimedischen Punkt sah, an dem der Hebel angesetzt werden konnte." Und weiter:

> Wenn wir untergehen (das „wir" bezieht sich auf die Zionisten), werden wir zum revolutionären Proletariat, zu den untergeordneten Offizieren der revolutionären Partei; wenn wir uns erheben, steigt auch unsere schreckliche Macht des Geldes.[187]

Noch erstaunlicher ist, dass Max Nordau, der im August 1903 auf dem Zionistenkongress in Basel (Schweiz) eine Rede hielt, mit den Worten zitiert wird, das Dokument sei fast zeitgleich mit Professor Nilus in seinen Besitz gelangt:

> „Lassen Sie mich Ihnen die folgenden Worte sagen, als ob ich Ihnen die Sprossen einer Leiter zeigen würde, die nach oben und nach oben führt... Der Zionistenkongress: Der englische Uganda-Vorschlag: Der künftige Weltkrieg: Die Friedenskonferenz, auf der mit Hilfe Englands ein freies und jüdisches Palästina geschaffen werden soll."

Man darf nicht vergessen, dass diese Männer, die herausragende Führer der zionistischen Bewegung waren, wahrscheinlich in aller Aufrichtigkeit gesprochen haben. Die Geschichte beweist jedoch, dass die kleine ausgewählte Gruppe, die in der Vergangenheit die „geheime Macht" hinter der weltrevolutionären Bewegung bildete und immer

---

[187] Theodore Herzl in *A Jewish State* (Judenstaat), zitiert nach S. 45 von *The Palestine Plot* von B. Jensen.

noch bildet, sowohl den Kommunismus als auch den Zionismus benutzt hat, um ihre eigenen egoistischen totalitären Ambitionen zu fördern.

Der Inhalt des von Herrn Marsden übersetzten Dokuments beschreibt die „Parteilinie", wie sie von den bolschewistischen Revolutionsführern unter der Führung von Lenin und Stalin verfolgt wurde, ebenso wie die Politik, die von den Führern der zionistischen Bewegung verfolgt wird. Lord Sydenham las das Dokument und bemerkte dann:

> „Das auffälligste Merkmal... ist ein Wissen von seltener Art, das den weitesten Bereich umfasst... ein Wissen, auf dem die jetzt erfüllten Prophezeiungen beruhen."

Henry Ford studierte dieses Dokument. Er ließ es auch von vielen hervorragenden und gelehrten Männern studieren. Er veröffentlichte ein Buch mit erstaunlichen Enthüllungen, die sich alle zu der Summe summieren, dass das Dokument den Plan detailliert beschreibt, mit dem eine kleine Gruppe internationaler Finanziers den Kommunismus, den Zionismus und alle anderen Agenturen, die sie kontrollieren können, unabhängig davon, ob sie jüdisch oder nichtjüdisch sind, benutzt haben und immer noch benutzen, um ihre eigenen geheimen totalitären Ambitionen zu fördern.

Henry Ford wurde von einem Reporter der New York World zu dem Dokument befragt. Seine Kommentare wurden am 17. Februar 1921 veröffentlicht. Er sagte:

> „Die einzige Aussage, die ich zu den Protokollen machen möchte, ist, dass sie zu dem passen, was gerade vor sich geht. Sie sind sechzehn Jahre alt, und sie haben der Weltlage bis zu diesem Zeitpunkt entsprochen. Sie passen auch jetzt."

Herr Ford gab seine Erklärung vor vierunddreißig Jahren ab, und was er damals sagte, gilt auch heute noch. Dies sollte jedem unvoreingenommenen Menschen beweisen, dass es sich bei dem Dokument um eine echte Kopie des ursprünglich konzipierten Plans handelt, der unter in die Praxis umgesetzt worden ist. Es hat fast den Zweck erreicht, für den es gedacht war.

Man kann sich fragen: „Wie lange wird das Volk einen solchen Zustand noch hinnehmen?" Revolution ist nicht die Antwort. Eine Revolution spielt nur den Mächten des Bösen in die Hände. Nur die empörte Stimme der Massen aller freien Nationen kann darauf bestehen, dass ihre gewählten Vertreter die totalitären Pläne der Geldverleiher beenden, bevor sie ihr Ziel erreichen.

Von 1921 bis 1927 blieb Herr Marsden bei der Morning Post beschäftigt. Er hatte viele Freunde, sich aber auch mächtige Feinde gemacht. Im Jahr 1927 wurde er ausgewählt, den Prince of Wales auf seiner „Tour of the Empire" zu begleiten. Es ist sehr unwahrscheinlich, dass Mr. Marsden diese Gelegenheit nicht nutzte, um Seine Königliche Hoheit über das Dokument und die Art und Weise zu informieren, in der internationale Finanziers in internationale Intrigen und die kommunistische und zionistische Bewegung verwickelt waren. Als der Prinz von Wales von seiner Reise durch das Empire zurückkehrte, war er ein sehr veränderter Mann. Er war nicht länger „ein fröhlicher junger Mann". Er war viel reifer geworden und hatte die ernste Rolle des „Botschafters des guten Willens des britischen Empire" übernommen. Es mag reiner Zufall sein, aber Mr. Marsden, dessen Gesundheitszustand sich während seiner Auslandsreisen stark verbessert hatte, erkrankte plötzlich am Tag nach seiner Rückkehr nach England und starb einige Tage später. Das erinnert an das, was Herr E. Scudder in seinem Buch *The Diamond Necklace* über den Tod von Mirabeau schrieb. „König Ludwig von Frankreich wusste nicht, dass Mirabeau vergiftet worden war". Mirabeau starb, weil er dem König von Frankreich gesagt hatte, wer die wahren Anstifter der Französischen Revolution waren.

Jeder, der das Privileg hatte, den heutigen Herzog von Windsor zu kennen, weiß, wie sehr ihn seine Erlebnisse an der „Front" während des Krieges 1914-1918 geprägt haben. Er bestand darauf, viel Zeit an der Front zu verbringen, um die Truppen anzufeuern und zu ermutigen. Er gewann ihre Bewunderung und Loyalität, und im Gegenzug liebte und respektierte er seine zukünftigen Untertanen, die so gut kämpften und so tapfer starben.

Nach der Rundreise durch das Reich zeigte Seine Königliche Hoheit großes Interesse an sozialen und wirtschaftlichen Problemen. Er besuchte die Kohleabbaugebiete und ging in die Häuser der Bergleute. Er unterhielt sich mit den Bergleuten und ihren Familien über ihre Probleme. Er wollte auf viele der Schnörkel verzichten, die das königliche Zeremoniell belasten. Er besaß die Kühnheit, nicht zuzustimmen, wenn Staatsmänner und Politiker ihm Ratschläge erteilten, von denen er wusste, dass sie nicht fundiert waren. Er wagte es, seine Meinung in Bezug auf auswärtige Angelegenheiten zu äußern.

Er war wachsam und widersetzte sich jeder vorgeschlagenen Regierungspolitik, die den „Geheimmächten" in die Hände spielen und das Land in einen weiteren Krieg führen könnte.

Nachdem er am 20. Januar 1936 zum König proklamiert worden war, nahm er seine Verantwortung noch ernster. Er hatte nicht die Absicht, nur „ein weiterer König" auf dem internationalen Schachbrett zu sein, der nach dem Willen der Mächte hinter dem Thron hin- und hergeschoben werden konnte, bis er in eine Patt- oder Schachmattstellung manövriert worden war. Es war ganz offensichtlich, dass er einen eigenen Willen und Verstand hatte. Ein König mit seinem Wissen und seinen Eigenschaften kann ein ernsthaftes Hindernis für die Männer sein, die entschlossen sind, die Staatsgeschäfte nach ihren Plänen zu führen. Er musste beseitigt werden.

Seitdem er mit Mr. Marsden zusammenarbeitete, war er einer modernen Version von „L'Infamie" ausgesetzt. In einer Verleumdungskampagne wurde angedeutet, dass er „wild" sei und zu unzüchtigem Verhalten neige. Ihm wurde vorgeworfen, er neige zur „Rechten" und stehe in Verbindung mit Sir Oswald Mosleys faschistischer Bewegung.[188]

Als seine Freundschaft mit Mrs. Wally Simpson aufgedeckt wurde, wurde die gesamte Macht der „linken" Presse auf sie losgelassen, und ohne Rücksicht auf seine Position wurden die übelsten Unterstellungen gemacht und die schlimmstmögliche Konstruktion über ihre Beziehung gelegt. Dies war genau die Art von Situation, die seine Feinde nutzen konnten, um ihren eigenen skrupellosen Plan voranzutreiben. Der Premierminister von Großbritannien erhielt seine Befehle. 1936 führte Baldwin sein Mandat in Bezug auf die Abdankung von König Edward VIII. genau so aus, wie die Herren Lloyd George, Churchill und Balfour ihr Mandat in Bezug auf das Palästina-Mandat 1919 ausgeübt hatten.

---

[188] Erst im November 1954 wurde diese alte Verleumdung über die Verbindung des Herzogs von Fenster mit dem Faschismus wieder aufgegriffen. In der Presse wurde er beschuldigt, deutschen Beamten geheime Informationen über alliierte Verteidigungsanlagen und -pläne im Jahr 1936 gegeben zu haben. Dies stritt er energisch ab.

König Edward wurde in eine Lage manövriert, in der er entweder Mrs. Simpson zu seiner „morganatischen" Ehefrau machen und die Liebe und Zuneigung seiner Untertanen verlieren musste, oder er musste abdanken und sie heiraten. Er entschied sich für den einzigen Weg, den ein Gentleman unter diesen Umständen gehen konnte.

Der Leser mag sich fragen, warum das umstrittene Dokument im Jahr 1901 entstanden ist. Die Antwort liegt in der Tatsache, dass die künstlich geschaffene Depression von 1893 günstige Bedingungen für einen Krieg geschaffen hat. Die internationalen Bankiers trafen sich in London, um ihre Position zu festigen und die Details für den Burenkrieg auszuarbeiten. Sie hielten diesen Krieg für notwendig, um die Kontrolle über die afrikanischen Goldfelder und Diamantenminen zu erlangen. Der Jameson Raid fand wie geplant am 1. Januar 1896 statt. Dies führte zum ungerechtfertigtsten Krieg, den die Briten je geführt haben. Winston Churchill begab sich nach Afrika, um als Beobachter zu fungieren. Offiziell war er Kriegsberichterstatter. Über diesen Abschnitt der Geschichte muss noch viel geschrieben werden.

Die Einzelheiten, die zum Spanisch-Amerikanischen Krieg führten, mussten ausgearbeitet werden. Dieser Krieg verschaffte den amerikanischen Bankiers die Kontrolle über die Zuckerproduktion in Kuba. Noch wichtiger waren die Geschäfte, die im Hinblick auf den für 1904 geplanten Krieg zwischen Russland und Japan abgewickelt werden mussten. Dieses Geschäft war sehr kompliziert. Die Dinge mussten so geregelt werden, dass die Rothschilds die Russen finanzierten, während Kuhn-Loeb und Co. aus New York die Japaner finanzierten. Es musste eine Übereinkunft getroffen werden, durch die beide Gruppen Geld verdienten, während das russische Reich geschwächt und für die für 1905 geplante menschewistische Revolution vorbereitet wurde.

Während sich die internationalen Bankiers im Finanzdistrikt von London trafen, trafen sich die Führer der revolutionären Weltbewegung im Elendsviertel der gleichen Stadt. Lenin erhielt seine Befehle. Ihm wurde gesagt, wie er die verschiedenen revolutionären Gruppen leiten sollte, damit deren eigenständiges Handeln die Gesamtpläne der W.R.M.-Leiter nicht ernsthaft beeinträchtigte. Es ist erwiesen, dass die Direktoren des W.R.M. die Leiter der Grand-Orient-Logen in Frankreich und anderen Ländern benutzten, um ihre revolutionären Pläne voranzutreiben. Daher ist es vernünftig anzunehmen, dass ein Agent im Jahr 1900 oder 1901 von London nach Paris geschickt wurde, um die obersten Führungskräfte der Grand-Orient-Logen in Bezug auf die Rolle zu instruieren, die sie spielen sollten, um das vereinbarte Programm von Kriegen und Revolutionen zu verwirklichen, genau so, wie sie den Agenten, der in Regensburg getötet wurde, im Jahr 1785 von Frankfurt nach Paris geschickt hatten. Dies ist nur ein weiteres Beispiel dafür, wie und warum sich die Geschichte wiederholt.

Kapitel 17

Ausbruch des Zweiten Weltkriegs

Nach der Abdankung *von König Edward VIII.* versuchten viele gebildete Briten, darunter Parlamentsmitglieder und pensionierte Marine- und Militäroffiziere hohen Ranges, die Führer der britischen Regierung von der Wahrheit über die „Internationale Banker-Verschwörung" zu überzeugen. Zu ihnen gehörten Kapitän A.H.M. Ramsay und Admiral Sir Barry Domvile, K.B.E., C.B., C.M.G. Kapitän Ramsay wurde am Eton College und am Sandhurst Military College ausgebildet. Er diente von 1914 bis 1916 in Frankreich in der Garde Seiner Majestät, wo er schwer verwundet wurde. Nach der Genesung von seinen Verwundungen wurde er zum Hauptquartier des Regiments ernannt. Später wurde er in das britische Kriegsministerium versetzt. Bis zum Ende des Krieges diente er bei der britischen Kriegsmission in Paris. Er wurde 1931 als Abgeordneter für Midlothian-Peeblesshire ins Parlament gewählt und war in dieser Funktion bis 1945 tätig.

Admiral Sir Barry Domvile hatte eine glänzende Karriere bei der Marine. Er erwarb sich den Ruf, einer der besten Kanonenoffiziere Großbritanniens zu sein.

Er begann seinen Marinedienst 1894 als Mittschiffsmann auf segel- und dampfgetriebenen Kriegsschiffen. Aufgrund seiner Fähigkeiten erhielt er eine beschleunigte Beförderung und wurde 1898 zum Leutnant ernannt. Im Jahr 1906 wurde er mit der Goldmedaille der Royal United Services Institution ausgezeichnet. 1910 wurde er zum Kommandanten von Zerstörern ernannt. Als der Erste Weltkrieg unvermeidlich schien, wurde er zum stellvertretenden Sekretär des Ausschusses für kaiserliche Verteidigung ernannt. Nach Beginn der Feindseligkeiten wurde er zur Harwich Striking Force ernannt, die aus leichten Kreuzern und Zerstörern unter Admiral Sir Reginald Tyrwhitt bestand. Er befehligte sieben Zerstörer und leichte Kreuzer, die alle einen beneidenswerten Ruf als „Kampfschiffe" genossen. Unter wurde er 1917 zum „Flaggenkapitän von Admiral Tyrwhitt ernannt und diente in dieser Funktion bis zum Kriegsende.[189] In der Nachkriegszeit war er u. a. Direktor des Marine-Nachrichtendienstes, Präsident des Royal Naval College in Greenwich und Vizeadmiral als Kommandeur des War College. Er wurde 1936 mit dem Rang eines Volladmirals in den Ruhestand versetzt.

In den Jahren 1920-1923 war er aufgrund seiner besonderen Fähigkeiten und seiner vielfältigen Kriegserfahrungen zunächst stellvertretender Direktor und anschließend Direktor der Abteilung Plan (Politik) des Marinestabs der Admiralität. In dieser Funktion nahm er an einer Reihe von Konferenzen in Paris, Brüssel, Spa, San Remo und an der Washingtoner Marinekonferenz teil.

Beide Ex-Offiziere, der eine in der Armee, der andere in der Marine, vermuteten, dass die bolschewistische Revolution in Russland von Männern geplant, finanziert und geleitet wurde, die die Liquidierung des britischen Empire für unabdingbar hielten, bevor sie die unangefochtene Kontrolle über den Reichtum, die natürlichen Ressourcen und die Arbeitskraft der gesamten Welt erlangen konnten.

Beide Herren haben freimütig zugegeben, dass es ihnen bis 1935 nicht gelungen war, diejenigen zu identifizieren, die die „Geheime Macht" hinter der revolutionären Weltbewegung und dem internationalen Geschehen bildeten.

Aufgrund ihrer Studien und Forschungen kamen sie 1933 zu dem Schluss, dass die Führer des Weltjudentums, angeführt von den internationalen jüdischen Bankiers, die „geheime Macht" hinter der weltrevolutionären Bewegung waren. Sie kamen zu der Überzeugung, dass diese Männer den Reichtum, den sie besaßen, nutzten, um sich genügend Macht zu verschaffen, um das internationale Geschehen so zu beeinflussen, dass die Nationen miteinander in Konflikt gerieten. Sie kamen auch zu dem Schluss, dass das Motiv hinter dem Long Range Plan darin bestand, das messianische Zeitalter zu errichten, damit das internationale Judentum mit einer Zentralregierung in Palästina seine totalitäre Ideologie den Völkern der ganzen Welt aufzwingen konnte. Mit dieser letzten Schlussfolgerung bin ich einverstanden. Wie der

---

[189] Der Autor veröffentlichte die Geschichte der Harwich Striking Force im Jahr 1934 unter dem Titel Brass Hats and Bell-Bottomed Trousers.

Leser weiß, gebe ich zu, dass ich die gleiche Periode, d.h., 1907 bis 1933 im Zweifel und in Ungewissheit, aber 1939 wurde ich nach der Art und Weise, wie die Juden von Stalin in Russland „gesäubert" und dazu benutzt wurden, misslungene Revolutionen in anderen Ländern anzufangen und dann ihrem Schicksal überlassen wurden, davon überzeugt, dass die Männer, die die „geheime Macht" hinter den nationalen und internationalen Angelegenheiten bilden, die Illuminaten waren, die den Zionismus und den Antisemitismus benutzten; Kommunismus und Faschismus, Sozialismus und egoistischer Kapitalismus, um ihre geheimen Pläne für eine Eine-Welt-Regierung voranzutreiben, die sie genau so kontrollieren wollten, wie sie Russland in der Person von Lenin nach dem Oktober 1917 kontrolliert hatten. Eine weltweite Diktatur ist die einzige Regierungsform, die mit Hilfe von Polizeigewalt den Menschen ihre Erlasse aufzwingen und so den Frieden sichern könnte. Wenn es nur EINEN STAAT gibt, der von EINEM DIKATOR regiert wird, kann es keine Kriege geben. Das ist reine Logik, denn um einen Streit, eine Auseinandersetzung, einen Kampf, eine Revolution oder einen Krieg zu haben, muss es notwendigerweise Individuen geben, die gegensätzliche Ideen und Meinungen vertreten, die sie der anderen Partei mit Waffengewalt aufzwingen wollen, wenn Argumente und Verhandlungen fehlschlagen. Darüber hinaus haben mich meine Studien und Nachforschungen davon überzeugt, dass seit der Zeit Christi bis heute die Männer, die die „Geheime Macht" hinter nationalen und internationalen Intrigen sind, ihren Reichtum immer illegal eingesetzt haben, um die Macht und den Einfluss zu erlangen, die sie brauchten, um ihre geheimen Komplotte und Pläne in die Tat umzusetzen. Sie haben Wucher, Bestechung, Korruption, Bestechlichkeit, illegale Verkehrs- und Handelsmethoden, Sklaverei, Attentate, Kriege, Revolutionen, Prostitution, Drogen, Alkohol und jede andere Form der Zügellosigkeit und des Lasters benutzt, um unwillige Menschen zu bestechen, zu erpressen oder auf andere Weise zu zwingen, ihren Willen zu erfüllen. Diese „Werkzeuge", seien sie Juden oder Nichtjuden, Freimaurer oder andere, wurden ausnahmslos auf die eine oder andere Weise liquidiert, wenn sie, nachdem sie ihren Zweck erfüllt hatten, zu viel wussten.

In Anbetracht dieser Tatsachen kam ich zu der Überzeugung, dass die obersten Verschwörer keiner Ethnie oder Nation angehörten; sie waren „Agenten Satans", die seinen Willen taten und seinem Zweck hier auf Erden dienten. Das einzige Ziel des Teufels ist es, die Seelen der Menschen vom allmächtigen Gott wegzulocken. Die Männer von, die

Kriege und Revolutionen planen, haben viel dazu beigetragen, eine gottlose Welt zu schaffen. Diese Überlegungen ermöglichten es mir, das böse Genie dieser Menschen zu verstehen. Sie konnten ihrem totalitären materialistischen Ziel nicht näher kommen, ohne Kriege und Revolutionen zu schüren. Sie mussten zwangsläufig die nach dem göttlichen Schöpfungsplan gegründete Zivilisation zerstören, bevor sie ihre böse totalitäre Ideologie den Völkern der Welt aufzwingen konnten.

Sowohl Kapitän Ramsay als auch Admiral Domvile versuchten von 1936 bis 1939 zu verhindern, dass Großbritannien in einen Krieg mit Deutschland verwickelt wurde, weil sie der Ansicht waren, dass das „internationale Judentum" einen Krieg anzetteln wollte, in dem sich das deutsche und das britische Reich gegenseitig vernichten würden. Die Menschen, die überlebten, konnten danach leicht vom Kommunismus unterworfen werden, genau so, wie Russland kommunisiert worden war.

Ich stimme zu, dass der Zweite Weltkrieg von den Illuminaten angezettelt wurde, die den Antikommunismus, den Antifaschismus, den Antisemitismus und alles andere benutzten, um ihre bösen Langfristpläne und geheimen totalitären Ambitionen voranzutreiben. Ich bin zu dem Schluss gekommen, dass es ein fataler Fehler war, gegen etwas anderes als gegen das Böse zu sein. Ich glaube, dass der einzige Weg, die teuflische internationale Verschwörung zu besiegen, darin besteht, so viele Menschen wie möglich über die Kachelwahrheit aufzuklären und sie davon zu überzeugen, dass sie von diesen bösen Menschen als „Bauern im Spiel" benutzt wurden.

Kapitän Ramsay bemühte sich, Neville Chamberlain davon zu überzeugen, dass es gegen die besten Interessen des Britischen Reiches war, den internationalen Verschwörern zu erlauben, Großbritannien in einen Krieg mit Deutschland zu verwickeln. Er hatte Recht. Er überzeugte den britischen Premierminister zwar nicht, aber er beeindruckte ihn zumindest so sehr, dass er in München einen Kompromiss mit Hitler schloss und nach England zurückkehrte, wobei er überschwänglich seinen berühmten Regenschirm und ein Papier schwenkte, von dem er sagte, es handele sich um ein Abkommen, das „den Frieden in unserer Zeit garantiere".

Unmittelbar nach dieser Ankündigung begann die von den internationalen Bankiers kontrollierte Presse eine antifaschistische

Hasskampagne. Die kontrollierte Presse verdammte Chamberlain als „eine alte Frau, die bereit ist, den Frieden um jeden Preis zu kaufen". Sie verspotteten ihn mit seinem Regenschirm. Sie beschuldigten ihn, pro-faschistisch zu sein. Ihre Agenten in Moskau verbrannten Chamberlains Bildnis auf den öffentlichen Plätzen. Die britische Öffentlichkeit durfte nie den Unterschied zwischen heidnischem, arischem Nazismus und christlichem, antikommunistischem Faschismus erkennen. Der Presse zufolge sind der deutsche und der italienische Faschismus beides schwarzheidnische, atheistische Ideologien mit totalitärer Zielsetzung. Nur wenige Menschen verstehen den Unterschied zwischen Nazismus und Faschismus und Kommunismus und Sozialismus.

Der Platz reicht nicht aus, um alle Einzelheiten der Intrigen aufzuzeichnen, die von der bösen Gruppe in die Tat umgesetzt wurden, die entschlossen war, einen Weg zwischen Großbritannien und Deutschland zu finden. Meiner Meinung nach war Hitlers antisemitische Politik falsch, aber sich Großbritannien und Deutschland gegenseitig an die Gurgel zu gehen, hätte die in Deutschland, Polen und anderen Ländern lebenden Juden nicht vor Verfolgung und Tod retten können. Indem man die Länder in einen Krieg zwang, konnte der antisemitische Hass der Nazis durch direkte Aktionen in ungeheurem Ausmaß an den Juden ausgelassen werden, und zwar mit einer abscheulichen Grausamkeit, wie man sie zuvor nur während einer revolutionären „Schreckensherrschaft" erlebt hatte. Wenn diejenigen, die behaupten, der Weg sei von den internationalen Juden und nicht von den Illuminaten bereitet worden (die sich einen Dreck um die Juden oder irgendjemand anderen scheren), innehalten und nachdenken würden, würden sie erkennen, dass die Verantwortlichen durch das Schüren des Zweiten Weltkriegs viele unschuldige jüdische Menschen zum Tode verurteilt haben, während die meisten jüdischen revolutionären Kommunisten dem Tod entkamen, indem sie „in den Untergrund" gingen und später illegale Einreise nach Palästina, in die USA, nach Kanada und andere Länder erhielten. Hätte der Frieden angehalten, hätten die deutschen antisemitischen Gefühle niemals die Extreme erreichen können, die sie während des Krieges erreicht hatten. Es hätte eine friedliche Lösung für das Problem gefunden werden können. Aber NEIN! Der langfristige Plan der internationalen Illuminaten sah die Zerstörung der Briten, der deutschen Reiche und der *Juden* vor, *die nicht aktiv kommunistisch waren und daher nicht ihre „Werkzeuge" darstellten*

Kapitän Ramsay hatte Neville Chamberlain versprochen, Beweismaterial vorzulegen, das die Existenz einer Verschwörung beweisen sollte, die Großbritannien zur Kriegserklärung an Deutschland zwingen sollte. Dieses Beweismaterial bestand aus geheimen kodierten Kabeln, die zwischen Winston Churchill und Präsident Roosevelt ausgetauscht worden waren, ohne dass Chamberlain, der damalige Premierminister, davon wusste. Captain Ramsay bot an, Kopien dieser Dokumente zu beschaffen, um zu beweisen, dass die internationalen Bankiers entschlossen waren, den Zweiten Weltkrieg herbeizuführen, um den Rest der europäischen Nationen unter kommunistische Kontrolle zu bringen. Die Illuminaten kontrollieren beides.

Tyler Kent war der Codieroffizier, der diese Geheimdokumente in der amerikanischen Botschaft in London codiert und entschlüsselt hatte. Anna Wolkoff war seine Assistentin. Wie Gouzenko fühlten sie sich krank bei dem Gedanken, dass die Welt in einen weiteren globalen Krieg gestürzt werden könnte, um die Ambitionen einiger weniger totalitär gesinnter Männer zu fördern, deren Reichtum sogar Präsidenten und hochrangige Staatsmänner dazu zwang, ihren Willen zu tun. Im Jahr 1938 herrschten die gleichen Bedingungen wie 1919 in Paris vor der Unterzeichnung des Versailler Vertrags.

Tyler Kent wusste wie viele andere Menschen, dass Captain Ramsay einer „internationalen jüdischen Verschwörung" verdächtig war. Er wusste, dass Kapitän Ramsay versuchte, den Krieg zu verhindern. Als Kapitän Ramsay ihm mitteilte, dass Mr. Chamberlain die Umsetzung einer solchen Verschwörung verhindern würde, wenn er authentische Dokumente bekäme, die die Existenz einer solchen internationalen Verschwörung bewiesen, bot Tyler Kent Kapitän Ramsay an, ihm die belastenden Dokumente in seiner Wohnung am Gloucester Place 47 in London zu zeigen.

Die internationalen Verschwörer waren jedoch fleißig gewesen. Im März 1939 hatten sie Mr. Chamberlain dazu gebracht, eine Garantie zum Schutz Polens vor einer deutschen Aggression zu unterzeichnen, indem sie ihm eine Falschmeldung präsentierten, derzufolge Deutschland den Polen ein 48-Stunden-Ultimatum gestellt habe. Tatsache ist, dass die deutsche Regierung kein 48-Stunden-Ultimatum gestellt hat. Die deutsche Note enthielt vernünftige Vorschläge für eine „friedliche" Lösung der durch den Versailler Vertrag geschaffenen Probleme in Bezug auf den polnischen Korridor und Danzig.

Die Geschichte wird beweisen, dass die polnische Regierung die deutsche Note nur deshalb ignorierte, weil Agenten der internationalen Verschwörer ihre führenden Staatsmänner darauf hinwiesen, dass die britische Garantie sie gegen eine deutsche Aggression absichere.

Monat um Monat verging, und Polen ignorierte die deutsche Note weiterhin völlig. Unterdessen beschleunigte die antideutsche Presse ihre Schimpfkanonaden gegen Hitler, weil er es gewagt hatte, der Macht der internationalen Geldbarone zu trotzen. Hitler hatte sich ihren Hass durch seine unabhängige Finanzpolitik und seine Währungsreformen verdient. Der Öffentlichkeit wurde weisgemacht, und mir wurde damals auch weisgemacht, dass man dem Wort Hitlers nicht trauen könne. Nach seinem „Putsch" im Sudetenland wurde der Öffentlichkeit erzählt, Hitler habe gesagt, er „beabsichtige, keine weiteren Forderungen zu stellen." In der Presse wurde der Eindruck erweckt, die deutsche Note an Polen, in der eine „friedliche" Lösung der durch den Versailler Vertrag geschaffenen Probleme vorgeschlagen wurde, sei „eine weitere Forderung" und daher „ein gebrochenes Versprechen".

Die Geschichte beweist, dass dies nicht der Fall war. Hitler hatte gesagt, dass er keine weiteren Forderungen stellen würde, NACHDEM er das Unrecht, das dem deutschen Volk von denjenigen zugefügt wurde, die die Bedingungen des Versailler Vertrags diktiert hatten, beseitigt hatte. Das ist ein Pferd von ganz anderer Farbe. Es ist ein typisches Beispiel dafür, dass eine Halbwahrheit viel gefährlicher ist als eine direkte Lüge.

Hitlers Versprechen war mit Einschränkungen verbunden. Er versprach, keine weiteren Forderungen zu stellen, nachdem die Probleme mit dem Sudetenland, einem Teil der Tschechoslowakei, dem polnischen Korridor und Danzig gelöst worden waren.

Der deutsche Unmut war real und berechtigt. Durch den Versailler Vertrag hatte der Polnische Korridor Ostpreußen vom übrigen Deutschland getrennt. Danzig, eine rein deutsche Stadt, war isoliert worden; die Deutschen, die in dem Gebiet verblieben waren, das als Tschechoslowakei bekannt wurde, waren verfolgt worden; der ausdrückliche Wunsch des österreichischen Volkes, sich mit Deutschland zu vereinigen, um sich gegen kommunistische Aggressionen zu schützen, war abgelehnt worden. Die öffentliche Meinung in der westlichen Welt ist im Allgemeinen so geprägt, dass Frankreich und die Staaten der „Kleinen Entente" für das Beharren auf dieser Politik gegenüber Deutschland verantwortlich gemacht werden. Es lässt sich nicht leugnen, dass die Nachkriegspolitik der alliierten Mächte gegenüber Deutschland in direktem Widerspruch zu den Grundsätzen der „Selbstbestimmung" stand, die von den beteiligten Regierungen im Namen des Volkes, das sie zur Verwaltung seiner Angelegenheiten gewählt hatte, akzeptiert worden waren.

Jeder der nachfolgenden deutschen demokratischen Kanzler hatte versucht, durch diplomatische Verhandlungen Wiedergutmachung zu erreichen, und war gescheitert. Es war ihr Versagen, mit friedlichen Mitteln Gerechtigkeit zu erlangen, das das deutsche Volk beeinflusste, als es Hitler an die Macht putschte. Winston Churchill bezeichnete Hitler als „diese monströse Missgeburt von Lügen und Täuschungen", aber es kann nicht wahrheitsgemäß geleugnet werden, dass Hitler 1939 erneut versuchte, eine friedliche Lösung der durch den polnischen Korridor und Danzig entstandenen Probleme zu arrangieren, als die Agenten der internationalen Verschwörer Premierminister Chamberlain vorgaukelten, Hitler habe der polnischen Regierung ein „Ultimatum" gestellt und seine Armeen zur Unterstützung seiner Forderungen in Stellung gebracht. Dieser Täuschungsversuch veranlasste Chamberlain, der Regierung Seiner Majestät widerwillig zu raten, Deutschland den Krieg zu erklären.

Dies ist eine schwere Anschuldigung, aber ihre Wahrheit und Berechtigung wird durch die Tatsache bewiesen, dass genau dasselbe gegen Ende und unmittelbar nach Ende des Zweiten Weltkriegs noch einmal geschah.

Es wäre lächerlich anzunehmen, dass aufrichtige, christliche Staatsmänner solche Ungerechtigkeiten wie die des Versailler Vertrags wiederholen und verschlimmern könnten. Aber diese Ungerechtigkeiten wurden von den alliierten Mächten durch die Annahme der Politik der bedingungslosen Kapitulation, durch die Annahme des Stalin-Weiß-Morgenthau-Wirtschaftsplans, durch die Teilung Deutschlands, durch die bösen Motive hinter dem deutschen Wiederaufrüstungsplan, durch die Nachkriegskrise mit Frankreich und (wie in einem anderen Kapitel erläutert wird) durch das gefährliche Spiel, das seit dem Ende des Krieges mit Japan zwischen den internationalen Finanzinteressen und den sowjetischen und chinesischen Diktatoren gespielt wird, wiederholt. Jeder unvoreingenommene Mensch muss zugeben, dass es nicht das gemeine Volk der Demokratien ist, das von seinen Regierungen eine solche

Politik des Hasses und der Ungerechtigkeit gegen das deutsche Volk verlangt. Es sind nicht die gewählten Vertreter des Volkes, die sich diese teuflischen Programme der Verfolgung und Irritation ausdenken. Es sind die bösen Mächte hinter den Kulissen der Regierung, die dafür verantwortlich sind. Ihre teuflische Politik beruht auf einer teuflischen Gerissenheit. Sie wissen, dass ein Haus, das mit sich selbst uneins ist, mit Sicherheit fallen muss. Dass Nationen, die gegeneinander entzweit sind, sicher auch unterworfen werden müssen. Je mehr Menschen gezwungen werden, gegeneinander zu kämpfen, desto stärker werden diejenigen, die sich zurücklehnen und sie in die Kriege treiben. Indem wir zulassen, dass diese geheimen Intrigen, Verschwörungen und Planungen weitergehen, erlauben wir den Mächten des Bösen, uns dazu zu bringen, nationalen und rassischen Selbstmord zu begehen.

Als Hitler es leid war, auf die Antwort Polens zu warten und von der alliierten Presse beleidigt zu werden, zog er mit seinen Armeen in Polen ein. Großbritannien erklärte daraufhin gemäß seiner Vereinbarung den Krieg. Der kriminelle Charakter der Ratschläge, die Polen erteilt wurden, wird durch die Tatsache deutlich, dass Großbritannien Deutschland zwar den Krieg erklärt hatte, aber nicht in der Lage war, Polen direkt zu helfen, weder zur See, noch militärisch, noch mit Luftwaffen.

Kein Geringerer als Lord Lothian, der in den letzten Jahren britischer Botschafter in den Vereinigten Staaten war, erklärte in seiner letzten Rede im Chatham House:

> „Wäre das Selbstbestimmungsrecht zu Gunsten Deutschlands angewandt worden, wie es gegen Deutschland angewandt wurde, hätte es die Rückgabe des Sudetenlandes, der Tschechoslowakei, von Teilen Polens, des Polnischen Korridors und Danzigs an das Reich bedeutet."

Man kann davon ausgehen, dass das britische Volk, wenn es die Möglichkeit gehabt hätte, über diese Dinge korrekt informiert zu werden, niemals zugelassen hätte, dass der Krieg erklärt wurde. Aber es war „Krieg", nicht Wahrheit oder Gerechtigkeit, auf den die internationalen Verschwörer aus waren.

Obwohl Großbritannien den Krieg erklärt hatte, weigerte sich Hitler, von der Politik abzuweichen, die er in Mein Kampf gegenüber Großbritannien und seinem Empire dargelegt hatte. Er befahl den Generälen, die das berühmte Panzerkorps befehligten, am 22. Mai 1940 eine Pause einzulegen, obwohl es ein Leichtes gewesen wäre, die britischen Armeen ins Meer zu treiben oder sie zur Kapitulation zu zwingen. Hauptmann Liddell Hart zitiert in seinem Buch *The Other Side of the Hill* Hitlers Telegramm an General von Kleist:

„Die Panzerdivisionen bleiben in mittlerer Artilleriereichweite von Dünkirchen. Die Erlaubnis wird nur für Aufklärungs- und Schutzbewegungen erteilt."

General von Kleist war einer der Deutschen, die mit Hitlers Politik gegenüber Großbritannien nicht einverstanden waren. Er beschloss, den Befehl zu ignorieren. Hauptmann Hart zitiert Von Kleist, wie er ihm nach dem Ereignis sagte.

„Dann kam ein noch nachdrücklicherer Befehl. Mir wurde befohlen, mich hinter den Kanal zurückzuziehen. Meine Panzer wurden dort drei Tage lang aufgehalten."[190]

Als nächstes zitiert Hauptmann Hart ein Gespräch, das zwischen Hitler, Marschall von Runstedt und zwei Mitgliedern seines Stabes stattfand. Laut Marschall von Runstedt

„Hitler verblüffte uns dann, indem er voller Bewunderung über das britische Empire sprach, über die Notwendigkeit seiner Existenz und über die Zivilisation, die Großbritannien in die Welt gebracht hatte... Er verglich das britische Empire mit der katholischen Kirche und sagte, beide seien wesentliche Elemente der Stabilität in der Welt. Er sagte, alles, was er von Großbritannien wolle, sei, dass es Deutschlands Position auf dem Kontinent anerkenne; die Rückgabe von Deutschlands verlorenen Kolonien sei wünschenswert, aber nicht notwendig; und er würde Großbritannien sogar mit Truppen unterstützen, wenn es irgendwo in Schwierigkeiten geraten sollte. Er schloss mit den Worten, dass es sein Ziel sei, mit Großbritannien auf einer Grundlage Frieden zu schließen, die es als mit seiner Ehre vereinbar ansehen würde."

---

[190] Die Rezension von *The Manstein Memoirs* in der *Globe* and *Mail*, Toronto, 1955 bestätigt diese Aussage.

So hatte Großbritannien Zeit, seine Evakuierungskräfte zu organisieren und seine Soldaten aus Dünkirchen nach Hause zu bringen.

Es sei daran erinnert, dass Hitler in den ersten Monaten des Zweiten Weltkriegs Großbritannien nicht bombardiert hat. Solange Neville Chamberlain Premierminister blieb, bombardierte Großbritannien Deutschland nicht. Die kontrollierte Presse nannte es „einen falschen Krieg".

Es liegt auf der Hand, dass zwei große Reiche sich nicht gegenseitig zerstören können, wenn sie nicht kämpfen wollen. Chamberlain wollte nicht in die Offensive gehen, weil er fast überzeugt war, Opfer einer internationalen Intrige zu sein. Winston Churchill war mit allen Befugnissen und Verantwortlichkeiten für alle Marine-, Militär- und Luftoperationen ausgestattet worden. Er beschloss, die Initiative zu ergreifen.

Churchill hatte die Idee zu „The Norway Gamble". An dieser schlecht geplanten und durchgeführten „kombinierten Operation" waren die britische Armee, die Marine und die Luftwaffe beteiligt. Sie war zum Scheitern verurteilt, bevor die Beteiligten überhaupt in Aktion traten. Selbst jemand, der nur über elementare Kenntnisse der Militärstrategie verfügte, hätte erkennen müssen, dass eine solche Operation unmöglich erfolgreich sein konnte, wenn die Invasionskräfte nicht die Kontrolle über das Kattegat und die Skagerrack hatten. Churchill ließ sich von den zuständigen Marinebehörden auf diese Tatsache hinweisen. Churchill ist kein Narr, aber er führte sein Projekt gegen den Willen seiner Marine- und Militärberater durch, genau wie er es getan hatte, als er 1914 die Marinedivisionen zur Rettung Antwerpens schickte und als er 1915 auf der Invasion von Gallipoli bestand. Die Ergebnisse waren bei allen drei „Churchill's Gambles" die gleichen. Keine Erfolge, schwere Rückschläge, außergewöhnlich hohe Verluste und der Verlust von wertvoller Ausrüstung und Material. Das Fiasko von „The Norway Gamble" wurde jedoch nicht Churchill angelastet. Seine Freunde, die „internationalen Geldbarone", nutzten die von ihnen kontrollierte Presse, um ihren Hass, ihre Kritik, ihre Beschimpfungen, ihre Zensur, ihren Sarkasmus und ihre Satire gegen den Premierminister Chamberlain auszuspielen. Sie wollten Chamberlain aus dem Weg räumen, um Winston Churchill an seine Stelle zu setzen und den „falschen Krieg" in einen „Schießkrieg" zu verwandeln.

Diese Propagandakampagne zwang Chamberlain zum Rücktritt, genau wie Herr Asquith 1915 zum Rücktritt gezwungen wurde. So wiederholt sich die Geschichte einmal mehr. Im Mai 1940 schloss sich Churchill erneut mit den Sozialisten zusammen, um eine neue Regierung zu bilden.

J.M. Spaight, C.B., C.B.E., war während des Zweiten Weltkriegs stellvertretender Hauptsekretär des britischen Luftministeriums. In seinem Buch Bombing Vindicated, das 1944 veröffentlicht wurde, enthüllt er, dass die rücksichtslosen Bombenangriffe auf deutsche Städte am 11. Mai 1940 begannen, am Abend des Tages, an dem Winston Churchill Premierminister wurde. Großbritannien begann mit der Bombardierung, und wie zu erwarten war, schlug Deutschland zurück. So wurde der Krieg auf eine zerstörerische Grundlage gestellt.

Herr Spaight enthüllt auch, dass am 2. September 1939, als Chamberlain noch im Amt war, die britische und die französische Regierung erklärt hatten, dass „nur streng militärische Ziele im engsten Sinne des Wortes bombardiert werden" würden. Churchills Politik, offene Städte zu bombardieren, wurde zwar verteidigt, kann aber niemals gerechtfertigt werden.

Es gibt noch einen weiteren Punkt, der nicht allgemein bekannt ist und der erwähnt werden muss. Es ist bekannt, dass viele deutsche Generäle mit Hitlers Politik nicht einverstanden waren. Die Nazi-Kriegsherren wussten, dass sie Hitler aus dem Weg räumen und die von Stalin kontrollierten kommunistischen Diktaturen unterwerfen mussten, bevor sie ihren langfristigen Plan für die Weltherrschaft verwirklichen konnten. Der totale Krieg gegen Großbritannien entsprach nicht ihrem Programm. Der russische Kommunismus und die Juden mussten unterworfen und zerstört werden, bevor sie ihren Angriff nach Westen starten und Großbritannien und die Vereinigten Staaten unterwerfen konnten. Das war der Plan der Nazis, nicht die Politik der Faschisten. Der Plan der Nazis war von internationaler Tragweite. Die faschistische Sache war national.

Im Mai 1941 fand ein geheimes Treffen der Kriegsherren der Nazis statt. Sie beschlossen, die freundliche Politik Hitlers gegenüber Großbritannien zu nutzen, um Großbritannien dazu zu bewegen, den Krieg gegen Deutschland abzubrechen. Rudolf Hess wurde angewiesen, nach Schottland zu fliegen und mit Lord Hamilton und Churchill Kontakt aufzunehmen, damit er versuchen konnte, die britische Regierung zur Unterzeichnung eines Friedensvertrags zu bewegen.

Hess wurde angewiesen, der britischen Regierung mitzuteilen, dass die deutschen Generäle Hitler loswerden und dann ihre gesamte militärische Macht auf die Vernichtung des Kommunismus in Russland und anderen europäischen Ländern konzentrieren würden, wenn sie einen Friedensvertrag unterzeichnen würden. *Hitler wusste nichts von diesem Plan.*

Heß flog nach Schottland, aber Churchill weigerte sich, auf das Angebot von Heß einzugehen. Die deutschen Generäle überredeten Hitler daraufhin zu einer umfassenden Offensive gegen Russland und wiesen darauf hin, dass sie, solange Russland nicht besiegt sei, ihre militärischen Operationen nicht außerhalb Deutschlands ausweiten könnten, ohne das ernsthafte Risiko einzugehen, von Stalin in den Rücken gestoßen zu werden, wenn dieser den richtigen Zeitpunkt für gekommen halte.

Am 22. Juni 1941 überfielen die deutschen Streitkräfte Russland. Großbritannien und die Vereinigten Staaten von Amerika bündelten ihre Ressourcen, um Stalin bei der Niederschlagung der deutschen Streitkräfte zu unterstützen. Schiffskonvois wurden organisiert, um Kriegsmaterial über Murmansk und den Persischen Golf nach Russland zu bringen.[191]

Während der irischen Rebellion war die Sicherheitsvorschrift 18-B per Ratsbeschluss erlassen worden, um der englischen Polizei die Möglichkeit zu geben, Personen, die sie „verdächtigte", Mitglieder der Irisch-Republikanischen Armee zu sein und die Absicht hatten, Belästigungen oder Sabotageakte zu begehen, festzunehmen und zu verhören. Im Jahr 1940 wurde diese Praxis für viele Jahre eingestellt.

---

[191] Ich war zu dieser Zeit einer der kanadischen Marinekontrolloffiziere. Ich hielt es für meine Pflicht, gegen die Politik zu protestieren, mit der Schiffe, die dringend für den Nachschub nach England benötigt wurden, nach Murmansk umgeleitet wurden. Mein Protest wurde ignoriert. Die Schlacht zur Rettung des internationalen Kommunismus hatte begonnen.

Am 23. Mai 1940, in den ersten zwei Wochen von Churchills Premierministerschaft, nutzte er diese überholte Verordnung, um alle prominenten Persönlichkeiten zu verhaften, die versucht hatten, Großbritannien vor September 1939 vor einem Krieg mit Deutschland zu bewahren, und alle, die sich seiner Politik widersetzt hatten, den Scheinkrieg in einen Kampfkrieg zu verwandeln.

Viele Hunderte britischer Staatsbürger wurden verhaftet, ohne dass gegen sie eine Anklage erhoben wurde. Sie wurden ohne Gerichtsverfahren nach der Verordnung 18-B ins Gefängnis geworfen, *die sie der Rechte und Privilegien des Habeas Corpus Act beraubte.* Die Magna Carta wurde ignoriert und lächerlich gemacht.

Diese Massenverhaftungen wurden von der Polizei aufgrund der unbestätigten Aussage von Herbert Morrison vorgenommen, dass er als Staatssekretär,

> „begründeten Anlass zu der Annahme hatte, dass die genannten Personen in letzter Zeit an Handlungen beteiligt waren, die der öffentlichen Sicherheit oder der Verteidigung des Reiches abträglich waren, oder an der Vorbereitung oder Anstiftung zu solchen Handlungen, und dass es deshalb notwendig war, eine Kontrolle über sie auszuüben."

Kapitän Ramsay, Admiral Sir Barry Domvile, ihre Ehefrauen und Freundinnen sowie Hunderte von anderen Bürgern wurden ins Gefängnis von Brixton geworfen. Einige von ihnen wurden bis September 1944 festgehalten.[192] Sie wurden wie Kriminelle behandelt, und zwar weitaus schlechter als Untersuchungshäftlinge.

Unmittelbar vor dieser ungeheuerlichen Aktion derjenigen, die auf Geheiß der internationalen Bankiers handelten, hatte die von den

---

[192] Herr Herbert Morrison besuchte Kanada im November 1954. Er war Hauptredner bei einer Versammlung in Toronto, die dazu diente, Gelder für die Unterstützung des „politischen Zionismus" zu sammeln. Der Autor ist darüber informiert, dass die Regierung der Vereinigten Staaten zugestimmt hat, dass die britischen Behörden Tyler Kent festnehmen und inhaftieren. Diese Maßnahme verstieß gegen alle anerkannten Grundsätze, die für das Personal von Botschaften in anderen Ländern gelten. Die Angelegenheit wurde in den USA erst 1954 wieder zur Sprache gebracht, doch scheint nichts daraus geworden zu sein.

Geldbaronen kontrollierte Presse eine hysterische Propagandakampagne geführt, in der behauptet wurde, Deutschland verfüge über eine starke und gut organisierte Fünfte Kolonne in Großbritannien, die bereit sei, den einmarschierenden deutschen Truppen bei ihrer Landung zu helfen.

Spätere Ermittlungen ergaben, dass der sehr kompetente britische Geheimdienst weder damals noch heute auch nur den geringsten Beweis dafür vorlegen konnte, dass die Verhafteten jemals an einer Verschwörung beteiligt waren.

Es gibt genügend Beweise dafür, dass die neu gebildete britische Regierung unter Churchill angewiesen wurde, diese ungerechte Maßnahme gegen alle prominenten und einflussreichen Personen in Großbritannien zu ergreifen, die ihre Meinung geäußert hatten, dass das „internationale Judentum" den Krieg zwischen Großbritannien und Deutschland gefördert hatte.

Unmittelbar vor den Massenverhaftungen war Frau Nicholson, die Frau von Admiral Nicholson, einem anderen sehr angesehenen britischen Marineoffizier, infolge einer „Verleumdungskampagne" verhaftet worden. Sie hatte öffentlich erklärt, dass sie das Komplott, Großbritannien in einen Krieg mit Deutschland zu verwickeln, für das Werk der internationalen jüdischen Bankiers hielt. Vier Anklagen wurden Frau Nicholson tatsächlich „angehängt". Sie wurde von einem Richter und einer Jury verurteilt. Sie wurde in allen Anklagepunkten freigesprochen. Dieses Vorgehen des Richters und der Geschworenen passte denen nicht, die entschlossen waren, Menschen zu verfolgen, die sich dagegen wehrten, dass die internationalen Bankiers in Großbritannien, Frankreich und Amerika die Geschäfte der Nation führten, um sie in einen weiteren globalen Krieg zu verwickeln. Also wurde die antiquierte Verordnung 18-B eingesetzt, um sie aus dem Weg zu räumen. Der vorgetäuschte Krieg wurde zu einem Kampfkrieg. Das britische und das deutsche Reich wurden geschwächt, während diejenigen, die die Kriege begonnen hatten, ihre Positionen stärkten. Die Illuminaten lachten sich ins Fäustchen.

Trotz der Tatsache, dass Frau Nicholson in Bezug auf die gegen sie erhobenen Anschuldigungen von jeglicher Schuld freigesprochen worden war, *gehörte sie zu denjenigen, die im Mai 1940 gemäß der Verordnung 18-B verhaftet und inhaftiert*

Kapitän Ramsay erzählt in seinem Buch *Der namenlose Krieg* die ganze Geschichte der Ereignisse, die zu seiner Verhaftung und Inhaftierung führten. Admiral Sir Barry Domvile schildert seine Erlebnisse in seinem Buch From Admiral to Cabin Boy. Dies sind Bücher, die jeder lesen sollte, der sich für den Fortbestand der Freiheit interessiert.[193]

Herr Neville Chamberlain starb 1940. Er war körperlich und seelisch erschöpft und kämpfte gegen die „geheimen Mächte", die hinter den Kulissen regieren. So war auch William Pitt gestorben. Aber diejenigen, die mit dem Strom des Illuminismus schwimmen und tun, was man ihnen sagt, leben gewöhnlich bis zu einem „reifen Alter". Sie werden mit irdischen Ehren und weltlichem Reichtum überhäuft. Doch eines ist sicher: Reichtum und Ehre können sie nicht mitnehmen, wenn sie sterben - und nach dem Tod kommt das Gericht.

---

[193] Während ich dieses M.S.S. im Oktober 1954 überarbeitete und redigierte, erhielt ich später einen Brief vom Leiter des Verlags in England, der es gewagt hatte, Admiral Domviles' Buch zu veröffentlichen. In dem Brief hieß es unter anderem: „Die 'bösen Mächte', über die Sie so gut informiert sind, haben die Dinge so schwierig gemacht, dass ich nach mehr als 50 Jahren gezwungen war, das Geschäft aufzugeben."

Kapitel 18

Die gegenwärtigen Gefahren

Durch das Studium der Geschichte es möglich, zukünftige Entwicklungen mit einer gewissen Sicherheit vorherzusagen. Die Geschichte wiederholt sich, weil diejenigen, die die W.R.M. leiten, ihre langfristigen Pläne nicht ändern - sie passen einfach ihre Politik an die modernen Bedingungen an und passen ihre Pläne an, um den Fortschritt der modernen Wissenschaft voll auszunutzen.

Um die heutige internationale Situation zu verstehen, müssen wir uns in Erinnerung rufen, was seit der Errichtung der totalitären Diktatur in Russland durch Lenin im Jahr 1918 geschehen ist. Es ist erwiesen, dass die Diktatur errichtet wurde, um den westlichen Internationalisten die Möglichkeit zu geben, ihre totalitären Ideen und Theorien für eine universelle Diktatur in die Tat umzusetzen. Sie wollten durch den Prozess von Versuch und Irrtum alle Falten ausbügeln.

Als Lenin starb, übernahm Stalin die Macht. Zunächst gehorchte er rücksichtslos dem Diktat der internationalen Bankiers. Er beauftragte Béla Kun mit der Umsetzung ihrer Ideen zur Kollektivierung der landwirtschaftlichen Betriebe in der Ukraine. Als die Bauern sich weigerten, dem Edikt Folge zu leisten, wurden fünf Millionen von ihnen systematisch ausgehungert, indem man ihnen ihr Getreide gewaltsam wegnahm. Dieses Getreide wurde auf den Weltmärkten zu Dumpingpreisen abgesetzt, um die künstlich erzeugte Depression zu verschärfen. Weitere fünf Millionen Bauern und Landwirte wurden zur Zwangsarbeit gezwungen, um dem Rest des unterworfenen Volkes beizubringen, dass der STAAT über allem steht und das Oberhaupt des Staates ihr Gott ist, dessen Erlassen man gehorchen muss.

Erst als Stalin begann, eine große Zahl jüdischer kommunistischer Führer, die zweifellos Marxisten waren, zu beseitigen, wussten Trotzki und andere Revolutionsführer mit Sicherheit, dass er die Illuminaten verlassen und imperialistische Ambitionen entwickelt hatte.

Stalins Vorgehen bei der Revolution in Spanien beunruhigte die westlichen Internationalisten noch mehr, insbesondere als Serges und Maurin nachwiesen, dass Stalin den internationalen Kommunismus benutzte, um seine eigenen geheimen Pläne und imperialistischen Ambitionen zu fördern.

Nachdem Franco den Bürgerkrieg gewonnen hatte, war Stalins Verhalten sehr schwer zu verstehen. Die revolutionären Führer in Kanada und Amerika konnten den drastischen Änderungen der Parteilinie, wie sie ihnen während ihrer Indoktrination in die Marxschen Theorien beigebracht worden waren, einfach nicht folgen. Als Stalin den Nichtangriffspakt mit Hitler unterzeichnete, nachdem das britische *Die gegenwärtigen Gefahren* und das deutsche Reich in den Zweiten Weltkrieg gestürzt worden waren, schien es, als wolle Stalin alles in seiner Macht Stehende tun, um Hitler zu helfen, Westeuropa zu überrennen und die Macht der internationalen Bankiers zu zerstören.

Die Situation sah aus Sicht der internationalen Bankiers so ernst aus, dass sie beschlossen, Stalin zu überreden, seine imperialistischen Ambitionen aufzugeben und sich ihnen im Geiste der friedlichen Koexistenz anzuschließen. Sie versuchten, Stalin davon zu überzeugen, dass es durchaus möglich sei, dass er die östliche Welt mit dem Kommunismus beherrsche, während sie die westliche Welt mit einer Superregierung regierten. Stalin verlangte Beweise für ihre Aufrichtigkeit. Dies war der Beginn der heute viel diskutierten Theorie der friedlichen Koexistenz. Aber eine friedliche Koexistenz zwischen zwei internationalistischen Gruppen oder zwischen Menschen, die an Gott glauben, und solchen, die an den Teufel glauben, ist unmöglich.

In geheimen Gesprächen zwischen Churchill und Roosevelt, die Tyler Kent aufdeckte, wurde vereinbart, dass Chamberlain als Premierminister abgesetzt werden sollte, damit Churchill sein Amt antreten und den „falschen" Krieg in einen „heißen" und schießenden Krieg verwandeln konnte. Sie waren der Ansicht, dass dieser Akt Stalin von der Aufrichtigkeit ihrer Absichten überzeugen würde.

Die Geschichte zeigt, dass Chamberlain im Mai 1940 als Premierminister abgesetzt wurde, ähnlich wie Asquith im Jahr 1913 abgesetzt wurde. Churchill trat sein Amt als Premierminister am 11. Mai 1940 an. Er befahl der R.A.F., noch in der gleichen Nacht mit der Bombardierung deutscher Städte zu beginnen. J.M. Spaight, C.B., C.B.E., war zu dieser Zeit stellvertretender Hauptsekretär im

Luftfahrtministerium. Nach dem Krieg schrieb er ein Buch mit dem Titel Bombing Vindicated. Darin rechtfertigt er Churchills Politik, deutsche Städte und Gemeinden zu bombardieren, mit der Begründung, dies geschehe zur „Rettung der Zivilisation". Der Autor räumt jedoch ein, dass Churchills Befehl einen Bruch des Abkommens darstellte, das Großbritannien und Frankreich am 2. September 1939 geschlossen hatten. An diesem Tag kamen der britische Premierminister und der französische Staatspräsident überein, dass Deutschland wegen Hitlers Einmarsch in Polen der Krieg erklärt werden müsse. Sie kamen auch überein, dass sie deutsche Städte NICHT bombardieren und das deutsche Volk nicht für die Sünden eines einzigen Mannes leiden lassen würden. Die Führer der beiden Regierungen kamen feierlich überein, dass die Bombardierung auf rein militärische Ziele im engsten Sinne des Wortes beschränkt werden sollte.

Seit dem Krieg ist bewiesen, dass der wahre Grund für die Bombardierung deutscher Städte durch Churchill entgegen der Vereinbarung darin lag, dass die westlichen internationalen Bankiers Stalin eine eindeutige Zusicherung geben wollten, dass sie es mit ihrer vorgeschlagenen Politik der friedlichen Koexistenz zwischen dem östlichen Kommunismus und dem westlichen Illuminismus ernst meinten. Die Bombardierung Deutschlands führte zu sofortigen Vergeltungsmaßnahmen, und die britische Bevölkerung wurde einer Tortur ausgesetzt, wie sie seit Anbeginn der Schöpfung noch nie erlebt worden war.

Für den Durchschnittsbürger ist es schwierig, sich vorzustellen, wie tief diejenigen sinken können, die in internationale Intrigen verwickelt sind. Es wird sich zeigen, dass die Illuminaten nicht die Absicht hatten, Stalin die Treue zu halten. Es wird bewiesen werden, dass Stalin nicht die Absicht hatte, ihnen die Treue zu halten. Es wird auch bewiesen werden, dass die Nazi-Kriegsherren, obwohl sie insgeheim entschlossen waren, sowohl den internationalen Kommunismus als auch den internationalen Kapitalismus zu zerschlagen, tatsächlich versuchten, Churchill zu täuschen, damit er glaubte, sie hätten keine geheimen Pläne für die Weltherrschaft durch militärische Eroberung.

Im Frühjahr 1941 beauftragten die Nazi-Kriegsherren, ohne dass Hitler dies wusste, Heß, nach Großbritannien zu fliegen und Churchill mitzuteilen, dass sie ihm garantieren würden, Hitler loszuwerden und anschließend Stalin und den internationalen Kommunismus zu vernichten, wenn er sich bereit erklären würde, den Krieg gegen

Deutschland zu beenden. Nach Rücksprache mit Roosevelt lehnte Churchill das Angebot von Heß ab.

Die Nazi-Kriegsherren versuchten dann, die westlichen Internationalisten von der Aufrichtigkeit ihrer Absichten zu überzeugen, indem sie Hitlers Ermordung anordneten. Der Plan scheiterte und Hitler kam mit dem Leben davon. Als diese Tat die geheimen Auftraggeber Churchill und Roosevelt nicht zu überzeugen vermochte, beschlossen die Nazi-Kriegsherren, zunächst Russland anzugreifen und Stalin zu besiegen, um dann ihre militärischen Kräfte gegen Großbritannien und Amerika zu richten. Sie begannen ihren Angriff auf Russland am 22. Juni 1941. Unmittelbar danach verkündeten sowohl Churchill als auch Roosevelt öffentlich, dass sie ihre jeweiligen Regierungen verpflichteten, Stalin bis an die Grenze ihrer Möglichkeiten zu unterstützen. Der stets dramatische Churchill sagte, er würde dem Teufel selbst die Hand schütteln, wenn er ihm versprechen würde, ihm bei der Vernichtung des deutschen Faschismus zu helfen. Er bezeichnete Hitler als „diese monströse Missgeburt von Lügen und Täuschungen", und doch muss Churchill gewusst haben, dass Hitler trotz aller seiner Fehler kein Internationalist war.

Mit dieser Aktion sollte Stalin von jedem Zweifel befreit werden, den er noch an der Ehrlichkeit der Absichten der westlichen Internationalisten hatte, die Welt in zwei Hälften zu teilen und dann in friedlicher Koexistenz zu leben. Roosevelt und Churchill gewährten Stalin daraufhin unbegrenzte Hilfe. Sie liehen sich astronomische Summen von den internationalen Bankiers und zahlten ihnen Zinsen für die Darlehen. Anschließend verrechneten sie das Kapital und die Zinsen mit den Staatsschulden ihrer beiden Länder, so dass die Steuerzahler den von den Illuminaten angezettelten Krieg bezahlten und führten, während die Bankiers sich zurücklehnten und Hunderte von Millionen Dollar an dem Geschäft verdienten. Diese außerordentliche Großzügigkeit mit dem Blut und dem Geld des Volkes ebnete den Weg für die Treffen, die „DIE GROSSEN DREI" anschließend in Teheran, Jalta und Potsdam abhielten.

Stalin spielte in Teheran ein sehr raffiniertes Spiel. Er machte deutlich, dass er immer noch den Verdacht hegte, die westlichen Internationalisten könnten eher trügerisch als aufrichtig sein. Er tat so, als sei er schwer zu überreden und sehr schwer zu bekommen. Er stellte unverschämte Forderungen. Er verlangte unangemessene Zugeständnisse. Er deutete an, dass er mit diesen Forderungen nur die

Aufrichtigkeit der Männer testen wollte, von denen er aus langer Erfahrung nur zu gut wusste, dass sie die Drahtzieher der internationalen Verschwörung waren. Roosevelt war gut unterrichtet worden. Er gab Stalin alles, was dieser verlangte. Churchill musste mitmachen, um nicht den finanziellen Rückhalt der internationalen Geldgeber und die militärische Unterstützung der Vereinigten Staaten zu verlieren.

Dann kam Jalta. Stalin änderte seine Haltung. Er tat so, als sei er überzeugt worden. Er wurde der perfekte Gastgeber. Churchill und Roosevelt wurden zum Essen und Trinken eingeladen. Stalin löste die Komintern auf. Die Komintern war das Exekutivorgan, das in allen Ländern Revolutionen geplant und durchgeführt hatte. Stalin, Roosevelt und Churchill tranken die Verdammnis auf die Deutschen. Roosevelt versicherte Stalin, dass es nach ihrem Ende nicht mehr genug Deutsche gäbe, um die man sich Sorgen machen müsste, und er soll die Erschießung von 50.000 deutschen Offizieren ohne Gerichtsverfahren befürwortet haben. Die kontrollierte Presse hat nie aufgehört, auf die nationalsozialistische Politik des Völkermords an den Juden hinzuweisen, aber sie hat sich in Bezug auf Roosevelts Politik des Völkermords an den Deutschen seltsam still verhalten. Im Gegenzug für die Auflösung der Komintern machte Roosevelt Stalin weitere Zugeständnisse. Sechshundert Millionen Menschen östlich von Berlin wurden in kommunistische Knechtschaft übergeben.

Churchill willigte in alles ein, was Roosevelt und Stalin taten. Die Geschichte wird beweisen, dass Stalin und Roosevelt auf dem Treffen in Jalta mehrere geheime Treffen hatten, nachdem Churchill zu gut gespeist und getrunken hatte, um seinen Verstand wach zu halten. Roosevelt gab vor, mit Churchill befreundet zu sein, aber nach Aussage seines eigenen Sohnes sagte er oft Dinge und schlug politische Maßnahmen vor, die zeigten, dass er ihn insgeheim mit Verachtung betrachtete.

Nur Churchill kann erklären, WARUM er sich Roosevelts Vorschläge anhören musste, Hongkong an das kommunistische China zu übergeben, um Mao-Tse-Tung zu bestechen, mit den westlichen Internationalisten mitzuspielen. Wie konnte Churchill öffentlich eine so enge und aufrichtige Freundschaft zu Roosevelt bekunden, wenn Roosevelt ständig wiederholte, dass er die Auflösung des britischen Commonwealth für das zukünftige Wohlergehen der menschlichen Ethnie für notwendig hielt? Hitler dachte genau das Gegenteil.

Aber Stalin war niemandes Narr. Er hatte so lange mit den Agenten der internationalen Bankiers zu tun gehabt, dass er ihre geheimsten Gedanken wie ein offenes Buch lesen konnte. Er wusste besser als jeder andere, dass sie den Kommunismus benutzten, um ihre totalitären Ideen voranzutreiben, und so spielte er sie mit ihrem eigenen Spiel aus. In der Endphase des Krieges zwang er die alliierten Armeen zum Halten und Warten, bis seine Armeen Berlin besetzt hatten.

Diese Aussagen werden durch die Existenz eines geheimen Befehls belegt, den Stalin an die Generalstabsoffiziere der sowjetischen Armeen erließ, um seine Politik zu erläutern. Der Befehl ist auf den 16. Februar 1943 datiert. Er lautet wie folgt:

> „Die bürgerlichen Regierungen der westlichen Demokratien, mit denen wir ein Bündnis eingegangen sind, mögen glauben, dass wir es als unsere einzige Aufgabe ansehen, die Faschisten aus unserem Land zu vertreiben. Wir Bolschewiki, und mit uns die Bolschewiki der ganzen Welt, wissen, dass unsere eigentliche Aufgabe erst nach der zweiten Phase des Krieges beginnen wird. Dann wird für uns die dritte Phase beginnen, die für uns die letzte und entscheidende ist... die Phase der Zerstörung des Weltkapitalismus. UNSER EINZIGES ZIEL IST UND BLEIBT DIE WELTREVOLUTION: DIE DIKTATUR DES PROLETARIATS. Wir haben uns auf Bündnisse eingelassen, weil dies notwendig war, um die dritte Phase zu erreichen, aber unsere Wege trennen sich dort, wo unsere jetzigen Verbündeten uns bei der Erreichung unseres Endziels im Wege stehen werden."

Stalin zeigte sein wahres Gesicht erst, nachdem er Berlin eingenommen und Ostdeutschland besetzt hatte. Dann brach er alle Versprechen, die er gegeben hatte. Diese Wendung der Ereignisse wurde aus der Presse herausgehalten, weil weder Roosevelt noch Churchill wollten, dass die Öffentlichkeit unter erfuhr, wie Stalin, der Bankräuber, der Mörder, der internationale Fälscher sich wie eine Decke über sie gelegt hatte.

Die westlichen Internationalisten mussten einfach abwarten. Sie erkannten, dass die kommunistischen Horden über die westliche Welt wie eine Heuschreckenplage hinwegfegen könnten, wenn Stalin und Mao-Tse-Tung sich zusammentun. Sie argumentierten, dass Stalin alt geworden war. Sie wussten, dass er nicht mehr allzu lange zu leben hatte. Es war besser, sich bei ihm einzuschmeicheln, als dass er alles ausplauderte und die ganze teuflische Verschwörung aufdeckte.

Die westlichen Kapitalisten betrachteten Stalins offene Missachtung als eine ernste Angelegenheit, aber sie hatten einen Trumpf im Ärmel. Bevor sie diese Karte ausspielten, wiesen sie Roosevelt an, einen weiteren Versuch zu unternehmen, Stalin wieder auf Linie zu bringen. Roosevelt bot an, Stalin in Bezug auf den Fernen Osten alles zu gewähren, was dieser verlangte, wenn er nur mit den westlichen Kapitalisten mitspielen würde. Die kontrollierte Presse hat hartnäckig berichtet, dass Roosevelt Stalin die Zugeständnisse im Fernen Osten gemacht habe, weil seine Militärberater ihm gesagt hätten, dass es nach dem Zusammenbruch Deutschlands zwei volle Jahre schwerer Kämpfe bedürfe, bevor Japan in die Knie gezwungen werden könne. Diese Lüge ist so offensichtlich, dass es wirklich nicht nötig war, dass General MacArthur Roosevelt direkt anlügt. Die amerikanischen Generäle wussten, dass Japan schon seit geraumer Zeit versucht hatte, einen Frieden auszuhandeln, bevor Roosevelt die Zugeständnisse machte, die er Stalin machte.

Wieder einmal nahm Stalin alles, was er in der Mandschurei ergattern konnte. Wieder hielt er seine Versprechen nicht ein und nahm erneut eine trotzige Haltung ein. Diesmal waren die Mächte hinter der Verwaltung des Weißen Hauses wirklich verärgert. Sie müssen einen Vorschlag gemacht haben, der so teuflisch war, dass er sogar Roosevelt schockierte, denn er erkrankte und starb. Es heißt, er sei im Haus von Bernard Baruch gestorben. Die Berater der US-Regierung beschlossen daraufhin, ihren Trumpf auszuspielen... die Atombombe. Die Atombomben wurden auf Hiroshima und Nagasaki abgeworfen, um Stalin zu zeigen, was auf Russland zukommen würde, wenn er sich nicht fügte. Die Tatsache, dass Amerika über Atombomben verfügte, war geheim gehalten worden. Als sie abgeworfen wurden, war Japan bereits besiegt. Die Kapitulation war nur noch ein paar Tage entfernt. Mehr als hunderttausend Menschen wurden geopfert, und doppelt so viele wurden in Japan verletzt, um Stalin zu beweisen, dass die Vereinigten Staaten tatsächlich über Atombomben verfügten. Es zeigt sich also, dass Churchill die uneingeschränkte Bombardierung Deutschlands anordnete, um Stalin vorzugaukeln, dass die internationalen Kapitalisten Freunde sein wollten, und dann bombardierten die USA Japan mit Atombomben, um ihn zu warnen, dass er besser mitspielen und tun sollte, was ihm gesagt wurde... oder sonst.

Molotow war derjenige, der am besten beurteilen konnte, was in Stalins Gehirn vor sich ging. In der Nachkriegszeit war Molotow

Außenminister der Sowjetunion. Er vertrat den Kreml viele Jahre lang bei den Vereinten Nationen. Molotow heiratete die Tochter von Sam Karp aus Bridgeport, Connecticut. So wurde Molotow zum Bindeglied zwischen dem Kreml und den internationalen Geldgebern der westlichen Welt. Es wurde zuverlässig berichtet, dass Stalin Molotow unmittelbar nach seinem Rückzug aus den Vereinten Nationen ins sibirische Exil schickte. Allein diese Handlungen deuten stark darauf hin, dass Stalin mit den westlichen Kapitalisten gebrochen hatte, die ihm geholfen hatten, in Russland an die Macht zu kommen.

Die Tatsache, dass Tito nach Kriegsende mit Stalin brach, ist ein weiterer Beweis dafür, dass Stalin entschlossen war, sein imperialistisches Programm fortzusetzen. Tito hat sich immer den westlichen Finanziers unterworfen, die ihn mit all dem Geld versorgten, das er brauchte, um sich in seiner jetzigen Position in Mitteleuropa zu etablieren. Churchills Sohn riskierte während des Zweiten Weltkriegs mehr als einmal sein Leben, indem er mit dem Fallschirm über Titos Territorium absprang, um im Namen der Westmächte mit ihm zu verhandeln.

Schließlich starb Stalin oder wurde entsorgt. Er verließ diese Welt mit versiegelten Lippen wie jeder andere Gangster. Die Agenten der westlichen Internationalisten, die sich in Moskau befanden, schlugen sofort nach Stalins Tod zu. Beria und andere vertrauenswürdige Leutnants Stalins wurden beseitigt. Stalins Sohn verschwand spurlos.

Damit das, was in Russland geschah, nicht zu offensichtlich erschien, wurde vereinbart, dass Malenkow nach Stalins Tod vorübergehend die Führung übernehmen sollte. Ihm wurde befohlen, den Großen Stalin zu verunglimpfen, was ihm eine Zeit lang in den Augen des Volkes auch gelang. Dann änderte er seine Taktik. Er erneuerte die freundschaftlichen Beziehungen zum chinesischen Diktator; er begann, sich mit dem russischen Volk anzufreunden; er förderte die Entwicklung eines Geistes des Nationalstolzes. Damit besiegelte er sein eigenes Schicksal.

Die westlichen Internationalisten konterten mit der Forderung nach einer sofortigen Wiederbewaffnung Westdeutschlands. Frankreich war der Stein des Anstoßes. Mendes-France war lange genug an der Macht, um Frankreich dazu zu bringen, das Abkommen zur Wiederbewaffnung Deutschlands zu ratifizieren. Nachdem er seinen Zweck erfüllt hatte, wurde er wie so viele andere auf den Müll geworfen.

Die Situation im Fernen Osten wurde absichtlich verworren dargestellt, aber sie ist nicht schwer zu erklären. Die westlichen Internationalisten hatten in China Freunde, genau wie in Russland, aber Mao-Tse-Tung kann nicht als einer von ihnen betrachtet werden. Er und Stalin hatten sehr ähnliche Vorstellungen von den westlichen Internationalisten. Aber sowohl die östlichen als auch die westlichen totalitär gesinnten Gruppen hatten eines gemeinsam... Sie wollten Chiang-Kai-Shek loswerden.

Unmittelbar nach dem Ende des japanischen Krieges begannen die westlichen Kapitalisten eine Propagandakampagne gegen Chiang-Kai-Shek. Mit dieser Aktion verfolgten sie einen doppelten Zweck. Sie wollten Mao-Tse-Tung beweisen, dass eine Koexistenz mit ihnen möglich war, und gleichzeitig wollten sie den nationalistischen Führer beseitigen. Die Presse beschuldigte die nationalistische Regierung der Korruption, die nationalistischen Generäle der Nachlässigkeit und der mangelnden Disziplin ihrer Truppen, der Plünderung und der öffentlichen Vergewaltigung durch die nationalistischen Truppen. Es ist nur richtig, zuzugeben, dass viele der gegen die Nationalisten erhobenen Anschuldigungen wahr waren.

Die Tatsache, dass sich viele Beamte der nationalistischen Regierung in China als korrupt erwiesen, wurde benutzt, um Großbritanniens Politik der Anerkennung des kommunistischen Regimes zu rechtfertigen. Sie wurde auch von bestimmten Beratern der Vereinigten Staaten als Begründung dafür angeführt, dass Amerika Chiang-Kai-Shek die Unterstützung entziehen sollte. Was der Öffentlichkeit verschwiegen wird, ist die Tatsache, dass nach der Machtübernahme der Kommunisten in China bewiesen wurde, dass die meisten der hohen Beamten, die Chiang-Kai-Shek und seine nationalistische Regierung in Verruf gebracht hatten, kommunistische Zellen waren, die sich in die nationalistische Regierung eingeschlichen hatten, um sie von innen heraus zu zerstören. Diese Behauptung wird durch die Tatsache untermauert, dass viele der nationalistischen Regierungsbeamten, die wegen korrupter Praktiken in die Kritik geraten waren, in das kommunistische Regime aufgenommen wurden und bevorzugte Positionen und beschleunigte Beförderungen erhielten. Pfarrer Leslie Millin aus Toronto, der in dieser Zeit als Missionar in China tätig war, wird für den Wahrheitsgehalt der obigen Aussagen bürgen.

Die Entwicklung der internationalen Angelegenheiten nach 1946 deutet darauf hin, dass Stalin zum Zeitpunkt seines Todes nicht über

Atomwaffen verfügte. Hätte er über Atomwaffen verfügt, hätte er die wichtigsten Städte Kanadas und der Vereinigten Staaten in Schutt und Asche legen können.

Churchill hat seinen Zweck erfüllt, was die internationalen Banker angeht. Er wird alt und ein bisschen lästig. Auch er muss auf den Müllhaufen der Geschichte verbannt werden. Aber Churchill ist von der Propaganda der westlichen Kapitalisten als GROSSER Mann aufgebaut worden. Er ist der Nationalheld des Volkes. Er konnte nicht durch eine Kampagne von *L'Infamie* entsorgt werden. Er konnte nicht aus dem Amt gespottet werden. Mit seltener Gerissenheit verschleierten die westlichen Internationalisten ihre Absichten, indem sie die Presse beauftragten, die größte Hommage zu organisieren, die ein Mensch je geladen hat. An Churchills achtzigstem Geburtstag überhäuften sie ihn mit Geschenken und Ehren. Sie überzeugten die große Mehrheit der Menschen, dass Churchill keinen Feind in der Welt hatte.

Die Ereignisse deuten darauf hin, dass sich sowohl die kommunistischen Diktatoren als auch die westlichen Internationalisten einig waren, dass Churchill ein Hindernis für die Verwirklichung ihrer Pläne sein könnte. Die kommunistischen Diktatoren beschlossen, Aneurin Bevan zu benutzen, um Churchill das Wasser abzugraben. Sie zeigten dies den Kommunisten in der ganzen Welt, als der chinesische Diktator Mao-Tse-Tung Attlee und Bevan bei einem Bankett unterhielt, als diese 1954 China besuchten. Die internationale Presse veröffentlichte Bilder von diesem Bankett.

Es ist unwahrscheinlich, dass einer von einer Million Menschen, außer einem Kommunisten, die Bedeutung dieses Bildes versteht. Attlee wurde am Haupttisch sitzend gezeigt. Bevan wurde ganz unten in der Nähe der Tür platziert. Der allgemeine Eindruck war, dass Attlee der Ehrengast war und dass Bevan in Bezug auf das kommunistische Regime in China und die Sowjets eine sehr geringe Bedeutung zukam. Aber so wird die Öffentlichkeit verwirrt und getäuscht. In China ist es üblich, den Ehrengast am nächsten zur Tür zu setzen.

In Anbetracht der aufgezeichneten Ereignisse kann mit ziemlicher Sicherheit davon ausgegangen werden, dass in naher Zukunft die folgenden Ereignisse eintreten werden.

Erstens. Mit oder ohne sein Wissen werden die kommunistischen Diktatoren Aneurin Bevan dazu benutzen, Churchill zu stürzen, indem sie seine Außenpolitik im Unterhaus angreifen.

Zweitens. Die westlichen Internationalisten werden Bevans Angriffe auf Churchill als Hebel benutzen, um Bevan aus der britischen Labour-Partei und dem Parlament zu entfernen. Gleichzeitig werden sie Churchill loswerden, indem sie die Bevölkerung an seiner Fähigkeit zweifeln lassen, geheime Verhandlungen auf höchster Ebene zu führen, jetzt, da er über achtzig ist. Es ist möglich, dass die westlichen Internationalisten die Geheimdiplomatie gerade so weit abdecken, dass die für den Angriff ausgewählten Personen gerechtfertigt sind. Damit würde die Drohung impliziert, dass sie alles, was in Teheran, Jalta, Potsdam usw. hinter den Kulissen vor sich ging, bekannt machen würden, wenn er nicht in Würde zurücktritt.

Drittens. Es ist sicher, dass Churchill zurücktreten wird, sobald Druck auf ihn ausgeübt wird. Ebenso sicher ist die Vorhersage, dass Bevan nicht zurücktreten wird. Die Chancen stehen hundert zu eins, dass Attlee und Deakin aus der Labour-Partei in Großbritannien austreten oder entfernt werden und dass Bevan die Partei gegen Sir Anthony Eden anführen wird, wenn dieser beschließt, nach der Ablösung Churchills zu den Parlamentswahlen anzutreten.[194]

Viertens. Die Tatsache, dass Roosevelts Sohn einen Einblick in die Tatsache gegeben hat, dass Churchill mit seinem Vater mitspielen musste; und dass er tun musste, was ihm gesagt wurde, und sich sogar öffentlich zu seiner Freundschaft für den Präsidenten bekennen musste, nachdem der Präsident ihm so unhöflich gesagt hatte, dass er die Auflösung des britischen Commonwealth der Nationen befürwortete, ist ein klarer Hinweis auf die Angriffslinie, die die westlichen Internationalisten wählen werden, um das loszuwerden, was so viele Menschen als „den großen alten Mann der britischen Politik" betrachten.

---

[194] Dies wurde vor März 1955 geschrieben.

Das Wichtigste ist, dass wir uns Folgendes merken. Die Nazi-Internationalisten sind im Grunde genommen aus dem Spiel ausgeschieden. Es bleiben zwei totalitär gesinnte Gruppen von Männern übrig: die kommunistischen Diktatoren Russlands und Chinas und die westlichen Kapitalisten oder Internationalisten, je nachdem, wie man sie nennen möchte.

Solange sich beide Gruppen damit zufrieden geben, in friedlicher Koexistenz zu leben, während die Welt praktisch zwischen ihnen aufgeteilt ist, wird ein unruhiger Frieden herrschen. Wenn aber die Führer einer der beiden Seiten entscheiden, dass die Koexistenz eine zu schwache Struktur ist, auf der sie ihre jeweilige Neue Ordnung aufbauen können, wird es Krieg geben.

Der Dritte Weltkrieg wird, wenn er von den kommunistischen Diktatoren des Ostens begonnen wird, ohne jede Vorwarnung beginnen. Ein internationaler Generalstreik wird in allen kapitalistischen Ländern ausgerufen werden. Diese Aktion ist darauf ausgelegt, die bereits erwähnte Lähmung hervorzurufen. Die kommunistischen Flugzeuge werden alle Industriezentren bombardieren, um das Kriegspotential der Vereinigten Staaten und Kanadas auszuschalten und so viele Menschen wie möglich zu töten, um eine rasche Kapitulation und Unterwerfung herbeizuführen. Großbritannien wird wahrscheinlich die gleiche Behandlung erfahren. Nervengas kann in Industriegebieten eingesetzt werden, die der Feind nicht zerstören will. Die sowjetischen Streitkräfte werden die Bergbauregionen im Norden Kanadas von Küste zu Küste besetzen. Die besetzten Gebiete werden als Operationsbasen gegen die südlichen Ziele genutzt werden. Der internationale Generalstreik wird die Schifffahrt in allen Häfen der Welt lahmlegen, so dass die Bevölkerung Großbritanniens nicht mehr beliefert werden kann. Eine Blockade der Britischen Inseln durch sowjetische U-Boote wird jedes Auslaufen verhindern. Die Bevölkerung Großbritanniens wird vier Wochen nach Ausbruch der Feindseligkeiten ausgehungert und gefügig gemacht. Die Mitglieder des kommunistischen Untergrunds in allen Städten der westlichen Welt werden die Zielgebiete unmittelbar vor den Angriffen evakuieren. Die Untergrundarmeen werden zurückkehren und die verwüsteten Gebiete einnehmen, sobald die „Entwarnung" gegeben wurde. Die kommunistische 5. Kolonne wird alle Menschen, deren Namen auf der schwarzen Liste stehen, zusammentreiben und liquidieren. Auf diese Weise wird man die Direktoren der westlichen

Internationalisten viel schneller loswerden, als sie ihre Nazi-Gegner durch die Nürnberger Prozesse losgeworden sind.

Wenn die westlichen Internationalisten jedoch davon überzeugt sind, dass sie von den kommunistischen Diktatoren angegriffen werden, werden sie die westlichen Demokratien in einen weiteren Weltkrieg zwingen, damit sie den ersten Schlag ausführen können. Als Vorspiel zu ihrem Angriff wird die Öffentlichkeit auf die Gefahren des internationalen Kommunismus aufmerksam gemacht werden. Die Gefahr für die christliche Demokratie wird hervorgehoben werden. Die atheistisch-materialistischen Kräfte, die die westliche Welt in wirtschaftlicher Knechtschaft halten, werden zu einem christlichen Kreuzzug aufrufen. Sie werden ihre Atomangriffe auf Russland und China rechtfertigen, so wie Churchill seinen Angriff auf Deutschland gerechtfertigt hat. Sie werden sagen, dies sei notwendig, um unsere Zivilisation zu retten. Aber machen wir uns nichts vor. Unabhängig davon, wie der Fall in der Öffentlichkeit dargestellt wird, bleibt die Tatsache bestehen, dass der Dritte Weltkrieg, wenn man ihn zulässt, ausgetragen wird, um zu entscheiden, ob der östliche Kommunismus die ganze Welt übernimmt oder ob die westlichen Kapitalisten weiterhin die Weltherrschaft innehaben werden.

Wenn der Dritte Weltkrieg zugelassen wird, werden die Verwüstungen so groß sein, dass die Internationalisten weiterhin ihre Behauptung rechtfertigen werden, dass NUR eine Weltregierung, unterstützt durch eine internationale Polizeitruppe, die verschiedenen nationalen und internationalen Probleme ohne weitere Kriege lösen kann. Dieses Argument wird vielen Menschen sehr logisch erscheinen, die die Tatsache übersehen, dass sowohl die kommunistischen Führer im Osten als auch die kapitalistischen Führer im Westen beabsichtigen, letztendlich IHRE Ideen für eine atheistisch-totalitäre Diktatur in die Tat umzusetzen.

Menschen, die FREI bleiben wollen, können nur einen Aktionsplan verfolgen. Sie müssen das Christentum gegen ALLE Formen von Atheismus und Säkularismus unterstützen. Sie müssen private, verantwortungsvolle Unternehmen gegen Kartelle und Konzerne unterstützen. Sie müssen diejenigen unterstützen, die für die „Neue Wirtschaft" eintreten, gegen diejenigen, die mit der alten fortfahren wollen.

Wenn jemand im Zweifel ist, ob etwas richtig oder falsch ist, braucht er oder sie nur die erste Hälfte des Vaterunsers LANGSAM zu rezitieren und über die Bedeutung dieser wunderbaren Worte der Weisheit nachzudenken, um seine oder ihre Unsicherheit zu lösen. „Unser Vater... der Du bist im Himmel... geheiligt werde Dein Name... Dein Reich komme... Dein Wille geschehe... wie im Himmel so auf Erden." Es braucht nicht mehr als ein paar Minuten, um zu entscheiden, ob eine Handlung, die individuell oder kollektiv ausgeführt wird, dem Willen Gottes entspricht oder die Machenschaften des Teufels fördert.

Wenn wir die zukünftigen Generationen vor dem Schicksal bewahren wollen, das ihnen von den Mächten des Bösen bereitet wird, müssen wir SOFORT HANDELN... WIR HABEN KEINE ZEIT ZU VERLIEREN. Der Leser mag sich fragen: „Aber was müssen wir tun?"

Das ist eine sehr gute Frage. Wenn die Antwort nicht gegeben würde, gäbe es keine Rechtfertigung für die Veröffentlichung dieses Buches. Viel zu viele Männer verbringen viel Zeit damit, dies und jenes zu verdammen. Sie sind gegen dies und gegen das. Aber nur sehr wenige Redner oder Autoren, die eine Idee, eine Organisation oder eine Bewegung verurteilen, bieten praktische Lösungen für die Probleme an oder machen Vorschläge, um die aufgedeckten Übel zu beseitigen.

ERSTENS: Wir müssen als Einzelne die damit verbundenen geistigen Probleme erkennen. Wieder einmal gibt uns die Heilige Schrift Ratschläge, wie wir dieses Ziel erreichen können. Epheser 6. Kapitel, 10. bis 17. Vers, sagt uns „Brüder, seid gestärkt in dem Herrn und in der Gesamtheit seiner Kraft. Zieht die Waffenrüstung Gottes an, damit ihr gegen die List des Teufels bestehen könnt. Denn unser Ringen ist nicht gegen Fleisch und Blut, sondern gegen Fürstentümer und Mächte, gegen die Weltbeherrscher dieser Finsternis, gegen die geistlichen Mächte der Bosheit in der Höhe. Darum nehmt die Waffenrüstung Gottes an, damit ihr dem bösen Tag widerstehen könnt und in alle Dinge vollkommen stehen. So steht nun, indem ihr eure Lenden mit der WAHRHEIT umgürtet und den Brustpanzer der Gerechtigkeit anlegt und eure Füße mit der Bereitschaft des Evangeliums des Friedens beschuht, in allen Dingen den Schild des Glaubens auf, mit dem ihr alle feurigen Pfeile des Bösen auszulöschen vermögt. Und nehmt den Helm des Heils und das Schwert des Geistes, das ist das WORT GOTTES."

ZWEITENS: Wir müssen praktische Schritte unternehmen und verfassungsmäßige Mittel einsetzen, um der Bedrohung sowohl durch den internationalen Kommunismus als auch durch den internationalen Kapitalismus und alle anderen subversiven Ideologien entgegenzuwirken, die versuchen könnten, die WAHRE christliche Demokratie zu zerstören. Um den Auftrag des obigen Evangeliums zu erfüllen, müssen wir folgende Dinge tun:

A. *Fordern Sie Währungsreformen*: Da Egoismus, Habgier und Machtstreben die Wurzeln allen Übels sind, ist es nur logisch, dass verfassungsmäßige Mittel eingesetzt werden, um den Führern aller atheistisch-materialistischen Gruppen, die sie den Regierungen des Volkes entrissen haben, ihren Reichtum wegzunehmen und ihre Macht zu beschneiden. Da dies die WAHRHEIT ist, haben die Steuerzahler das Recht, von ihren gewählten Regierungen zu verlangen, dass sie das an ihnen begangene Unrecht wiedergutmachen, dass sie allen Formen des Wuchers ein Ende setzen und dass sie ihren Finanzministerien den Betrag der Kredite zurückzahlen, die im letzten Jahrhundert aufgenommen wurden, um Kriege zu führen, die angezettelt wurden, um die Interessen derjenigen zu fördern, die das Geld geliehen und Zinsen auf diese Kredite erhoben haben. Wenn dieser Rat befolgt wird, wird das Proletariat die wahre Demokratie wiederhergestellt haben, und die sowjetischen und chinesischen Diktatoren hätten keinen Vorwand mehr, ihre imperialistischen Ambitionen unter dem Deckmantel des Antikapitalismus zu verschleiern.

B. *Monetäre Kontrolle*: Die Wähler müssen darauf bestehen, dass die Ausgabe von Geld und die Kontrolle darüber wieder in die Hände der Regierung gelegt wird, wo sie rechtmäßig hingehört. Mit Regierung ist das oberste Exekutivorgan gemeint, das aus den gewählten Vertretern ausgewählt wird, weil sie qualifiziert sind, die Angelegenheiten der Nation effizient und geschäftsmäßig zu führen und ihre Entscheidungen auf demokratische Gerechtigkeit und christliche Nächstenliebe zu stützen.

C. *Strafrechtliche Maßnahmen*: Die Wähler können mit Recht fordern, dass alle, die sich der Korruption und der Bestechung schuldig gemacht haben, mit schweren Strafen belegt werden, denn diese beiden üblen Praktiken sind die wichtigsten Mittel, die von den Vertretern aller revolutionären Organisationen eingesetzt werden, um andere zu unterwandern oder zu zwingen, ihren Willen zu tun. Alle umstürzlerischen Organisationen müssen verboten werden, und alle Personen, die nachweislich Mitglieder sind, müssen mit den gesetzlich vorgesehenen Strafen belegt werden. Diejenigen, die den gewaltsamen

Umsturz der verfassungsmäßigen Regierung befürworten, tun dies, um sich Reichtum und Macht anzueignen, ohne dafür arbeiten zu müssen. Ihre Strafe sollte daher darin bestehen, körperliche Arbeit und/oder öffentliche Dienste zu leisten. Ihre Arbeitszeit sollte um 25 Prozent über die gewerkschaftlichen Grenzen hinaus verlängert werden, und ihr Lohn sollte 25 Prozent unter den gewerkschaftlichen Tarifen liegen. Die Dauer ihrer Inhaftierung sollte sich danach richten, inwieweit sie sich von ihrer negativen Haltung gegenüber der Gesellschaft und der Religion bessern.

D. *Diplomatische Verhandlungen*: Da die Agenten der internationalen Verschwörung immer hinter den Kulissen der Regierung arbeiten und immer geheime Treffen und Diplomatie nutzen, um ihre eigenen Pläne und Ambitionen zu fördern, sollten geheime Verhandlungen unter keinen Umständen erlaubt sein. Wenn die Regierung „vom Volk, durch das Volk, für das Volk" sein soll, dann hat das Volk jedes Recht, jedes Detail der Vorgänge zu kennen.

E. *Christlicher Kreuzzug*: Laien aller christlichen Konfessionen sollten sich im Namen Gottes zusammentun, um Bigotterie und Missverständnissen ein Ende zu setzen, die es antichristlichen Ideologien ermöglichen, die Christen zu spalten und gegeneinander aufzuhetzen.

Das Haus, das in sich selbst gespalten ist, muss fallen. Der Kreuzzug sollte mit dem Ziel organisiert werden, die Öffentlichkeit über die Methoden derjenigen aufzuklären, die atheistisch-materialistische Ideologien leiten. Besonderes Augenmerk sollte darauf gelegt werden, die Jugend unserer Nationen für die Bewegung zu interessieren, damit sie vor den subversiven Aktionen der Agenten der Verschwörer geschützt werden kann. Die Kreuzfahrer sollten darin geschult werden, eine POSITIVE Haltung einzunehmen, wenn sie mit denen zu tun haben, die sich entweder freiwillig oder aus Unwissenheit subversiven Organisationen angeschlossen haben. Personen zu beschimpfen, zu verprügeln und zu verurteilen erhöht nur ihren Widerstand und macht sie noch unsozialer.

Indem er zunächst ihr Vertrauen gewinnt, kann der Kreuzritter ihnen beweisen, dass die Führer aller atheistisch-materialistischen Ideologien andere nur als „Bauern im Spiel" benutzen, um ihre geheimen Pläne und Ambitionen zu fördern. Sobald eine Person davon überzeugt ist, dass sie auf den Müll geworfen wird, sobald die Leiter ihrer Bewegung der Meinung sind, dass sie nicht mehr von Nutzen ist, wird dies ihren Stolz verletzen und sie dazu bringen, über die Weisheit ihres Verhaltens nachzudenken. Hat man erst einmal Zweifel in ihnen geweckt, kann man sie überzeugen, indem man sie mit geeigneter Literatur zu diesem Thema versorgt. Um diesen Bedarf zu decken wurde Pawns In The Game veröffentlicht. Eine religiöse Erweckung unter den Mitgliedern aller christlichen Konfessionen ist unerlässlich, um das Denken der Menschen in Bezug auf die Werte und die Bedeutung, die sie weltlichen Besitztümern beimessen, zu ändern. Die Herzen der Menschen müssen der Liebe zum allmächtigen Gott zugewandt werden. Wir müssen wieder lernen, wirkliche Freude daran zu haben, ihm zu dienen und seinen heiligen Willen zu erfüllen. Die Nationale Föderation Christlicher Laien wurde gegründet, um diese Idee in die Tat umzusetzen.

F. *Vereinte Nationen*: Da die Verfassung der Vereinten Nationen in diesem Jahr zur Revision ansteht, werden möglicherweise Änderungen empfohlen. Es ist daher wichtig, dass alle, die den Internationalismus in irgendeiner Form ablehnen, politische Druckgruppen in allen Parteien organisieren, um darauf zu drängen, dass die Delegierten der christlich-demokratischen Nationen in keiner Weise Vorschlägen zustimmen, die den Versuch einer Weltregierung begünstigen, unabhängig davon, ob sie als supernationalistische Regierung bezeichnet oder in irgendeiner anderen Form getarnt wird. Churchills Vorschläge für die Vereinigten Staaten von Europa waren lediglich ein Schritt in Richtung Internationalismus. Nur er kann sagen, ob er damit den östlichen Kommunisten oder den westlichen Kapitalisten helfen wollte.

G. *Illegaler Verkehr und Handel*: Da die subversiven 5. Kolonnen und Untergrundorganisationen in den Unterwelten der Großstädte organisiert und versteckt sind und dort leben, und da keine revolutionäre Anstrengung ohne die volle Kooperation einer gut organisierten, gut ausgebildeten, voll ausgerüsteten und gut disziplinierten 5. Kolonne oder Untergrundorganisation auf Erfolg hoffen kann, ist es notwendig, dass die öffentliche Meinung organisiert wird, um zu fordern, dass alle, die in illegalen Verkehr und Handel verwickelt sind oder kriminell mit der Unterwelt in Verbindung stehen, verhaftet und vor Gericht gestellt werden, unabhängig davon, welcher politischen Zugehörigkeit sie angehören oder welche Stellung sie in der Gesellschaft haben. Die Öffentlichkeit muss so organisiert werden, dass sie alle ehrlichen Polizei- und Justizbeamten unterstützt. Die öffentliche

Meinung, die in den Parlamenten zum Ausdruck gebracht wird, muss darauf bestehen, dass die Unterwelt gesäubert wird und nicht nur Razzien durchgeführt und verstreut werden. Die Politik der Razzien und der Zerstreuung der Unterweltler hat nur dazu geführt, dass hundert Lasterhöhlen geschaffen hat, wo vorher nur eine war. Diejenigen, die verurteilt wurden, sollten wie in Unterabschnitt „C" empfohlen behandelt werden.

H. *Öffentlichkeitsarbeit*: Christliche Laien müssen organisiert werden, um der Propaganda derjenigen entgegenzuwirken, die den Internationalismus und die atheistischen materialistischen Ideologien befürworten. Örtliche Zweigstellen sollten organisiert werden, um darauf zu bestehen, dass die subversive Propaganda aus der Presse, dem Fernsehen und den Fernsehprogrammen entfernt wird. Sie sollten fordern, dass Zeit und Raum zur Verfügung gestellt werden, damit die christlich-demokratische Lebensweise den Menschen vorgestellt werden kann. Es ist leider wahr, dass die christliche Demokratie schon seit mehreren Jahrhunderten nicht mehr richtig funktioniert.

J. *Defeatismus*: Es muss alles getan werden, um den Bemühungen derjenigen entgegenzuwirken, die Defätismus predigen. Sie argumentieren in der Regel, dass es nichts gibt, was man tun kann, um die bestehenden Bedingungen zu korrigieren. Sie suggerieren, dass es sinnlos sei, sich Sorgen zu machen, da das bevorstehende Schicksal unausweichlich sei. Die Haltung der Defeatisten gleicht der des professionellen Vergewaltigers, der seinem Opfer rät, es solle sich entspannen und das Schicksal genießen, da es unausweichlich sei. Diejenigen, die behaupten, wir könnten nichts tun, um dem Totalitarismus zu entkommen, ignorieren die Tatsache, dass Gott existiert und sich für das Schicksal des Menschen interessiert. Menschen, die entmutigt sind, müssen daran erinnert werden, dass die einzige Möglichkeit, ihre unsterblichen Seelen zu retten, darin besteht, weiter gegen die Mächte des Bösen zu kämpfen und damit Gott zu dienen. Man muss ihnen klarmachen, dass sie nicht nach ihren Erfolgen und Siegen beurteilt werden, sondern einzig und allein nach den Verdiensten, die sie für den Kreuzzug aufbringen.

K. *Brüderliche Liebe*: Da Gott die Menschheit mit allem versorgt hat, was sie für ihr irdisches Dasein braucht, gibt es keinen logischen Grund, warum einige seiner Geschöpfe in Überfluss leben sollten, während andere verhungern. Die Theorien der neuen Ökonomen sollten erprobt werden, um bessere Methoden für eine gerechtere Verteilung des

Lebensbedarfs zu finden. Wenn diese erst einmal für alle Menschen gesichert sind, wird es eine vergleichsweise einfache Angelegenheit sein, diejenigen, die zu viel haben, davon zu überzeugen, es mit denen zu teilen, die deutlich weniger haben und einen größeren Bedarf haben. Das, was wir haben, mit anderen Bedürftigen zu teilen, ist das größte Glück, das es auf dieser Erde geben kann. Wenn wir in Übereinstimmung mit dem Plan Gottes leben würden, würden sich die wirtschaftlichen Bedingungen so weit verbessern, dass die Gründung von Häusern und das Aufziehen von Familien in angemessener Sicherheit erfolgen könnte. Die Bedingungen von „Angst" und „Ungewissheit" würden abgeschafft werden.

L. *Militärische Bereitschaft*: Militärische Bereitschaft ist absolut notwendig, solange die in diesem Buch dargelegten Bedingungen fortbestehen dürfen. Jeder, der die Gastfreundschaft eines Landes annimmt und die Privilegien der Staatsbürgerschaft genießt, sollte darauf vorbereitet sein, dieses Land gegen Aggressoren zu verteidigen, seien es äußere Feinde oder der Feind im Inneren. Die einzige Rechtfertigung für einen Krieg besteht darin, die Unterwerfung durch den Feind zu verhindern, und zwar mit dem rationalen Argument, dass es noch Hoffnung gibt, die Mächte des Bösen zu überwinden und die wahre christliche Demokratie wiederherzustellen, solange wir noch einen Rest von Freiheit haben.

M. *Innere Sicherheit*: Der beste Weg, die innere Sicherheit einer Nation zu stärken, ist der Aufbau einer starken und effizienten Zivilschutzorganisation. Um eine rasche Entwicklung zu ermöglichen, sollte der Zivilschutz ein fester Bestandteil des nationalen Systems der inneren Sicherheit sein. Als solches sollte er ein Projekt und eine Verantwortung des Bundes sein. Dieser Vorschlag ist besonders auf Kanada anwendbar, da der Justizminister, unterstützt von der Royal Canadian Mounted Police, mit der Verantwortung für die innere Sicherheit des Landes betraut ist.

Der Zivilschutz ist die Organisation und Ausbildung der Zivilbevölkerung in Hilfseinheiten, die die regulären Dienststellen ergänzen, die unter normalen Bedingungen öffentliche Dienste leisten. Die Mitarbeiter des Zivilschutzes werden darin geschult, wie sie sich selbst und die Gemeinden, in denen sie leben, im Falle eines Angriffs durch einen Feind schützen können. Da unsere einzigen potenziellen Feinde ihre Fünfte Kolonne und Untergrundorganisationen einsetzen, um die verfassungsmäßige Regierung durch revolutionäre Aktionen zu stürzen und die Bevölkerung durch Terrorismus zu unterjochen, ist es nur logisch, dass der Zivilschutz als konterrevolutionäre Organisation organisiert sein muss. Die Sonderpolizei des Zivilschutzes und die Nachrichtendiensteinheiten sollten daher unter der Aufsicht der R.C.M.P. ausgebildet werden, damit sie mit ihr zusammenarbeiten können, um unsere innere Sicherheit in jedem Notfall zu gewährleisten.

N. *Aktion.* Es gibt keine Zeit zu verlieren: Mit der Lektüre dieses Buches haben Sie sich der Herausforderung gestellt, und Ihre Antwort auf die skizzierten Maßnahmen, die Sie im festen Glauben an Gott ergreifen, wird die Zukunft der Menschheit bestimmen und den Sturz der Mächte des Bösen herbeiführen, die unsere christlich-demokratische Lebensweise zerstören wollen. Die Aufgabe liegt nicht außerhalb unserer Möglichkeiten. Wir müssen uns daran erinnern, dass der wichtige Kern des Bösen in dieser Welt gegenwärtig in nicht mehr als dreihundert Herrenmenschen konzentriert ist.

O. *Glaube, Hoffnung und Nächstenliebe*: Wir dürfen nie vergessen, dass die christliche Religion auf Glaube, Hoffnung und Nächstenliebe beruht, während alle atheistischen Ideologien auf Zweifel, Hass und Verzweiflung beruhen. Der allmächtige Gott hat uns erlaubt, viele der Geheimnisse der NATUR GLEICHZEITIG zu lösen, damit wir diese außergewöhnlichen Vorteile nutzen und nicht missbrauchen. Wir können nun die Atomenergie nutzen oder missbrauchen. Wenn wir zulassen, dass sie missbraucht wird, werden die Mächte des Bösen zweifellos die Hälfte der Menschheit auslöschen und die meisten anderen verkrüppeln. Wir können sicher sein, dass unter denen, die überleben, die Agenten der Mächte des Bösen sein werden.

Der allmächtige Gott hat die Menschheit mit allem versorgt, was wir zum Leben brauchen. Er hat für unsere Bequemlichkeit und für angemessene Vergnügungen gesorgt. Es ist unsere Pflicht, dafür zu sorgen, dass alle Mitglieder des Menschengeschlechts gleichermaßen an den Gaben und dem Segen des allmächtigen Gottes teilhaben. Es sollte nie eine Zeit geben, in der die Kornkammern der westlichen Welt aus allen Nähten platzen, während die Menschen im Fernen Osten millionenfach an Hunger sterben. Wir müssen frei und großzügig mit anderen teilen, was wir über unseren eigenen Bedarf hinaus haben, denn es ist sicher, dass wir nichts mitnehmen können, wenn wir sterben.

P. *Der christliche Kreuzzug*: Es wird vorgeschlagen, „DAS KREUZ UND DIE FLAGGE" als Slogan für den christlichen Kreuzzug zu verwenden. Es wird auch vorgeschlagen, dass die folgende Hymne zur Eröffnung oder zum Abschluss aller öffentlichen Versammlungen, die im Zusammenhang mit dem Kreuzzug abgehalten werden, verwendet werden sollte.

„DAS KREUZ UND DIE FLAGGE"

„Das Kreuz und die Flagge sollen unsere Embleme sein,
Unser Lebensziel ist es, nur Dir zu dienen
Dein Wille soll geschehen...
Dein Reich soll kommen
Auf Erden wie im Himmel ewiglich."

1. Die Mächte des Satans
Unser Gott mag leugnen.
Und behaupten, es gäbe keinen Himmel
Für uns, wenn wir sterben
Alle Tyrannen und Despoten
Unser Glaube mag verwerfen
Ihre Qualen und Schrecken
Wir werden uns immer widersetzen.

2. Wir werden in die ziehen
Deinen Namen hochhalten
Keine weltliche Verzauberung
Unsere „Sache" wird verleumdet
Keine bösen Versklavungen
Wird von ihrem Ziel ablenken
Deine kämpferischen Legionen
Bis sie Deine Falte erreichen

3. Was nützt es einem Menschen
Die ganze Welt zu gewinnen
Indem er unter Bannern dient
Der Hölle Agenten entrollt?
Wir halten uns an Dein Versprechen.
„Die Hölle wird nicht siegen."
Oh Herr, gib uns Weisheit
Böse Machenschaften zu vereiteln.

4. Männer streben nach größerem Reichtum
Nutzen Reichtum, um Macht zu erlangen.
Aber Herr, wir alle brauchen Dich.

Das Leben ist nur eine Stunde lang.
Durch die Dunkelheit zum Tageslicht
Erhalte uns mit Gnade.
Wir kämpfen weiter zum Ruhm,
Wir werden das gute Rennen laufen.[195]

„Die nationale Föderation christlicher Laien"

Die Nationale Föderation Christlicher Laien ist im Aufbau begriffen, und eine Charta ist beantragt worden. Unser Ziel ist es, alle bestehenden christlichen Laienorganisationen zu vereinen, um alle Formen des atheistischen Materialismus und Internationalismus zu bekämpfen. Die N.F.C.L. wird streng überparteilich und überkonfessionell bleiben. Es ist nicht beabsichtigt, die Autonomie der bestehenden christlichen Organisationen zu beeinträchtigen. Unser Ziel ist erzieherisch.

PAWNS IN THE GAME wurde veröffentlicht, um herauszufinden, wie viele Bürger daran interessiert sind, verfassungsmäßige Maßnahmen zu ergreifen, um der internationalen Verschwörung, wie sie in diesem Buch aufgedeckt wird, ein Ende zu setzen und rechtliche Schritte einzuleiten, um den wirtschaftlichen Würgegriff zu brechen, den einige wenige Internationalisten durch ihre Praxis des systematisch angewandten Wuchers auf die Regierungen und Völker der so genannten freien Nationen ausgeübt haben. Die Resonanz war bemerkenswert und rechtfertigte den Druck dieser Ausgabe.

Es wird vorgeschlagen, dass interessierte Personen Zweigstellen der N.F.C.L. in ihren Städten und Gemeinden gründen. Jede Gruppe sollte sich mit einer Bibliothek aus den auf einer anderen Seite aufgeführten Büchern ausstatten. Das Material in den Büchern wird Stoff zum Nachdenken und Themen für Diskussionen in den Studiengruppen liefern. Sobald die Ortsverbände organisiert sind, sollen Redner, die gut qualifiziert sind, um die verschiedenen Aspekte der internationalen Angelegenheiten zu erklären, zu öffentlichen Versammlungen

---

[195] Seit der Niederschrift des obigen Textes hat Dr. Joseph Roff ihn vertont. Es wurde in zwei Ausgaben von der Neil A. Kjos Music Co. aus Chicago, Illinois, veröffentlicht. Eine Ausgabe ist für vier Stimmen, während eine „Special Edition" für Chöre und Gemeindegesang gedacht ist.

geschickt werden, die von den Ortsverbänden der N.F.C.L. gesponsert werden.

UNSERE POLITIK

1. Wir befürworten das Christentum und lehnen den Illuminismus und den atheistisch-materialistischen Glauben ab. Wir reichen ALLEN, die Gott verehren und den Satanismus ablehnen, die Hand der Freundschaft.

2. Wir unterstützen den Nationalismus und lehnen Internationalismus jeglicher Art ab.

3. Wir treten für eine verantwortungsvolle Privatwirtschaft ein und lehnen Kartelle und Konzerne ab.

4. Wir treten für die Treue zur Verfassung ein und lehnen alle Arten von subversiven Aktivitäten ab.

5. Wir unterstützen die rechtmäßige Autorität und sind gegen das organisierte Verbrechen.

6. Wir setzen uns für die Einhaltung ethischer Grundsätze in Handel und Gewerbe ein und wenden uns gegen jede Form von illegalem Handel und Gewerbe.

7. Wir empfehlen brüderliche Liebe unter allen gottesfürchtigen Menschen und lehnen Bigotterie in jeder Form ab.

8. Wir treten für die Freiheit ein und lehnen Zügellosigkeit ab.

9. Wir stehen für Freiheit im Gegensatz zu Diktaturen und Tyrannei.

10. Wir treten für Gerechtigkeit für alle und für keine Bevorzugung ein.

11. Wir empfehlen, dass die Strafe dem Verbrechen angemessen sein sollte.

12. Wir treten für eine nationale Bereitschaft gegen innere und äußere Feinde ein.

13. Wir setzen uns für aktives Interesse und Beteiligung an politischen, wirtschaftlichen, gesundheitlichen und bildungspolitischen

Angelegenheiten ein, im Gegensatz zu Apathie, Gleichgültigkeit und Verzweiflung.

14. Wir arbeiten, damit der Schöpfungsplan des allmächtigen Gottes auf dieser Erde verwirklicht werden kann.

Andere Titel

www.ingramcontent.com/pod-product-compliance
Lightning Source LLC
Chambersburg PA
CBHW071630270326
41928CB00010B/1858